U0943161

中国社会科学院创新工程学术出版资助项目

中国近代史研究回顾与展望

Review and Prospect of the Studies on Modern Chinese History, 2009 - 2011

（2009—2011年卷）

中国社会科学院近代史研究所　主编

中国社会科学出版社

图书在版编目(CIP)数据

中国近代史研究回顾与展望.2009~2011年卷/中国社会科学院近代史研究所主编.—北京:中国社会科学出版社,2016.9

ISBN 978-7-5161-7855-3

Ⅰ.①中…　Ⅱ.①中…　Ⅲ.①中国历史—近代史—研究　Ⅳ.①K250.7

中国版本图书馆CIP数据核字(2016)第063196号

出 版 人　赵剑英
责任编辑　刘志兵　刘　芳
责任校对　王　影
责任印制　李寡寡

出　　版　中国社会科学出版社
社　　址　北京鼓楼西大街甲158号
邮　　编　100720
网　　址　http://www.csspw.cn
发 行 部　010-84083685
门 市 部　010-84029450
经　　销　新华书店及其他书店

印　　刷　北京君升印刷有限公司
装　　订　廊坊市广阳区广增装订厂
版　　次　2016年9月第1版
印　　次　2016年9月第1次印刷

开　　本　710×1000　1/16
印　　张　24
插　　页　2
字　　数　411千字
定　　价　86.00元

目　录

第一章

晚清政治史

2009 年度

“晚清政治史”学科既是中国近代政治史学科的一个重要分支，同时又与中国近代政治史学科有所区别，有其独立性。大致说来，中国近代政治史主要从革命史角度，探讨和揭示近代中国人民反帝、反封建的斗争历程；研究时段起于 1840 年鸦片战争，迄于 1949 年中华人民共和国成立。而晚清政治史学科的研究时段虽然也起于 1840 年的鸦片战争，但迄于 1912 年的清帝退位；既研究晚清 70 年间中国人民反帝、反封建斗争历史，同时也研究清朝统治阶级为维护其自身统治而采取的各种对策和活动，以及这一时期的官民、官绅关系，民族关系和中外关系，统治集团内部的政治派系和权力斗争，新兴政治力量的兴起，政制、法律、军事、边政等，研究内容极为丰富、庞杂。

检视 2009 年度国内晚清政治史研究，一个最明显的特点是有关晚清政治制度史的研究得到加强，受到学界关注，发表了不少较有学术分量的论文，极大推进了晚清政治制度史的研究。晚清政治史研究的另一特点是，摆脱了以往革命史的研究范式，加强了对清朝统治集团方面的研究。并且，无论是涉及清朝统治阶级还是涉及革命事件和人物，学界的研究也都趋于持一个更为客观的立场。下面就本年度晚清政治史研究中所表现出来的这些特点和内容，做一具体介绍和展现。

（一）晚清制度史研究

在晚清制度史研究领域，清末官制改革一直是其中的一个热点问题。中山大学的关晓红教授长期致力于此一领域的研究，本年度发表 2 篇相关论文。其中，《清末官制改革与行政经费》一文对清末官制改革与行政经费之间的关系做了深入的考察和分析，指出随着清末官制改革、行政范围的大幅度扩张，行政经费猛增与财政困窘之间的矛盾日益加剧，造成新政与仿行宪政事务捉襟见肘，清廷因此要求各省督抚议复行政经费，旨在通过清理财政和试行预决算分摊财政负担，加速预备立宪进程；但由于当政者未能审时度势，对督抚们若干重要建议和警示未予以重视，对舆论的提醒亦未采纳，一味通过简单削减预算的办法试图平衡赤字，导致财政与行政相互制约，督抚与清廷离心离德，矛盾日益激化，救亡变为速亡，教训深刻。①《议修京师贡院与科举制的终结》一文对清末议修贡院和废除科举制之间的关系做了具体考察和分析，指出 1904 年科举减额缓停至 1905 年立停之间，科举改革的走向、方式及时间，存在诸多不确定因素，议修京师贡院为其中重要关节。在京多数部院官员主修贡院，表明缓停定议可能节外生枝，废科举的取向变数极大。张百熙、端方、袁世凯等人采取断然之策，改缓停为立停；张之洞于此虽一度犹豫，但最终附和。疆臣与枢机相互沟通联络，促成军机处和政务处的人事调整，并说服当政绕开部院会议，直接宣布立停科举。制度变革进程充满玄机，从或然到必然，相关人物的主观努力相当重要。然而，精心谋略与强行干预虽可排除障碍，促成科举终结，却难以消除隐患，化解矛盾，避免急行效应带来的社会震荡。②

武汉大学的陈锋和暨南大学的刘增合分别对光绪中叶以来引介近代西方预算制度及清季的财政改革做了较为系统的考察和论述。陈锋认为学术界对中国财政预算的起源虽有不同的认识，但严格意义上的财政预算则始自晚清；就目前史料所见，黄遵宪是最早介绍日本和西方预算之人，也是最早呼吁变法行预算之人；甲午战争前后已经形成实行预算的舆论氛围，经过一段时间的酝酿，至宣统年间最终促成财政预算的实施。③ 刘增合则进一步探讨了西方预算制度在晚清实施过程中所遭遇的问题及困境，指出预算制度的嫁接在晚清并不顺利，新制移植过程中，旧式协饷制度、奏销制度、财政积习无一不成为迎拒新式预算制度的排异性因素，旧制衍生的国省财政矛盾在预算编制的过程中空前激化；清廷本借财政改制以挽救命运，却因新旧对峙、人事派分等制约因素，难破僵局，最终形成新制与旧规并存的尴尬局面，解困的愿望更成泡影。④ 此外，倪玉平对清代咸丰初

① 参见关晓红《清末官制改革与行政经费》，《学术研究》2009 年第 11 期。

② 参见关晓红《议修京师贡院与科举制的终结》，《近代史研究》2009 年第 4 期。

③ 参见陈锋《晚清财政预算的酝酿与实施》，《江汉论坛》2009 年第 1 期。

④ 参见刘增合《西方预算制度与清季财政改制》，《历史研究》2009 年第 2 期。

年江浙漕粮海运中的省际矛盾做了考察和分析，指出浙江与江苏同为清代最重要的漕粮输出地，两者合计居全国份额的四分之三。咸丰初年，浙江继江苏之后，全力推行漕粮海运。因自身地理环境的限制，浙江在漕粮出海口的选择上，始终有赖于江苏提供的帮助。虽然此时的政治态势明显属于中央集权体制，两省理应在中央的统一指挥下做到同舟共济，但从咸丰初年的实际运作过程来看，无论是在上海出发，还是选择浏河口放洋，浙江与江苏因漕粮活动中的经费分配、职责分工等方面的原因，矛盾和指责始终不断，势同水火。这在一定程度上说明，无论是中央集权体制，还是督抚权重格局，区域集团利益总是始终存在，并不会随政治格局的变化而变化，所谓的全国上下一盘棋说法，似有进一步思考的余地；而所谓的督抚专权，亦无非是区域集团利益在某些方面的放大而已。①

捐纳和保举是晚清一项饱受争议的选官任用制度。杨国强《捐纳、保举与晚清的吏治失范》一文对捐纳和保举在咸同两朝盛行的背景、状况及对吏治的影响等做了较为全面的论述和分析，指出清代以永不加赋为祖宗家法，而当国家的收支不能平衡之日，便不能不开捐例，用卖官的办法敛聚费用。咸同两朝长期内战一面需要长期的饷需，一面又在大片土地上使国赋因兵燹而化为乌有。而后捐例大开和捐例减成遂以筹饷为旨义一路推广，一路泛滥，又在筹饷的名义下造出了一批又一批捐纳入仕的做官人。与这个过程同时发生的，还有因打仗而得军功和因军功而得保举，军功和保举产出的也是一批又一批不由科目而径入仕途的做官人。以清代的官制为范围，当时的官场应当是一个有限的空间。因此，太多的人沿捐纳、保举涌入其间，不能不使官场成为人口过剩的地方。这种现象起于内战之中，又在内战结束后长久地延续于南北之间，随后，满坑满谷的候补官便成了与19世纪后期的中国历史相伴随的群类。他们以自己的存在改变了那个时候的官界秩序。② 刘伟的《清末州县官选任制度的变革》一文对清末新政期间州县官选任制度的变革做了考察，指出晚清以来，随着捐纳、保举的扩大，致使州县候补人员流品混杂、仕途壅滞；而督抚任用中的不拘文法，也直接冲击原有的铨选成例。新政开始后，随着一系列制度改革

① 参见倪玉平《清代咸丰初年江浙漕粮海运中的省际矛盾》，《学术月刊》第41卷1月号（2009年1月）。

② 参见杨国强《捐纳、保举与晚清的吏治失范》，《社会科学》2009年第5期。

的推行，州县官选任制度也随之发生变革。主要表现为：通过学习考试以定去留；变通回避之制，准州县官近省取用；停止部选。但这些变革不仅呈现出被动应变的特点，而且也由于各方利益的牵制而没有取得预期的效果。① 此外，赵晓华在对晚清赈捐制度所做的考察中也涉及对捐纳制度的评价。赵认为，赈捐制度在晚清救灾体系中占据着极为重要的地位，晚清赈捐制度有以下三个特点：（1）赈捐举办异常频繁；（2）实官捐输与跨省捐输；（3）倚捐办赈与倚捐办政。晚清赈捐制度虽然在救灾方面取得了一定的实际效果，但由于晚清捐纳是清政府在无可奈何的情况下选择的一种饮鸩止渴式的自救方式，从赈捐的层面来看，捐纳频施对传统荒政及晚清政局均产生了相当负面的影响：赈捐频繁不但加速了中央政府的权力下移，加大了地方政府的救灾政治压力，并且也使吏治愈加腐败。②

与杨、刘、赵等对捐纳多持负面看法不同，欧阳跃峰和关成刚却给予捐纳更多的正面评价，认为晚清社会开始向近代转型之初，被斥为秕政的捐纳却为筹办海防和建设海军筹措了大量的经费，一定程度上加强了以海防为重心的国防；捐纳人员在儒学造诣、对传统文化的传承等方面不及科甲人员，却更具有经济头脑，更容易接受西方的近代理念和价值观，因而在适应社会转型、经营近代化事业等方面比科甲人员具有明显的优势；捐纳人员中不乏确有一些各具专长的优秀人才；在大多数科甲出身的官员不屑于洋务的情况下，洋务派官僚选用优秀的捐员举办洋务新政，参与近代企业的经营与管理，取得了可观的成效。他们的结论是“邪恶之花未必只结罪恶之果”③。如何看待捐纳的客观作用，这的确是一个有待重新探讨的问题。

法制史是晚清制度史领域的一个重要分支，近年也日益受到学界的重视。李欣荣对清末修律中的废刑讯改革做了重新考察和评价，认为刑讯在中国传统法律制度的运作中本有其特殊的功能，海通以来，西人却以之为中律野蛮的重要表征；甲午、庚子以后，西潮的影响愈趋扩大，朝廷和读书人开始自认野蛮，倡导包括废刑讯在内的根本性的法律改革；修律大臣和朝廷高层并非从维持社会治安的角度，而是从收回治外法权的视角去思

① 参见刘伟《清末州县官选任制度的变革》，《社会科学》2009 年第 5 期。

② 参见赵晓华《晚清的赈捐制度》，《史学月刊》2009 年第 12 期。

③ 欧阳跃峰、关成刚：《邪恶之花未必只结罪恶之果——晚清社会转型之际捐纳的客观作用》，《安徽师范大学学报》（人文社会科学版）第 37 卷第 1 期（2009 年 1 月）。

考问题，骤然废止刑讯，只保留死罪可刑讯，将刑部、御史和督抚认为废刑讯将不利于审讯的谏言置之不理，结果废刑讯的谕旨实际得不到很好的执行，原来寄予厚望的西式审判厅之效果也不理想，反而导致讼狱积压、滥用非刑的恶果，于斯可见清季修律急于收回治外法权而不顾实际国情的特性。[①] 艾晶就清末民初对女性犯罪的宽宥做了专门考察，认为清末民初女性犯罪的数量和类型都有所增多，但统治者在加强控制的同时，也对犯罪女性进行了一定的宽宥处理。大清律例有专门的条文对女性进行宽大处罚，清末修律更是减轻了对女性犯罪的惩罚力度，民初也在其司法实践中对女性进行相应的照顾。特别是最高统治者的大赦制度，更是予女性一定的减免罪行机会；有时司法部门的执行者们也会出于矜恤的需要而帮助犯罪女性开脱或减轻罪名。[②] 黄鸿山就晚清洗心局、迁善局的出现与演变做了颇有学术价值的考察和分析，指出受西方教养院制度和社会形势变化的影响，晚清洗心局、迁善局等以收容、改造不肖子弟为职能的新型慈善组织首先在苏州出现，继而影响江浙和全国各地。但在传播过程中，其收容对象的范围不断扩大，收容改造措施日趋严厉，逐渐演变成类似现代监狱和劳教工厂的机构。洗心局、迁善局不但对后来的刑狱制度改革产生深远影响，在中国慈善事业发展史上也具有重要意义。传统慈善事业偏重于生活救助，拯救的只是肉体；洗心局、迁善局则注重思想改造，表现出拯救灵魂的努力。[③] 孔潮丽对清代独子兼祧制度做了较为深入的论述，指出独子兼祧是以一子兼承同父兄弟两房宗祀的特殊继承方式。独子兼祧作为固定的国家制度始于清代乾隆朝，发展于嘉庆、道光时期。独子兼祧制度的形成是历史、习俗和现实等因素共同作用的结果。独子兼祧制度巩固了亲兄弟之子的优先继承权；保证兄弟两房一房有子，两房宗祀共同延续。清代独子兼祧制度的确立标志着封建继承体制发展到了相当高的水准。[④] 此外，谢蔚对晚清刑部皂役收入变化及影响做了专门研究，指出皂役收入的多寡和构成直接影响清代基层行政的运作。嘉道年间的刑部国家额设皂役

① 参见李欣荣《清末修律中的废刑讯》，《学术研究》2009 年第 5 期。

② 参见艾晶《包容与赦宥：清末民初对女性犯罪的宽宥研究（1901—1919）》，《史林》2009 年第 1 期。

③ 参见黄鸿山《拯救灵魂的努力：晚清洗心局、迁善局的出现与演变》，《史林》2009 年第 4 期。

④ 参见孔潮丽《清代独子兼祧制度述论》，《史学月刊》2009 年第 12 期。

俸禄，据乾隆以来的定例足额支取。至咸丰年间，清政府财政支绌，他们的俸禄没能据定例如数发放。1881 年后，刑部国家额设皂役的俸禄仅维持在定例的四成。无论足额还是折扣支取，晚清刑部皂役俸禄都非常低，单纯依靠俸禄难以维持生计，必须依赖刑部补贴，并通过滥用权力获得收入。晚清中央各部皂役收入，刑部是较高的，可见晚清皂役滥用权力，以权谋私的普遍化，既有人事的原因，更有制度的弊端。①

在晚清外交体制研究方面，权赫秀对晚清对外关系中的“一个外交两种体制”现象做了考察和分析，指出晚清时期在对外关系领域，不仅在事实上确曾存在着传统与近代两种不同体制外交关系共存的客观现象，而且在制度层面负责处理对西方国家近代条约关系之新型机构与主管对周边朝贡国家关系事务的传统对外关系机构，也曾至少共存半个世纪以上的时间。在朝贡关系体制的边缘亦即周边朝贡国家如近代朝鲜，也曾出现极为类似的所谓“两截体制”的局面与制度。“一个外交两种体制”在晚清时期不仅是在朝贡关系体制的中心与边缘普遍存在的一个客观现象和事实，而且也是清政府统治集团在对外关系制度层面非制度性地因应上述客观变化的结果，本质上则可以说是晚清对外关系近代转型过程中所出现的一个过渡性现象与特征。② 李育民则对晚清改进、收回领事裁判权的谋划及努力做了较为系统的梳理，指出其过程大体如下：由于领事裁判权有着种种弊害，中外双方均感不便，产生了改进这一条约特权的意向。第二次鸦片战争之后，清政府和英国均谋划补救之法。英国提出“混合法庭”方案，为清政府所接受，但这一计划归于流产。“滇案”对领事裁判权制度产生了重要影响，“观审”制度的建立，在某种程度上是“混合法庭”的变通；赫德提出新的方案，亦为清政府和不少官员所关注。甲午战争和八国联军之役，激起了清政府收回领事裁判权的强烈要求。清政府明确地提出了这一问题，采取了改革司法法律制度的实质性行动，但陷入了不易解套的困境。清政府的谋划和努力收效甚微，与日本比较，它存在着种种失误和弱点，它所背负的沉重的传统包袱，限制了它的思路和作为。③

---

① 参见谢蔚《晚清刑部皂役收入研究》,《史学月刊》2009 年第 4 期。

② 参见权赫秀《晚清对外关系中的“一个外交两种体制”现象刍议》,《中国边疆史地研究》2009 年第 4 期。

③ 参见李育民《晚清改进、收回领事裁判权的谋划及努力》,《近代史研究》2009 年第1 期。

（二）清朝统治政策研究

随着晚清史研究摆脱了既往的革命史研究范式，国内学界还明显加强了对清政府统治政策的研究。清朝在中国历史上的一大重要贡献，是为今日中国的版图奠定了基础，形成了统一的多民族国家。也正因为如此，清代的边疆政策一直受到学界的重视。在晚清边政方面，如何在列强日益渗透的情况下行使对西藏的有效统治，无疑是清政府面临的重大挑战之一。孙宏年对清末达赖、班禅关系演变及清朝治藏政策做了考察和分析，指出由于多种因素的影响，达赖喇嘛与班禅额尔德尼互为师徒、相互礼让的和好关系在清朝末期开始发生变化，两大活佛系统的矛盾日益加剧。清朝中央政府和驻藏大臣也介入其中，从对达赖、班禅都有所猜忌到明确支持班禅系统、压制达赖系统，使两大系统的矛盾不断激化，达赖方面与清政府、驻藏官员的矛盾也不断加深。这些矛盾在清朝崩溃前夕全面爆发，并对以后40多年的西藏治理产生了消极影响。[①] 许广智和赵君就1840年鸦片战争之后驻藏大臣对近代西藏政局的影响做了考察和分析，指出在如何反对外国侵略的问题上，由于清朝中央政府奉行对外妥协退让政策，使驻藏大臣在执行中央妥协退让政策上与西藏地方政府的坚决抗英出现了严重裂痕，这不仅给英俄帝国主义挑拨离间、培养民族分裂势力提供了机会，而且也使坚决抵制外国侵略的西藏地方政府一度产生向外寻求政治依靠的倾向。至清末，驻藏大臣在西藏推行以收回政权为主要内容的近代化改革，与西藏僧俗封建主积怨渐深，给英帝国主义在西藏上层中培植亲英势力、进行分裂中国的阴谋提供了可乘之机。但驻藏大臣在改革过程中，极力维护中央权威，切实加强了驻藏大臣的权力，使往日大权旁落的局面有所改变，对维护国家统一、加强民族团结、反对民族分裂、抵御外侮、守疆卫土、整饬军政、讲求吏治等方面起到了十分重要的作用，也为西藏地方在内外交困的情况下仍然继承和延续元代以来与中央政府所形成的传统政治隶属关系做出了积极贡献。[②] 徐君以丁宝桢督川十年（1876—1886）为例，对晚清政府在海防、塞防俱紧背景下川藏经营思想的形成以及“固

① 参见孙宏年《清朝末期达赖、班禅关系与治藏政策研究》，《中国边疆史地研究》2009年第1期。

② 参见许广智、赵君《试论清末驻藏大臣对近代西藏政局的影响》，《西藏大学学报》（社会科学版）2009年第3期。

川保藏”“筹边援藏”等边防策略的实施状况做了考察和探讨，对丁宝桢的治藏政策给予充分肯定，认为丁宝桢对于西南边防及西藏问题的思考与措施，积极推动了清政府更加重视西南边防问题，为中枢决策提供了重要依据。与同时期的几位驻藏大臣相比，丁宝桢关于西藏以及西南边防的看法要全面和高明许多，每次上书所陈奏内容多是在详细了解情况的基础上提出的，具有一定的预见性，也由此显示了他非凡的洞察力；丁是清朝晚期第一位把川藏视为一体并进行筹划、进而采取相应措施的边疆大吏。①

除清政府的西藏政策之外，一些学者还就清政府在应对晚清国内各种事变中的反应和对策进行探讨和反思。如王敏通过考察“苏报案”交涉，检讨晚清政府在应对政治危机过程中存在的问题，指出1903年发生的“苏报案”激化了朝野矛盾、中外矛盾以及清政府内部强硬派和温和派之间的矛盾，“苏报案”的发生和交涉反映出晚清政府应对政治危机的无能。② 李细珠则以长沙抢米风潮为例，重新考察和分析清政府在清末民变中的社会控制机制效能，指出：通常情况下，清政府社会控制机制的正常运转需要依靠绅士的辅佐，绅士充当了地方官府与民众之间调停人的角色。然而，当绅士本身的利益得不到满足甚至受到损害时，绅士阶层就可能与官府发生直接冲突和对抗。长沙抢米风潮中的官绅矛盾便是一个典型例证。在长沙抢米风潮中，由于错综复杂的利益纠葛，绅士不但不能辅助官府，反而利用饥民情绪与官府对抗，致使官府应对乖方，无法控制事态发展。清政府强行抑制绅权，严惩肇事的旧绅士代表，使其逐渐疏离官府，而新绅士也因预备立宪进程缓慢对清政府产生失望情绪。由于官绅矛盾激化，官绅关系产生裂痕，传统社会控制机制运转失灵，从而动摇了清王朝的统治基础，使其迅速走向覆亡之路。③

对于清政府在清末新政期间一些统治政策和应对的失误，苏全有发表3篇相关论文，加以检讨。其中，《论清末新军的国家失控》一文探讨了清政府在控制新军方面失败的原因，认为新军失控固然有革命党人策反等客观外在原因，但也有清朝政府自身的失策，具体表现在一是中央政府的

① 参见徐君《从“固川保藏”到“筹边援藏”：晚清西南边防意识之形成——以丁宝桢督川十年（1876—1886）为例》，《中国边疆史地研究》2009年第2期。

② 参见王敏《从苏报案看晚清政府对政治危机的应对》，《社会科学》2009年第6期。

③ 参见李细珠《清末民变与清政府社会控制机制的效能——以长沙抢米风潮中的官绅矛盾为视点》，《历史研究》2009年第4期。

无能，二是清政府心态过急，三是对清末新军的控制较为宽松，四是相对弱化了旗兵建设。[①]《清末新军失控现象的另类解读——以袁世凯式军队控制为视点》一文，则对袁世凯比较成功控制北洋新军的经验加以考察和总结，认为袁世凯成功掌控北洋新军的手法有三：一是强化军事学堂的控制，重用武备派而非有异化倾向的留学生；二是借助勇营制度，强化对军队自身的控制；三是培植派系统属，愚化下层士兵。清朝中央政府之所以对北洋新军失去控制，勇营制度的实行是一重要原因；袁世凯得以控制北洋新军，最主要的原因来自制度层面的运作，其个人作为只能视为对制度作用的效验及推进。[②]《从丁未黄冈起义看清政府的危机应对》一文认为，丁未黄冈起义尽管历时仅仅数日，但清政府在危机应对方面也暴露出种种不足，具体表现在四个方面：（1）预警机制的缺失；（2）社会控制能力弱化；（3）对舆论宣传控制不力；（4）人事协调能力弱化。清廷最后走向灭亡，上述因素值得深思。[③]

（三）历史事件与人物研究

政治史总离不开对一些重大历史事件和人物的研究。鸦片战争是中国近代史的开端，以往学界已有比较成熟的研究。但以往研究多偏重战争过程及中国与各列强的交涉，甚少注意当时舆论对战争的影响。在这方面，吴义雄的《鸦片战争前在华西人与对华战争舆论的形成》一文具有补白意义。该文就鸦片战争前夕在华西人对华战争舆论的形成做了具体考察，指出随着 1830 年前后中英之间冲突的演进，来华西人群体对广州贸易体制愈益不满，逐渐产生了对华武力强制的舆论。西人先后在广州发行了一批英文报刊，作为舆论阵地，在 19 世纪 30 年代初期提出对华武力威慑，迫使清政府废除广州体制、实现对华自由贸易的主张。1834 年律劳卑事件后，这种主张发展为对华战争的舆论。在西人内部，武力威慑论和对华战争论都曾引起争论，部分西人反对这种依恃武力改变对华关系的观点。1837 年英人几种关于对华关系的小册子出版后，来华西人分别在其报刊上提出对华关系的武力强迫论、商业交往论和宗教改善论。但在 1837—1838

---

① 参见苏全有《论清末新军的国家失控》，《学术研究》2009 年第 7 期。

② 参见苏全有《清末新军失控现象的另类解读——以袁世凯式军队控制为视点》，《郑州大学学报》（哲学社会科学版）第 42 卷第 4 期（2009 年 7 月）。

③ 参见苏全有《从丁未黄冈起义看清政府的危机应对》，《 中州学刊》2009 年第 3 期。

年的兴泰行商欠案发生后，西人普遍不满广东当局对此案的解决，对华战争渐成为其一致主张。①

对于二次鸦片战争期间的中外交涉，以往的研究多集中在中英两国的考察，比较忽视对清政府与其他列强的交涉。就此来说，仇华飞和陈开科发表的论文，可补以往研究之不足。仇华飞《从对抗到妥协：中美望厦条约签约过程研究》一文，对中美《望厦条约》签约过程做了较为深入的考察，指出第一次鸦片战争后，美国国内在对华贸易问题上有过短暂的争论，争论焦点在于美国在华利益是凭中国皇帝的恩准，即一体通商，还是美国应有同英国一样庄严的条约。最终，坚信条约派取得胜利，美国政府派遣顾盛使团前来中国，要求清政府以中美签订条约的形式，保证美国在华利益。谈判签订《望厦条约》，中美双方经历了从对抗到妥协的发展过程。以耆英为首的清政府谈判代表团基本上做到了据理力争，期望通过努力尽量减少条约给国家利益造成太多的损失，但鸦片战争后的国际环境使清政府无法拒绝美国政府提出的机会均等、利益均沾的要求。条约的签订为美国在远东地区推行经济扩张政策提供了重要基础，也是美国首次有了明确的对华政策。② 陈开科则对第二次鸦片战争中耆英与中俄交涉的关系及结果做了具体考察，指出耆英遵奉清廷既定的外交策略，通过俄罗斯馆的大司祭巴拉第，与俄国使团顺利建立了联系，并于天津举行会谈。为了取得俄国调停的承诺，耆英轻率答应提前签订不平等的中俄《天津条约》。不过，由于广州的档案事件，英、法在天津不肯与耆英合作，耆英只好回避，以致获罪、自尽。作者认为，耆英从复出，到参与中俄交涉，再到获罪的历程，既昭示着晚清弱势外交的不可为，又预示着晚清弱势外交的可为。③

戊戌维新运动作为中国近代民族意识觉醒的标志性事件，该事件及相关的历史人物长期受到学界的重视，并出现了一些研究戊戌变法史的著名专家和学者，“霸占”着该研究领域的话语权，本年度的情况还是继续如此。如戊戌变法史研究专家孔祥吉与日本学者村田雄二郎合作，以外务省档案为线索，并利用中岛雄编纂的《往复文信目录》，简述康有为在戊戌

① 参见吴义雄《鸦片战争前在华西人与对华战争舆论的形成》，《近代史研究》2009 年第 2 期。

② 参见仇华飞《从对抗到妥协：中美望厦条约签约过程研究》，《史学月刊》2009 年第3 期。

③ 参见陈开科《耆英与第二次鸦片战争中的中俄交涉》，《近代史研究》2009 年第 4 期。

维新期间的重要活动，尤其是揭示百日维新后期光绪帝任命黄遵宪为驻日特命全权公使的直接原因并非出自维新派的推荐，而是日本方面的主动邀请。指出此举引发了光绪帝亲自书写谕、国书，并派遣军机与总署大臣与日本公使联络，试图推行联合日本、大举新政，以此来寻求变法的出路。[①]马忠文利用中国社会科学院近代史研究所收藏的梁启超若干未刊书札，就戊戌时期李盛铎与康、梁之间的关系做了一些有价值的补正。诸如，李盛铎、陈炽与梁启超等人曾有过合作创办日报《公论报》的计划，以及李盛铎在戊戌保国会前与康梁积极策划开会事宜过程中的一些具体细节等。[②]茅海建则积多年之研究，出版《从甲午到戊戌：康有为〈我史〉鉴注》一书，计83万字，就康有为所著《我史》从甲午（1894年）至戊戌（1898年）的5年记录，逐条进行厘定，鉴别真伪，重建史实，并对康有为作伪的原因进行了分析，为读者澄清了以往许多似是而非的说法，也为研究者正确地使用《我史》乃至其他戊戌变法史料奠定了坚实的基础。[③]

清末最后十年是清朝政府走向覆灭的十年，上演了众多性质有别的历史事件，有统治阶级的内争和改革，也有民间的立宪运动、革命党人的武装起义以及下层民众的各类反抗斗争。在众多历史事件中，1903年的“苏报案”长期以来被作为一个革命事件而被大书特书，似无多大研究之余地，但可喜的是王敏发表的2篇论文，从与以往不同的角度对苏报案进行重新探讨和诠释，研究有所深入。其中，《西方列强与苏报案关系述论》一文利用英文档案和文献资料，对苏报案发生后清政府与列强、上海租界等各种政治力量交涉的经过及列强的态度进行了具体考察，指出在交涉过程中英国态度最为强硬，干预程度最深，坚决反对将章太炎等人移交给清政府，法、俄支持清政府，美国则一度模棱两可；在英国斡旋下，列强最后达成一致；苏报案的审判结果，实际上是清政府与列强反复博弈的一个结果。[④]《反清·抗俄·反帝——苏报案英雄形象的建构》一文则对苏报案英雄形象的建构过程做了系统的梳理和论述，指出：苏报案一发生，革命

---

① 参见孔祥吉、村田雄二郎《一个日本书记官见到的康有为与戊戌维新—— 读中岛雄〈随使述作存稿〉与〈往复文信目录〉》，《广东社会科学》2009年第1期。

② 参见马忠文《戊戌时期李盛铎与康梁关系补正——梁启超未刊书札释读》，《江汉论坛》2009年第10期。

③ 参见茅海建《从甲午到戊戌：康有为〈我史〉鉴注》，生活·读书·新知三联书店2009年版；《康有为与他的〈我史〉》，《广东社会科学》2009年第1期。

④ 参见王敏《西方列强与苏报案关系述论》，《历史研究》2009年第2期。

党人就以此为题材创作政治小说，宣传反清革命，清政府成了丑化对象；抗战时期和蒋介石退居台湾时期，国民党的宣传作品又附会抵抗外族入侵和“反共抗俄”的政治主题，塑造邹容“青年之神”的形象，邹容被神圣化；在 1949 年之后的大陆，苏报案和章太炎、邹容频繁出现在政治宣传作品中，苏报案被赋予反帝反封建意义，苏报案被意识形态化。作者认为，宣传作品建构的苏报案实际是受各种政治意图支配的话语，和史实已经失去了对应关系；通过这些宣传读物的肆意渲染，苏报案成为人们耳熟能详的著名事件，章太炎、邹容成了传奇英雄。①

在清末历史人物研究中，郭卫东就清朝重臣岑春煊在辛亥革故鼎新之际如何由一位封建臣属转而“走向共和”、成为“国之公民”的过程做了具体考察和分析，并指出在历史转折关头，有些人会从旧营垒中分化出来，归附于新兴的掌握未来的阶级，此非岑春煊独然，而是一批清朝官员的共同趋向；他们“随潮流以俱去，抑世界大势之所趋”的转向，使得这批前朝臣子的历史作用并未随清朝历史的结束而逝去。② 孙燕京则从心态史研究角度，通过阅读《那桐日记》，探讨清末满族权贵的心态状况、生活起居和出入行藏，指出圆融、乐观等性格因素及际遇造就的及时行乐、追新求异、气定神闲等心态，在那桐个人升迁荣辱中起过重要作用；作为清末一代重臣，他虽无政治智慧，却结交有术、擅长纳贿、精于理财；长期处于优容状态的满族权贵或对政治懵懂不觉，或自觉大势已去，以致政权更迭、时局动荡对他们的生活乃至心理影响甚微。③

对于清朝政府来说，1908 年 11 月 14 日光绪之死，无疑为一重大历史事件。围绕光绪死因，国内学界一直多有分歧，有人认为光绪帝是因病正常死亡，有的人则认为光绪帝为他人谋害致死。钟里满、戴逸等专家和学者，根据现代精密仪器在光绪帝头发中发现的大量的砒霜，并结合相关档案和文献资料，认为光绪帝死于急性胃肠型砒霜中毒。崔志海在前人研究的基础上，同时结合美国外交档案及相关中文文献资料，也撰文认为光绪皇帝系为他人谋害，并非正常病死，指出清朝政府当时不但将慈禧、光绪之死及时通报国内臣民，同时照会包括美国在内的各国列强，目的就是要

---

① 参见王敏《反清·抗俄·反帝——苏报案英雄形象的建构》，《史林》2009 年第 4 期。

② 参见郭卫东《臣属向公民的转变——以辛亥革命时期的岑春煊为案例》，《史学月刊》2009 年第 7 期。

③ 参见孙燕京《从那桐日记看清末权贵心态》，《史学月刊》2009 年第 2 期。

消除中外对光绪死因的怀疑和猜测，争取新皇帝早日得到国际社会的承认；清政府公开上谕中有关光绪病情和死因的言说与档案和相关文献的记录存在明显龃龉，事实是光绪病危系在慈禧太后病重之后；鉴于专制制度之下君主对臣下握有生杀大权，以及清廷内部存在的帝党和后党之争，当时清廷内部存在着必在慈禧太后病逝之前谋害光绪皇帝的强烈犯罪动机。[①]但国内另有一些学者依然坚持光绪皇帝为正常病死，如王开玺就对光绪帝被他人谋害致死观点持审慎态度，认为此说尚有诸多不可信性，“在有些问题尚未得到解释说明以前，即认定光绪帝确为他人谋害，死于砒霜中毒，尚为时过早；光绪帝为人谋害砒霜中毒说，是极其重要的学术结论，但还不是学术定论”[②]。当然，由于以上两说都有其根据，在学术界光绪死因问题可能依然还是一个世纪谜案，有待继续探讨。

2010年度

就2010年国内晚清政治史研究来说，尽管本年度为义和团运动110周年，国内学术界为此举办了相关的学术会议，发表了一些相关论文，但就整个晚清政治史研究来说，历史研究中的“周年纪念意识”趋于淡化。根据2010年度已在国内公开发表的相关学术论文，我们将本年度的晚清政治研究状况分“事件与人物研究”和“制度史研究”两大类，择要做一介绍和透视。

（一）晚清事件与人物研究

尽管晚清政治史研究中的“周年纪念意识”，随着时光的流逝、学术的推进及时代的发展，业已趋于淡化，但义和团运动和八国联军侵华事件毕竟是晚清政治史中的重大历史事件，值此事件发生110周年之际，与此相关的事件和人物还是受到部分学者的重视。因此，有关2010年度国内学界晚清历史事件与人物研究的介绍，也就以此作为开端——毕竟学术研究中非政治化的“周年纪念意识”，还是有其一定的合理性。

---

①　参见崔志海《光绪皇帝和慈禧太后之死与美国政府的反应——兼论光绪死因》，《清史研究》2009年第3期。

②　王开玺：《关于光绪帝死因的思考与献疑》，《晋阳学刊》2009年第6期。

在义和团运动期间，“东南互保”是一个比较奇特的历史现象。在清朝中央政府已宣布与列强开战之后，中国南方各省却违背清朝中央政府命令，拒不同外国开战，搞起所谓的“东南互保”。对于这一事件的经过和影响，已往学术界已做过比较深入的研究。戴海斌的《“东南互保”之另面——1900 年英军登陆上海事件考释》对英国派军登陆上海的经过以及两江总督刘坤一和湖广总督张之洞的反应分别做了具体考察，认为英军登陆上海事件是对“东南互保”最大的一次外力冲击，这一事件体现出英国一贯对在长江流域特殊利益的关心，并力求将对该区域的主导权收为己有的野心；但与上海领事当局以及商业团体始终以军事占领上海为狂热追求目标不同，英国政府在军事干预程度上保持了相对克制，避免惹怒其他虎视眈眈的列强国家，也防止激化本已接近临界点的中外矛盾，有自我节制的一面。尽管如此，英军登陆上海最终导致各国联合占领的局面，显然并非英政府所乐见。刘坤一、张之洞等东南督抚的应对则经历了曲折和反复。比较而言，张之洞更具战斗性的独立态度；刘坤一则体现出一层“亲英”的特色。①

张之洞作为东南一位实权派地方督抚，他在庚子年的动向曾对历史产生过比较重要的影响，近年也受到学界的特别关注。孔祥吉先生曾据日本史学界新发现的宇都宫太郎日记，撰文提出张之洞庚子年在内心深处存在独立称王的思想，其主要论据如下：第一，张之洞背着朝廷派出了一个由自己长子张权为首的军事考察团赴日活动，并聘请日本军事专家，购买枪支弹药，加紧训练新式军队，作为其建立新政府的坚强的武力后盾；第二，张之洞还曾与亲信幕僚密谋策划；第三，张之洞一直容忍自立军在自己的辖区内活动，直到得知慈禧太后政权稳定，才迅速斩杀唐才常与自立军。② 对此，李细珠撰文提出商榷意见，认为孔祥吉先生的以上论证不能成立，理由大致如下：（1）张权赴日游历考察系奉鹿传霖公牍咨派的结果，绝无秘密可言；（2）陈三立致梁鼎芬密札的主旨在于促动张之洞、刘坤一“拥帝复辟”或“勤王复辟”，而不是密谋张之洞“独立称王”；（3）张之洞是在唐才常自立军未能举事的情况下而

① 参见戴海斌《“东南互保”之另面——1900 年英军登陆上海事件考释》，《史林》2010 年第 4 期。

② 参见孔祥吉《张之洞在庚子年的帝王梦——以宇都宫太郎的日记为线索》，《学术月刊》2005 年第 8 期。

先期破获，一举斩杀的，并没有容忍自立军明目张胆地进行反慈禧活动。[①] 戴海斌也对庚子年张之洞与日本的联络活动进行了具体考察，指出戊戌前后张之洞即已与日本政府、军部及民间团体建立起多种联系；庚子事变发生后，张氏便动用既有渠道，为实现东南互保、战时交涉，积极借助日援，及八国联军逼近北京，张氏又为停兵议和、保全两宫，寄望于日本之力；而同时期其子嗣游学日本、招聘日本军官、派员考察军事、求购军火物资等事实，只是凸显了湖北一省与日本政府特殊的联结关系。以上活动均不足以证明张之洞有谋异动的野心，所谓张之洞庚子年的"帝王梦"之说难以成立。[②]

然而，孔祥吉先生依然坚持自己的学术观点，撰文表示"在拜读《李文》之后，发现其文字虽长，却未得要领"，坚持庚子年张之洞"内心深处，的确存在有独立称王之想"[③]。并且，孔先生还进一步利用日本外交史料馆所藏相关档案，以吴禄贞事件为例，揭示张之洞对清末有反满革命思想的留日学生态度多变，指出张作为位极人臣的清朝封疆大吏，对于清王朝并非忠心耿耿，他在自立军起义期间通过驻武汉领事，秘密要求日本政府对吴禄贞等人予以严惩，可是当他们学成归国之后，又对这些留日学生网开一面，同情拔擢，以至于使武汉地区人才辈出、藏龙卧虎，成了革命势力的温床。[④]

1894—1895年的中日甲午战争是一场改变东亚国际形势的战争，同时对晚清政局也产生了深刻影响。对于中日甲午战争赔款问题，尽管中日《马关条约》规定为2亿两白银，但对于日本在战争中消耗的实际军费开支、中国的实际支付、日本实际接收等，中日学者之间一向存在较大分歧。蒋立文通过对中日两国现存的相关档案文献和主要论著进行分析考释，同时结合战争前后与赔款有关的几种货币兑换关系，并综合考虑战争前后日元的币值变动，以及日元与中国库平银、英镑之间的比价关系，对

① 参见李细珠《张之洞庚子年何曾有过帝王梦——与孔祥吉先生商榷》，《近代史研究》2010年第3期。

② 参见戴海斌《庚子事变时期张之洞的对日交涉》，《历史研究》2010年第4期；《庚子年张之洞对日关系的若干侧面——兼论所谓张之洞的"帝王梦"》，《学术月刊》第42卷11月号（2010年11月）。

③ 孔祥吉：《再释张之洞帝王之梦——兼答李细珠先生》，《近代史研究》2010年第5期。

④ 参见孔祥吉《日本档案中的张之洞与革命党——以吴禄贞事件为中心》，《福建论坛》（人文社会科学版）2010年第5期。

甲午战争赔款数额进行重新计算，确定日本在甲午战争中实际支出的军费总数不超过 1.25 亿日元，而清政府的实际支付，陆续折换成日金，却总计达 3.5836 亿日元；日本从中国强行掠夺的资金高达 2.3336 亿日元，是当时日本全国年度财政总收入的 3 倍。①

受甲午战败的刺激，1895 年 5 月在互换马关条约之后，光绪帝连发数道上谕，就改革和图强等问题，饬令中央各级官员及地方督抚发表意见，由此引发清朝内部一场关于改革的大讨论。张海荣对这场清朝执政集团在重要历史转折时刻展开的关乎朝廷前途命运的大讨论做了比较系统的梳理，认为整体来看，将军督抚们的改革奏复，陈词滥调多，具体规划少，除修铁路、铸银圆、制造军械火器得到一定程度的积极回应外，矿务、邮政、新军、行钞、学堂等项，或是受到消极抵制，或干脆被否定；这场大讨论虽然没有达到预期的目的，但一定程度上折射出各地大员的知识水准和精神状态，其中，张之洞是官僚集团的先觉者，额勒精额、祥亨、谭钟麟等持顽固立场，更多的人则摇摆在顽固与开明之间。在此种情况下，将变法大政付诸疆吏，不啻缘木求鱼。②

甲午战争之后发生的戊戌维新运动，长期以来备受学界重视。本年度，相关学者就日本与维新运动的关系发表了两篇较有价值的论文。其中，邱涛、郑匡民两位作者合作，对甲午战争结束之后至戊戌政变前的日中结盟活动及其与维新运动的关系做了较为系统的考察和论述，指出甲午战争后至戊戌政变发生前夕，日本联华势力曾在中国展开多方活动，其内部各支力量在华联结活动及其工作对象之间虽存在区分，但同时也有交流、协作和整合；中国维新力量在呼应日本联华活动中也存在区分和异同，并逐步形成一个颇为广泛的、复杂的日中结盟的组织圈；以此为核心开展的日中结盟活动，在中国的改革问题上形成针对现行体制的激烈指向，中日结盟观对光绪皇帝产生影响并为其所接受，以及维新势力与日本关系的互动与演变等情况，日益引起慈禧及清政府部分官员的警惕，对戊戌政变的发生产生了影响。③ 陈一容则对日本人古城贞吉与《时务报》的关系做了具体考察，指出古城贞吉出任《时务报》“东文报译”栏目主持

① 参见蒋立文《甲午战争赔款数额问题再探讨》，《历史研究》2010 年第 3 期。

② 参见张海荣《甲午战后改革大讨论考述》，《历史研究》2010 年第 4 期。

③ 参见邱涛、郑匡民《戊戌政变前的日中结盟活动》，《近代史研究》2010 年第 1 期。

人系应黄遵宪之召，他主持“东文报译”栏目56册（期），发表译文600多篇，共计34余万字，译稿内容具有更明显的广泛性与时代性，对当时中国引入大量新词汇、新概念，传递近代理论与常识，丰富国人西学知识，起到了十分积极的作用。①

戊戌变法史研究专家茅海建利用中国社会科学院近代史研究所图书馆所藏“张之洞档案”，就戊戌变法期间张之洞动向推出“张之洞档案”阅读笔记系列第一、第二篇。其中，第一篇通过对张之洞之子张权、之侄张检、张彬由京中发来的密信的解读，揭示出戊戌变法中一些鲜为人知的核心机密，认为张之洞一派与康有为一派在政治上对立，到了戊戌变法的关键时刻——“百日维新”阶段，已视康为政敌。② 第二篇则根据“张之洞档案”中所藏电报、信件，全面考察张之洞与杨锐之间的关系，并通过这一考察揭示晚清从甲午（1894）到戊戌（1898）的政治内情，指出最晚从光绪二十一年（1895）三月起，杨锐即常驻北京，充当张之洞的“坐京”，为张之洞提供政治情报并办理各种交代事务；张之洞则在戊戌变法期间给杨锐下达了大量的指示，并在杨锐被捕后积极进行营救；此外，孔祥吉发现的“百日维新密札”的作者不是李焜瀛（符曾），而是杨锐。③

庚子事变之后，清朝最后十年朝政为以往晚清史研究中的一个相对薄弱环节，也是学者近年关注的一个热点。崔志海从晚清内政和外交相结合的角度，对美国政府对新政伊始清廷朝政的观察和反应做了较为系统的考察和论述，指出20世纪初美国驻华公使康格对清廷改革上谕的观察和反应，以及美国政府拉拢清廷内改革派势力、打击和压制排外保守势力，既是美国以往对华政策的延续，同时也是门户开放原则的一个具体体现，说明美国的门户开放原则不只局限于国际关系领域，而且直接影响美国与中国内政的关系。另一方面，新政伊始美国政府对清廷朝政的关注和干涉又是有限度的；他们的观察既不全面，又有很大的主观性和片面性，严重影响美国对华政策的实现。此外，美国政府对20世纪初清廷朝政的观察和

① 参见陈一容《古城贞吉与〈时务报〉“东文报译”论略》，《历史研究》2010年第1期。

② 参见茅海建《戊戌变法期间张之洞之子张权、之侄张检、张彬的京中密信》，《中华文史论丛》2010年第3期。

③ 参见茅海建《张之洞与杨锐的关系——兼谈孔祥吉发现的“百日维新密札”作者》，《中华文史论丛》2010年第4期。

反应既表明 1901 年辛丑条约之后包括美国在内的列强对中国内政的干涉和影响大大增强了，同时也透露新政伊始清廷朝政所发生的一系列变化未像 1905 年日俄战争之后那样趋于明朗。①

苏全有则对清末最后十年清朝政府的统治政策进行考察和反思，并就此发表一系列相关论文。其中，《清末的舆论失控与政府应对》一文，对清政府在控制舆论方面的失策做了考察和论述，指出清末舆论失控，具体体现在报刊的数量激增、报刊的民间化和异化，以及一些阅书报社成为宣传革命之所等四个方面。而清政府对清末舆论的控制大致经历了一个由紧到松的过程，具体来说，在报刊创办方面由批准制改为注册制；在惩罚方面也趋于减轻；在查核方面由事先检查改为事后呈查。结果导致舆论失控，具有革命倾向的报刊广泛传播。② 苏全有还以邮传部官员孙宝瑄为例，论述武昌起义后清朝政府官员纷纷倒戈这一结果的生成与清末政府对舆论的控制失败有着密切关系，指出孙宝瑄作为清朝官员，在清末撰写的日记中就表现出背离清朝政府的倾向，其原因就在于通过包括人际交往和书刊在内的西学网络，受到西方民主观念的影响；正是由于舆论的失控使得作为统治阶层的官员群体思想逸轨，伴之而来的则是统治基础的萎缩。③ 至于造成清末舆论失控的原因，苏全有认为这与报律的无效、列强的庇护，以及清政府无力应对报刊界的组织化挑战等，有着直接关系。④ 此外，苏全有对清政府在应对长沙抢米和武昌起义危机中的失策，分别做了探讨和分析，批评清政府在处置长沙抢米风潮中存在如下三个方面的问题：第一，对突发事件反应失敏，预判功能缺失；第二，政府统治资源弱化，官绅关系对立；第三，地方政府临事失宜，措置失当。总之，在长沙抢米风潮中，无论是预判功能、官绅关系，还是临事措置，清政府都存在失当之处。⑤ 对于武昌起义，苏认为清朝政府在危机应对方面主要存在如下问题：

---

① 参见崔志海《美国政府对新政伊始清廷朝政的观察和反应》，《近代史研究》2010 年第 3 期。

② 参见苏全有《清末的舆论失控与政府应对》，《东岳论丛》第 31 卷第 9 期（2010 年 9 月）。

③ 参见苏全有《清末官员背离政府的成因探析——以孙宝瑄为例》，《福建论坛》（人文社会科学版）2010 年第 5 期。

④ 参见苏全有《清末舆论缘何失控》，《求索》2010 年第 12 期。

⑤ 参见苏全有《从 1910 年长沙抢米风潮看清政府的危机应对》，《历史教学》2010 年第 24 期。

危机爆发前处理发展与稳定二者关系失当，自掘坟墓，这集中体现于张之洞治鄂时期处置失当，热衷于发展个人势力；舆论失控，社会心理异化，这主要基因于清朝地方政府的懈怠玩忽职守防范不力等因素；危机爆发后，反应失敏，缺乏内聚力，无论是湖北地方政府还是中央政府，对武昌起义均缺乏敏感反应，重视不够，应对迟缓，缺乏预判，直接导致临事手足无措，应对失当，且缺乏内聚力。此外，没有争取立宪派和外国列强的支持，清朝中央及地方政府都显现出腐败无能的特征。①

（二）晚清制度史研究

就晚清制度史研究来说，清末最后十年是一个十分重要的时期。伴随新政和预备立宪运动的推行，清政府进行了大量的制度改革。围绕清末直省官制改革，中山大学的关晓红教授批评学界长期以来习惯用中央与地方的观念讨论清季新政内外官改制及其引发的矛盾纠纷，忽略了督抚反复强调元代以来行省并非地方的申辩，且多不愿成为立宪政体下的地方官吏，以及清廷所颁政令中，直省始终未成为地方行政层级的事实，指出时人套用外来政体的中央与地方概念观照清代的部院与直省，不仅与清朝集历代王朝体制之大成的设制用意形似而实异，且对清季改制及民初省制造成很大困扰，亦长期制约后人对中国政治制度史的认识。这种观念体制上中西新旧不相凿枘的纠葛，折射了制度兴革与历史文化复杂而深刻的联系，也给未来中国的改革设置了难题。② 关晓红还就晚清直省公费与吏治整顿的关系进行了专题研究，指出清代直省官员没有专项办公费用，导致陋规盛行，雍正朝已通过耗羡归公及定额发放养廉银试图补救。但咸同后官场应酬及公务需索无度，陋规津贴名目繁多，吏治腐败与财政混乱相伴而行。光宣之交，在官制改革与清理财政促动下，统一公费标准提上议事日程，但对“公费”概念认识的模糊，直接造成制度立意的偏差，为官吏化公为私提供了可乘之机。③ 彭剑则对清季行省会议厅的建立背景和过程做了考察和论述，认为会议厅是行省衙门的制度设计遭到督抚群体抵制之后退而求其次的替代品，具有抗衡民权用意。他在进行专门研究后指出，督抚群

① 参见苏全有《从武昌起义看清政府的危机应对》，《湖北大学学报》（哲学社会科学版）第37卷第6期（2010年11月）。

② 参见关晓红《清季外官改制的地方困扰》，《近代史研究》2010年第5期。

③ 参见关晓红《晚清直省公费与吏治整顿》，《历史研究》2010年第2期。

体对于设立会议厅，开始的时候并不积极，在各省官制通则公布后的两年中，只有一省设立，其他省份均在观望。但到了 1909 年咨议局第一届常会召开之前，有几个督抚设立了会议厅，其动机是为了应付即将设立的咨议局。到了 1910 年，以前没有设立会议厅的许多省，也变得热衷此事了。此中的原因，就在于在咨议局第一届常会上，咨议局对督抚的大权形成了很大的挑战，让他们切实感受到了民权的壮大对其权势的威胁，而内阁侍读学士吴士鉴猛烈攻击咨议局，并建议设立会议厅作为与咨议局对立的机关，更促使督抚们为了抗衡民权而设立会议厅。①

围绕晚清教育制度变革，相关学者也从不同角度做了一些有益探讨。汪婉以直隶为例，对晚清查学和视学制度做了深入考察，并与日本进行比较，指出近代中国地方视学制度虽源于欧美、日本，但省视学的职权范围超出了监督的一般定义，不仅对教育的内在事项（教学内容、教学方法）进行指导，而且扩大到教育的外在事项（校舍、校具、学校财政），有权检查各地学务管理机构的设置及人员配备、各地办学经费收支等，特别是省视学兼及人事权，对于不称职的教员、学堂管理员甚至劝学所总董（县视学），可商由提学使即行撤换。这一方面固然由于此一制度建立伊始职能、权限界定的模糊，另一方面也是因为符合清朝试图通过地方视学以加强中央对地方教育控制的目的。② 左松涛则对 1905 年底学部成立前总理学务大臣之下是否设置过处理兴学事务的学务处进行考辨，认为中央学务处虽然实设，但其所谓属官六处并不存在，其管理功能也难以彰显，最终被学部取代。③ 左还就清代生员的进学年龄做了考证，提出自己的观点。关于清代生员的进学年龄，目前学界一般认为平均年龄在 24 岁，左以近年出版的北京图书馆藏珍本年谱丛刊所收清人年谱为依据，通过对其中 277 位有确切记载的来自全国各地的士子考取生员时的年龄进行统计分析，得出平均年龄为 19.72（虚）岁，并指出生员进学年龄比之前估算的要低得多，提示清代科举人口的数量应重新计算，也为今人对旧时中国教育普及

① 参见彭剑《抗衡民权与清季行省会议厅的建立》,《华中师范大学学报》（人文社会科学版）第 49 卷第 2 期（2010 年 3 月）。

② 参见汪婉《晚清直隶的查学和视学制度——兼与日本比较》,《近代史研究》2010 年第 4 期。

③ 参见左松涛《清末中央设置学务处史实考》,《历史档案》2010 年第 2 期。

程度的重新认识提供了重要旁证。①

徐毅则对晚清科举经费从“福利教育”到“缴费教育”的转变过程做了颇有学术价值的考察和论述，指出清代科举经费专指清代为维护科举制度运作、由各级政府直接投入或参股合资的各项经费。清代的科举经费大致可分为乡会试士子路费、乡试考官路费、科场经费以及考后的筵赏。这些经费不仅保证了每届科考的正常举行，而且也促进了科举制度在边疆地区的推广。这些经费绝大多数由各省直接负责筹支，仅有少数经费由户部、工部给发，对于读书人来说具有“福利教育”性质。咸丰、同治以后，随着政治经济形势的变迁，科举经费也发生了巨大的变化。首先是由于清朝财力的支绌，各省都普遍压缩了奏销的科举经费，标志着清廷大规模统一实施国家“福利教育”的结束，各省开始担负起了“福利教育”的重任；同时科举经费的筹款渠道也日益多元化，不仅出现了新兴的筹款渠道，而且传统渠道在内容上也比过去更为复杂。尤其值得注意的是，地方政府在筹款中引导着越来越多的民间资金资助科举考试，这就为完全由政府财政资助的“福利教育”过渡为由民资负担的“缴费教育”提供了条件。而与筹款渠道多元化相对应的是，科举经费的构成与规模也发生了改变。在构成上，由各省自筹自支的外销经费摆脱了过去在奏销经费之外的补助和从属的地位，成了晚清支撑科举运作的主要经费来源；科举支费的规模亦大大超过了清中叶的额支规模。同时，徐毅还对清末教育改革中科举和学堂的筹款之争做了考察和分析，指出手握科举经费控制权的地方政府首先尝试移用科举经费资助学堂，继而又联名上奏要求递减科举。在各省的不断促使下，清廷最终废除了科举制。尽管不能说各省挪用科举经费的实践和呼吁是废除科举制的根本原因，但至少是加速其废除的重要动因。正是因为废科举之前的尝试，才使得清廷和各省都明白科举经费这笔巨款对筹建学堂的重要价值。科举制废除后，围绕科举经费的争夺由原先的科举与学堂之争，转变为清廷中央政府与各省地方政府之争。最后双方达成妥协，以分成的形式分润科举经费。这种分润进一步加剧了学堂经费的不足，不利于中国近代教育的大规模发展。最终，学堂只能走上要求民间资助的“缴费教育”的道路。总之，晚清地方政府对于科举经费的筹支活动，既维持了科举制的运作，延续着“福利教育”的道路，同时又推动

① 参见左松涛《清代生员的进学年龄》，《史学月刊》2010 年第 1 期。

了科举制的废除，促成了从“福利教育”到“缴费教育”的转变，具有承上启下的重要意义。①

在晚清财政制度史领域，晏爱红就清代中期关于漕粮加赋的三次政策辩论做了考察，指出清代嘉、道两朝江南有漕省份传统漕运体制的危机达于极点，漕粮应否在原额基点上加赋引起朝廷内部争议，不加赋的祖制虽一再受到挑战，却未被突破。咸丰以降，大故迭起，中国面临数千年未遇之变局，有漕省份相继更改漕务章程，原来恪守的不加赋祖制被打开缺口，鉴于完全依赖河运的漕运旧制支离破碎且已难复原，胡林翼、曾国藩、李鸿章、左宗棠等地方督抚推行穷变通久之策，重建漕运新制，而部分言官祭出祖制法宝已黯然失去昔日法力。此一改变，揭示了太平军兴前后中国社会的巨变。② 周育民根据清代档案和历史文献，对晚清鸦片厘金的起源和各省税率的沿革做了系统论述，指出清季鸦片厘金的征收实际上始于咸丰四年，至咸丰七年实际上已为咸丰帝所默认。洋药厘金自《烟台条约》生效后归海关统一征收，此后内地土药厘金税率也大幅度提高。庚子以后，土药厘金陆续改征统捐，收入激增，但为响应禁烟舆论和支持万国禁烟会议，清政府在倍增鸦片厘金的同时，取消了鸦片厘金统捐。③

在晚清法制史研究领域，史新恒就清末官制改革中各省提法使的设立做了考察，指出提法使的设置在清末不仅涉及法制改革，更是一场官场博弈。围绕提法使的隶属和权限，地方督抚与清廷中央展开激烈的争夺与博弈。由于督抚的极力争夺，最终打破了由清廷垄断提法使设置方案的设计。而以法部和宪政馆为代表的中央枢府对各省督抚的妥协，则使各省提法使失去依靠和支撑，致使其处于尴尬境地。④ 在另一篇文章中，史新恒进一步就提法使与清末审判改革的关系做了考察和论述，指出在清末法制改革的进程中，提法使试图通过自己的努力推进审判改良，在审级制度、审判程序的制度设计和律师制度的引入等方面所做的努力，虽然收效甚微，遭受挫折，折射了在清廷式微的政治生态下，整个国家宪政改革的曲折与艰难；但是，提法使的努力毕竟推进了中国传统法制向近代转型，促

① 参见徐毅《晚清科举经费研究——兼论从“福利教育”到“缴费教育”的转变》，《历史档案》2010年第1期。

② 参见晏爱红《清代中期关于漕粮加赋的三次政策辩论》，《史林》2010年第5期。

③ 参见周育民《清季鸦片厘金税率沿革述略》，《史林》2010年第2期。

④ 参见史新恒《清末官制改革与各省提法使的设立》，《求索》2010年第10期。

进了中国的法制化进程，迈出了从宣传鼓吹到走向实践的关键一步，也推进了中国法制与国际化的接轨，是中国法制改革的先声。[①] 陈兆肆则对清代自新所的演变做了较为系统的考察和分析，指出自新所创设于乾隆十年，主要收押已决窃盗再犯，旨在通过教养兼施，使窃犯迁恶为善，立意甚善，与西方新式狱制相合。嘉道以降，因吏治日弛、司法腐败，自新所逐渐沦为衙役滥押需索的利窟，呈现黑狱特征。自新所中，除了窃盗犯，还有大量被诬攀的无辜民众，因此民怨沸腾，自新所大半被勒令拆毁或毁于兵燹。晚清之际，在张之洞、黄遵宪、赵尔巽等地方士宦倡行下，自新所又逐渐复归本意，在全国各地广泛设立，并成为晚清狱制转型的本土性资源。作者认为清代自新所的流变说明"晚清狱制转型并非仅为西方新式狱制的简单移植"[②]。程郁通过对清刑律中与妾有关条法的考察，探讨妇女地位的复杂性，提出考察妇女在家族内地位时，不能只有一个性别纬度。妾的地位总体是卑贱的，但生有子女之妾，当她与子孙辈相较，或与奴婢相较时，却占据程度不同的有利地位，这时，起决定作用的是阶级或长幼身份，性别倒在其次了。中国的家族构造非常复杂，同样一个女人，身为女儿或儿媳，相对于父或舅来说自然是卑，她必须服从于父权；身为妻相对于夫也是卑，她必须服从于夫权；但相对于子女与仆妾，她便是尊，相对于普通族众，家族中权势之家的主妇也是尊，她同样可以享受别人的服从。在这些复杂的关系中，起作用的并不只是性别，还有阶级与辈分。[③] 吴佩林根据清代四川南部县衙档案，对清代地方民事纠纷的解决方式和途径提出自己的看法。传统观点认为，在清代地方社会，宗族、保甲组织对民间社会的纠纷有强大的解决功能；百姓如果要控告到衙门，则需要付出不低的诉讼成本，这是他们不愿意选择的，也与官方惯行的息讼思想相悖，因此，民事细故纠纷一般会止于民间社会。而吴在对四川南部县衙档案进行考察和研究后指出，在清代地方社会诉讼场域，人们之间的利益关系尖锐，诉讼动机也变得错综复杂；由于诉讼没到堂审阶段不一定要付出高昂的费用、调解主体没有足够的权威性、旁人或健讼之徒的搬弄是非与

① 参见史新恒《效法西方话语下的自我书写——提法使与清末审判改革》，《历史教学》2010 年第 10 期。

② 陈兆肆：《清代自新所考释——兼论晚清狱制转型的本土性》，《历史研究》2010 年第 3 期。

③ 参见程郁《由清刑律中有关妾的条法看妇女地位的复杂性》，《史林》2010 年第 6 期。

唆讼、乡民锥刀小利而兴讼、揸诈钱财、地方官员唆讼、社会经济的变化等多重原因，事实上仍有相当多的民事纠纷诉诸衙门；民间社会对纠纷的调解是有限而不是万能的。①

2011 年度

就 2011 年度国内晚清政治史研究来说，大体有以下几个特点：首先，本年度适值辛亥革命爆发 100 周年，辛亥革命研究受到学界的广泛重视，表现出强烈的“历史周年意识”。其次，研究重心表现出明显后移倾向，即学术界的研究兴趣和重点愈来愈趋向于甲午战争之后的晚清政治史，而对甲午战争之前晚清政治史的研究愈来愈趋冷清，这也表现在学界对辛亥革命和太平天国农民战争的不同反应上。尽管本年度为太平天国金田起义 160 周年，但学界的反应远没有像辛亥革命那样热烈。这固然由于这两场革命的性质和意义有别，但同时也与近年来学界晚清政治史研究兴趣后移的倾向不无关系。再者，鉴于清朝历史的特性，学界就满汉关系问题，较为集中地发表了一系列较有学术分量的论文。下面仅根据国内已公开发表的学术论文，对 2011 年度国内的晚清政治史研究做一扫描，以窥一斑。

（一）辛亥革命史研究

1911 年的辛亥革命是晚清政治史上一个具有划时代意义的重大事件，它不仅宣告了清朝的灭亡，同时也标志延续两千多年的君主专制制度的终结，在亚洲历史上创建了第一个民主共和国家，不但打开了近代中国进步的闸门，而且也具有深远的世界意义。2011 年适值辛亥革命爆发 100 周年，有关辛亥革命史的研究自然成为晚清政治史研究的一个最大热点。为纪念辛亥革命 100 周年，学术界举办了一系列学术会议，并出版了大量有关辛亥革命的著作和文献资料（有关这方面的成果，有待进一步消化，兹不申论）。但受论文发表周期的限制，同时也鉴于已往的辛亥革命史研究已比较全面和深入，就目前所能读到的已公开发表的辛亥革命论文来说，在重建史实方面似无重大学术突破。

① 参见吴佩林《清代地方民事纠纷何以闹上衙门——以清代四川南部县衙档案为中心》，《史林》2010 年第 4 期。

检视部分已公开发表的辛亥革命论文，一个明显的特点或突破是随着时代的发展和人们认识的改变，学界在看待辛亥革命相关问题上更客观、更理性。例如，对于辛亥时期革命与改良两者之间的关系，现在许多学者就不再站在革命派的立场上，将两者绝对对立起来，而认为两者是相辅相成，并行不悖的。王建朗研究员在文章中就明确指出："革命与改良并不是完全背道而驰的对立选择，革命派和立宪派都是要在中国建立起近代民主政体，要实现国家的独立和富强，只是在实现的手段上存有分歧。两者都主张扩大民权，但一个要限制君权，一个要彻底取消君权。""辛亥革命是社会各阶层踊跃参与的一场革命，它不仅是革命党人的革命，也是曾经反对过革命的立宪派所参加的革命。立宪派以他们对革命的参与表明：革命是正确的选择，现实的选择。"① 又如，对于孙中山民权主义思想中提出的通过军政、训政，臻于宪政的"革命程序"理论，以往许多论著持批评态度，认为"低估了人民群众的力量与智慧"，郭世佑则在梳理该理论的形成及其在民初的实际运作之后，加以重新评价，认为"近百年的历史进程表明，人民素质不够就是一个客观的存在，它在较大程度上制约着民国法治与宪政的成效"②，并指出辛亥革命推翻帝制之后，因受形势所迫，未经训政而试图直接进入宪政，这正是民初民主政治遭遇挫折的原因之一，孙中山本人对此也有所反思。

对于辛亥革命所宣传的民族主义思想和所进行的民族民主革命，许多学者都撰文，充分肯定它在促进中华民族共同体形成过程中所起的积极作用，认为辛亥革命"开启了中国各族人民从族类、王朝认同到现代民族国家认同的根本转变"③。或认为"辛亥革命标志着中华民族共同体建设进入了一个新的历史时期，具有新的时代特点"④。或认为"辛亥革命在中国民族关系的历史上，具有极大的现代性，是中华民族历史融合的新起点；辛

① 按：鉴于个人学识和学术评价之困难，以及其他多种原因，本综述所介绍的学术成果主要限于当年已公开发表的学术论文，未将学术专著纳入其中，且对所介绍的学术成果，一般也不做学术评价和判断。王建朗：《革命与改良：辛亥答案的再思考》，《光明日报》2011 年 10 月 31 日。

② 郭世佑：《辛亥革命与近代民权政治的两难——以孙中山的"革命程序论"为中心》，《中国法律》2011 年第 4 期。

③ 罗福惠：《辛亥革命与中华民族共同体精神的演进》，《史学月刊》2011 年第 4 期。

④ 彭南生：《辛亥遗产：中华民族共同体建构的新开端》，《史学月刊》2011 年第 4 期。

亥革命开辟了中国历史上实现民族融合、建设现代民族国家的新阶段"①。"将近代中国的民族国家认同推进到一个新的历史阶段"②。但也有学者实事求是地指出:"在立宪与革命、保皇与共和激烈交锋的辛亥革命时期,中国知识界的民族国家认同观念并非一致。主立宪保皇者与主革命者各抒己见,互有交锋,在各自的认同之路上前行,尚未交集并形成共识。""从后来的历史进程看,革命派强调种族之别的民族国家认同和相应的现实策略确有立竿见影之效,但显然不利于民族团结和中华民族整体的长远发展,所以一当清朝覆灭民国建立,革命党人便放弃了基于种族之别的民族国家认同理念,转而倡导'五族共和',认同'中华民族'。"③ 崔志海在对《民报》与《新民丛报》关于满汉问题的论战进行具体考察后,也指出以孙中山为首的革命派和以梁启超为代表的立宪派,在关于满汉关系问题上的看法和见解各有正确和谬误之处。就革命派方面而言,他们揭露满汉之间存在不平等关系,揭露满族统治者实行种族歧视和种族压迫政策,认为种族问题与晚清政治改革之间存在密切关系,不解决种族问题就不可能建立真正的立宪政治。这些都基本符合历史事实,即使梁启超也不能一概否认。但革命派为达到宣传革命排满的目的,夸大满汉畛域,将满人排除在中国人之外,将满洲排除在中国之外,集中暴露了狭隘的种族主义和大汉族主义偏见,这是极端错误的。它既忽视了中国自古以来为多民族国家这样一个历史事实,也背离了中国的国家利益。就梁启超一边来说,他为达到抵制排满革命的目的,淡化或否认满汉之间存在的不平等关系,否认当时中国存在种族问题,这都是有悖事实的,致使他在论战中处于被动地位,不得不主动退出与革命派的论战。但梁启超从他的"大民族主义"思想出发,坚持满族是中华民族的一个组成部分,坚持清朝政府为中国政府,不但克服了大汉族主义偏向,而且也摈弃了近代西方一族一国的狭隘民族主义理论,体现了一种理性的国家主义思想。他的这一论点虽然当时因有悖革命潮流而遭革命派的抨击,但最终还是被革命党人所接受;革命派在推翻清朝统治后提出的"五族共和"的主张,显然接受了梁启超的观

① 李良玉:《民族融合的新起点:纪念辛亥革命 100 周年》,《史学月刊》2011 年第 4 期。

② 许小青:《辛亥革命与近代民族国家认同》,《史学月刊》2011 年第 4 期。

③ 李 帆:《辛亥革命时期的"夷夏之辨"和民族国家认同》,《史学月刊》2011 年第 4 期。

点。不但如此，梁启超的许多观点事实上也被我们所继承和发展。①

在对辛亥革命历史意义的评价上，学术界的视野也更为宽广，国内学者比较一致地主张有必要将它既放在一个长时段加以审视，同时又放在广阔的国际视野中加以考察。其中，著名辛亥革命史研究专家章开沅先生颇有代表性地提出三个100年的观点，即总结辛亥革命前100年的中国和世界的状况，考察辛亥革命后100年来中国和世界的变化，展望今后100年中国和世界的发展和人类所遇到的问题；在此宏观背景下，重新看待和评价百年前的辛亥革命和孙中山的思想和实践，避免历史研究“碎片化”。②

另外，针对近年学术界出现的一些否定辛亥革命的论点，著名辛亥革命史研究专家金冲及先生专门撰文，对清朝统治集团最后十年的情况做了全面的考察和分析，指出从1901年辛丑条约签订到1911年辛亥革命爆发是清朝统治的最后十年；在这十年中，民族危机和社会危机日益加深，清朝统治集团为了维护其根本利益，采取了废科举、兴学堂，发展交通，改进司法制度等改革措施；还宣布预备立宪，各省相继设立了咨议局；1908年又颁布钦定宪法大纲。然而，清政府打着开办新政的旗号，增捐加税，横征暴敛，对民众进行无休止的掠夺，将专注于工商业的国内立宪派也推到了自己的对立面；辛亥革命前夕，清朝统治集团对外一味屈从，其政治腐败已到无可救药的地步，最终为民众所共弃，它的覆灭是必然的，谁也挽救不了。那种一厢情愿地认为，如果让清朝政府继续存在下去，稳步地有秩序地进行改革，中国的现代化将会来得更快些的说法，终究是纸上文章，不当不实。③

（二）满汉关系史研究

清朝与以往中国封建朝代的一个重大区别是，它是一个以少数民族统治中国的封建王朝。如何处理满汉关系始终关系清朝统治的存亡，同时也是晚清政治史研究中不可回避的热点问题之一，近年受到中外学界的特别

① 参见崔志海《辛亥时期思想界关于满汉关系问题论争的再考察——以〈民报〉和〈新民丛报〉为中心》，《史林》2011年第4期。

② 参见章开沅《辛亥百年遐想》，《近代史研究》2011年第4期。另参见金冲及《一百年前和九十年前》，步平《在时空背景下理解辛亥革命的历史意义》，《近代史研究》2011年第4期；王杰《超越百年　路在何方——“孙中山·辛亥革命研究回顾与前瞻”高峰论坛纪要》，《学术研究》2011年第4期。

③ 参见金冲及《清朝统治集团的最后十年》，《近代史研究》2011年第6期。

关注。本年度，国内学者就这个问题做了比较集中的讨论。《清史研究》2011 年第 1 期就集中发表了 8 篇与清代满汉关系有关的专题论文。其中，黄兴涛的《清代满人的“中国认同”》一文，从中国认同角度，对美国的部分新清史学者片面强调中国与大清始终为两回事的观点提出质疑，指出就清代满人的中国认同形成发展的过程与特点来看，清代满人的“中国认同”与满人自身的族群认同并不矛盾且处于不同层次；以满洲帝国称大清，严格说来并不符合入关后特别是康熙中叶以后满人正式的国家认同的实际情况。从某种意义上说，将更为广阔地区的“非汉人”族群彻底有效地陶铸成“中国人”，使他们以主人翁的姿态公开认同并满足于中国的身份，且在清末实现一定程度的现代性转换，不仅是清朝超越以往中国各王朝主导族群的“满人特性”独特作用的结晶，也恰恰正是体现其统治时期最为鲜明的“中国特性”所在，不能把“满人特性”和“中国特性”两者简单地对立起来。①

刘小萌《清代北京的旗民关系——以商铺为中心的考察》一文，以清代京师（北京）内城商铺为切入点，就旗民关系的变化做了考察，指出清朝定鼎北京之初，实行旗民分治两元体制，强迫民人迁出内城，但是却无法阻碍其重新进入，迨至嘉、道以降，清政府便完全接受民人定居内城的事实。京城经商人群的最大特点是包括旗、民两个部分；旗人经商，并与民人频繁互动，密切了彼此关系，促进了旗民分治制度的瓦解。②

姜涛《关于太平天国的“反满”问题》一文，从太平天国反满的纲领性文件、攻占南京后对旗人的屠戮以及后期反满政策的转变三方面进行考察，认为太平天国决策者对旗人的屠杀，是出于“非我族类”的仇恨，但此举并未得到汉人的一致拥护；该项政策在攻占南京后即已有所改变，忠王李秀成已能理性对待旗员旗兵，但当时太平天国已实力大衰，难以给政策调整留下较大空间。③

李细珠对光绪三十三年（1907）慈禧太后化除满汉畛域懿旨出台的背景，官绅奏议讨论的问题及其应对之策，以及清廷满汉政策的新变化做了具体考察，认为在预备立宪时期，清廷试图化除满汉畛域，对满汉政策做

① 参见黄兴涛《清代满人的“中国认同”》，《清史研究》2011 年第 1 期。

② 参见刘小萌《清代北京的旗民关系——以商铺为中心的考察》，《清史研究》2011 年第 1 期。

③ 参见姜涛《关于太平天国的“反满”问题》，《清史研究》2011 年第 1 期。

出调整，但因种种因素制约，并未切实施行，也未收到预期效果，致使难逃覆亡命运。①

贾艳丽对辛亥革命爆发后满族旗人的反应及满汉关系的调整做了深入的考察，指出革命党人的排满宣传使得满人在武昌起义爆发后产生恐慌，而部分旗人和旗人官员排汉报复措施也加剧了部分地区的满汉矛盾；虽然革命党纠正宣传中的偏颇和调整革命初期的错误做法，部分缓和了满汉矛盾，但旗人仍有恐惧和矛盾心理及反复行为；革命党人处理旗营旗产、筹划旗丁生计政策，虽然消除了旗人特权，使旗人逐步走上自食其力的道路，但由此在旗人心中留下的感情伤痛仍不容忽视。②

值得一提的是，中国社会科学院近代史研究所政治史研究室还专门就清代满汉关系问题编辑出版《清代满汉关系研究》一书。该书共收录 41 篇相关论文，内容涉及有清一代不同时期满汉关系的各个不同侧面，诸如军事关系、政治关系、经济关系、社会关系和文化关系等，这是国内学术界有关清代满汉关系的第一部学术论集。③

（三）中外政治关系研究

晚清中国与以往历史的另一重大区别在于，晚清中国历史是近代世界历史的一个有机组成部分，与外部世界发生密切关系，中外关系始终是晚清政治史研究中一个重要领域。本年度，相关刊物发表了几篇比较有学术价值的论文。如陈开科利用俄文档案和文献资料，通过考察 1805—1806 年俄国戈洛夫金使团访华事件，对 18、19 世纪之交中俄关系所发生的重大转折做了深刻的揭示和分析，指出通过戈洛夫金使团访华事件，俄国 19 世纪的对华政策基本形成，逐渐获得对华外交优势，而清朝则慢慢丧失了对俄外交的优势，为 19 世纪中叶丧权失地的外交悲剧埋下伏笔。在这次外交事件中，戈洛夫金使团没有成功实现访华，俄国失败的只是一个使团，而中国失败的则是整个外交。④

---

① 参见李细珠《清末预备立宪时期的平满汉畛域思想与满汉政策的新变化——以光绪三十三年之满汉问题奏议为中心的探讨》，《民族研究》2011 年第 3 期。

② 参见贾艳丽《辛亥革命中的满汉冲突与调适》，《清史研究》2011 年第 3 期。

③ 参见中国社会科学院近代史研究所政治史研究室编《清代满汉关系研究》，社会科学文献出版社 2011 年版。

④ 参见陈开科《失败的使团与失败的外交——嘉庆十年中俄交涉述论》，《近代史研究》2011 年第 4 期。

孔祥吉和日本学者村田雄二郎合作撰写的《日本机密档案中白云观与高道士》一文，通过利用日本外务省所藏档案资料并结合相关中文档案和文献资料，具体揭示了同光时期俄国和日本的外交官如何通过与白云观第二十代方丈高仁峒建立关系，利用高仁峒与清廷高层太监的关系，刺探清廷上层情报，并通过太监李莲英等人，试图对慈禧太后施加影响，为本国谋取利益的种种内幕，同时也揭示了同光时期白云观道士与清廷太监和慈禧太后之间鲜为人知的关系。① 需要指出的是，有关近代欧、美、日、俄等列强在中国的间谍活动，这是以往晚清中外关系史研究中的一个薄弱环节，很值得做进一步开拓。

中国与周边国家宗藩关系的终结，是晚清中外政治关系史研究中的一个重要课题。就中越宗藩关系的终结来说，以前学界一般认为系是中法战争的结果，而王志强和权赫秀通过对从 1883 年越南来华使团的考察，认为该使团访华谈判解决越南问题的失败，事实上宣告了中越宗藩关系的终结。他们指出，1883 年越南政府经过与清政府的协商与沟通，派出以范慎遹、阮述为代表的使团来华，以备李鸿章与法国驻华公使宝海谈判时咨询，并与清朝议决越事。尽管由于李、宝谈判破裂等原因，越南政府的遣使未能取得实质性的成效，但仍不失为中法战争前夕中法越三方唯一也是最后一次就越南问题展开多边协商与交涉的尝试。这一事件揭示了中法战争前夕中越宗藩关系新的变化，表明中越宗藩关系的终结并不仅仅有赖于法国侵略势力的外来冲击，同时也有来自中越双方的内在需求与动因。②

1894—1895 年的中日甲午战争是近代东亚国际关系史上的一个转折点，其影响绝不限于中日两国，当时与东亚有关的列强都不同程度卷入其中。崔志海利用公开出版的美、日、法和中、韩等国的外交文件，就美国政府对中日甲午战争的态度和反应做了系统考察，指出在 1894—1895 年的中日甲午战争中，美国表面声称中立，实际却偏袒日本：战前一再拒绝中、朝两国的调停请求和英国的联合调停建议，默认或怂恿日本发动战争；战争期间，美国外交官作为中日两国侨民的战时保护人，一再逸出国际法合理范围，曲意保护在华日本间谍；作为中日两国的唯一调停者，美

① 参见孔祥吉、村田雄二郎《日本机密档案中白云观与高道士》，《福建论坛》（人文社会科学版）2011 年第 1 期。

② 参见王志强、权赫秀《从 1883 年越南遣使来华看中越宗藩关系的终结》，《史林》2011 年第 2 期。

国一方面拒绝与欧洲国家联合调停，为日本继续发动战争减轻国际压力，另一方面又单方面劝说清朝政府接受日本的各项侵略要求，帮助日本实现发动战争的目的。同时，他还对美国政府在战争中偏袒日本的原因做了具体分析，指出美国偏袒日本的原因，主要是希望借日本之手废除中朝宗藩关系，进一步打开中国大门，同时利用日本削弱英国、俄国等在东亚的影响力，此外，也是受国内舆论和偏见的影响。美国在中日甲午战争中奉行的亲日政策，虽然没有直接侵害中国，但无疑为日本发动对中国的战争提供了有力的外交支持，违背了美国声称的对华友好政策。然而，后来的历史表明，美国希望利用日本来实现其东亚政策，并不是一个十分正确的选择。①

1910 年的日韩合并，是 20 世纪初年东亚历史上的一个重大事件。李细珠研究员就该历史事件对清末立宪运动的影响做了详尽的考察和分析，指出面对日韩合并的国际形势，中国朝野反应强烈。中国人民在同情韩国的灭亡与谴责日本殖民侵略行径的同时，更多的是进行自身的反省以及对中国内政改革的诉求。无论是立宪派，还是清政府官员，乃至于一般民间舆论，大都注目于立宪。由于日韩合并加重了中国民族危机，在各种宪政势力的压力之下，清廷也被迫调整了宪政改革的策略，缩短了预备立宪的期限，在一定程度上加速了宪政改革的进程，但并没有取得挽救清王朝命运的实在效用。②

（四）历史事件与人物研究

除了辛亥革命爆发 100 周年而使学界广泛重视政治史外，本年度也是太平天国金田起义爆发 160 周年。虽然太平天国史的研究没有像辛亥革命那样受到学界的重视，但也还是有所反应，其中，《近代史研究》发表了 3 篇与太平天国时期历史有关的较有学术分量的论文。一是吴善中的《太平天国圣库制度辨正》，就如何正确理解和认识太平天国圣库制度做了进一步的细致考辨和分析，并提出自己的观点。指出初期太平天国的圣库是指收藏钱粮衣物等物品的库仓、公仓；但稍后，太平天国一方面仅将收藏金钱、衣物等贵重物品的库仓称为“圣库”，设总圣库、典圣库等官员管

---

① 参见崔志海《美国政府与中日甲午战争》，《历史研究》2011 年第 2 期。

② 参见李细珠《日韩合并与清末宪政改革》，《近代史研究》2011 年第 4 期。

理；而收藏粮食的仓库被称为“圣粮馆（衙）”，设总圣粮、典圣粮管理；收藏油盐的仓库被称为“油盐馆（衙）”，设典油盐管理等；另一方面，太平天国却又一直沿用初期圣库的概念，将其所有的仓库称作“圣库”，这就造成了学界对太平天国“圣库”理解上的混乱。太平天国既然一直将所有公共拥有的仓库称为“圣库”，那么，将公共生活必需品的供给制度称为“圣库制度”，是可以成立的。《天朝田亩制度》中的“国库”就是“圣库”。而过去学者们认为圣库制度是一种“军事共产主义式的分配制度”，也仍是说得通的。[①] 另一篇论文为唐晓涛的《神明的正统性与社、庙组织的地域性——拜上帝会毁庙事件的社会史考察》，该文改变以往学界多从信仰上帝为独一真神、反对偶像崇拜角度，对太平天国拜上帝会毁庙事件的性质和渊源所进行的解释，转而依据实地调查及对各类官私文献，从地方历史背景进行重新解读，指出在明清国家正统文化秩序确立的过程中，浔州府地方往往将社、庙神明“正统化”，并依赖其来维系既有地方社会秩序，清中后期更以社、庙祭祀为中心形成了村落联盟组织。这样的地方信仰及组织深刻影响了拜上帝会的形成。在与“正统”神明崇祀及村落联盟组织的激烈斗争背景下，拜上帝会一系列的毁庙举动，表面上以打破民间偶像崇拜为旗号，实际上蕴含了对抗当地村落联盟等地方组织的族群政治意义。这从一个侧面说明，太平天国的发生发展有其更为复杂的地方历史背景。[②] 此外，《近代史研究》2011 年第 3 期还刊载崔岷的《“靖乱适所以致乱”：咸同之际山东的团练之乱》一文，对太平天国时期山东团练的兴办及致乱之由做了考察和分析，指出作为咸同之际团练“靖乱适所以致乱”的缩影，山东团练频繁侵夺以往为州县官掌握的征税和司法权，从而引发了团练与官府间的激烈冲突。这一出乎官方意料的结果有其复杂的成因：除绅民自身的利益诉求和反抗官府盘剥的动机外，清廷的团费自筹与“督办团练大臣”政策、官僚制度对州县官的制约同样促成了团练之乱的发生。团练之乱在严重侵害官府利益和权威的同时，亦引起传统社会结构与社会控制的显著变动。经过团练之乱，绅士与国家的疏离已相当明显，并为双方未来种种冲突埋下了伏笔。[③]

① 参见吴善中《太平天国圣库制度辨正》，《近代史研究》2011 年第 1 期。

② 参见唐晓涛《神明的正统性与社、庙组织的地域性——拜上帝会毁庙事件的社会史考察》，《近代史研究》2011 年第 3 期。

③ 参见崔岷《“靖乱适所以致乱”：咸同之际山东的团练之乱》，《近代史研究》2011 年第 3 期。

再者，承2010年义和团运动爆发100周年之余绪，有关学者就义和团运动中亲庆王奕劻和清朝官员李秉衡两位历史人物的评价问题进行了有益的探讨。孔祥吉的《奕劻在义和团运动中的庐山真面目》一文，根据新发现的档案史料，对奕劻在义和团运动中的表现提出新的见解，指出在义和团高潮期间的奕劻表现并非以往学术所认为的那样，因主张"剿团"而与慈禧太后关系十分紧张，以至后者欲杀前者，相反，事实是从戊戌维新到义和团前后，奕劻一直为慈禧出谋划策，对慈禧言听计从，并因此一直受到慈禧的器重，在光绪二十九年荣禄去世后成为集内外大权于一身、权倾中外的领班军机大臣。[①] 而在李秉衡历史人物评价问题上，孔祥吉和戴海斌提出两种不同意见。孔祥吉根据档案和文献资料，指出慈禧在决定对列强宣战后急切召李秉衡进京，源于守旧势力的荐举；而李秉衡在率部北上途中，攻毁教堂，入京后，迟迟未赴前线，先后五次被慈禧召见，与义和团一起围攻使馆，并陷害主和派，导致慈禧、徐桐、刚毅等顽固派将许景澄、袁昶等杀害；李秉衡在义和团运动中的行为，与守旧派的愚昧排外政策有着千丝万缕的联系，不宜将李秉衡在义和团运动中的行为看作爱国之举加以肯定。[②] 戴海斌则在考察李秉衡在庚子事变的表现后提出相反观点，认为李秉衡以"纾君父之难"为要义，心怀报效之忱，反对侵略，力主战议，在因应时变的策略上，与李鸿章、张之洞等人明显拉开了距离，"忠君爱国"确为其思想本质，但"庇拳仇洋"未必是历史事实。[③]

在历史事件与人物研究方面，茅海建继2010年就戊戌变法期间张之洞动向推出"张之洞档案"阅读笔记系列第一、第二篇之后，本年度又在《中华文史论丛》上发表3篇该系列论文。其中，《戊戌政变前后张之洞与京、津、沪的密电往来》一文对戊戌政变前后张之洞在北京的政治情报网络做了具体描述[④]；《张之洞与〈时务报〉、〈昌言报〉——兼论张之洞与黄遵宪的关系》一文，则对在《时务报》控制权之争中张之洞如何通过与

① 参见孔祥吉《奕劻在义和团运动中的庐山真面目》，《近代史研究》2011年第5期。

② 参见孔祥吉《义和团运动中李秉衡的言行考察》，《清史研究》2011年第3期。

③ 参见戴海斌《"误国之忠臣"？——再论庚子事变中的李秉衡》，《清史研究》2011年第3期。

④ 参见茅海建《戊戌政变前后张之洞与京、津、沪的密电往来》，《中华文史论丛》2011年第1期。

汪康年的密切关系，支持汪控制《时务报》使之不落入康有为和梁启超之手的细节做了具体揭示，并对张之洞与黄遵宪的关系做了深入考察[①]。《张之洞与陈宝箴及湖南维新运动》一文，对张之洞与陈宝箴自光绪十二年至二十四年的交谊做了详细的考察和论述，指出陈宝箴是张之洞志同道合的僚属和政治盟友，且在学术思想与政治思想上两人亦大体一致。张之洞对《湘学报》及湖南维新运动的干预，陈宝箴都予以支持和配合。两人共同上奏了废八股的科举改制奏折，暗中有抵制康有为学说之意。陈宝箴上奏要求下旨康有为将《孔子改制考》自行毁板，并在变法最关键时刻提议召张之洞入京，主持朝政。由于御史黄均隆的不实弹章，慈禧太后误以为陈宝箴曾保举康有为而将之革职，张之洞根据陈宝箴的请求，保全了长沙试办的保卫局。[②] 这些专题论文资料翔实，考证严密，深化了张之洞人物和戊戌年间政局的研究。

1909 年 1 月 2 日摄政王载沣驱袁，是辛亥革命前夕清廷内部发生的一个重大政治事件，它直接影响了清末民初中国政局的演变。对于这场历史事件产生的背景及经过，崔志海利用美国档案资料，同时结合相关中文文献资料，从内政和外交两个纬度做了重新诠释，提出以下观点：第一，驱袁事件首先为清廷内部的一场权力斗争，其实质是以摄政王为首的满族亲贵借机打击和削弱袁世凯的北洋势力，以确保其权力不受威胁；那种以袁氏确有足疾为由，认为载沣让袁世凯回籍养疴是一个正常的事件，并不涉及权力斗争或什么阴谋的观点难以成立。第二，载沣驱袁与当时清廷联美制日外交的失败有着直接关系；联美制日外交的失败直接导致袁世凯在朝中失势，并为袁的政敌要求他下台提供了借口，成为载沣驱袁的导火线。第三，在驱袁事件发生之后，载沣之所以没有进一步加罪惩处袁世凯及其党羽，这固然由于载沣本人性格优柔寡断、缺乏政治斗争经验，以及慑于袁世凯培植的北洋势力，但同时与列强尤其是美国政府的强力干预有着密切关系。第四，由于袁世凯的影响力，围绕袁世凯复出的斗争几乎在驱袁事件爆发之际就在朝廷内外展开，并与中美日三国外交关系纠结在一起；而在重新起用袁世凯问题上，载沣一直十分慎重，持抵制态度，并不愿让

① 参见茅海建《张之洞与〈时务报〉、〈昌言报〉——兼论张之洞与黄遵宪的关系》，《中华文史论丛》2011 年第 2 期。

② 参见茅海建《张之洞与陈宝箴及湖南维新运动》，《中华文史论丛》2011 年第 3 期。

袁复出。第五，就几个主要列强来说，它们对载沣驱袁的态度和反应其实并不一致，日本和俄国实际上持欢迎和支持态度，欧美国家尤其是美国和英国则极力反对。日本之所以支持罢黜袁世凯，主要因为袁世凯推行的联美制日外交政策妨碍了日本对中国东三省的侵略。而美国当时力挺袁世凯，一则为清政府的改革政策保驾护航，担心载沣驱袁导致清末新政发生逆转；二则在外交上压制清廷内的亲日派势力，抵制日本对清朝政府的控制及有利于美国与日本在中国东三省的争夺。第六，外国列强虽然对载沣驱袁事件的结局施加了影响，阻止了载沣将驱袁事件扩大化，但驱袁事件毕竟是清廷内政，列强的影响又是有限度的；载沣最终重新起用袁世凯，主要出于国内因素，以应付国内的革命危机。总之，载沣驱袁事件首先是清廷内部的一场权力斗争，同时也受国际因素的影响，与当时中、美、日三国之间的外交有着十分微妙的关系；在载沣驱袁权力斗争的历史背后，同时也浮现出日、美两国较量的影子。①

（五）晚清制度史研究

与前二年相比，本年度学界发表的与晚清制度史有关的论文数量有所减少，比较突出的是中山大学的关晓红教授在多年从事清末官制改革研究的基础上，本年度又发表4篇相关论文。其中，《晚清局所与清末政体变革》一文对晚清局所产生的渊源、类别，以及对规制的冲击和新政期间局所的改造等进行了系统考察和论述，指出晚清局所适内忧外患之变局而出现，为平定战乱与善后筹措赔款的应急措施。咸同以后局所膨胀与捐纳保举泛滥及行政新事务的扩展相交织，形成了由督抚掌控的非正式行政机构，造成了官与差名义与实权相分离的局面，加剧了吏治腐败与财政困窘。清廷三令五申裁撤而未能显效，客观上削弱了其分权制衡的掌控力。局所泛滥的乱象背后，既隐伏着各级政府对社会变动下既有政体结构与职能如何调整的角力，同时也掩盖了局所在接引新知与发展新兴事业方面曾起过的重要推动作用。丙午官制改革与清理财政，以司道改制的方式归并局所功能，使之纳入职官体制，直省行政由此根本改变。②《清季外官改制的试办与成效》一文，对清末东三省、直隶、江苏直省官制改革试办情况

① 参见崔志海《摄政王载沣驱袁事件再研究》，《近代史研究》2011年第6期。

② 参见关晓红《晚清局所与清末政体变革》，《近代史研究》2011年第5期。

做了具体考察和分析，认为直省官制改革因地区差异及改制期间各自遭遇不同困难，试办省区改革启动时间进展及具体实施情形差别甚大，或由先行变为后进，或频遭朝野舆论抨击，动机与效果的相悖虽最终出乎清廷预料，但作为改制先驱，其得失成败仍为政体改革提供了诸多宝贵的经验教训。[①]《清季府厅州县改制》一文对清末府厅州县改制做了具体考察和分析，并给予积极评价，指出尽管各地进展参差且不乏敷衍塞责，但与新政前比较仍有不容置疑的变化，不少地区增加了佐治官，在倡导学堂教育、推动实业发展、普及巡警与加强治安方面均有所作为；为数不少的州县相继成立了议事会、董事会，对宪政知识的传播普及起到积极作用，移风易俗方面亦有成绩可观。清季官治与自治并举，一定程度上使府厅州县的绅权得到扩张，民权得到初步启蒙，为清季民初的政治活跃创造了条件。[②]《终结科举制的设计与遗留问题》一文对清末终结科举制的设计及其弊端做了具体考察和分析，认为清末科举制以立停方式宣告终结，纳科举于学堂，使抡才与培才合一的设计，非但难以达到中西兼容之目的，反而造成学堂的诸多弊端，导致朝野对新教育的不满；科举制是清王朝维护纲常的重要载体，具有道德教化和文化传承的功能，清末学堂教育与取材选官则较多强调办事能力，忽视做人品质的培养。立停科举后，于此未能找到有效的接续方式，伦理社会失去道德支撑，秩序失范，在思想文化活跃的同时乱象纷呈，留下了难解的世纪命题。[③] 关文所做的研究，有助于深化对清季政体变制和社会转型复杂性的认识。

暨南大学的刘增合教授就清季中央对外省的财政清查做了考察，指出宣统年间清廷实行中央财政集权，制定了强行核查外省财政的政策，通过向各省派遣财政监理官和设立清理财政局，全面清查外销陋规等匿报之款。外省督抚司道面对强力核查的压力，则由抵触敷衍逐步趋向奉令配合。监理官在克服各种阻力后，督责各省限时清查，全面上报。大规模清查的结果显示，各省隐匿之款绝大部分上报，财政总量大大超过以往。清查财政的行动虽具有重大意义，然而持续效果却受到各种制度改革缺陷的

---

① 参见关晓红《清季外官改制的试办与成效》，《史学月刊》2011 年第 11 期。

② 参见关晓红《清季府厅州县改制》，《学术研究》2011 年第 9 期。

③ 参见关晓红《终结科举制的设计与遗留问题》，《中山大学学报》（社会科学版）2011 年第 5 期。

影响，近代预算制度的建立尚须经受各种考验。①

史新恒对清末提法使官制在晚清官制和法制改革中的意义做了进一步论述，指出提法使作为承上启下衔接司法与行政的枢纽机构，在清廷法制改革的制度设计中具有重要的位置。自从提法使被确定筹设之日起，其运行机制的健全与完善也逐步开始，其中废除传统的书吏和库役制度，通过分科改制实现向西方科层制的转变，从而实现机构运行体制的近代化，是其重要目标和环节之一。这项举措既是建构提法使官制的目标，也是从按察使到提法使过渡的实现路径，并最终使提法使衙门摆脱了按察使旧制，从而出现了一种新气象，不仅有力地改善了提法使衙门自身的运行实效，同时也推动了清廷整个法制改革的进程。②

在晚清官制中，总理衙门作为清政府的外交机构，处于十分重要位置。李文杰对晚清总理衙门章京考试的要求、程序、内容、效果、特点以及该考试在40年间的演变等问题做了比较系统的考论，指出总理衙门建立后，其章京通过考试，从内阁和部院司员中进行选拔。总理衙门早期考试制度系模仿军机处而来，考题内容源自经史典籍，后来则改试经世性较强的策问。章京考试的报考人数在40年间经历了由少到多的变化，人们对章京考试的态度也经历了一个从轻视到逐步接受，到最后积极报考的过程。该项研究有助于揭示晚清时期“隐持”外交权力的庞大中层官员的来源和素质，深化对中国近代外交制度的认识。③

纵观2011年度的晚清政治史研究，一些比较有学术价值的论文无不建立在挖掘和利用大量史料基础上。而近年随着对外学术交流的增加，愈来愈多的海外资料被国内学者挖掘和利用，同时受国家清史编纂项目的资助，国内也有愈来愈多的晚清档案和文献资料陆续出版，所有这些都为晚清政治史研究的深入提供了新的动力。可以说，晚清政治史虽然是一个比较成熟的学科，但在新的历史条件下，仍然有着广泛的研究空间。

（崔志海）

① 参见刘增合《清季中央对外省的财政清查》，《近代史研究》2011年第6期。

② 参见史新恒《分科改制：提法使官制向近代科层制的演进》，《求索》2011年第6期。

③ 参见李文杰《晚清总理衙门的章京考试——兼论科举制度下外交官的选任》，《近代史研究》2011年第2期。

第二章

近代经济史

2009年度

2009年的中国近代经济史研究，呈现出一个显著特点：经济史和社会史、政治史、文化史研究方法的结合运用成为一种潮流，并产生了较高水平的论著。具体来看，财政金融方面的研究仍是经济史研究的一个热点，“三农”问题得到学者的持续关注，资产阶级问题和企业史研究新见迭出，商人团体史及经济思想史研究也有所突破。

（一）财政金融研究

陈锋与刘增合不约而同地聚焦到晚清财政预算制度的研究。陈锋指出，清末预算是接受西方预算思想和预算制度的产物，具有明显的近代色彩，与中国古代的所谓“预算”完全不同。甲午战争后，国人对西方预算制度的认识以及在中国的具体实行条件则经历了一个由浅及深的认知过程。陈文对1908年预算制度正式实施时的相关条文亦有详尽的描述和解析。[①] 可见，陈文有关清末预算制度的研究重点在国人的宣传接受过程和政府的实行方针。刘增合着重关注的是预算制度作为一种西式新制，如何移植、嫁接到中国旧有的财政体系中，其中又面临着怎样的困境和引发了何种后果。刘文的结论是：“清季对预算制度的移植，虽以知识接引与观念变嬗为先导，但却受制于旧制土壤的规约。道光中叶以降，旧制趋于式微，光宣时期甚至病入骨髓，但在理财新制嫁接之际，尚具有顽强的排异力度，可见旧制陈规仍有不可忽视的规约力量，最终只能形成‘旧制未废，新制初立’这样犬牙交错的格局。这一现象提示人们：制度变迁中新旧两种制度的较量绝非凯歌行进那样顺利，新知识、新观念虽拥有至强的

---

① 参见陈锋《晚清财政预算的酝酿与实施》，《江汉论坛》2009年第1期。

生命力，而能否驱除旧制、建立新制，决定的因素却不仅仅局限于知识和观念变动本身。”① 刘文从政治史、社会史的视角来深入研究经济制度新旧更替中的种种现象，发人深思。

燕红忠借鉴美国学者戈德史密斯在《金融结构与金融发展》一书中所建立的指标体系，从数量指标的角度探讨了近代中国50年间（1887—1936年）的金融发展进程及其结构变化。该文的研究表明，近代中国金融的大发展主要出现在1921—1936年间，这一时期衡量金融发展的各项指标都得到了迅速提高，金融的内部结构也得到很大优化。但由于起点低、维持增长的时间较短，至1936年中国金融发展的层次和水平都落后于主要资本主义国家半个多世纪。②

在民国成立后的最初10余年内，先后有中法实业、中华汇业、中华懋业、华义、华威等20多家中外合资银行设立。李一翔认为这些银行虽然经济实力较为雄厚，还享有一定的政治特权，而且在一段时间内也曾获得了程度不等的发展，但大多数银行的经营仍然不成功，最后被迫陷入停业倒闭的境地。其原因十分复杂，作者试图给出一些合理的解释。③

万立明研究了南京国民政府时期中央银行票据清算职能的演变。其研究表明，集中主持票据交换与清算是中央银行的一项基本职能，但南京国民政府时期中央银行票据清算职能的建立与完善却相当迟缓。上海票据交换所并非由中央银行主办，而是由战前的商办民营发展到战后在政府银行监控下的民营。上海票据交换所与中央银行的关系存在着从游离、应邀加入到战时退出几个阶段。在大后方，中央银行开始尝试自行主办并逐步推广票据交换业务。直到战后，中央银行主持全国票据清算的职能才最终确立，其他城市均由当地中央银行分行集中办理票据交换，唯独上海是由中央银行委托上海票据交换所办理全市的票据清算业务。由此可见，在中央银行实力微弱、中央银行制度极不完善的情况下，以各商业银行为代表的民间力量自有其发展的特殊面相。④

---

① 刘增合：《西方预算制度与清季财政改制》，《历史研究》2009年第2期，第104—105页。

② 参见燕红忠《近代中国金融发展水平研究》，《经济研究》2009年第5期。

③ 参见李一翔《论民国时期的中外合资银行》，《史林》2009年第1期。

④ 参见万立明《南京国民政府时期中央银行票据清算职能的演变》，《近代史研究》2009年第5期。万立明与此文相关的专著《上海票据交换所研究（1933—1951）》，也于2009年由上海人民出版社出版。该书对上海票据交换所的创立与初步发展、勉力维持、改组和拓展、停业、新中国成立后重新复业等进行了全面分析。同时深入研究了上海票据交换所的组织结构、管理与运作、票据交换制度的变迁等，以及与银钱业同业团体、金融管理当局之间的关系。

杜恂诚用新方法测算了 20 世纪 30 年代中国经济的货币化程度，认为它是稳步增长的。在大萧条波及中国的情况下，中国银行、交通银行等核心金融机构力挺工商业的发展，加上金融同行业的制度创新和政府对中交两行接管初期的某种督促，保持了货币供给的增加，使中国市场较快走出困境。但政府在改组金融业与进行法币改革时，没有建立约束自身行为的制度和机制，在度过经济危机的同时也埋下了负面的种子。①

郑会欣全面收集了藏于中国大陆、中国台湾和美国三地的原始档案，结合政治史视角，深入分析 1942 年美金公债舞弊案的发生与处理经过，特别是全面介绍了孔祥熙涉嫌卷入这一舞弊案的证据以及蒋介石在处理该案过程中的矛盾心理。作者指出，蒋介石在严惩腐败与维护“党国”统治、家族声誉之间，最终不得不选择了后者。而蒋的这种选择正是抗战后国民党内贪污腐败情形愈加严重，国民党最终丧失大陆政权的重要原因。②

近代财政研究领域还有两本值得关注的专著出版。一是潘国旗的《近代中国地方公债研究——以江浙沪为例》，详细研究了中国地方公债的起源以及江苏省、浙江省和上海市的地方公债。作者一方面运用历史学实证分析方法，对每笔公债的产生背景、发行过程和偿还等情况进行了阐述；另一方面采用经济学和统计学的方法，对地方公债进行计量研究和定量分析。同时，本书还对近代中国地方公债前后各阶段进行纵向比较，又对同一时期江浙沪的地方公债进行横向比较，找出异同，以期探寻近代中国地方公债运行的规律。③

二是潘健的《汪伪政权财政研究》，从“政治—经济史”视角探讨了汪伪政权财政独立自主权的缺失，论证了政权的傀儡性质。该书依据中国第二历史档案馆、上海市档案馆的大量资料，从汪伪政权的财政收支状况由“结余颇多—收支平衡—入不敷出—彻底崩溃”的变化历程入手，对汪伪政权财政的特点及其财政与日本对外侵略政策间的关系做了开拓性研究。该书最终揭示了汪伪政权受制于日本对华侵略政策，服务于日本侵略战争总体需要这一根本特征。④

---

① 参见杜恂诚《货币、货币化与萧条时期的货币供给——20 世纪 30 年代中国经济走出困局回顾》，《财经研究》2009 年第 3 期。

② 参见郑会欣《美金公债舞弊案的发生及处理经过》，《历史研究》2009 年第 4 期。

③ 参见潘国旗《近代中国地方公债研究：以江浙沪为例》，浙江大学出版社 2009 年版。

④ 参见潘健《汪伪政权财政研究》，中国社会科学出版社 2009 年版。

（二）“三农”问题研究

黄正林研究了此前较少为学界关注的民国时期甘肃农家经济。他认为，甘肃虽然地广人稀，但由于自然环境等原因，农家田场面积依然狭小，而且土地十分散碎，成为制约甘肃农家经济发展的主要因素之一。由于单靠土地无法满足农家生活需求，副业就成为农家分解剩余劳动力、补充家庭生活不足的重要手段，而且农家土地越是不足，分流剩余劳动力的能力越强，说明黄宗智提出的“过密化”理论并不适合甘肃地区。在地权分配中，甘肃传统的农业区域土地并不十分集中，以自耕农经济为主；在宗教、土司、官僚势力比较强的地区，地权相对集中，佃农比例也较高。作者还特别指出，民国时期构成甘肃农村社会的主要矛盾并不是地主和农民之间的矛盾，而是地方政府和军阀与农民之间的矛盾。[①] 这说明，甘肃农家经济既有与全国农村经济相同的一面，又有其差异性。

在农村金融方面，刘克祥有关农村钱庄业的研究又有了后续成果。继2008年研究农村钱庄的兴衰过程和地理分布后，2009年他又利用上百种地方志史料探讨了农村钱庄的资本结构和资本规模，并总结出农村钱庄资本经营的三个特点：第一，农村钱庄多由地主豪绅、商户开办或兼营，大部分并非专营钱庄金融业务，而是同时兼营甚至主营农产品收购、加工、贩运和其他商贸业务。第二，相当部分钱庄的金融业务或商贸活动，都带有不同程度的投机性和欺诈性。第三，存放款乃至庄票发行、汇兑，均带有程度不同的传统高利贷性质。[②]

在租佃关系方面，张玮以1942年张闻天的调查为中心，考察了抗战爆发后晋西北的租佃形式、租额与租率的变动。在中共的政治压力下，地主为避免减租，或把减租的损失降低到最小程度，纷纷采取诸如对原租佃形式进行改头换面的包装等各种应对办法，从而使中共减租政策受到严重挑战。[③] 李德英考察了抗日战争胜利后四川省的“二五减租”运动。“二

① 参见黄正林《民国时期甘肃农家经济研究——以20世纪30—40年代为中心》，《中国农史》2009年第1、2期。

② 参见刘克祥《近代农村钱庄的资本经营及其特点——近代农村钱庄业探索之二》，《中国经济史研究》2009年第3期。

③ 参见张玮《抗战时期晋西北的地租、租率及其变动——以1942年张闻天调查为中心的考察》，《中国经济史研究》2009年第3期。

五减租”本是政府希望帮助佃农、使农村租佃关系更为公正合理的一项重要政策，但在实际执行过程中，却出现了租佃纠纷非常频繁的状况，农村社会陷入不稳定状态中，减租运动最后无疾而终。作者深入探讨了减租运动失败的原因，认为一是减租运动的执行主要依靠各县政府、乡镇的力量，而减租削弱的可能正是这些人的利益，所以他们的态度并不坚决；二是租佃制度是几千年形成的民间契约制度，各地情况千差万别，减租运动以北伐时期的浙江经验为模式，将复杂的问题简单化；三是政府颁布的相关规定有不尽合理之处，不少存在歧义，执行起来自相矛盾。①

在农业生态方面，王建革利用上海松江地区的大量地方志史料，选取华阳桥乡为个案，研究了水利、肥料和土壤之间的生态联系，反映了近代江南农村传统农业生态的变化。特别是 1950—1960 年间，水、肥、土三个要素发生了巨大变化，包括水面整治、大积土杂肥、改变耕作制度，由此引起了土壤生态先向结构良性后向积水变坏的方向发展。作者提出如何重建或恢复传统的江南生态，当是政府考虑的一个迫切问题。②

在农村工业方面，日本学者顾琳历经 20 余年的努力，推出专著《中国的经济革命：二十世纪的乡村工业》，考察了河北高阳工业区从 20 世纪初直到 90 年代近一个世纪的发展历程。其深层意义在于解读中国乡村小企业的运行机制，以及它所代表的另一条实现经济增长的路径。作者把高阳的经验作为乡村工业增长的一种模式，重点从两个维度进行了探讨：一是企业家和企业个体的经营活动，包括融资方式、企业组织形式、销售策略等。二是产业组织的结构，即工业区建立和发展的基本要素与作用。作者认为，抗战胜利后以及改革开放期间高阳乡村工业体系的重建，是对乡村企业家的行动与乡村工业区这种组织形式的活力的认可。③

（三）资产阶级问题再研究与企业史研究

朱浒引入社会史研究的广阔视野，对洋务企业中的一个活跃群体即江

---

① 参见李德英《生存与公正：“二五减租”运动中四川农村租佃关系探讨》，《史林》2009 年第 1 期。

② 参见王建革《华阳桥乡：水、肥、土与江南乡村生态（1800—1960）》，《近代史研究》2009 年第 1 期。

③ 参见［日］顾琳《中国的经济革命：二十世纪的乡村工业》，王玉茹等译，江苏人民出版社 2009 年版。

南绅商的崛起过程展开了细致入微的分析。他认为，以赈济“丁戊奇荒”为开端的晚清义赈的兴起，促使以李金镛、谢家福和经元善等为代表的江南绅商与洋务企业建设的最重要的领导者李鸿章及其追随者盛宣怀之间建立了密切联系。江南绅商依托本土的社会资源，在洋务企业的经营中取得了相当显著的绩效，如成功的招股活动，在矿业、纺织业和电报业等各业中的积极探索并取得成绩。他们不仅改写了此前江南绅商（以朱其昂、郁熙绳为代表）在洋务企业中的失败经历，还打击了广东买办在洋务企业中的地位。作者在研究过程中触及这样一个重要问题：义赈同仁兼江南绅商不仅引发了第一次投资近代工业的热潮，而且使洋务企业建设历经金融风潮等阻遏仍不断前行，这就造就了中国传统经济中最发达的江南相对国内其他地区更为成功地引进和接受了近代工业化的局面，应当说，这是洋务企业建设社会化和本土化过程中的一个必然现象。①

以往对抗战后国家资本的变化问题，往往笼统地称之为“急速膨胀”“全面垄断”。虞和平利用各相关著作所采用的数据，并补充一些新数据，进行重新组合统计和核对原始数据，在纠正一些计算错误的基础上，对国家资本的膨胀、垄断及其危害做出了更加全面深入的分析：第一，战后国家资本的膨胀主要是相对膨胀，即只是产权在不同所有者之间的转移引起的膨胀，不仅无益于全国经济总量的增长，甚或造成损失和破坏。第二，国家资本在数量上的垄断地位，总体上呈现为强化的状态，但在各个行业表现得强弱不一。在交通业资本和金融业资本中，形成几近独占的局面，呈现为一种恶性垄断；在工业资本中则形成了弱势垄断的格局；在商业资本中则保持原状，无垄断可言。第三，国民政府将与民争利和增加财政收入作为扩张和经营国营企业的目的，对整个国民经济产生了很大危害。②

李培德提出，我们过去研究官督商办企业，多集中于企业的性质、管理效益、经营模式、官商关系等，很少注意到企业生存的外部环境。他以1896年盛宣怀接办汉阳铁厂事件为例，剖析了盛宣怀接办汉阳铁厂的原因及背后的交换条件，揭示盛宣怀成功地从北洋转移到南洋，更换支持他的权护者的转换轨迹。借此，他分析了在清末没有公司法存在的现实情况下，官督商办企业是如何运作的，特别是“包、保、报”体现的中国传统

① 参见朱浒《从赈务到洋务：江南绅商在洋务企业中的崛起》，《清史研究》2009年第1期。

② 参见虞和平《抗战后国家资本膨胀和垄断问题再研究》，《历史研究》2009年第5期。

文化中的社会关系是如何反映到清末官官与官商之间的利益交换上的。[①]

郑会欣也很重视企业生存背后的政治因素。他有关抗战胜利后中国孚中实业公司的个案研究表明，宋子良任总经理的孚中实业公司虽然是按照公司法成立的民营贸易公司，但其背后却有相当强大的政治势力，享有种种特权，从进出口贸易中赢得超额利润，被称为“官办商行”。这一现象引起了同业间的不满，也成为社会舆论口诛笔伐的目标，最终孚中实业公司不得不以结业告终。[②]

赵津、李健英利用大量原始档案资料，共同研究了近代著名的范旭东企业集团。在企业融资方面，他们认为范氏集团旗下的永利碱厂在创办阶段，资金来源以金城银行的短期贷款为主，后来为加快发展步伐尝试公司债的发行，但效果不佳。究其原因，应当是永利碱厂作为资本技术双密集型企业，当时的金融市场无法同时提供风险分散和巨额融资的功能。1934 年新建的永利硫酸铔厂也是资本技术双密集型企业，创办初期即需要巨额资金，后依靠中国银行、金城银行等 5 家银行组成的银团成功融资。这种融资方式亦是今天国际金融市场上的主流融资方式，对当下国内的企业融资极富启迪意义。[③] 同样在 20 世纪 30 年代，世界经济危机打击了国内民族企业，九一八事变加剧了市场的衰退，中小企业境况堪忧。赵津、李健英研究认为范旭东领导下的永久黄集团加大对外技术扩散力度，为提高国内中小企业的竞争力做出了实质性贡献。从永利、黄海社到中国工业服务社，范旭东用自身行动诠释了“实业救国”的理念。[④]

对于近代外国在华投资的作用，学术界的传统观点以否定为主，认为外资企业自身盈利丰厚，客观上阻碍了中国民族工业的发展。贺水金的最新研究则肯定了近代上海外资企业的路径选择及其发挥的作用。作者认为上海开埠后迅速崛起为中国第一大都市、世界大港，其中不乏外资的积极推进作用。外资的大量涌入繁荣了上海经济，而上海经济的繁荣又进一步

---

① 参见李培德《论“包、保、报”与清末官督商办企业——以光绪二十二年盛宣怀接办汉阳铁厂事件为例》，《史林》2009 年第 1 期。

② 参见郑会欣《战后“官办商行”的兴起：以中国孚中实业公司的创立为例》，《中国经济史研究》2009 年第 4 期。

③ 参见赵津、李健英《资本技术双密集型产业融资方式的探索——以范旭东企业集团为例》，《中国经济史研究》2009 年第 2 期。

④ 参见赵津、李剑英《大萧条时期的范旭东的“实业救国”行动》，《江汉论坛》2009 年第 6 期。

吸引了外资。外资企业以外贸为先导，上下拓展，形成了较为完整的产业链条；围绕侨民的生活服务延伸，形成一定规模；由进口产品转而建厂生产，实现从产品到产业的提升。①

关于日本在华投资棉纺织业的历史，学界的研究较为充分。许金生的专著《近代上海日资工业史（1884—1937）》则研究了日本在上海从事的除棉纺织业以外的杂工业的状况，系统考察了日资杂工业在近代上海的发生发展过程、投资经营情况、抵货运动对其产生的影响等。作者特别提出，很多日资企业的生产规模和技术力量在一定时间甚至相当长的时间内，在上海同一行业中都居举足轻重的地位；不少日资企业还起到了至关重要的开拓示范作用，促进了同类民族工业的产生和发展。所以，尽管并非主动积极传播的结果，日资企业还是给近代上海输入了新技术、新工艺。② 可见，作者在肯定上海日资企业的作用方面，与上文贺水金的倾向较为一致，值得学界思考并进行更为细致深入的研究。

（四）商人团体史研究

樊卫国研究了近代上海同业业规的变革。随着市场竞争渐次展开，近代上海各业业规在新型行业组织和政府有关法规的双重作用推动下，逐步脱离了传统业规的封闭状况和官商关系的制约，出现了一定的民主化、社会化、合法化及资本化的特征。当然，不少传统陋规和行业潜规则依然盛行，业规顾及、惠及民生者更是凤毛麟角。③

中华全国铁路协会是近代中国铁路行业中持续时间最长、影响力最大的社会团体。马陵合认为北洋时期的中华全国铁路协会在组织运作上趋于制度化，政治功能日益淡化，行业类互益性团体功能得到持续发挥和巩固。其运行目标在于构建以铁路为主体的会员网络，显示铁路界的社会影响力。作者还强调，铁路协会并不具备行业管理的功能，与近代商会、同业公会等整合性功能较强的团体存在明显差别，这与铁路部门在中国近代以国有性质居于主导地位，行政管理与业务管理合二为一有关，事实上铁路协会能介入铁路具体业务的空间十分有限。不过，由于铁路行业与列强

① 参见贺水金《论近代上海外资企业的路径选择》，《史林》2009 年第 3 期。
② 参见许金生《近代上海日资工业史（1884—1937）》，学林出版社 2009 年版。
③ 参见樊卫国《略论近代上海同业业规之变革》，《史林》2009 年第 4 期。

关系的紧密性，铁路协会在涉及铁路对外关系的事件中表现较为活跃。①

彭南生全面细致地考察了 20 世纪 20 年代的上海南京路商界联合会。他认为该会是五四时期租界华商争取市民权运动的产物，是一个以中小商人为主体、以南京路商业街区为基本活动范围的新型地域性商人团体。在功能取向上，南京路商联会关注街区内的公共事务，如街区治安与卫生的改善；同时积极支持街区外的公益事业，如赈灾、治理市面上流通的轻质铜元等，成为南京路上华商与租界当局抗争和沟通的桥梁。商联会在工商纠纷尤其是劳资纠纷中能站在中间立场，积极扮演调停人角色。在市民权运动、国民外交运动中，与商会的保守不同，商联会的政治态度更加明确，行动也更加坚决，在各马路商联会中起到了引领作用。② 彭南生还以上海马路商界联合会为中心，分析了商业街区的基层选举。③

（五）民国经济思想史研究

杨天宏研究了孙中山民生思想中的资产权属理念，认为孙中山倾向于支持以私有制为主的资产权属。如土地方面，“土地国有”的范围主要限于城市宅地和城郊耕地，对于占耕地面积绝大多数的农村耕地，主张维护私有制度；在私人资本和国家资本的设计上，也是主张先私后公、私中有公、以公辅私的发展道路，即将私有制放在主导地位。作者指出，孙中山的这一资产权属理念与其政治理念是密不可分的。在政治上，孙中山主张建立的是一种采纳了“社会主义”合理诉求的改良资本主义，并坚决与苏俄实施的阶级斗争和无产阶级专政的政治制度划清界限。不过，由于孙中山思想来源的多元性和政治上的实用主义表达，国民党人与共产党人都曾为我所需、为我所用地解释孙中山的民生主义，后来的学者也自觉不自觉地因袭其说。作者最后指出：“研究孙中山民生思想中的资产权属理念，有必要区分其基本思想体系和为了某种特定目的所作实用主义表达，方能把握要领，得其真谛。”④

吴敏超以左翼经济学家创办的《中国经济情报》周刊为主要研究对

① 参见马陵合《北洋时期中华全国铁路协会研究》，《史林》2009 年第 3 期。

② 参见彭南生《20 世纪 20 年代的上海南京路商界联合会》，《近代史研究》2009 年第 3 期。

③ 参见彭南生《20 世纪 20 年代上海商业街区的基层选举——以上海马路商界联合会为分析中心》，《江苏社会科学》2009 年第 3 期。

④ 杨天宏：《孙中山民生思想中的资产权属理念》，《史学月刊》2009 年第 11 期。

象，具体描述了左翼经济学家在《中国经济情报》发行的不同阶段所起的作用，并详细分析了这一经济学家群体在20世纪30年代的思想特征、生存状态和社会影响。吴文还分析了左翼经济学家与当时思想界其他势力，特别是汪精卫系的复杂关系，该文指出："对于汪系这一国民党中一度左倾的派系，不能因为其发动'七·一五'政变、蒋汪合流在前，投靠日本、卖国求荣在后，就否定其在这一时期的某些进步言论。"① 应当说，1927年后，特别是九一八事变后，国统区接受马克思主义的左翼学者与国民党内各种左翼势力之间的复杂关系还有进一步研究的空间。

阎书钦梳理了抗战时期国统区经济思潮的变化与演进。他认为，计划经济和统制经济概念内涵纷杂，大致包括苏联式计划经济、德国式统制经济和战时经济三种成分。抗战前期，由于苏德经济模式以国家干预为特征，以国防建设为导向，与中国加快经济建设、抗击日本侵略的现实要求相符合，受到中国思想界的热捧。1943年以后，英美自由主义经济体制重新受到知识界的重视，相应地苏德经济模式受到质疑和反思。然而，还有相当多的学者仍坚持计划经济或统制经济立场。②

聂志红出版的专著《民国时期的工业化思想》亦引人注目。作者认为工业化思想是民国时期经济思想的主流，反映了中国由农业国向工业国转变过程中，生产方式、经济结构及与之密切相关的经济体制、经济制度的变革需要。20世纪20年代初开始的"以农立国"与"以工立国"的争论中，主张工业化的思想取得了完胜，为工业化思想的发展扫除了障碍。贯穿三四十年代的"统制经济"思潮，反映了学界对政府在工业化中关键作用的共同认识，同时它也适合了国民党政府专制统治的需要，形成朝野共同推动、探讨影响广泛的思潮。整个工业化思想体系既有宏观的路线设计，又有众多微观理论，相互关联，较为完整，而且具有强烈的务实性。③

本年度近代经济史研究中值得注意的还有两篇文章。一是汪敬虞先生修改与订正了他的旧作《抗日战争时期华北沦陷区工业综述》并重新发表。汪先生以其丰富的资料、精细的统计和深厚的功力，展示了战时华北

① 吴敏超：《〈中国经济情报〉周刊与左翼经济学家》，《近代史研究》2009年第4期。

② 参见阎书钦《抗战时期经济思潮的演进——从计划经济、统制经济的兴盛到对自由经济的回归》，《南京大学学报》（哲学·人文科学·社会科学版）2009年第5期。

③ 参见聂志红《民国时期的工业化思想》，山东人民出版社2009年版。

工业的资本变动、就业状况、生产规模和工业结构。在此基础上，总结出战时华北工业的三大特点：第一，日本在华北的工业计划，是一个完整的机体，有充分的内在联系性。第二，在日本控制下的华北工业，也有一套自成系统的组织形式。第三，日本人在华北的工业设施，特别看重供需均衡。由此也可看出日本“开发”和“建设”华北的侵略计划和野心。汪先生还在文末附上其精心制作的有关华北工业的 7 个统计表，相信必将使后来的研究者受益无穷。①

二是彭南生发表的综述文章《改革开放以来中国近代经济史研究的回眸与前瞻》。作者认为，改革开放以来，中国近代史研究取得了很大成绩，论著数量成倍增长。从研究领域来看，旧领域有所深化，如资本主义与资产阶级问题的再讨论、洋务运动历史地位及作用的再评价、企业史研究和近代中外经济关系研究；新领域更有所开拓，如商人团体史研究、流通与消费领域研究、博览会史研究。从经济史研究的理论与方法来看，也有可喜进步。如以工业化为核心的现代化视角、以国家和产权分析为中心的制度变迁视角、以国家与社会关系为主轴的市民社会视角、区域史研究和计量方法的应用等，纷纷成为亮点。作者进一步提出，在原有基础上突破时限、放归整体，将是未来中国近代经济史研究的可取之路。②

最后还须提及的是，美国学者罗斯基极富争议的著作《战前中国经济的增长》被译成中文出版。该书英文版面世时，因它对抗战爆发前中国经济进程与性质重新加以评估，以及向长期流行的权威观点提出挑战，曾引起多国研究中国经济问题的学者的广泛重视。国内经济史学者刘佛丁也撰写了题为《对 20 世纪前期中国经济发展的重新评估》的书评进行商榷，同时给予较高评价，引起特别关注。罗斯基在一系列计算、估计的基础上，修正了刘大中、叶孔嘉、珀金斯等人提出的中国国民生产总值变动趋势的定量分析，得出与传统看法完全相反的结论。他认为在抗战以前数十年，中国尽管经济发展稍落后于同时代的日本，但也获得巨大进步，在1914/1918—1931/1936 年间，全国人均产出和消费都有显著和持续的增长，估计总产出增长率达到 38%—42%，而人均产出增长率相应增长了

① 参见汪敬虞《抗日战争时期华北沦陷区工业综述》，《中国经济史研究》2009 年第 1 期。

② 参见彭南生《改革开放以来中国近代经济史研究的回眸与前瞻》，《史学月刊》2009 年第 2 期。

22%—24%。在这一进程中，新式工业成长起来，而传统经济部门尤其是手工业得以维持。农民虽然在革新活动中获利甚少，并且农业科技程度仍然低下，但贸易、生产、运输和金融新模式间接所带来的专业化和劳动力分配，却为农民带来了提高生活境遇的新机遇，农民的生活水平也有了较大提高。总之，抗战前的经济增长，为其后（包括1949年后）的中国经济发展打下基础。[①] 可以说，对中国近代经济史学者而言，无论是同意还是不同意罗斯基的基本观点，这都是一本值得深入阅读和思考的重要著作。

（吴敏超）

2010年度

作为一门取得丰硕成果的学科分支，近代经济史历来是近代史研究中的一个重要内容。新中国成立后的六十余年来，一代代的经济史学人薪火相传，不断深化、拓展近代经济史研究领域，取得令人瞩目的成绩。20世纪50—60年代，经济史学界主要侧重于生产关系与分配关系的研究，其对于资本主义萌芽的研究取得了辉煌的成就；20世纪80年代生产力研究开始受到重视；20世纪90年代研究领域进一步扩展到以往较少关注的流通和消费等领域，逐渐涵盖了社会再生产中的所有环节。其中，商品流通与市场机制的研究、传统经济与现代化的研究、国家与经济和社会关系研究成为新的重点。进入21世纪以来，近代经济史研究呈现出向理论纵深发展的态势，出现了两种相互补充的方向。其一是更多地注意了影响和制约经济发展的诸多社会因素和上层建筑的作用。如阶级和等级制度、宗族和宗法制度、国家政权干预、家庭人口和移民等。这一路向扩大了经济史的内涵，使经济史研究更具社会经济史的意义。[②] 其二是在实证研究的基础上，经济史研究大量采用了社会科学的理论（比如新制度经济学的产权理论、社会学、人类学、地理学、人口学）及其研究方法（近年来较为突

① 参见［美］托马斯·罗斯基《战前中国经济的增长》，唐巧天等译，浙江大学出版社2009年版。

② 参见郑起东《20世纪90年代以来中国近代经济史研究述评》，《教学与研究》2006年第2期。

出的是基于现代统计学的计量方法），进一步加深了人们对近代经济史诸多问题的认识（其中比较突出的是刘巍和李伯重等人对清代 GDP 的考察）。

2010 年，在国内各重要学术期刊上发表的近代经济史论文初步估计超过 100 篇。发表在《中国社会科学》《历史研究》《近代史研究》《中国经济史研究》《抗日战争研究》《中国社会经济史研究》《学术月刊》《清史研究》《史学月刊》《史林》《中国农史》《安徽史学》等主要学术刊上的较为重要的论文，计 75 篇左右。同时，还有 10 余部较为重要的著作。此外，2010 年近代经济史学界也召开了几次以经济史为主题的学术会议。较为重要的有 2010 年 7 月 21—23 日，在昆明举行的由中国经济史学会和云南大学主办，云南大学历史系和中国经济史研究所承办的“中国经济史学会年会暨‘中国经济的长期发展’国际学术研讨会”。本文在上述基础上回顾并评述 2010 年中国近代经济史学科所取得的一些新进展，以及对于未来的展望。

（一）经济史理论与方法研究

对于近年来经济史学在理论和方法上的发展，叶坦做了归纳：一是研究者构成的跨学科发展，除了历史学、社会学领域的学者加入经济史学研究之外，一些研究现实经济或理论经济很有成就的学者近年来也致力于经济史学研究，如厉以宁、韦森、汪海波等人。二是理论探索的多元化进展，如加州学派以及对加州学派的批评，李伯重强调中国经济史学界要走向社会，此外，运用经济学方法对不同朝代及民国时期的 GDP 展开研究，钟祥财对中国古代收入分配的研究。三是传统问题的新诠释与新视角。①

随着学科交叉的进一步深化，关于经济史是“经济的历史”，还是“历史的经济”的理论争论在近代经济史学者之间不断深化。2010 年 4 月 24 日，在南开大学召开了“清华—北大—南开经济史沙龙”，中国社会科学院近代史所经济史研究室郑起东、吴敏超和周祖文与会。会上学者展开了对于经济史的学科性质的讨论。日本学者滨下武志认为“历史的经济”指历史中的经济因素，而历史作为一个整体，不能将其同政治、社会之间

① 参见叶坦《学术创新与中国经济史学的发展——以中国经济思想史为中心》，《河北学刊》2010 年第 4 期。

的关系割裂开来，经济史研究更多还是属于历史的经济；而“经济的历史”则是指在经济学研究范式下的历史研究，是用经济学语言来进行的历史研究。王玉茹则认为，滨下的区分反映了当前国际经济史学界中两种不同的方法取向，即自上而下以及自下而上的两种主要方法。前者重视从理论出发，在历史中寻找资料支撑，从而对理论进行检验，这与经济学的研究规范类似，是英美经济史学界流行的研究方法；而自下而上的研究方法，重点在于从史料中寻找问题，并解决问题，与传统的历史学研究更接近。①

长期以来，中国经济史的研究成果鲜有与国际同行交流的渠道，同时国内学界在研究视野与研究方法上与国际的对接也因各种原因而很局限。为克服这一局限，经济史学界也努力加强国际交流。2010 年，中国经济史学者参加了第十五届世界经济史大会，为历次大会中参会人数最多的一次。学者注意到，经济史研究中的学科交叉日益多元化，最突出的是经济史研究与生物学的结合，“生物与经济史”分会专门探讨了生物学和经济史研究的关系，力图在经济史、新制度经济学和演化生物理论间建立起联系；同时，关于中国经济发展水平的描述是一个重要却又薄弱的部分，特别是从经济发展的量和结构两个方面刻画中国经济水平还有很大的进步空间。②

（二）中国经济的长期增长问题研究

中国经济的长期增长是这几年来学界比较关注的问题。2010 年 7 月 21—23 日，在昆明举行的中国经济史学会年会以“中国经济的长期发展”为题，就充分说明了这一点。③

GDP 是衡量一个国家或地区长期经济增长的主要指标。本年度经济史学界继续围绕这一问题进行讨论。刘逖评述了麦迪逊对前近代中国 GDP 的估算问题，他认为麦迪逊的估计过于简略且有高估的倾向，麦氏认为 1500

---

① 参见王玉茹、赵劲松《清代以来经济史研究中的史料、方法和实证分析——清华—北大—南开经济史沙龙侧记》，《中国经济史研究》2010 年第 3 期。

② 参见王玉茹、张玮《国际经济史学研究的新趋向——从第十五届世界经济史大会谈起》，《山东大学学报》（哲学社会科学版）2010 年第 2 期。

③ 参见《2010 年中国经济史学会年会暨中国经济的长期发展国际学术研讨会综述》，《中国经济史研究》2010 年第 4 期。

年至 1820 年中国人均 GDP 折合 1990 年美元为 600 美元，高估了 50%—90%，对于前近代中国占世界 GDP 的比重，高估了三分之一。[①] 李伯重则研究了 19 世纪 20 年代江南华亭—娄县地区的 GDP。他发现，华娄地区的经济已不再是以农业为主的经济，早已摆脱了糊口农业。历史上的江南地区一直为自身的经济成长做着各种准备，之所以近代早期江南经济停滞、与近代经济发展无缘，其实是鸦片战争以后，中国一味试图脱亚入欧、将自身改造为西方式的近代社会，以及全盘否定自身历史传统与积累所致。今天中国经济的发展，在很大程度上是为了恢复到江南在 19 世纪初期及以前在世界经济格局中的地位。[②] 评论者对此书的评价较高，认为该书的目的在于将华娄地区和荷兰地区（江南与荷兰的对比）进行对比，从中国内部寻找中国经济发展演变的轨迹，再入置于世界史的范畴内进行对比，这使得本书的研究真正达到了和世界对话的目的。

1927—1937 年被认为是近代中国经济增长较快的时期之一。刘克祥、吴太昌主编的《中国近代经济史（1927—1937）》于本年度出版。[③] 该书是中国社会科学院经济研究所自新中国成立后即承担撰写《中国近代经济史》工程的组成部分。此前，严中平主编的《中国近代经济史（1840—1894）》、汪敬虞主编的《中国近代经济史（1895—1927）》相继于 1989 年、2000 年由人民出版社出版，得到社会高度评价，获得多项学术大奖。《中国近代经济史（1927—1937）》历经十余年终于完成，堪称 1927—1937 年中国经济状况研究成果的集大成者，代表了学术界对这一时段经济史研究的最高水平。

20 世纪 30 年代中国经济与世界大萧条的关系也是近年来的研究热点。对此主要有两派意见：一是认为中国经济受大萧条的影响而进入了恶性循环的衰退；二是认为中国经济虽有衰退，但并非受大萧条的影响。李培德认为，中国用银，与世界用金国家不同，对当时中国经济真正的影响来自日本对中国的军事袭击和世界银价的大幅波动；20 世纪 30 年代的中国，对于国民政府、英美日列强和中外商人来说，不是破产的年代，而是一个博弈的年代，国民政府抓住了此时机推行了币制改革，掌控了国家财政，

---

① 参见刘逖《论安格斯·麦迪逊对前近代中国 GDP 的估算》，《清史研究》2010 年第 2 期。

② 参见李伯重《中国的早期近代经济——1820 年代华亭—娄县地区 GDP 研究》，中华书局 2010 年版。

③ 参见刘克祥、吴太昌主编《中国近代经济史 1927—1937》，人民出版社 2010 年版。

萧条于中国有危也有机，不可概以负面论之。[①]

本年度另一个热点是对于工业化资金问题的研究。朱荫贵对此做了深刻的反思。他发现中国近代资本市场的发展与中国近代工业化的发展相当疏离，与中国近代企业特别是股份制企业的发展之间关系不密切，某些时段甚至有脱节的现象：在近代中国经济发展最高点的1936年，中国经济最发达的上海钱庄业的总资本不过只有1800万元左右；中国最重要的15家银行对工矿企业的放款总额只占全部资本总额的16.2%。[②] 由于中国工业化是后发性的，因此在最初外资发挥了较大作用。以往的研究强调外资与中国经济利益冲突的一面，但云妍对开滦煤矿的研究认为，虽然开滦落于外资之手，但从较长时期看，它的作用与影响并不局限于民族权益之得失，而是外溢到经济、政治和社会各个层面，引发了其他后果，而这些后果对于中国整体现代化事业不无推进作用。[③]

此外，对于抗战时期工业的研究也值得关注。刘义程考察了抗战时期江西工业，指出抗战期间江西工业旋盛旋衰的变化，正是近代中国经济动荡、脆弱的真实反映。[④] 岳谦厚、田明研究了抗战时期日本对山西工矿业的掠夺与破坏，导致山西经济出现畸形化发展的态势，阻碍了山西社会经济的整体成长，尤其对工矿业设施的超度使用、大量拆迁和破坏，根本上颠覆了山西近代工业的基础。[⑤]

（三）关税与财政研究

近代中国经济在某种程度上是一个从小农经济向近代经济转型的过程，关税与财政的近代化是其中一个重要方面。具体来说，晚清主要是关税问题，民国时期则主要是财政问题。本年度围绕上述问题继续展开热烈的讨论。

对于晚清关税的研究发表文章较多。长期以来，学术界有一种“道光萧条”的观点，即认为嘉庆道光年间全国关税收入在不断下滑，下滑的原

---

① 参见李培德《略论世界大萧条与1930年代中国经济》，《史林》2010年第5期。

② 参见朱荫贵《论研究中国近代资本市场的必要性》，《中国经济史研究》2010年第1期。

③ 参见云妍《中国早期工业化中的外资效应——以近代开滦煤矿的外溢性影响为中心》，《中国经济史研究》2010年第1期。

④ 参见刘义程《抗日战争时期江西工业发展考察》，《抗日战争研究》2010年第3期。

⑤ 参见岳谦厚、田明《抗战时期日本对山西工矿业的掠夺与破坏》，《抗日战争研究》2010年第4期。

因是前期粮食贸易受阻，后期因市场萧条。倪玉平对此提出质疑，他在考察这一时期的关税收入后认为，边疆边贸关的征税大致保持平稳，沿海关则除受第一次鸦片战争影响外大都平稳甚至有所上升，整体而言，除受战争影响外，嘉庆道光时期关税收入仍保持500万余两的水平，相较于乾隆朝没有出现大幅度下降。①

除了关税总收入问题，对于晚清税收结构的讨论更多。在晚清海关税收结构中，洋税逐年递增，而常税不增反减。一般分析都从征收效率入手，认为是征收效率和征收机构廉洁与否导致了上述变化。陈勇则认为效率说充分考虑了征管者的主观因素，但忽视了客观因素，即洋税对常税税源的侵夺，主张是洋税对常税的税源侵夺导致了上述变化。② 晚清税收结构中另一个引人注目的现象是厘金的征收。任智勇以江南四榷关为例讨论了同治初年的关厘之争，他强调作为新税种的厘金与清代其他税种之间的关系，通过剖析税源相同的厘金与榷税存在的矛盾，指出了厘金在晚清财政体系中的强势地位以及其作为新式商业税收的生命力。③ 周育民则略述了鸦片厘金的沿革，指出在税率提高和收入激增的情况下，清政府为响应禁烟舆论和支持万国禁烟会议，取消鸦片厘金统捐的历史过程。④ 王志军则研究了子口税的财政归属问题，指出清政府与英国通过《天津条约》和随后的《通商章程善后条约》在中国确立了子口税制度，并将子口税归属中央财政，使地方政府的厘金税收受到了损害，引发了子口税与地方财政之间的矛盾。⑤

晚清关税问题研究上的推进，也改善了对晚清财政状况的印象。对于清末财政问题，学界有两种趋向：一是学界普遍认为清末财政陷于万劫不复的深渊，二是强调其中的现代性。苏全有认为，清末财政投向新政中的现代性固然值得重视，但实效性才是评判的根本标准，从实效上来看，事实上清末财政并非山穷水尽。⑥ 这一论断也是在近年相关研究基础上得

① 参见倪玉平《清嘉道时期的关税收入——以“道光萧条”为中心的考察》，《学术月刊》2010 年第 6 期。

② 参见陈勇《晚清海关“洋税侵夺常税”析论》，《中国社会经济史研究》2010 年第 1 期。

③ 参见任智勇《同治初年的关厘之争——以江南四榷关为例》，《中国社会经济史研究》2010 年第 3 期。

④ 参见周育民《清季鸦片厘金税率沿革述略》，《史林》2010 年第 2 期。

⑤ 参见王志军《晚清中英关于子口税财政归属问题的纠纷》，《江汉论坛》2010 年第 7 期。

⑥ 参见苏全有《有关清末财政问题的两点思考》，《安徽史学》2010 年第 4 期。

出的。

对民国时期的财政问题，近年来学界也开始关注起来，本年度主要的关注点在于抗日战争时期。张侃从外债的角度研究了抗战时期国民政府统一财政的努力。国民政府为了外债信用，尽力按期照付，后来不支，仍然坚持付息，缓还本金。缓付是将按期还款方式变为摊存形式，九一八事变后，日本强行攫取东北各地海关税款，截留外债摊存。“一·二八”后，日本同样掠夺关税，抗战全面爆发后，关税和盐税相当部分落入日本之手。在维持抗战前确立的外债整理方案基础上，进一步保全外债信用。张侃认为即使在抗战之中，国民政府统一财政的步伐并没有停止，反而借特殊时机，推进财政制度现代化建设。① 陈雷讨论了抗战时期国民政府的粮食统制，认为措施主要是田赋征实、军公民粮定量供应和限制粮价等，取得了巨大的成效，保障了抗战后期军粮民食的供应，稳定了后方秩序。② 李建国则分析了抗战时期陕甘宁边区民众的财政负担，认为从总体水平上看，以1940年底为界，前期民众财政负担较轻，后期负担相对要重一些。③

（四）商会、市场结构与贸易网络研究

商会研究是近代经济史研究一个硕果累累的领域。近年来的商会研究仍在不断深化。虞和平将研究的触角延伸到商人外交领域，他研究了清末民初商人利用世界博览会进行商人外交的情况，指出随着中国商人参与世博会的程度不断提高，其利用世博会展开以经济外交为主的外交活动的观念和方式逐渐增强和完善起来，使世博会日益成为近代中国商人外交进步的一个重要载体和助力，并对中外经济关系的改善发挥了一定的作用。④ 朱英则辨析了20世纪20年代商民协会与商会的关系，强调两者在矛盾中也有合作的一面。⑤ 罗群则分析了近代云南商人资本的历史构成以及经营

① 参见张侃《抗日战争时期中国政府外债摊存及偿债基金的演变》，《中国社会经济史研究》2010年第3期。

② 参见陈雷《抗战时期国民政府的粮食统制》，《抗日战争研究》2010年第1期。

③ 参见李建国《试析抗战时期陕甘宁边区民众的负担及边区政府减轻民众负担的措施》，《抗日战争研究》2010年第2期。

④ 参见虞和平《早期世界博览会与清末民初商人外交的兴起》，《史林》2010年第4期。

⑤ 参见朱英《商民运动时期商民协会与商会的关系，1926—1928》，《中国经济史研究》2010年第3期。

方式，认为在近代云南商人资本的构成中，主要包括来自商人的自有资本、他人的借贷资本、官吏和官府的投资，以及华侨的投资。①

与商会研究一样，关于市场与贸易的研究也是近代经济史中长期以来关注比较多的领域。但在市场研究中相当多的问题上，学界仍然存在很多争论。比如，对于鸦片战争以前全国市场规模问题就一直存在争议，吴承明、吴慧认为，全国市场的长途贸易规模占到了国内贸易量的 20%—25%，李伯重认为这一比例仍偏低，可能达到 30%—40%。空间结构上，全国市场的中心是江南，而江南的中心是苏州，因此苏州是全国市场的中心，而汉口是次中心。② 在市场结构上，本年度对于市场的空间结构讨论相对较充分，其主要关切点在于交通运输与市场空间结构的关系上。丁贤勇以浙江为中心，研究了近代交通与市场空间结构的嬗变。他认为交通运输为经济提供空间联系的环境，也是市场空间结构形成和演变的主要条件，近代以降，原先作为市场环境中最为基础，最为固定不变环境的交通运输条件发生了巨变，出现轮船、火车、汽车，甚至飞机，产生了交通运输的革命，对商路贸易、商业城镇发展、商品产销和商人活动都产生了革命性影响。③

除了交通工具，港口也对近代市场结构与贸易有不可忽视的影响。江沛考察了青岛港和胶济铁路等交通条件的改进对山东乃至华北交通与经济格局的影响。④ 王哲从海关数据入手考察了晚清、民国各个港口之间的埠际贸易网络体系。他在采用贸易量矢量方法对埠际贸易体系集中度进行测度后发现，埠际贸易的空间分布在百年尺度上变化极其剧烈，长江南北有较大的区域性差异，南方埠际贸易网络更为复杂；另一个特点是，枢纽城市的贸易权重在研究时段内渐趋走低，中小港口直航渐成趋势，这种态势在抗战爆发之后略有反转。⑤

近年来，跨国华人商业网络也颇受学界关注，侨批网络是其中之一。

---

① 参见罗群《近代云南商人资本的历史构成及经营》，《中国经济史研究》2010 年第 1 期。

② 参见李伯重《十九世纪初期中国全国市场：规模和结构》，《浙江学刊》2010 年第 4 期。

③ 参见丁贤勇《近代交通与市场空间结构的嬗变：以浙江为中心》，《中国经济史研究》2010 年第 3 期。

④ 参见江沛、徐倩倩《港口、铁路与近代青岛城市变动（1898—1937）》，《安徽史学》2010 年第 1 期。

⑤ 参见王哲《晚清—民国埠际贸易的网络体系（1885—1940）》，《史学月刊》2010 年第 9 期。

焦建华以福建侨批网络为中心，探讨了近代跨国商业网络的构建与运作实态。他认为，侨批业者主要以乡谊等社会关系为依托，构建了以批信局为主体，包括现代邮局、银行、钱庄等金融机构以及杂货店等在内的近代跨国华人商业网络，值得注意的是，侨批网络主要依赖传统信用机制，而其源于传统文化的集体惩戒机制也有明显缺陷。①

（五）金融监管与货币研究

货币金融一直是近代经济史研究关注的焦点。近年来，由于货币金融在现实社会中的重要性日益凸显，学界对此问题的关注也出现了一些变化。就本年度来说，研究主要集中在金融监管和农村金融等方面，同时也兼及了抗日根据地货币、南京国民政府时期省银行等情况。以下分述之。

近代金融监管始于清末，民国以后，继续这一进程。据统计，自1980年以来，研究南京政府时期货币制度与币制改革的论文达50多篇，占整个中国近代货币制度研究专题论文的2/3以上，其中绝大多数探讨南京政府废两改元、法币政策及金圆券三次改革。而关注金融监管的研究相对较少。康金莉探讨了北京政府时期的币制监管，她认为北京政府币制监管主要有三方面内容，即铸币厂整顿管理，金属货币铸造，纸币发行。其监管机构先有隶属于财政部的泉币司，后有直隶国务院的币制委员会，两个机构几经更迭裁撤，反映了当时对于金融监管问题的反复探索过程。② 王红曼分析了抗战时期国民政府的银行监理体制的得失，认为国民政府为适应战时经济金融的安全，实行由财政部、四联总处、中央银行等多家机构先后共同参与的多元化银行监理体制，对战时状态下的银行发展与经营安全进行了大规模的设计与监理，对战时金融稳定起到了一定的积极作用，但由于政出多门，矛盾累积下实效不足，战争后期通货膨胀日渐加剧。③ 段艳和易棉阳则讨论了近代中国债券市场监管的演进与特点。④

在农村金融问题上，学界的研究集中在农贷方面。傅亮和池子华考察

① 参见焦建华《近代跨国商业网络的构建与运作——以福建侨批网络为中心》，《学术月刊》2010年第11期。

② 参见康金莉《论北京政府时期的币制监管》，《史学月刊》2010年第7期。

③ 参见王红曼《抗战时期国民政府的银行监理体制探析》，《抗日战争研究》2010年第2期。

④ 参见段艳、易棉阳《近代中国债券市场监管的演进与特点》，《中国社会经济史研究》2010年第1期。

国民政府时期农本局在现代农业金融发展上的探索。由于近代农业面临严重危机，农村中普遍存在着高利贷剥削，加之农村金融枯竭，迫切需要现代农业金融机构输血。1936 年国民政府成立农本局，主要任务是调剂农业金融，设立农业合作社，通过农业合作社和合作金库及农业仓库等信用单位，积极在各省开展农业生产贷款，一定程度上流通了农业金融，打击了高利贷。[①] 马陵合讨论了民国时期安徽地方银行在农村金融中的定位与作用，认为 1936 年成立的安徽地方银行以农业合作社等类似组织为农贷对象，主要特色是做茶贷，但整个农贷业务一直处于边缘化地位，定位模糊，效果也有限。[②] 康金莉则通过相关资料实证研究了河北乡村合作社农贷机制。[③] 抗战时期的农贷研究也值得关注。易棉阳研究了抗战时期四联总处的农贷，认为四联总处积极普遍地推进农贷，做了相当多的工作。农贷促进了后方农业生产的发展，对抗战的支持作用贡献实多，但真正需要农贷资金的广大贫苦农民却得利甚微。[④] 王志芳则关注抗战时期晋绥边区西北农民银行的农贷，其利率基本上是低利或无利，对象上坚持贫雇农优先，也把中农列入贷款范围，强调农贷专用于生产，发挥了较好的作用。[⑤] 此外，游海华考察了中央苏区革命前后的民间金融和民间借贷，认为赣闽边区的社会经济随着中央苏区革命的胜利与挫折而经历了债权的废除与恢复的剧烈变化，贫苦农民由于革命的到来而废除了债务，免于高利盘剥，但面临农村金融的停滞和资金极度短缺之苦；国民党到来后恢复了革命前的债权，赣闽边区又进入了一个债务纠纷重重的时期，整个社会经济因之伤筋动骨。这一史实说明，保护债权是社会经济发展的基本守则。[⑥]

在抗日根据地货币金融的研究上，高强考察了陕甘宁边区货币发行初期的通货膨胀及其治理，强调货币政策对于陕甘宁边区经济的作用。[⑦] 刘

---

① 参见傅亮、池子华《国民政府时期农本局与现代农业金融》，《中国农史》2010 年第1 期。

② 参见马陵合《地方银行在农村金融中的定位与作用——以民国时期安徽地方银行为例》，《中国农史》2010 年第 3 期。

③ 参见康金莉《早期河北乡村合作社农贷机制实证研究》，《中国社会经济史研究》2010 年第 1 期。

④ 参见易棉阳《抗战时期四联总处农贷研究》，《中国农史》2010 年第 4 期。

⑤ 参见王志芳《抗战时期西北农民银行的农贷》，《抗日战争研究》2010 年第 2 期。

⑥ 参见游海华《债权变革与农村社会经济发展秩序——以中央苏区革命前后的民间借贷为中心》，《中国农史》2010 年第 2 期。

⑦ 参见高强《陕甘宁边区货币发行初期的通货膨胀与治理》，《中国经济史研究》2010 年第 1 期。

卫东则探讨了山东抗日根据地的北海币与法币从依附到独立的过程，认为北海币和法币背后是国共两党，1941 年后两党关系恶化，北海币与法币关系也恶化。同时日伪也大量使用假法币冲击抗日根据地，通货膨胀日益严重。1942 年以后，山东根据地禁止法币在辖区内流通，北海币从先前对法币的依附地位一变为本位币，为解放战争时期对法币的继续斗争奠定了坚实的基础。①

一些学者还研究了南京国民政府时期省银行。张秀莉认为省银行渊源于咸丰二年（1852）户部招商于京内外设立的官银钱号。民国成立后，各省就官银钱号改办省银行，发行纸币，代理省库。省钞的发行成为支持省财政的柱石，中央政府虽三令五申，限制发行，而各省银行视若具文，对于发行准备更难保充实，所发纸币多不能兑现。南京国民政府成立后即力图收束省银行的发行权。1935 年法币改革后，规定除中央银行、中国银行、交通银行外，其他银行发行数额以截至 11 月 3 日止流通的总额为限，不得增发，并由中央规定期限以中央纸币换回保管。这是以法令形式宣告省银行发行权的结束。省银行的发行以法币改革为分界，发生了根本性的转折，发行权的控制由地方政府转入中央政府，由地方政府的财政工具转变成为国家银行发行小额币券的附属机构，反映了南京国民政府时期中央与地方财政关系的演变。②

此外，马建标关于 1921 年中国银行和交通银行因谣言而发生挤兑事件而引申开来的谣言与金融危机的讨论③，以及朱荫贵对抗战时期的杭州钱庄业的讨论也值得关注④。

（六）农村地权与农业经济研究

本年度的农民、农村和农业研究有两个特色，一是围绕农村地权展开了深入研究，二是围绕农村经济提出了新的观点。

关于农村地权研究方面。首先，不同的地权类型得到了重视。马俊亚通过对近代徐淮海圩寨大地产的考察，对近年来学者们所持的中国土地集

---

① 参见刘卫东《抗战时期山东北海币与法币关系述论》，《中国经济史研究》2010 年第3 期。

② 参见张秀莉《限制与利用：南京国民政府时期省银行发行权的沿革》，《史林》2010 年第 5 期。

③ 参见马建标《谣言与金融危机：以 1921 年中交挤兑为中心》，《史林》2010 年第 1 期。

④ 参见朱荫贵《论抗战时期的杭州钱庄业》，《安徽史学》2010 年第 1 期。

中说的质疑提出了反质疑。质疑土地集中说的学者认为江南的土地资料表明近代土地有分散化趋向，且明清以来，农民角色已从依附型发展成为自主型，地主与佃户在法律上已经不再有主仆之分，而是平等的。而马俊亚则认为，上述江南类型的描述不符合淮北的事实。徐淮海圩寨中的地主并不是纯粹的田主，而更像欧洲中世纪的领主，对佃农操生杀予夺之权，佃农则承担了初夜权、服役、征战，直至献身等种种农奴式的义务。在土地集中程度上，淮北尽管有些地区土地非常分散，甚至没有地主，但整个淮北田连阡陌的大地主同样极为普遍，苏北地主占地达 40%—60%（南方一般为 30%），在这里，大地产是与权力联系在一起的，权力是大地产形成的必要条件，而税费负担与权势、占地数量成反比。① 同样强调地权的类型学意义的还有胡英泽对于清代山、陕黄河滩地鱼鳞册的研究，他认为黄河滩地属于“流动的土地”，具有类型学意义。滩地制度的形成是生态环境、土地所有制、社会相互关系不断调适的过程。在此过程中，沿河村庄形成了严密的边界制度，冲突主要出现在村庄之间，体现了明显的村庄共同体特征，部分村庄的滩地鱼鳞册从清初一直沿用至民国，反映了区域社会对滩地稳定有序的管理。②

其次，对传统土地产权做了深入的理论思考。曹树基等人考察了近年发现的浙江松阳石仓契约，对石仓土地买卖中的找价与非找价同时并存的现象相当不解，后来他们发现除极个别的案子外，几乎所有标明回赎时间的卖田契，都不存在找价，于是给出一个假设：石仓村存在两个不同的土地市场，一个是土地买卖市场，其标准地价一般由“卖价 + 找价”构成，一个是土地信贷市场，其标准由价格为卖价，没有找价，此类地契称为单卖契，此类价格为单卖价。所谓回赎，即是买主依照单卖价（原价）将田退给卖主的过程。③ 龙登高等人考察了近世中国地权的多重权能，认为传统地权具有多层次的权益与功能，相互关联。最基本的是耕作权，主要是租佃制，其次是土地增值权益，再次是以土地为中介的多样化交易形式具有跨期调剂的金融功能。地权形态的多层次性促进了土地的可交易性。多

① 参见马俊亚《近代淮北地主的势力与影响——以徐淮海圩寨为中心的考察》，《历史研究》2010 年第 1 期。

② 参见胡英泽《清代山、陕黄河滩地鱼鳞册研究》，《中国经济史研究》2010 年第 4 期。

③ 参见曹树基、李楠、龚启圣《“残缺产权”之转让：石仓退契研究（1728—1949）》，《历史研究》2010 年第 3 期。

样化交易形式又推动了地权与生产要素的动态组合，从而提高土地产出与经济效率。[①] 张明等人研究了清至民国徽州族田地权的双层分化，认为清代宗祠或公堂逐渐失去了对佃农的强势地位，族田出现了双层地权分化。民国时期，这一分化更为普遍，宗族主要掌握族田的田底权，田面权主要由佃农分割，祠堂只能作为一个普通土地所有者参与土地租佃与交易[②]。这是一种为中农以下阶层掌握的，能够保障佃农土地产权，对佃农有利的土地制度。[③]

最后，学者对地权与民国以来减租减息的关系进行了深入探讨。黄正林研究了陕甘宁边区减租减息运动中地权和减租减息的关系，文章有几个值得注意的结论。第一，1941 年皖南事变，国共关系恶化后，中国共产党需要农民的支持，减租才真正地受到重视。第二，边区租佃关系中存在着习惯性欠租和福利性欠租。对于佃户来说，习惯性欠租是保护自己佃权的永久性，对地主来说，习惯性欠租是控制佃户的工具。第三，由于习惯性欠租和中共对佃户的支持态度，在减租之前，相当多地方佃户的负担轻于租减法令中的规定，减租反而加重了佃户的负担，导致政府出面把佃户的既得利益还给地主。第四，由于实际情况复杂，在一些地方，中共减租政策与地方租佃传统、租佃关系以及中国传统文化价值观念（如欠债还钱）发生了抵触。[④]

关于农村经济研究方面。首先，在关于近代农村经济是衰退还是发展的争论上，出现了新的动向，即认为衰退论和发展论都需要重新进行审视。在关于民国时期农业经济研究中，目前学界存在着两种截然相左的观点：一种观点认为 20 世纪 30 年代中国农业已经全面破产，农村经济完全崩溃；另一种观点认为近代农业生产力是有一定程度发展的，生产方法也有所变化，发展虽慢，但基本上还能适应人口增长的需要。李金铮通过对定县农家生活的量化分析，指出定县农家在 20 世纪上半期收入有所增加，但呈现结构性的贫困，总体上来说，所谓农民不断恶化的观点的确值得斟

① 参见龙登高、任志强、赵亮《近世中国农地产权的多重权能》，《中国经济史研究》2010 年第 4 期。

② 参见张明《清至民国徽州族田地权的双层分化》，《中国农史》2010 年第 2 期。

③ 参见张明、慈鸿飞《民国时期皖南永佃制的比重、分布及性质》，《中国经济史研究》2010 年第 1 期。

④ 参见黄正林《地权、佃权、民众运动与减租运动——以陕甘宁边区减租减息运动为中心》，《抗日战争研究》2010 年第 2 期。

酌，而所谓农民生活水平明显改善，也不符合历史事实。[①] 黄正林通过对1927—1937 年河南农业发展的考察，认为从河南农业状况来看，二三十年代的中国农业既不是衰退论者那样的悲观状况，也不是发展论者所描述的那样比较乐观的状态，而是一些地方有了缓慢发展，一些地方仍停滞不前，但应当承认，发展是当时农业经济的总趋势。[②]

其次，一些实证研究对区域农村经济进行了案例考察。郭爱民估算了20 世纪二三十年代长三角农家收支、净余率与商品率，认为以开弦弓村为代表的长三角地区，农家经济呈现出无净余的商品化状态（商品化率84%），年净余为负数（－99 元），农业投资少（恩格尔系数 67%），农家无力大量购买工业品，内需难以拉动乡村工业。农家的商品活动只是缓解生存压力的权宜之计，社会转型仍无法完成。[③] 李勇探究了苏南渔民贫困的原因，认为主要有渔民渔业权的丧失、封建势力的盘剥、外来势力的掠夺与水产品倾销，以及市场失灵等因素。[④] 王建华讨论了抗战时期陕甘宁边区的农户计划。农户计划是抗战时期中国共产党改造小农经济的最初尝试。遗憾的是多数农户计划是有名无实的空架子，由于征粮动员的历史记忆，小生产者对农户计划本能地抱有一种拒斥心理。[⑤]

最后，农田水利研究成为新的热点。一些学者对农田水利进行了研究，拓展并深化了研究领域。如燕红忠和丰若非分析了清代河套地区农田水利发展过程中的资本问题，认为在农田水利上，宁夏灌区始终处于政府把持之下，而河套地区农田水利的发展则完全源于民间，取决于各大地商自有资本的投入，并未得到政府任何资助。[⑥] 方前移讨论了 20 世纪二三十年代芜湖湖田垦务的群体博弈问题，指出在湖田垦务事业中，湖民、垦务公司、政府官员、地方政府、

---

① 参见李金铮《收入增长与结构性贫困：近代冀中定县农家生活的量化分析》，《近代史研究》2010 年第 4 期。

② 参见黄正林《制度创新、技术变革与农业发展——以 1927—1937 年河南为中心》，《史学月刊》2010 年第 5 期。

③ 参见郭爱民《二十世纪二三十年代长三角农家收支、净余率与商品率的计量考察》，《社会科学》2010 年第 8 期。

④ 参见李勇《苏南渔民贫困原因探究》，《安徽史学》2010 年第 6 期。

⑤ 参见王建华《抗战时期陕甘宁边区的农户计划》，《中国农史》2010 年第 1 期。

⑥ 参见燕红忠、丰若非《试析清代河套地区农田水利发展过程中的资本问题》，《中国社会经济史研究》2010 年第 1 期。

中央政府各行为主体根据各自的利益动机，执行不同的策略行为。[①] 牛建立则考察了华北抗日根据地的农田水利建设问题。[②]

（七）经济思想史研究

经济思想史是经济史的一部分，对于经济思想史的研究有助于厘清经济史的一些概念和理论。本年度经济思想史的研究虽然数量不多，但有一定的深度。在此做一概述。

胡成探讨了20世纪30年代形成的两个主流学术典范及其全球化视野。他认为在关于什么是“中国”，以及如何进行“中国史研究”的问题上，20世纪30年代形成了对我们今天影响甚为深刻和全面的两个学术典范：一是1927年国民政府定鼎南京之后，傅斯年主持的历史语言研究所，汇聚陈寅恪、李济、董作宾、顾颉刚等人，形成科学实证主义，或者说史料派的研究旨趣，是1949年新中国成立之前，及此后台湾的主流学术典范；另一是1928年前后，郭沫若、范文澜及同一时期参与中国社会史论战的陶希圣等人，形成马克思主义唯物史观，或者说史观派的研究取向，1949年新中国成立后成为中国大陆的主流学术典范。这两个典范的历史价值在于，都强调中国历史的普世价值，将中国历史视为世界史，或全人类的共同文化史。因此，20世纪30年代的这两个学术典范都旨建设一个开明、平衡而具国际性的中国认识。[③]

同样发生于20世纪30年代，且对当时思想理论界产生深远影响的中国农村社会性质论战也引起了学者的注意。吴敏超考察了此次论战的一方，即以《中国经济》为阵地的王宜昌、张志澄、王景波等人为主体的“中国经济派”。她认为论战另一方“中国农村派”将“中国经济派”视为是托派理论的典型代表，从而将中国农村社会性质论战建构成为马克思主义与非马克思主义之间的论战，但事实上，这次论战更像是马克思主义唯物史观内部的大混战。[④] 考察“中国经济派”被确立以及不断被塑造的

① 参见方前移《20世纪二三十年代芜湖湖田垦务的群体博弈》，《中国经济史研究》2010年第4期。

② 参见牛建立《华北抗日根据地的农田水利建设》，《抗日战争研究》2010年第2期。

③ 参见胡成《全球化时代与中国历史的书写——1930年代两个主流学术典范的交融会通》，《史林》2010年第3期。

④ 参见吴敏超《“中国经济派”考论》，《近代史研究》2010年第6期。

过程，无疑有助于我们更为全面、贴切地认知 20 世纪二三十年代的思想理论界。

此外，张杰对于 20 世纪三四十年代的两位重要的经济史学者王亚南和彭信威货币思想的解读也值得注意。他认为，两位学者破译了中国货币金融演进过程中出现的诸多引人深思之谜。比如，王亚南敏锐地观察到中国货币本位的二元结构，还提出货币斗争的说法：世界银价的变动，并不尽由于银矿开采的难易，影响供需状态，同时还更掺杂着各帝国主义国家间倾向斗争的内情。彭信威则注意到了延亘两千余年的“铜币跨期等重”现象，自西汉五铢直至光绪通宝，铜钱大致保持每文一钱的重量，更有甚者，西汉的五铢在清末还有流通。彭氏还发现并解释了货币理论长期停滞的原因与国民财富贮藏偏好。对于前者，他认为士大夫的保障是土地，不是货币，对货币制度的成败难有切肤之痛；商人对货币敏感，但他们不会著书立说；老百姓对货币最敏感，但为生计所迫，更无暇顾及货币理论。对于后者，彭氏认为是由于民众长期形成的通货紧缩心理，中国历史上时常出现因物价过低伤及农商的情形，但并不以为害。因为中国社会是一个自给能力很强的农业社会，通货紧缩表面上危害很小，生产方面虽受影响，但可以享受低廉的物价。①

以上是对 2010 年度中国近代经济史研究的简要总结。总体而言，近代经济史学科在既有研究的积累之上取得了相当大的进展，在理论与方法、中国经济长期增长、关税和财政、商会和市场与贸易、货币金融、农村地权和农业经济、经济思想史等方面都取得较大的成绩，尤其在新的研究方法上，在开拓研究领域上都有所推进，这是值得肯定的。

当然，近代经济史研究也面临一些问题。首先，新方法的引入不能生搬硬套，要注意是否与中国近代的实际情况相适应。一味追求方法上的创新，就陷于为创新而创新的怪圈之中。其次，新开拓的领域还有很多问题需要研究者去解决。就近年成为热点的 GDP 研究而言，不仅在具体数据的估算上缺乏标准，且拿现代西方的 GDP 概念去解释前近代中国的经济发展是否合理也还是一个大可讨论的问题。无论如何，瑕不掩瑜，这些问题也

① 参见张杰《中国货币金融演进之谜：王亚南和彭信威的解读》，《经济理论与经济管理》2010 年第 10 期。

将促使近代经济史学界进一步努力，将学术研究推向新的高度。

（周祖文）

2011年度

2011年，中国近代经济史研究继续呈现出蓬勃发展的态势，全年共发表论文近400篇①。如按研究领域划分，有关财政金融的论文多达68篇，约占全部论文的17%，是研究的重头戏。其次，“三农”问题继续得到关注，有关论文达到38篇，接近全部论文的10%。此外，如按总体研究和区域研究划分，则区域研究有70余篇，约占全部论文的17.5%。如按研究时期划分，则有关近代经济的论文达90余篇；有关晚清经济的达80余篇，有关国民政府时期经济的近200篇，可谓厚今而不薄古，而有关北洋政府时期经济的论文仅有10余篇，可见，北洋政府时期的经济研究尚为薄弱。

从理论和方法来看，经济史和社会史的融合继续加深，新制度经济学和新经济社会学开始成为经济史的前沿理论。全球化史观进一步得到运用，计量经济史学更加受到重视，在GDP研究上逐渐崭露头角。研究领域更趋广泛，理论探讨受到关注。

（一）财政金融史研究

在国家权力和经济发展的关系上，马克思主义和新制度经济学都肯定了国家权力对经济发展的巨大作用。新制度经济学认为，在国家提供的制度基础和经济绩效之间存在着明显的相关性。而国家对经济的作用主要是通过经济法规来实现的。赵留彦等著文研究1931年国民政府“裁厘改税”政策对于国内粮食市场整合的效应，采用门阀误差修正模型估计米粮的跨区贸易成本，认为，裁厘改税之后，上海和芜湖两地之间的贸易成本相对于以前下降了约40%。这一改革使得原来厘金制度下商品流通环节的苛捐杂税大部分被取消，市场整合程度大大提高，因此，该政策解除了原有厘金制度对商品流通的限制，有利于商品跨区贸

① 根据2011年全国各种期刊所发表中国近代经济史论文统计。

易和国内工商业的发展。①

金融问题同样是政府、社会和大众之间的博弈。李金铮、冯剑撰文论述了近代天津当息利率的升降史，指出，在民间金融关系史中，利率不仅是一个金融现象，也是一个政治现象和社会现象，是在多种因素的相互制约下形成的。近代天津典当业利率的演变表明，借贷关系不仅是借和贷两方面的关系，政府、社会与当铺之间的博弈以及当铺自身的竞争都影响了当息标准的制定。在博弈中，各方面都使用了适合自己或传统或现代的武器，包括传统习俗、国家法律、民间团体、报纸媒体等，体现了近代中国社会转型的色彩。如果说各方对当息的博弈和斗争属于表面现象，则当息高低最后还是要受社会经济条件的制约，各方努力皆不可以脱离这一制约而随意而为。天津的表面当息一直处于被动上升之势，实际地反映了近代以来，中国政治局势的动荡、经济局面的变化、兴业竞争的激烈，导致当业经营成本提高，不得不巧立名目，提高当息，以维持日益艰难的生存。而政府虽然倾向典当民众的利益，但也不能不考虑当业经营的实际情况，从而在两者之间左右摇摆。于是，政府关于民间借贷的利率法令有时就成为一纸空文。而向以正义面目出现的社会精英，虽然总是以一边倒式主张减息的态度，对政府和当业产生影响，提醒当业不可为所欲为，但最终还是要服从社会经济条件的限制，其作用和影响是有限的。②

企业、政府、银行之间的利益博弈则事关企业的存亡。20世纪30年代中期，荣氏集团申新七厂被拍卖案是中国近代经济史上一桩轰动全国、影响巨大的社会事件。媒体和舆论的猛烈声势，汇成强大的社会压力，促使与企业休戚相关的政府部门和银行机构不得不介入过问；牵扯其中的英、日两国在中国民族主义情绪高涨的威慑下，不得不撤销拍卖案。徐锋华一文试图从政企、银企关系入手，解析申新七厂被汇丰拍卖过程中，多方利益错综复杂的矛盾纠葛，再现相关各方围绕被拍卖事件展开的真实互动，进而探究其背后的深层原因及历史影响。由荣宗敬、荣德生兄弟1915年创办的申新纺织公司，是中国近代著名的民族企业。1931年，因九一八事变和大水灾的影响，中国国内市场的购买力进一步下降，纱价剧跌。荣

① 参见赵留彦、赵岩、窦志强《“裁厘改税”对国内粮食市场整合的效应》，《经济研究》2011年第8期。

② 参见李金铮、冯剑《在国家、社会与当铺之间：近代天津当息的博弈史》，《中国经济史研究》2011年第2期。

氏纺织企业处于空前的产销逆境，从极盛时期的高峰走向低谷。至次年，申新各厂几乎抵押殆尽。1935 年，到申七拍卖前夕，申新公司九个厂已停其四。

立厂之初，申七就与汇丰银行结下不解之缘，因这种业务关系，1933 年出现周转困难时，荣氏与汇丰签订了申七押款转期临时契约书，其中规定：荣宗敬向汇丰银行上海分行借款 200 万元，年利 8%，自即日起算，抵押借款人将附单上所列土地及土地上的纱厂机器、仓库、住宅和其他建筑物，以及蒸汽引擎锅炉、机械工具等的支配权移交与汇丰银行。最后还特别强调，所有该抵押借款发生的纠纷问题，均照英国法律解决。

1934 年底，押款到期，是时申七还不出本利，由政府请求援助无效，于是向汇丰银行请求转期，并愿先交付全部利息及押款的一部分。对申七觊觎已久的日本纱厂见有机可乘，怂恿汇丰银行强行拍卖申七，以图打垮华商中实力最强的竞争者，汇丰银行为收回放款，避免坏账损失，对荣氏请求转期的要求置之不理，并由律师通知中国、上海两行。要根据契约实行拍卖。拍卖按时进行，由日本律师代表匿名委托人以最低价 225 万元拍得。尽管律师对买主身份讳莫如深，但媒体仍探知为日本丰田纱厂。

申七被英资银行拍卖，日资纱厂拍得的消息激起中国舆论的巨大反响，在舆论强大压力之下，国民政府方面不得不进一步介入。最终，汇丰和日商迫于社会舆论的巨大压力，为其在华长久利益考虑，不得不改变态度，“解除拍卖，改为正式押款”。

徐文认为，申新七厂拍卖事件的一个巨大影响，是政府与银行之间的关系发生微妙而深刻的变化。国民政府建立后，取得金融业的合作可谓一大关键。华资银行业一度被要求提供资金支持，同时也从大量购买政府公债中获利，但华资银行在业务经营上仍试图走独立发展的道路，这逐渐为官方所不悦，遂想从申七之事激起国人义愤，然后归罪于银行，从而给政府夺取银行制造机会。1935 年 3 月 23 日，国民政府利用银行未响应负责贷款救济窘困商业这一借口，以 1 亿元金融公债作为官股，分别拨充三行，使政府取得绝对控股地位，巧取了中国、交通两银行的控制权。接着，中央银行团购买了三家重要商业银行，即中国通商、四明和中国实业的大量银行券，然后突然要求这些银行兑现，当他们无法兑现时，就落入与官方有联系的银行团的控制之中，被纳入国民政府的垄断金融体系。这样，政府很快取得对银行与工业界的支配权，掌握全国全部银行资本的 70%。

徐文得出结论：在申七事件冲击下，国民政府开始从金融领域实施统制经济政策。1935年3、4月，政府改组中、交两行，接着成立了农民银行，6月控股“小三行”，标志着国民政府垄断金融体系的建立，政府与银行逐渐融为一体。11月推行的法币改革则是从币制上加以强化。对于一般商业银行而言，政府金融机构的角色已从“救济”者成为最直接的业务竞争者。而企业在经济危机的压力下，自己要求政府干预，主动投入了政府的怀抱，其后更成立大批专业公司来实施统制经济的计划。伴随着世界经济形势的好转，全国经济渐次复苏，1936年国民生产达到历史顶峰，这说明统制经济在当时具有一定的合理性。申七事件无意中成为实行统制经济的导火索，从这个意义上来说，对该事件不可小视而应有所深思。①

2011年有关金融领域的研究，涉及面广泛。陈昭、刘巍的论文针对中国近代金融数据的缺失，提出一种新的估算方法。他们在文中构建了近代中国市场的两个假设条件：商品经济取代自给自足的自然经济并占一定地位；商品化程度变化缓慢，即经济的货币化程度提升的节奏比较稳定。在此基础上建立了供求决定价格的模型，利用该模型估算了中国近代的狭义货币供应量，并对结果进行了验证，效果良好，表明估算结果有较高的可信度。②

近年来，针对蒋介石的研究，成为大陆学者的某种“热门”。吴景平对1935年法币改革前后蒋介石的有关言论进行了探讨，认为蒋介石“对于政府中主持财政金融行政事务的主官基本上是信任并且支持的。蒋介石对于法币政策的及时颁行和取得成功，起到了不可或缺的决定性作用”③。

张秀莉讨论了抗战胜利后沪港之间资金流动情况。1945年抗战的胜利，并未实现上海各界对恢复繁荣的期望。一系列经济管制措施、恶性通货膨胀以及美货倾销、政局动荡，使得本可用于复兴上海经济的资金不断地外流，逃避到香港。政府的各种限制措施，无法改变资金趋利避害的运行法则。外流到香港的资金和实践经验，成为日后香港工业发展的重要

---

① 参见徐锋华《企业、政府、银行之间的利益纠葛——以1935年荣氏申新七厂被拍卖事件为中心》，《历史研究》2011年第6期。

② 参见陈昭、刘巍《对1887—1909年中国狭义货币供应量M1的估计》，《中国经济史研究》2011年第4期。

③ 吴景平：《蒋介石与1935年法币政策的决策与实施》，《江海学刊》2011年第2期。

助力。[①]

在银行业研究方面，王玉茹、苗润雨认为："两次世界大战之间的1918—1936 年是中国民族资本主义发展的重要阶段，同一时期中国银行业也显著成长。文章运用当时 33 家全国性中资银行数据，从银行产业组织理论视角并结合历史事实检验中国近代银行业格局的变化。结果显示，在无政府过度干预的条件下银行集中度会随着经济增长而逐渐降低，这说明在相对自由的市场环境中，竞争性银行业结构更适合当时的国民经济发展。"[②]

蒋立场考察了 20 世纪 30 年代，上海银行业通过各种方式承借和增持南京国民政府的债款和债券，缓解了政府日趋恶化的经济金融环境和自身经营危机。这种与政府合作的方式，加深了银行业与政府财政之间的关系，同时为了防范政府债信的不稳固和债市的变化，上海各银行机构也逐渐加强了同业合作。[③] 邹晓昇论文指出，在 20 世纪 30 年代前半期，以张公权、陈光甫、章乃器等为代表的银行家和其他社会各界人士呼吁"救济农村""资金归农"，商业银行随之兴起一股救济农村的热潮。商业银行投资农村，并自发形成一套行之有效的贷款制度，体现出近代中国银行家服务社会的强烈社会责任感和敢于探索的创新精神。但由于政府统制金融政策的实施和其他因素的影响，商业银行农贷活动最终是昙花一现，抗战全面爆发后陷于停顿。[④] 张晓辉、屈晶认为 20 世纪 30 年代广东农村经济破产亟需资金，抗战爆发后，农村经济之重要地位凸显。广东省银行迅速发展的农贷业务适应了战时农村资金融通的需要，配合了政府农业政策的推行，抵制日伪金融势力的扩张，有助于救济粤省衰败的农村经济。[⑤]

在银行业与地方经济发展方面，张朝晖和刘志英以民国年间最为发达的浙江地方银行在 20 世纪上半叶的发展为研究对象，认为浙江银行选准

---

① 参见张秀莉《1940 年代后期沪港间资金流动及影响》，《史林》2011 年第 4 期。

② 王玉茹、苗润雨：《经济发展与中国近代银行业结构的演化：基于 1918—1936 年市场集中度的实证分析》，《财经研究》2011 年第 6 期。

③ 参见蒋立场《1932—1935 年的上海银行业与南京国民政府内债》，《史学月刊》2011 年第 5 期。

④ 参见邹晓昇《20 世纪 30 年代前半期商业银行农贷活动》，《江海学刊》2011 年第 2 期。

⑤ 参见张晓辉、屈晶《抗战时期广东省银行农贷研究》，《抗日战争研究》2011 年第 4 期。

了发展定位，与地方工商业发展具有相辅相成的作用和关系。[①] 陈铨亚讨论了宁波钱庄与中国本土商业银行产生之间的关系。钱庄作为我国本土金融，与清末从西方借鉴、引进的商业银行体系有很大的不同。我国学术界对于钱庄的属性进行过一定的讨论，到现在为止的结论还是不属于商业银行范畴。陈氏认为，宁波钱庄已经完成从传统金融向商业银行的转身。其标志性事件就是从 19 世纪初开始而到中叶完成的过账制度。那些实施过账制度的宁波钱庄及各处的宁波模式钱庄已经完全可以定义为本土商业银行。也就是说，中国近代的商业银行产生于宁波钱庄。[②]

商业银行实行“走出去”战略，已经成为目前我国金融机构践行重点。杨志勇对我国近代历史上第一个在海外设立金融分支机构的山西合盛元票号“走出去”的过程进行了探讨。杨文认为，山西合盛元票号在日本设立分庄，开创了中国银行在海外开拓市场的历史，是中国近代金融史上的一件大事，但国内学界对于这一事件的研究成果甚少；文章通过对日本相关历史文献的挖掘，并结合国内文档，分析了中日贸易和中国学生留学日本两方面因素，促使合盛元在日本设庄，而自身实力不足最终导致其撤庄的过程。[③]

在证券史方面，林榕杰对近代中国证券交易所的发展历史及影响因素进行了回顾。在监管方面，民国时期是以政府对交易所进行监管以及通过交易所实施监管为主要环节。近代中国证券监管体制属政府型监管体制，但政府中未设专门的证券监管机构，而是由主管商业的部门以及财政部来负责。[④] 孙建国对中国近代证券市场信用机制的构建过程进行了考察：从市场主体证券交易所信用机制看，经纪人信用管理、股票交易操作规范、抵押放款证券化、信用交易等方面举措激活了证券信用机制；从非市场因素分析，股票商业公会、征信所、中国股票推进会、会计师事务所等中介机构的参与，在会计制度近代化、经纪人对保及债券信用调查等方面促进了证券市场信用机制的完善。在政府对证券市场信用机制建设不完善的背

① 参见张朝晖、刘志英《浙江地方银行与近代浙江工商业》，《中国社会经济史研究》2011 年第 1 期。

② 参见陈铨亚《宁波钱庄与中国本土商业银行的产生》，《宁波大学学报》2011 年第 4 期。

③ 参见杨志勇《合盛元票号日本设庄、撤庄原因探析》，《忻州师范学院学报》2011 年第 5 期。

④ 参见林榕杰《中国近代的证券交易所》，《中国社会经济史研究》2011 年第 1 期。

景下，来自市场主体信用管理制度建设的“看不见的手”与社会信用机构参与，弥补了这一制度缺陷。中国近代证券市场政府、市场、社会三位一体的信用机制对当代仍具有参考意义。①

1866 年，上海经受了开埠后的第一次金融风潮。宋佩玉对风潮的发生原因进行了分析，认为其导源于美国内战所引起的棉花投机和太平天国运动造成上海经济的繁荣，形成于两次战争结束所造成的棉花投机和房地产投机的失败，最终由伦敦市场上的金融动荡引爆，导致上海多家外商银行、洋行股票惨跌而破产。这次风潮有三个特点：（1）市场投机；（2）风潮将参与金融贸易投机的外商银行、洋行、钱庄全部卷入以伦敦为中心的世界规模的国际结算体系之中；（3）本次金融危机是与经济（商业）危机交织在一起的，说明引发金融危机、威胁金融安全的因素，已开始转变为经济的周期性因素。从 1864 年起，上海的经济已经大体上按照繁荣—危机—萧条—复苏这一节奏而律动。②

财政史的研究，依然得到学者的关注。由于清代会计制度的混乱和奏报档册不完整，清代厘金历年全国总收入始终是一个难以解决的问题。周育民在罗玉东研究的基础上，根据作者整理的新数据、新材料，对晚清厘金历年全国总收入进行了再估计。认为光绪五年（1879）以后，清代厘金岁入已常年在 2000 万两以上，光绪二十九年（1903）以后突破 3000 万两。③ 汪柏树④、文志勇⑤和宋美云、王静⑥的三篇文章，分别讨论了民国时期安徽、新疆和天津地方财政管理状况，展示了中央、地方政府与利益群体、民间组织和民众之间错综复杂的关系和利益矛盾点。王明前研究了中央革命根据地财政体系演变，其形成经历了闽西苏区的初期探索、中央财政体系的初建和中央财政体系逐步完善三个阶段。中央财政制度和财政体系的建设，首先从建立统一的预算决算制度入手；其次是建立完善划一

① 参见孙建国《论中国近代证券市场信用机制的构建：基于市场与非市场因素的考量》，《中国经济史研究》2011 年第 2 期。

② 参见宋佩玉《近代上海的第一次金融风潮研究》，《史林》2011 年第 1 期。

③ 参见周育民《晚清厘金历年全国总收入的再估计》，《清史研究》2011 年第 3 期。

④ 汪柏树：《民国徽州土地卖契的契税》，《中国经济史研究》2011 年第 1 期。

⑤ 文志勇：《杨增新和杨缵绪对新疆财政问题的争论：兼谈新疆各民族的经济负担》，《中国边疆史地研究》2011 年第 3 期。

⑥ 宋美云、王静：《民国时期天津牙税向营业税的过渡：以油行为例》，《史林》2011 年第 6 期。

的税收制度，以增加政府收入，调节经济建设。会计制度、国库及国家银行制度、关税制度和审计制度的先后建立，标志着中央苏区财政体系构建工作的基本完成。①

(二)“三农”问题研究

“三农”问题所涉及的农村、农业、农民问题，不仅是当下中国最重要的经济问题，也是极其重要的社会问题和政治问题。研究探讨近代史上的“三农”问题，无疑对于解决现实中的“三农”问题具有借鉴作用，因此，多年以来，“三农”问题一直得到经济史学界的高度重视。

当前最重要的“三农”问题，当属城乡的人口流动，也即是农民的离村问题。农民离村问题历来是近代经济史研究的重点，但对农民离村原因却众说纷纭。周应堂、王思明探讨了近代史上农民离村的原因，提出对中国近代农民离村原因的分析，应从宏观经济和生产力发展的角度出发，而人口压力和自然灾害都不是农民离村的主要原因。文章以统计数据表明，农民离村的主要原因是经济压力和经济吸引力。近代农民离村的特征和当代农民极为相似，如离村率高，尤其是经济发达地区的农民离村率高于其他地区。再如，人数多、规模大、主动离村的比率高，主要是青壮年劳动力离村，农民离村变成了农民进城。又如，农民进城后的职业具有强烈的籍贯性，如上海的人力车夫主要来自苏北，理发工人主要来自扬州。这些特征都和当代农民进城后的行为特征相同。最后，文章指出，中国近代农民离村的原因应从中国近代经济发展中去寻找，特别是中国大机器工业出现以后，对劳动力市场发育起到了巨大的推动作用，工矿企业对劳动力的总需求不断扩大。现代工业的发展，使大量的农民进入城市成为城市工人。此外，文章还提出，城市高收入、低风险、舒适的生活、心理负担的减轻等因素是吸引农村人口向城市转移的主要因素。②

众多农村人口涌入城市，而当时城市所能提供的就业机会却远不及实际需求，由此出现众多流动人口辗转于城乡之间、彷徨失所的局面。对此问题，学术界尚少讨论。戴鞍钢《中国近代工业与城乡人口流动》一文对此进行了探讨，指出，1894 年中日甲午战争爆发后，随着列强在华经济扩

① 参见王明前《中央革命根据地财政体系演变新探》，《中国经济史研究》2011 年第 2 期。

② 参见周应堂、王思明《近代农民离村原因研究》，《中国经济史研究》2011 年第 1 期。

张的加速，同时受实业救国思潮和清政府鼓励工商业发展政策的推动，中国的民族工商业和近代城市经济都有了较为明显的发展。与原先因战乱涌入城市而呈现潮汐形态的人口升降不同，这一时期进入城市谋生的人口表现为持续增长的态势。大量农村人口进入城市，主要是迫于战乱、灾荒和农村经济的凋敝，而当时城市所能提供的就业机会却远不及实际需求，残酷的现实使得很多流入城市的农村人口很难在城市安家或长期立足。对此，近有学者撰文认为："在中国经济史上，农民家庭始终是一个足够理智的经济个体，尽管中国经济史上曾多次出现过诱发农民走出农业、农村，迈入工商业和城市的历史机遇，但在外存生态条件和多重制度约束下，农户出于个体理性算计的结果，仍然选择以农为主、工商为辅的生产和生活方式。他们不像资本主义企业那样追求利润最大化，他们也不像雇佣劳工那样追求工资收入最大化，而是追求产量最大化和家庭全员就业，这种多重约束下的有限理性乃是导致中国未能及时发生工业革命并迈入现代增长阶段的主要原因。"[①] 戴文认为，这种论断与事实相距甚远。应该指出，中国历史上的农民未能走出农村，或一度走出农村又折回，并非是其"出于个体理性算计"，而是在当时的社会环境下，他们中的绝大多数人根本不可能有所谓"出于个体理性算计"的选择，只能迫于生计，或辗转于城乡之间挣扎求生，或困守贫瘠的土地勉强度日，他们不可能也不应该为丧失所谓的"中国经济史上曾多次出现过诱发农民走出农业、农村，迈入工商业和城市的历史机遇"和"中国未能及时发生工业革命并迈入现代增长阶段负责"[②]。

张家炎以清代及民国时期江汉平原为背景，讨论了移民运动、环境变迁与物质交流的关系，认为"明清以及民国期间，江汉平原农村经济的主要特征是纳移民、垦垸田、输米粮，但同时也不断遭受洪涝之灾。其经济变化与环境变迁既有本地区内在的联系，也与周围地区及长江流域乃至全国其他地区的经济、环境变化有着不同的联系"[③]。文章指出，江汉平原纳移民、输米粮、水灾频发既是当地次第发生的现象，也是两湖地区特别是

---

① 赵红军：《农民家庭行为、产量选择与中国经济史上的谜题：一个考察中国未能发生工业革命的微观视角》，《社会科学》2010 年第 1 期。

② 戴鞍钢：《中国近代工业与城乡人口流动》，《云南大学学报》2011 年第 2 期。

③ 张家炎：《移民运动、环境变迁与物质交流：清代及民国时期江汉平原与外地的关系》，《中国经济史研究》2011 年第 1 期。

整个长江流域经济与环境次第变迁的一环。衣保中、张立伟分析了清代以来内蒙古地区的移民开垦及其对生态环境的影响，认为清朝以来内地民人大规模迁入蒙地垦殖，其粗放的经营方式和无序的活动，对内蒙古地区的生态环境产生了严重的影响。①

经济史研究的目的是发现经济发展的规律，以历史的经验作为现实的借鉴。因此，总结近代史上解决"三农"问题的方式、方法，是经济史研究的任务。王仲《民国时期商会对农业的扶持：以苏州商会为例（1927—1937）》，对于我们理顺工商业与农业的关系不无助益。王文认为，商会是近代以来各种社会团体中最有实力的民间组织，而民国时期苏州地区的农业生产，无论是农业生产资料的获取，还是农家剩余产品的出售，都要通过市场环节才能实现，农业越来越倚重市场，也就是说必须经过商人之手才能实现农业的生产和再生产。苏州商会及其下属经营农资和农产品的同业公会在这两方面为农业提供了条件，并尽可能地少获利润而施惠于农民。首先，在农资供给方面，要求政府对苏南地区的商业性肥料——豆饼进行减税，并由商会对豆饼统一定价。其次，对农民的生活消费品——食用油要求免税，最终取消了食用油类特税。除了要求农资、农产品减免税之外，商会还要求居于乡镇的商会分会采取灵活措施，周转农资，让利于农民。如木渎镇徽商英同德商号在农民缺少资金时，把饼肥贷给农民，年底还款，收取一分的利息，而"还账时，种种抹零涂尾，考其结果，实不足一分"。商会还积极组织抗灾和灾后赈济。其参与抗击自然灾害及灾后救济行为分为三个方面：（1）积极组织参与当地农民的抗灾行动；（2）赈济远近灾农；（3）倡导谋划水利建设。在抗灾最紧急时，商会三次赴沪订购最新式电机 43 台，计费 2 万余元，由商会雇船 43 只，每船一机，直接运抵各乡镇戽水入田。为兴修水利工程，以防灾害发生，商会决定疏浚张福河，引淮水入运河，并联合上海总商会，疏浚吴淞江。商会还通过农会组织改进农业技术，融通资金助农。为此，苏州商会专门成立了"吴县农业改进会"向农民推广先进农业技术，并筹设了"小贩贷本所"，对城市贫民及乡村农民提供小额贷款。"农家器具之添设，种子之改革均

① 参见衣保中、张立伟《清代以来内蒙古地区的移民开垦及其对生态环境的影响》，《史学集刊》2011 年第 5 期。

可向小贩贷本所借贷”[①]。苏州商会扶持农业的经验值得我们借鉴，当前，我国农业生产资料价格高企，农民融资渠道不畅，农产品的价格被人为压低。同时，我国缺乏社会中间组织，以至减少了社会对农业的支持力度。学习苏州商会支农经验，加强社会中间组织建设，加强对农业的投入，是我们解决“三农”问题的重要途径。

近代国家与农民的关系是政治的重中之重，有关国家的兴亡。政府处理“三农”问题的方式及其经验教训同样值得我们吸取。杨国安《樊口闸坝之争：晚清水利工程中的利益纷争与地方秩序》为我们提供了一个范本。故事发生在光绪年间，湖北武昌县樊口地区，“外江内湖”的水系特征，“内乡”与“外乡”的畛域之见，使得当时民众就是否该筑樊口闸坝，爆发了一场旷日持久的水利冲突，并进而引发了以湖广总督李瀚章和兵部侍郎彭玉麟为代表的反对派和支持派之争。樊口闸坝事件，体现了国家与农民对一大型水利工程的不同考量，也体现了地方不同利益集团的利益冲突和博弈关系。对于如何处理复杂的利益关系，作者指出：“作为高居在上的国家，在地方社会复杂的利益纷争中，应居于一种协调者的立场，而不是非此即彼的、要么获益、要么受损的单向仲裁。双方争取利益最大化乃人之常情，问题在于，当一方的利益获取是建立在另一方利益受损的基础上时，受损一方有权获得一定的补偿。当眼前的经济利益有可能对未来的生态环境造成一定的影响时，长远的问题也必须得到重视。”[②] 当前，我国也面临工商利益和农民利益的博弈，而农民利益的受损几乎成为常态。因此不断引起农民群体事件发生，而吸取历史经验，掌握利益平衡原则，当是稳定农业、农村、农民的长久之计。

如何处理“三农”问题，历史也给了我们有益的启示。张少筠、慈鸿飞首次利用福建四县的档案资料，探讨南京国民政府时期福建地区的永佃权纠纷及其解决方式。发生纠纷时，当事人会根据情况选择民间调解、官方调处或审批、司法调解及审判中的一种或多种方式求得解决。同时，宗族组织和士绅阶层，基层治理机构或组织，以及司法机关等社会中的各方力量，在解决纠纷的三种方式中各自发挥着重要的作用。总的说来，民间

① 王仲：《民国时期商会对农业扶持：以苏州商会为例（1927—1937）》，《中国农史》2011年第1期。

② 杨国安：《樊口闸坝之争：晚清水利工程中的利益纷争和地方秩序》，《中国农史》2011年第3期。

调解是永佃权纠纷中一种不可或缺的解决方式。[①] 以上研究都表明，为了解决“三农”问题，培育社会组织和农村自治组织的重要性。

王大任对民国时期最接近农业近代化的东北地区，曾经出现过的农业机械化过程进行了研究，认为“近代东北地区农业机械化经营并未使该地区形成独具特色的近代化农业经营布局，而仅仅是昙花一现。其原因在于农用机械市场售价、原料价格和售后维护价格的高昂，以及部分农机不适应该地的地域性生产方式。‘成本—收益比率’明显逊色于以纯劳动力要素进行生产，使得农民排斥新式机械似乎显得是一种明智之举。该现象提醒我们必须为农村引入先进的农业生产设备营造良好的条件以及实现技术的‘本土化’创新”[②]。

柳平生、葛金芳对黄宗智“过密化”理论提出了修正，认为近代农业经济存在“过密化”现象的条件是小农劳动的边际收益小于边际成本（MR < MC），而不是如黄宗智所说的“劳力边际产量开始递减之后”；证明“过密化”现象在近代农村经济中普遍存在。而市场化条件下的工业化和城市化是过密化进程得以延缓、中止并最终逆转的根本途径。[③]

郭爱民通过对近代长三角与工业化时期英格兰的比较，分析了民众食粮水准、农业劳动效率与产业分工关系。认为在近代的长三角地区，常年下农家的农业劳动效率处于停滞状态，农业人口向非农产业的转化几趋停滞；在工业化时期的英格兰，常年下农家的农业劳动效率呈大幅增长的趋势，使得绝大多数农业人口从农业中分离出来，从事非农产业。[④]

（三）全球史观

20 世纪中叶兴起的全球史观，不仅给历史思维带来了新的视角，而且给经济史研究提供了新的方法。它把中国经济史研究纳入全球范围去考察，强调跨国界、跨地域范围的比较和借鉴、互动与关联，使中国经济史

---

① 参见张少筠、慈鸿飞《南京国民政府时期福建的永佃纠纷及其解决》，《中国经济史研究》2011 年第 1 期。

② 王大任：《近代东北地区农业机械化经营的退却及其原因》，《中国社会经济史研究》2011 年第 2 期。

③ 参见柳平生、葛金芳《近代江南农村“过密化”问题的微观分析和统计验证》，《浙江学刊》2011 年第 5 期。

④ 参见郭爱民《民众食粮水准、农业劳动效率与产业分工关系的量化辨析：近代长三角与工业化时期英格兰的比较》，《中国经济史研究》2011 年第 4 期。

学科成为一门国际性的学科。它突破了“欧洲中心论”的研究模式，彻底摒弃欧洲中心史观片面强调欧洲在世界经济发展中的作用，使欧洲以外的亚、非、拉国家历史被边缘化的做法，中国及其他后发国家一起登上了世界经济发展的舞台。

2010年，仲伟民的专著《茶叶与鸦片：十九世纪经济全球化中的中国》（三联书店，2010年）出版，这是全球史研究的一部力作，也是对国际史学界关于全球史研究的一个呼应。该著体现了全球史研究的最基本理路。通过中西间茶叶与鸦片的交换、传播，以描述全球共同的发展进程。作者提出了“被全球化”的概念，巧妙地选择茶叶与鸦片两种商品在中西间的传播、对全球经济关系的作用以及对中国的影响进行研究，揭示出两个国家截然相反的历史命运，丰富了我们对近代国家命运的认识。该著不仅是国内全球史研究的一个范例，也是对中国成为国际原料市场过程研究的经典范例。①

刘强持有和仲伟民类似的观点，他认为，众多学者探讨了中国制瓷业衰落的原因，但视角多限于中国的内部，如果将中国制瓷业放在全球经济发展的背景下，其兴衰过程及背后的原因将更加清晰，也更具启发性。他指出，欧洲的扩张一方面促成了全球规模的产品市场，对中国制瓷业形成了需求冲击，进而成就了中国制瓷业300年的“黄金时代”；另一方面，欧洲国家还实行武装贸易和重商主义，这给欧洲制瓷业的发展提供了市场、技术和政策支持，促使欧洲制瓷业迅速发展。也正是借此，欧洲制瓷业在与中国制瓷业的竞争中逐渐取得优势。最终华瓷市场的丧失导致中国制瓷业利润微薄，瓷商相继破产，曾经为中国带来无数利润和荣耀的制瓷业就此衰落。②

黄敬斌则对《茶叶与鸦片》一书提出了不同的观点。他指出：在国外学术界，以沃勒斯坦和弗兰克为代表的西派观点，在经济全球化的起源、进程、中国卷入全球化的时代、角色和路径等问题上，存在着激烈的争论。《茶叶与鸦片》一书通过考察19世纪中西贸易史，为相关问题的讨论提供了新的思路和实证材料，有利于澄清这场争论中的一些重要问题。特

① 参见丁贤勇《全球化视野中的中国近代经济与国家命运：评仲伟民：〈茶叶与鸦片：十九世纪经济全球化中的中国〉》，《首都师范大学学报》2011年第3期。

② 参见刘强《18世纪末—20世纪初中国制瓷业的衰落：一个全球的视角》，《史学集刊》2011年第2期。

别是，在茶叶和鸦片贸易中，中、英双方在组织和战略上的差异性，凸显了双方背后的经济体系确实存在着重大差别，按照布罗代尔的定义，这种差别正体现着“资本主义”与“市场经济”的对立。而《茶叶与鸦片》一书明确指出，繁荣的茶叶出口贸易本可以带动相关产业的发展，成为经济近代化的桥头堡，但由于政府的无知与无能，中国错失了一次发展的机遇。茶叶的生产和贸易是否能承担起近代化桥头堡的地位也许是值得讨论的，但确实充当了中国近代化桥头堡的丝绸业，尽管经历了 19 世纪后期至 20 世纪初期的繁荣和发展，最终仍在日本丝绸业面前败下阵来，其背后的历史逻辑，仍可以解读为中国“常规市场经济”对抗日本“国家资本主义”的失败。最后，黄敬斌指出：把现代经济增长的“根本”原因归结到垄断和国家干预上去，对于经济学家们来说自然是很难接受的，在某种意义上，这也是从一个极端走向另一个极端。①

（四）GDP 研究

随着中国经济的崛起，关于历史上中国经济及其在世界经济史上地位的研究，日益受到学术界的重视。这其中，尤以 GDP 的研究引人注目。2010 年，李伯重新著《中国的早期近代经济：1820 年代华亭—娄县地区 GDP 研究》（中华书局，2010 年）出版。李著以 1823—1829 年华亭—娄县地区的 GDP 为对象，对 19 世纪初期中国的经济状况进行了个案研究，既从生产增加值的角度对 GDP 进行了估算，又通过收入法、支出法与之相印证，由此分析当时的农工商等各个部门及生产、分配与消费各个环节。最后，作者得出结论，比较而言，华娄的第二产业产值与就业的比例甚至超过了同期的荷兰。这与作者关于“斯密型成长”与“库兹涅茨型成长”的一贯认识是一致的：江南虽然没有发生“工业革命”，从而进入具有结构急剧变化和重工业发展等特征的“库兹涅茨型增长”，但在市场的推动下，分工不断细化，生产率也随之提高，这种不依赖于新技术，以轻工业为主的“斯密型成长”达到了很高的水平。

评论者认为，无论是从生产、分配还是消费来考察华娄经济，本书都导向了对传统经济的反思，也与彭慕兰等研究相呼应，共同发展了多

① 参见黄敬斌《全球化的贸易、资本主义与经济史：以 19 世纪中西茶叶与鸦片贸易为例》，《文史哲》2011 年第 4 期。

元视角的比较史学。但评论者也指出，本书在评价华娄地区发展水平时，主要以 GDP 为标准，有时可能并不全面。例如，在比较 19 世纪 20 年代与 20 世纪 30 年代华娄经济时，按 GDP 来衡量，因为经济重心转移到上海，华娄在后一时期很显然是衰退的。然而，如书中所提到的，华娄的居民多到上海就业，这时，GDP 即使下降，也并不意味着国民收入的下降。①

李伯重的专著激起了新一轮的学术兴趣。《中国经济史研究》组织专栏笔谈，讨论 GDP 估算研究。史志宏认为，GDP 研究，即某一国家或地区一定时期内（通常为一年）的国内生产总值（增加值）核算，无论现实的还是历史的，都是西方学者首先做起来的，已有相当成熟的方法和整套的指标体系，是任何做此项研究的人都必须遵循的，除非你不去做这项研究。当然，由于中国传统经济有自己的特点，研究中国的历史 GDP，必然也应当在某些具体的方法和指标上有所创新或者说突破，但根本性的创新或突破是不可能的。他提出，既然方法和指标不是重点，那么，需要做的另一项工作即历史数据的收集和整理，自然而然就应该是我们工作的重点。② 陈争平持与此相似的看法，他亦认为：一般来讲，历史越久远，进行 GDP 估算，收集经济统计资料的难度越大。因此，他建议立即开展《近代中国经济统计研究》项目工作。至于如何重建历史数据，他认为应当建立两套数据库，缺一不可。（1）需要广泛收集近代历届政府、科研人员及其他组织编制的各类经济统计，以及各类官书、方志、笔记等所记载的经济数据信息，进行适当分类，整理成一套近代中国经济统计数据 A 库。（2）在这一套数据 A 库基础上，对各类经济统计所用方法、资料来源等进行审慎考证，同时，学习、借鉴日本 COE 项目在统计资料甄别和整理方面的一些经验和方法。经过去伪存真，并用科学插值法进行补充和修正，整理编制成各部门系列新统计表。再将这些经过甄别、修正、插值、估值形成的新统计表，以及进一步的计量分析等，汇集成另一整套近代中国经济统计数据库 B 库。这是一项规模较大、多学科结合、填补学术空白的基础项研究工作，所建设的两套数据库及系列分析等将有较大创新意

① 参见彭凯翔《传统中国经济张力的立体透视——评〈中国的早期近代经济：1820 年代华亭—娄县地区 GDP 研究〉》，《经济研究》2011 年第 5 期。

② 参见史志宏、徐毅《关于中国历史 GDP 研究的点滴思考》，《中国经济史研究》2011 年第 3 期。

义，将为学术界在经济学、历史学、统计学等方面后续系列研究提供坚实的基石。①

倪玉平则对 GDP 研究提出数据估计的三个原则：（1）重视对原始资料的收集和整理。在很多情况下，我们不得不进行数值推算和估计，但一旦条件具备，就应该尽可能地搜集原始史料，争取做到“竭泽而渔”。在很多情况下，我们不得不转引已有的成果。但是在转引他人成果时，一定要先弄明白，别人为什么会这样研究，为什么会得出这样的结论，只有尽可能还原他们的研究思路，才能明白问题的所在。而且，研究者将自己的所有结论，都建立在历史学家现有研究成果的基础上，也是非常危险的。否则，一旦历史学家对自己的研究做出修正，我们的相应结论就要被迫做出修正，所谓研究也就变成了纯粹的数字游戏。（2）注意数值估计的合理性。经济史材料的定量，必须适度而行，不能知其不可而为之。定量时还必须兼顾文化与传统，做到合情合理，否则即便最终的结论或许大体符合历史，这种定量也只能说是一种模棱两可，似是而非的“猜测”。（3）要有历史感。历史感对于中国经济史的数据统计具有非常重要的意义，如果不具备长期的史学积累和修养，往往就会在无意中闹笑话。最后，作者指出，还有一种倾向要注意，某些经济学出身的学者似乎对历史学研究者有一种天生的优越感。如果不能放低身段，抛开这种优越感，双方的对话和合作是无从谈起的。②

刘巍就近代中国 GDP 估算的尝试进行了历史性的总结，指出在进行估算时，须对选择理论模型时要注重前提假设的分析，外推数据时要注重对残差的分析，还需要用其他领域的数据做验证，这样才能经得起学术的考验，才能成为一种较科学的方法。③ 管汉晖也对 GDP 数据在历史分析中的必要性进行了分析。④

李敦瑞、朱华参照巫宝三等所使用的估算方法和部分相关数据，佐以当代出版的上海方志所提供的数据以及当代学者的最新研究成果，对 1936

① 参见陈争平《近代中国货币、物价与 GDP 估算》，《中国经济史研究》2011 年第 3 期。

② 参见倪玉平《GDP 数值估计的三个原则》，《中国经济史研究》2011 年第 3 期。

③ 参见刘巍《近代中国 GDP 估算：数量分析方法的尝试》，《中国经济史研究》2011 年第 3 期。

④ 参见管汉晖《关于中国历史上 GDP 研究的一些浅见》，《中国经济史研究》2011 年第 3 期。

年上海 GDP 进行了初步估算，并在此基础上对抗战前夕上海的经济水平和结构做必要的数据分析，认为抗战前夕，上海经济已相当发达，无论是自由程度和开放程度都处于较高水平，且现代经济的特征也比较明显。以 1936 年为例，按当时价格和货币单位估算，上海 GDP 为 155861.9 万元，占全国的 6.07%。人均 GDP 为 408.7 元，是全国人均量的 6.8 倍。当年上海三次产出之比是 1.38∶25.21∶73.41，工厂工业、金融、商业占经济的主体，而且租界和华界的政府财政支出，仅相当于 GDP 的 3.04%，公共行政净所得仅占 GDP 的 1.49%，外贸依存度高达 58.7%。较高的外贸依存度也是那一时期上海经济开放程度的某种反映。①

杜恂诚、李晋则对 GDP 研究中存在的问题提出了批评，指出：学术界对中国古代、近代经济史上的 GDP 研究似有升温趋势，然而其中存在的问题却具有普遍性，有碍于更加真实地认识中国古代、近代社会和进行跨国家、跨社会的比较。主要的问题在于，认识和估算的思路进入了误区，偏离了 GDP 的规范定义。中国经济史 GDP 研究中的具体方法也有诸多不尽如人意之处。运用计量模型推导 GDP，对于模型设计的合理性和基础性数据的积累是至关重要的。因此，不宜把 GDP 作为将中国古代传统社会或中国近代二元转型社会与西方资本主义国家做比较时的主要普世评价标准，尤其不宜用偏离定义或模型有缺陷的估计或计量方法得出的 GDP 数字来进行比较。这样的比较会造成以下的结果：（1）会以不规范的偏离程度很大的 GDP 数字来不恰当地衡量中国经济的发展水平；（2）掩盖了中国近代二元经济结构的事实；（3）掩盖了中国古代市场十分有限的事实；（4）掩盖了市场制度、社会制度、政治制度的差异。他认为，社会转型的评价标准是多维的，在很多时候。GDP 并不能成为主要的评价标准。②

（五）区域经济研究

区域经济是近年新兴且持续活跃的经济史研究新领域。“以中国之大，各地区经济发展很不平衡，区域史的研究实属必经之路。”③ 近年

① 参见李敦瑞、朱华《抗战前夕上海 GDP 及结构探析：以 1936 年为例》，《史林》2011 年第 3 期。

② 参见杜恂诚、李晋《中国经济史 GDP 研究之误区》，《学术月刊》2011 年第 10 期。

③ 吴承明：《经济史：历史观与方法论》，上海财经大学出版社 2006 年版。

来，区域经济研究日渐呈上升趋势。大家都逐渐认识到，中国幅员辽阔，各地的政治经济文化状态差异很大，经济也呈现出相当不同的发展基础和态势，必须将经济发展与当时、当地社会的各种层面和因素密切相关来进行考察。

郑忠以 20 世纪 30 年代上海与无锡为例，探讨了区域经济发展中的联动关系。认为在 20 世纪二三十年代无锡经济的快速发展，得益于与上海经济的互动联系。文章运用区域经济“增长极”和“增长中心”理论，得出无锡是由于上海“增长极”的创新功能作用而成长起来的新“增长极”。“两个城市之间经济要素流动越复杂，双方间经济互动关系越密切。双方相互依赖，各自在对方的扶助下获得了协调发展的契机，从而奠定了不同等级区域中心的地位。这种变化不仅仅是个体城市的转型，更是区域城市体系结构的变革，同时也是近代以来中国区域城市发展的一个缩影。”①

熊亚平、安宝讨论了近代天津城市兴起与区域经济发展中与周边集市（镇）经济关系。作者对天津城市与周边集市（镇）间商品交流、工农业分工及人口迁移等初步考察，揭示了大城市兴起对区域市场整合及区域经济发展的影响。②

尚季芳以民国时期甘肃省的毒品经济成为当时财政的主要收入来源为对象，说明了与毒品相关的经济畸形繁荣，正常产业无法建立，致使甘肃这样的边远地区的农村经济日趋落后。③

在少数民族地区经济发展方面，张保见对民国时期西藏地区商业与城市发展格局进行了研究，认为西藏商业格局总体上具有较强的承继性；对英国、印度的经济依赖性增强；城镇发展基本上与商业发展同步，具有较强的半殖民地色彩；城镇格局变化对于经济发展的带动力较弱。④

对台湾地区的经济研究，学术界还处于比较空白的状态。王键通过对

---

① 郑忠：《近代中国区域城市的经济关系：基于对上海与无锡互动的考察》，《江海学刊》2011 年第 3 期。

② 参见熊亚平、安宝《近代天津城市兴起与区域经济发展：以天津城市与周边集市（镇）经济关系为例（1860—1937）》，《天津社会科学》2011 年第 2 期。

③ 参见尚季芳《论民国时期甘肃省的毒品经济与社会变迁》，《中国经济史研究》2011 年第 3 期。

④ 参见张保见《民国时期（1912—1949）西藏商业及城镇的发展与布局述论》，《中国社会经济史研究》2011 年第 3 期。

台湾拓殖株式会社在1936—1945年的历史考察，证明它对广东、海南等地实施的一系列经济侵略，是为日本侵华提供了经济保障，同时也摧毁了两地业已初步形成的经济结构和经济布局。①

（六）研究领域进一步拓展

2011年经济史研究，除重点关注领域以外，涉及范围也越来越广泛。许多新研究点被学者所关注。

宗教与中国近代经济史的关系，以前不太为学者所关注，现逐渐开始有学者涉猎该领域。基督教与近代中国政治、社会、经济变化有着相当密切的关系，而有关这种关系的研究，体现在经济领域的还不多见。李传斌探讨了废除不平等条约后，国民政府的教会租地政策。在通商口岸和内地均拥有租买土地的权利，是基督教（包括天主教、新教、东正教在内的基督宗教）在华特权之一。李文认为，自1943年起，中国政府先后废除与英美等国签订的不平等条约，基督教在华租买土地失去了旧有的条约依据。中国政府在1943—1945年间，结合新旧条约的规定，采取一系列暂时应对之策。自1946年起，国民政府先后颁布文件，重新规范基督教在华租地权。这些政策在一定程度上起到了应有的作用，但是限于特殊的现实，它未能从根本上解决基督教在华租地的问题。②

陈才俊讨论了早期美国来华传教士与美国对华鸦片贸易政策之间的关系。一部分美国传教士认为，对华鸦片贸易有悖于基督宗教的伦理道德，会严重破坏福音在中国的传布，极力反对鸦片贸易。而早期美国对华事务以及制定对华政策，很大程度上依赖于这些通晓中国语言、谙熟中国文化的在华传教士。由此，美国政府当时曾禁令本国商人从事对华鸦片走私活动。③ 康欣平讨论了由基督教会和传教士发起与管理的华洋义赈会在陕西泾惠渠修建过程中的作用，认为华洋义赈会在引泾水利工程测量，以及在泾惠渠修筑的经费、组织、技术等方面，均发挥了十分

---

① 参见王键《抗战时期台湾拓殖株式会社对广东、海南的经济侵掠》，《近代史研究》2011年第2期。

② 参见李传斌《废除不平等条约后国民政府的教会租地政策》，《世界宗教研究》2011年第5期。

③ 参见陈才俊《早期美国来华传教士与美国对华鸦片贸易政策》，《世界宗教研究》2011年第1期。

重要的作用。①

章毅以中国传统宗教信仰为研究对象，讨论了从清代至民国期间一直存在的浙南定光会在宗教活动以外的经济职能的变化及意义。章文认为，该会具有重要的借贷功能，会众能得到利率比当地名义利率远为低廉的借款，满足了会众的经济需求。但有其局限性，一方面过低的利率使得稳定的借贷关系不易维持，另一方面借贷关系的频繁发生也容易破坏会首的轮值制度。从根本上说，定光会的经济功能仍被含摄于其宗教性之中，并未得到充分的发展。②

对北洋政府时期经济史研究，近年来一直不是热点，但是仍然有学者关注此领域。贾熟村对袁世凯晚期的经济史进行了分析，认为袁世凯赞赏张謇等人的“棉铁主义”“实业救国”。袁世凯出任总统以后，重用张謇、梁士诒、周学熙等实业家、银行家，颁布了一系列的发展社会经济的法令、条例、细则。再加上欧洲各资本主义国家陷入战争，无暇在中国进行经济掠夺，国内、国际环境，都对中国发展经济非常有利，于是，中国经济的各行各业，都有明显的进步，其成效应该说是空前的。③

现代酬薪和福利制度在中国的建立过程，也是学者关注的领域。张忠民依据上海市政府社会局的调查数据，对近代上海工人阶层的工资与生活状况进行了分析。文章认为：近代上海工人的工资体系具有“自主性”和“多样性”两大显著特征；20 世纪 30 年代前半叶的上海工人及其家庭，尽管其工资水平及生活程度是低水准的，但生活状况总体上还是基本稳定的；工人工资水平与社会经济及产业发展的阶段和程度具有十分密切的关系；熟练、稳定的产业工人队伍是上海工业以及上海社会经济发展的基础条件之一，而维持这一条件的基础因素之一则是工人以及工人家庭基本生活的保障。④ 李耀华通过演化研究，将达尔文主义的分析框架转化为创新产生、选择和扩散的分析方法，对中国近代企业年金制度的产生进行了研究。作者认为，在中国近代早期，伴随着工业发展和城市发展，企业年金

① 参见康欣平《华洋义赈会与泾惠渠修建》，《中国社会经济史研究》2011 年第 3 期。

② 参见章毅《祀神与借贷：清代浙南定光会研究：以石仓〈定光古佛寿诞会簿〉为中心》，《史林》2011 年第 6 期。

③ 参见贾熟村《袁世凯晚期的经济史》，《衡阳师范学院学报》2011 年第 5 期。

④ 参见张忠民《近代上海工人阶层的工资与生活：以 20 世纪 30 年代调查为中心的分析》，《中国经济史研究 》2011 第 2 期。

这种由企业提供的养老计划有了产生的土壤。在企业年金创新的产生阶段，它以外资企业模仿为主。这些年金创新计划，虽然在以盈利能力为标准的市场选择和以社会道德为标准的社会文化选择中生存了下来，但是却在更为广泛的中国企业的扩散中未能成功，进而未能形成一个养老方式的结构性转变。这种扩散的失败表面上表现为劳资双方都未能从年金计划中受益，实际上则是由于生产方式未有相应改变所致。① 马翠兰以个案研究方式，通过对中央信托局的企业管理与福利并重的运行模式，考察出现代社会职工福利保障制度的雏形。②

孔祥成通过对1931年江淮大水时的粮食市场分析，认为中央政府和地方政府采用不同的行政手段对灾区的粮食进行调控和救济，说明政府充分利用行政资源这只看得见的手和市场这只看不见的手，进行调控和应对突发性灾难，对国民政府的统治合法性和社会重建起到了一些实践性作用。③

在外贸史研究方面，有关边疆地区的外贸研究值得关注。杨志玲认为，近代云南茶叶出口贸易是了解近代云南对外出口贸易的一个重要窗口。茶叶出口拉动了云南茶业经济产业链的发展。云南茶叶出口贸易与茶业经济形成了一种良性互动，使得近代云南茶业经济繁盛一时，奠定了近代茶业经济在云南经济史上的地位。④ 朱卫依据英国印度事务部贸易档案，对1919—1929年拉达克与中国新疆和西藏的贸易情况做了简要介绍和分析，归纳出这一时期它们之间在贸易额、主要贸易品种类和数量等方面呈现的特点，揭示了影响这一贸易的复杂的国际政治因素。文章指出，国内外学术界对于拉达克与中国新疆和西藏之间存在的这一贸易关系早有介绍和研究，但就20世纪上半叶的贸易往来情况，由于可资利用的资料较少，至今仍是一个薄弱环节。⑤

---

① 参见李耀华《近代中国企业年金的创新、选择和扩散》，《上海财经大学学报》2011年第3期。

② 参见马翠兰《中央信托局汉口分局企业运行机制初探（1945—1949）》，《中国经济史研究》2011年第1期。

③ 参见孔祥成《民国时期政府救灾的粮食调控政策及措施：以1931年江淮大水为例》，《中国社会经济史研究》2011年第2期。

④ 参见杨志玲《近代云南茶叶出口与茶业经济的良性互动》，《思想战线》2011年第3期。

⑤ 参见朱卫《1919—1929年拉达克与中国新疆、西藏的贸易》，《西域研究》2011年第4期。

有关中共党史上经济现象的研究也有新的进展。王建华对民主革命时期中国共产党党费收缴情况进行了考察，认为“在民主革命时期，由于组织生存环境险恶，党的职业革命家没有收入来源以及组织大发展带来的整体素质下降等原因，党员多不能按时缴纳党费。为走出党费收缴的困境，中国共产党进行了不懈探索，并逐步走出了形式主义的误区。总结党费收缴的经验教训，组织建设必须兼顾地区与个体的差异；透过党费收缴中的矛盾冲突可以看出，组织在改造个体的同时，个体也在塑造着组织”①。

在抗日战争和日本侵华历史方面，陈佳、曹敏华对抗日战争时期陕甘宁边区军粮供应状况，从军事物流系统构建角度进行了探讨。陕甘宁边区党委和政府经过初创、改进和完善三个阶段，逐步实现了军粮供应的有序规划和正常供应，并积累了诸多成功经验。这些经验对于今天在新的历史条件下加强军粮供应系统的建设和做好军队后勤保障工作，具有重要借鉴意义。②

王希亮《伪满洲国时期经济开发与产业冒进剖析》一文，对有关伪满洲国经济的评价问题提出看法，认为伪满洲国时期产业指数的提升不是工业化的体现，而是产业“冒进”；从殖民主义的两重性考虑，殖民主义者在中国东北进行的一系列经济活动，破坏或改变了东北社会的资本构成、生产结构、产业理念以及管理方式等。毋庸讳言，当时日本的工业化管理手段带来了部分新的生产要素，东北产业工人的增加，西方管理方式的渗透，部分领域科技手段的使用等，应该说是日本对东北殖民统治的副遗产，也是殖民统治者始料不及的客观结果。如果把这一切视为新中国建设东北重工业基地的基础，也是不客观的：（1）苏联出兵东北后，把日伪留下的工矿业视为“战利品”，将包括鞍钢等重型工矿企业大部分设备以及部分边境铁路拆卸运回，总价值达1.9893亿美元；（2）日伪时期的所有工矿企业、交通设施等，都是中国工人及劳工建设或经营起来的。日本人的本意只在掠夺，如果把战后东北重工业基地的建设成就记在殖民者的功劳簿上，显然不符合真实历史，也有违殖民者当年的本意；任何经济状态都不是孤立、突兀出现的。近代以来，中国

---

① 参见王建华《民主革命时期中国共产党党费收缴情况的历史考察》，《中共党史研究》2011年第9期。

② 参见陈佳、曹敏华《抗日战争时期陕甘宁边区军粮供应述论：基于军事物流系统构建视角的探讨》，《中共党史研究》2011年第12期。

一直在探索现代化的道路，也积累了现代化的因素，只是由于日本的侵略，才中断了中国现代化的步伐；日据台湾、韩国时期的殖民地经济研究中，也出现过美化或肯定殖民统治的论点，甚至抛出“殖民统治有益论”，未来需要认真地开展研究。①

严鹏以上海市政府成立十周年纪念工业展览会为研究对象，运用“‘展览综合体’的概念，论述此次工业展览的筹办过程，以及它是如何多角度地宣传其目标的。作为战前上海工业成就的最后一次展示，该次工业展显示了上海工业化的实力，以及城市综合竞争力的进步”②。

（七）经济史理论研究

本年度涉及经济史研究理论和新方法、新资料运用方面的论文，数量不是很多，但是有一定的学术代表性和理论意义。李伯重《中国经济史学的话语体系》一文，针对有学者提出的“规范认识危机”问题的根源是长期借用源自西方经验的模式，而解决危机的唯一方法是建立中国自己的规范认识的观点，提出自己的看法。他认为，“话语体系”是中国学界近年来讨论的一个热门话题。作为社会科学的一门学科，中国经济史学从出现伊始，就是国际经济史学的一个部分，它的话语体系也与国际经济史学一致。中国经济史学在发展的过程中，逐渐形成了 1949 年以前居于主流地位的实证主义史学、1949 年以后确立的马克思主义史学和 1978 年以后形成的以唯物史观为基础的多元史学，从而具有丰富的话语体系。我们如果充分利用国际学术提供的资源和我们自己的学术传统，在改进和发展中国经济史学的工作中取得重大进步，那么将能对国际主流学术的改进和发展做出更大的贡献，从而在国际主流学术中获得更大的话语权。中国经济史学要在国际学坛上取得更大的话语权，唯一的途径是充分利用国内外已有的学术资源，把中国经济史研究推向最前沿。③

开展对近代中国经济学学术史的研究，也是中国近代经济史研究的一部分。陈争平、常旭对梁方仲先生在中国经济史统计工作中的贡献做出高度评价，梁方仲编著的《中国历代户口、田地、田赋统计》是中国经济史

① 参见王希亮《伪满洲国时期经济开发与产业冒进剖析》，《抗日战争研究》2011 年第4 期。

② 严鹏：《战前上海工业化的最后展示：上海市政府成立十周年纪念工业展览会研究》，《中国社会经济史研究》2011 年第 2 期。

③ 参见李伯重《中国经济史学的话语体系》，《南京大学学报》2011 年第 2 期。

统计的奠基性著作；他在经济史统计中所采取的基本原则，即重视定量的实证研究，重视对数据的校勘求真，重视对数据产生机制的考察，应该为经济史工作者所遵循。同时，陈文以梁方仲的研究为例，认为在经济史研究中，历史学和经济学两种研究路径的分歧并不在于是否使用计量方法，而是在于具体使用何种计量方法。要准确了解社会经济状况，需要利用统计学方法对数据准确性进行详细探究；而如果对数据的准确性缺乏细致的了解，而汲汲于祭出“计量经济学方法”，则是不足取的。经济史研究必须建立在对社会经济状况有准确的定量认识的基础上。①

赵国壮在其论文中，利用《中国省别全志》《领事报告资料》两份较为翔实地记述了清末民初中国砂糖业实地情况的日本调查资料，对当时中国砂糖业的发展状况进行分析研究。② 赵文的特色在于日文史料的使用。在本综述论及文章中，杨志勇和朱卫的论文也是基于国外日文和英文史料。在中国近代经济史研究中，除应重视各类中文史料外，一定要重视使用外文史料。由于近代中国社会半殖民地性质，外国在中国社会经济领域享有诸多特权，甚至参与到国家管理中。这些国家的机构或个人留下大量的文献，理论上至少涉及英文、日文、德文、法文、俄文、西班牙文和葡萄牙文，其中除部分日文、英文资料外，多数尚未被中国学者充分利用。未来的中国学者除祈望有陈争平所提出的中文《近代中国经济研究》系列数据库外，也能有来自国外、分语言的类似数据库，为中国学者从事近代中国经济史研究创造充分条件。

2011 年是辛亥革命 100 周年，学者从各个角度解读“革命”对近代中国的影响。朱英的论文在其中提供了一个新的判别视角。朱文认为：“工商界有关辛亥革命的初始记忆并非是一种十分良好的记忆，而是充满着金融停滞、商业萧条等动荡不安的感受。但从直观感受获得的初始‘辛亥’记忆，向后来重新建构与传承的社会记忆过渡时，工商业者的‘辛亥’记忆不仅逐渐有所改变，而且在整个社会重构‘辛亥’记忆的过程中发挥了独特的作用与影响。‘辛亥’记忆的不断重构，在政治与经济两方面为工商界的商业言说与经济诉求提供了一种特殊的时空背景，使工商业者得以

① 参见陈争平、常旭《梁方仲对经济史统计工作的贡献：兼评经济史研究中的统计方法与计量经济学方法》，《清华大学学报》2011 年第 2 期。

② 参见赵国壮《日本调查资料中清末民初的中国砂糖业：以〈中国省别全志〉及〈领事报告资料〉为中心》，《中国经济史研究》2011 年第 1 期。

借助政治话语和政治符号宣传商业信息，既在某种程度上迎合了增强国家和民族认同的需要，同时也有利于商品促销，由此实现商业与政治的双赢。”①

（赵晓阳）

① 朱英：《近代工商界的“辛亥”记忆与政治经济诉求》，《学术月刊》2011年第8期。

第三章

近代社会文化史

2009年度

中国近代社会文化史包括社会史、文化史及社会文化史三个既有联系又各具特色的领域。本年度在以下领域取得了一些主要成果。

（一）社会与文化史理论探索

社会史与文化史都是新兴学科，研究重心是社会与民众，更强调理论性观照与方法创新，因而业内学者一直关注学科理论与方法的反省，以求不断改进与完善。本年度内有一些这方面的研究成果。王笛的文章介绍了西方新文化史和微观史的源流、代表作和方法论的贡献；分析了西方关于中国的新文化史和微观史取向，表现在大众文化史研究、大众文化与国家的关系、一些政治事件、空间和时间取向、叙述和历史记忆等新领域、新方法和新论题的拓展上。[①]

何晓明论述了改革开放以来的中国文化史研究，认为30年来的中国文化史研究，由“文化”的定义发端，推及文化史的范畴、学科范围、研究对象和方法论特点等方面，以“专史说”和“范式说”较有影响。中国文化史研究中，尤具活力的是“社会文化史”研究和“民间文化史”研究，缺憾则是少见有鲜明个性特色的专家之作。[②]

（二）社会结构、社会生活与社会转型研究

中国近代一直处于社会转型过程中，社会结构与社会生活发生了根本

---

① 参见王笛《新文化史、微观史和大众文化史——西方有关成果及其对中国史研究的影响》，《近代史研究》2009年第1期。

② 参见何晓明《改革开放以来的中国文化史研究》，《史学月刊》2009年第5期。

性变动，这是导致社会文化系列变动的基础，因而这也是本年度一个研究重心，主要集中在以下一些论题。

1. 社会阶层、社会组织与群体

商人阶层是近代社会转型的重要因素，一直是研究者关注的领域，今年又有新进展。冯剑辉对近代徽商的发展沿革史做了简明的介绍，对徽商的成功之道、创业精神、创业能力、深厚的文化根基做了深入的阐述。① 王仲研究了 1927 年至 1937 年间苏州商会组织系统的变迁，认为苏州商会为应对国民党的强势控制而改组自保，实证考察了苏州商会从权应变的特征。②

知识分子为社会精英群体，对近代社会变动发挥了重要作用。马勇的文章关注五四运动中蔡元培“引咎辞职”事件，从事件的善后过程看到朝野间出于各种利益考量相互较劲，派别林立、相互排斥、钩心斗角、矛盾重重的表现。论文探究了这部分知识分子的心路历程，描述他们怎样在维护北大、维护蔡先生的名义下分化出不同的小团体、小圈子。③ 元青、王建明撰文探讨了北洋时期的留日学人在中国文化的对日传播上所做的贡献，认为中国留日学人与日本友人移书论学、诗词唱和、切磋交流等方式传播了中国传统文化；以发表诗歌小说、授课赠书等方式传播介绍了中国现代文学；以参与表演等方式推动了日本的中国戏曲研究和中日美术交流。④

会党是民间社会的组织形式，往往与政府及主流社会相抗衡，已有较多研究积累。本年蔡少卿修订了其所著《中国近代会党史研究》。在该书中，基于 20 余年的档案和文献资料收集利用，兼采宏观研究与微观考察的方法，第一次全面、系统地论述了中国近代会党的产生、发展、影响和作用，填补了许多长期无人问津的空白点，勾画出中国近代会党史的清晰脉络和轮廓。⑤ 邵雍系统考察了天地会的起源、天地会在清嘉道年间的发

① 参见冯剑辉《近代徽商研究》，合肥工业大学出版社 2009 年版。

② 参见王仲《民国时期苏州商会组织系统的变迁（1927—1937）》，《江苏社会科学》2009 年第 5 期。

③ 参见马勇《现代中国知识分子的悲剧：以“挽留蔡元培”为中心》，《史林》2009 年第 6 期。

④ 参见元青、王建明《北洋政府时期的留日学人与中国文化的对日传播》，《广东社会科学》2009 年第 1 期。

⑤ 参见蔡少卿《中国近代会党史研究》（增订版），中国人民大学出版社 2009 年版。

展概况与特点、青帮的源流与发展、太平天国时期的会党运动等。[①] 秦宝琦系统梳理了晚清秘密社会的两大系统——秘密教门与秘密会党。[②]

女性社会角色在近代发生了很大变化。冯鸽讨论清末新小说中的“女豪杰”形象，认为晚清以国民改造为目的的新小说创作中产生出了与传统小说女性迥异的“女豪杰”形象，表达了晚清先进知识分子希望女子和男子一样肩负天下兴亡重任的要求。这类理想女性开启了 20 世纪中国现代小说中的女性想象的雄化叙事，昭示出中国妇女的自由独立解放并非人权和个性意义上的获得，而是从属于救国大业、与国家独立解放密切相关的集体意义上的自由独立。[③]

2. 社会管理、社会控制与社会转型

政府与民间关系是这方面关注的一个重点。李细珠以长沙抢米风潮中的官绅矛盾为视点，探察清末民变与清政府社会控制机制的效能。[④] 论文认为，清政府社会控制机制的正常运转通常依靠绅士作为地方官府与民众之间的调停角色。当绅士利益得不到满足甚或受到损害时，绅士阶层就可能与官府发生直接对抗。长沙抢米风潮就是一个典型例证。风潮中绅士利用饥民情绪与官府对抗扩大了事态发展；清政府强行抑制绅权加深了绅士对清政府的失望。官绅关系产生裂痕，传统社会控制机制运转失灵，从而根本动摇了清王朝的统治基础。

付海晏通过对民国时期北平铁山寺案的研究，观察革命、法律与庙产之间的关联这个重大主题。[⑤] 铁山寺是近代北京著名的佛教寺庙，1929 年 9 月，被国民党地方党部支持的北平电车工会抢占并改为子弟学校，由此酿成近三年之久的庙产纠纷。铁山寺案凸显了近代庙产纷争的实态与复杂面向。从革命、法律、政党和庙产的角度探讨，为理解近代中国国家、宗教、政党和社会之间的复杂关系提供启示。

城市管理是近代社会管理的重要方面。彭南生通过抗捐和争权事件分

---

① 参见邵雍《中国近代会党史》，合肥工业大学出版社 2009 年版。

② 参见秦宝琦《晚清秘密社会》（《中国地下社会》第二卷），学苑出版社 2009 年版。

③ 参见冯鸽《清末新小说中的“女豪杰”》，《中山大学学报》2009 年第 2 期。

④ 参见李细珠《清末民变与清政府社会控制机制的效能——以长沙抢米风潮中的官绅矛盾为视点》，《历史研究》2009 年第 4 期。

⑤ 参见付海晏《革命、法律与庙产——民国北平铁山寺案研究》，《历史研究》2009 年第 3 期。

析了市民权运动与上海马路商界联合会的兴起。[①] 论文指出，1919 年五四运动后，上海各马路商界因公共租界工部局增收捐税而掀起了一场声势浩大的市民权运动，旨在争取华人参与工部局董事。在这场运动中，华商以抗捐为手段，以马路为组织范围，广泛发动华商店铺和工部局展开博弈。作为民权运动的副产品，各马路商界联合会及各路商界总联合会相继产生，反映了商界争国权、维护人权意识的提高。董晓萍、赵娜从民俗学角度考察了北京历史街区的市民水治。文章涉及宗教公共管理用水、私井用水、政府公共水站和自来水入户等不同时期的用水民俗，以及由它们之间各种关系所构成的北京城市水管理中的政府水治和市民水治之间的矛盾、协调的不同模式，这些都是以往学界所忽略的问题。[②]

社会管理与国际化的关系方面，苏智良对 1909 年上海万国禁烟会进行研究[③]，认为万国禁烟会是在鸦片日益泛滥、各国开始认识到它对人类危害的前提下召开的。会议由美国发起、中国主办，13 个国家参加。1909 年 2 月，经过 14 次会议，20 多个国家和地区通报毒品状况，通过了禁止鸦片、吗啡的 9 项协议。会议的最大成果是相关国家在鸦片、吗啡问题上初步达成共识，确定了联合反毒禁毒的原则。会议公开举起反毒禁毒的旗帜，揭开了国际联合禁毒的序幕，为日后的海牙会议制定国际禁毒公约奠定了基础，促进了中国国内的禁毒运动。

还有侧重社会管理理论思考的文章。徐秀丽探讨了中国传统社会的社团及其与现代社团的区别。[④] 论文认为，中国传统社会存在大量不同类型的民间结社，他们有满足成员精神需求、提高成员生存能力、有益社会资本积累和个人发展的作用，而且承担一定的社会管理功能，发挥社会整合作用，是政府职能的延伸和补充。但是传统社会的社团与现代社会存在本质区别，表现在：传统社团没有法律空间；其功能和价值目标与政治国家高度重合、缺乏独立性；传统民间组织系统不构成政府系统的抗衡力量，不是影响政府决策的基本变量。中国传统社会乃至于近代中国是否存在独立于政治国家的公民社会，仍然是一个需要继续探讨的问题。

---

① 参见彭南生《抗捐与争权：市民权运动与上海马路上界联合会的兴起》，《江汉论坛》2009 年第 5 期。

② 参见董晓萍、赵娜《北京历史街区的市民水治》，《清华大学学报》2009 年第 5 期。

③ 参见苏智良《一九〇九年上海万国禁烟会研究》，《历史研究》2009 年第 1 期。

④ 参见徐秀丽《中国传统社会的社团及其与现代社团的区别》，《文史哲》2009 年第 2 期。

社会转型是导致社会结构和社会生活变化的本源，近代江南乡村社会的转型受到学界的关注。汪效驷依靠民国时期陈翰笙领导的无锡调查，考察了转型中的江南乡村社会的实态。他认为近代江南乡村经济转型带动了乡村社会结构的变迁。经济与地权在近代工商业化的背景下发生了一系列的变化：市场化和现代机器的侵入，与一家一户的小农经营相交织，构成了转型时期乡村经济的特有形态；近代无锡乡村大多数农家以稻作为主、以蚕桑为辅的生产格局并未发生根本的改变；多种经营和"非农化"是农家经济的基本趋势。地权以及与之相联系的租佃制度从一个侧面反映了乡村经济的转型和乡村社会的变化。①

3. 城市与乡村的社会生活

城市的兴起是近代社会近代化变迁的重要标志，城市生活是城市基本状况的反映，也是近年来才开始引起关注的领域。上海是近代新兴城市的典型，上海城市生活也一直受到学界的关注。张生考察 20 世纪 20—40 年代上海的房荒、房客运动及其与海派文化的关联。② 夏晓虹通过考察"上海旅游指南溯源""晚清上海赛马轶话""车利尼马戏班沪上寻踪"等专题，揭示了民国时期上海人的日常生活。③

王笛通过考察成都的茶馆、戏园与通俗教育，观察晚清民国时期成都的娱乐和休闲政治。④ 文章认为，晚清民国时期的茶馆戏园，作为公共空间为大众提供娱乐，从中可以了解人们的日常生活，还可以看到改良精英和地方政府竭力改革戏曲，作为控制大众娱乐、"教育"民众的手段。精英和国家对茶馆戏园的改良和控制，揭示了大众文化与精英文化之间、地方文化的独特性与国家文化的同一模式之间的斗争。在国家权力及其文化霸权之下，大众娱乐不可避免地被改变了。不过从晚清改革到国民政府的崩溃，成都地方文化的坚守又充分显示了近代中国文化变化与持续性同时并存这样一个重要的历史现象。

周锦章考察民国时期北平的平民自杀问题。论文通过民国时期北平平

---

① 参见汪效驷《江南乡村社会的近代转型：基于陈翰笙无锡调查的研究》，安徽人民出版社 2009 年版。

② 参见张生《上海居，大不易：近代上海房荒研究》，上海辞书出版社 2009 年版。

③ 参见夏晓虹《晚清上海片影》，上海古籍出版社 2009 年版。

④ 参见王笛《茶馆、戏园与通俗教育——晚清民国时期成都的娱乐与休闲政治》，《近代史研究》2009 年第 3 期。

民自杀样本档案，初步分析了自杀者的分类及原因，揭示了北京在民国时期近代化转型过程中的各种社会矛盾，并从微观角度展示了当时北平城市基层社会的生活结构。[①] 还有作者通过城市文化与大众美术的关系视角，研究 1840 年至 1937 年间中国美术的现代转型。[②] 有作者研究赌博与清末广东社会的关系。[③]

乡村生活反映了广大农村民众的基本生活状态。春杨探讨了传统乡土社会纠纷调解的社会条件和思想基础，晚清乡土社会民事纠纷调解的依据，晚清乡土社会纠纷调解的特点。[④] 韩晓莉观察清末民初山西的秧歌小戏和乡村生活，认为由于较少官方介入，山西各地秧歌小戏更多地体现出民间文化与乡村社会的良性互动，这不仅使秧歌小戏得到了乡村民众的广泛认可和支持，作为民间文化获得丰富和发展，也生动展现了当时山西乡村社会生活的多元图景和乡民的思想感情。[⑤]

医疗是关系民众生活的重要方面。西方医疗科技与制度对近代中国社会产生了深远影响。刘远明考察了近代西方医学在中国的传播，晚清社会生态与医疗卫生环境的变迁，西式医院与医学院体制的移植，城市与乡村的医疗卫生试验，国家医疗卫生体制的构建等专题。[⑥] 尽管西医对近代中国医学产生了重要影响，并对本土的中医形成了冲击，但中医在近代仍有重要的发展。有学者考察了近代中医界在中医教育、中医医院、防治传染病以及其他学术、技术等方面的重大创新成就。[⑦]

4. 法律制度与法律观念

法制既是政治问题，也是社会文化问题，与社会生活密切相关。近代中国的法制在西方法律的影响下出现了艰难的转型。近两年，学界在这一领域的研究更为深入。夏邦提出了晚清法制近现代化变革是历史的必然；

---

① 参见周锦章《角色危机与社会紧张：民国时期北平平民自杀样本研究》，《北京社会科学》2009 年第 4 期。

② 参见陈瑞林《城市文化与大众美术——1840—1937 年中国美术的现代转型》，《清华大学学报》2009 年第 4 期。

③ 参见毛克明《赌博与清末广东社会》，《河北学刊》2009 年第 2 期。

④ 参见春杨《晚清乡土社会民事纠纷调解制度研究》，北京大学出版社 2009 年版。

⑤ 参见韩晓莉《文化展演中的乡村社会——清末民初山西秧歌小戏与乡村社会》，《清华大学学报》2009 年第 5 期。

⑥ 参见刘远明《西医东渐与中国近代医疗体制化》，中国医药科技出版社 2009 年版。

⑦ 参见朱建平主编《近代中医界重大创新之研究》，中医古籍出版社 2009 年版。

在对晚清近现代化法制成果做出部分肯定的基础上，着重分析了这次变革最终失败的诸多因素；从传统法律文化的角度对晚清法制近现代化变革进行了反思。[①] 乔素玲以法学方法为主导，采用案例分析法，考察了近代前夜的广东法制、中西法律冲突与法制转型进程初启、晚清广东法制转型进程的全面启动与民国时期广东法制的发展。[②] 刘惠君考察了中国近代早期工商业发展与社会法律观念变革之间的关联。[③]

（三）教育与宗教信仰研究

1. 教育制度与教育观念

近代中国教育的变革问题一直受到学界关注，本年度学界在这一领域的研究出现了新的景象。除了学者们在不同程度上拓展了近代中国职业教育、女子教育、乡村教育的研究内容外[④]，还有一些专题研究推进了近代教育领域的探索。

废科举、兴学堂是清末教育的重大改革。宋方青考察了科举革废和清末的法政教育。[⑤] 文章认为科举从考试目的和内容来看，可以说是一种传统的政法考试。尽管各朝代的科举中法律考试分量不同，总体而言科举具有一定的政法考试性质。1901 年清政府下诏改革科举，乡会试第二场试有关各国政治艺学策五篇，其中多包含法律试题。废科举为法政学堂的兴办提供了广阔空间，原有的科举人才成为法政学堂的重要生源。所以，作者认为法政学堂的普遍开设多少带有为废科举善后的用意。景晓平考察了京师五城中学堂和清末中等教育的近代化。论文认为，五城中学堂是北京师范大学附中的前身，也是中国最早的国立中学堂。1901 年至 1912 年，五城中学堂建立之初在三级学制的建立、班级授课制和新课程设置等方面对北京乃至全国中等教育的近代化做出了重要贡献。[⑥]

---

① 参见夏邦《黄旗下的悲歌：晚清法制变革的历史考察》，合肥工业大学出版社 2009 年版。

② 参见乔素玲《法制转型的实然图景：近代广东法制研究》，法律出版社 2009 年版。

③ 参见刘惠君《中国近代早期工商业发展与社会法律观念的变革》，中央民族大学出版社 2009 年版。

④ 参见黄友珍、叶冬青、赵树宏《中国近代百年教育》，河南大学出版社 2009 年版。近代中国高等教育的多种问题颇受学界的瞩目。如：任平：《晚清民国时期职业教育课程史论》，暨南大学出版社 2009 年版；张艳霞、徐保安：《近代山东体育》，山东友谊出版社 2009 年版；李涛：《浙江近代乡村教育史》，杭州出版社 2009 年版。

⑤ 参见宋方青《科举革废与清末法政教育》，《厦门大学学报》2009 年第 5 期。

⑥ 景晓平：《京师五城中学堂与清末中等教育近代化》，《北京社会科学》2009 年第 4 期。

近代教育变迁的一个特点是各地方展开不同的改革探索。肖朗、杨卫明考察江苏教育总会和清末“单级教授”的引介和推广。[①] 论文认为，清末江苏教育总会开展了一系列颇具影响的教育学术研究活动，其中一项就是遴选专人赴日考察“单级教授”，率先在国内开办“单级教授练习锁”、传授理论、示范操作和向全国推广。“单级教授”成为当时国内传播赫尔巴特“五段教授法”的有力载体，这个传播折射了20世纪初中国近代教育学术“译介为主”的特点。申国昌研究了民国时期的山西高等小学教育，认为分析总结20世纪二三十年代，阎锡山推进高校教育取得成功的原因，主要在于行政与经费保障、民众积极参与，以及教育理念的更新等。[②]

社会教育是近代教育的重要方面。于珍、金林祥考察了近代上海同乡组织的移民成人教育，分析了同乡组织兴办社会教育的状况，主要包括业余补习学校和补习班、图书馆、俱乐部、演讲会以及创办同乡报刊等，启示认为当前城市化进程中解决移民教育问题要重视移民自组织的力量。[③]

女子教育是近代教育史上的重要领域。郭常英等综论新时期的近代中国女子教育研究，认为近30年中国近代女子教育研究成果涉及女子教育的阶段、范围、领域、资料及深度等方面，基本建立起女子教育的近代化学术体系。[④] 中南大学万琼华考察了1905年至1938年的周南女校，从而探究近代女子教育思潮和女性主体身份的建构。论文认为，近代女子教育思潮作为教育救国和妇女解放思想相互激荡的产物，为女性主体身份建构铺设了平台，女子教育又成为推动其演进的力量。集私立、女子、师范和中学等多重属性于一身的周南女校可视为近代女子教育思潮演变的缩影，也是近代女性主体身份建构的特定场域。[⑤] 还有论文专门考证清末的贵胄

---

① 肖朗、杨卫明：《江苏教育总会与清末“单级教授”的导入和推广》，《华东师范大学学报》（教育科学版）2009年第4期。

② 申国昌：《民国时期山西高等小学教育研究》，《华东师范大学学报》（教育科学版）2009年12月。

③ 于珍、金林祥：《近代上海同乡组织的移民成人教育及启示》，《华东师范大学学报》（教育科学版）2009年第3期。

④ 参见郭常英、李爱勇《新时期的近代中国女子教育研究》，《史学月刊》2009年第12期。

⑤ 参见万琼华《近代女子教育思潮与女性主体身份建构——以周南女校（1905—1938）为中心的考察》，《文史哲》2009年第6期。

女学堂。①

留学教育是近代教育的重要方面。李喜所、李来容重新解读清末留日学生“取缔规则”事件。论文认为，1905 年中国留日学生因日本政府颁布“取缔规则”而发起抗议活动，这本是民族情绪和爱国激情的张扬，但是就“取缔规则”本身来讲实属正常的教育整顿，旨在进一步规范日本的留学教育。留日学生因日俄战争造成的民族耻辱和日常不公正待遇而激起强烈的反日民族情绪，“取缔规则”就成为爆发的导火线，从而将教育问题演变成一场激进的政治反抗运动。此中的误解误读、情绪化的激情以及事后逐渐反省、回归理性，对留日学生的政治追求和社会活动均产生了重要影响。②

教育思想的演变对近代教育变迁产生了重要影响。马和民等研究辛亥革命前后中国人教育思想的演进，认为辛亥前后的时代主题是如何解决当时中国人的民族和人格的“认同危机”，表现出从传统教育思想瓦解到“新民”再到“国民性改造”这样一个中国人教育思想的演进历程。③ 田正平等分析清末民初教育小说的译介情况，从中探察新教育思想的传播。论文认为这些发行量大、引起热烈反响的教育小说不仅推动了新小说门类的出现，还有利于新教育思想的传播。其中的少年励志和新教育观念呼应了轰轰烈烈的教育救国思潮。④ 张雁通过对德国经典大学理念与美国现代大学理念在近代中国的导入、传播与影响，及当时国内学界对这两类大学理念的选择、调适和融合过程的论述，揭示中西文化教育交流中的中国近代大学的变迁。⑤ 还有几篇考察某一教育家或者政治人物与教育之关系的论文。有研究日本近代著名教育家服部宇之吉与近代中国教育的影响。⑥有对吴汝纶和张之洞课程观的比较分析。⑦

---

① 参见黄湘金《贵胄女学堂考论》,《北京社会科学》2009 年第 3 期。

② 参见李喜所、李来容《清末留日学生“取缔规则”事件再解读》,《近代史研究》2009 年第 6 期。

③ 参见马和民、何芳《“认同危机”、“新民”与“国民性改造”——辛亥革命前后中国人教育思想的演进》,《浙江大学学报》2009 年第 1 期。

④ 参见田正平、陈桃兰《清末民初教育小说的译介与新教育思想的传播》,《社会科学战线》2009 年第 3 期。

⑤ 参见张雁《西方大学理念在近代中国的传入与影响》,浙江大学出版社 2009 年版。

⑥ 参见孙丽青《服部宇之吉与近代中国教育》,《齐鲁学刊》2009 年第 3 期。

⑦ 参见刘虹《吴汝纶与张之洞课程观之刍议》,《湖南大学学报》2009 年第 1 期。

2. 宗教与民间信仰

宗教与民众信仰是对民间社会和民众精神世界有普遍影响的文化形式。陈明华研究了扶乩的制度化与民国新兴宗教的成长。论文认为，扶乩作为一种传统占卜方式，明清以来被不少宗教团体采用。1922年成立的道院即以扶乩为主要宗教活动，其早期势力的发展便得益于此。但扶乩也常被用来干涉道院运作，借以牟利，从而引发信众流失、派系斗争及政治势力打击等危机。道院管理层试图通过构建一套培训、认证及监督的制度解决此难题。针对扶乩手的严格监管制度和合理的收入保障，是扶乩制度化得以取得一定成效的关键。①

王庆成撰文专论晚清北方寺庙和社会文化。文章指出晚清时期北方地区的大小村落中普遍存在寺庙，可以说"无庙不成村"。作者通过对武清、深州、定州、青县、唐县、望都和延庆七州县的具体考察可知，一般而言，千人以上大村落拥有的寺庙数大幅度超过该地区村平均数，百人以下小村落的寺庙数则低于村平均数，但相反者也不乏其例。乡村寺庙以土地庙最为常见，关帝、龙王、真武、观音等为主要神佛道。寺庙庵观的主持则呈现较大的随意性，并无一定之规。寺庙不仅是乡民精神寄托之所，也为人们设立社会救济机构、举办乡塾义学提供空间，因此具有较为广泛的社会文化功能。②

白文固等人考察了明清民国时期甘青两省近800座藏传佛教寺院的名称、位置、沿革、派属、规模、组织、经济、僧数、文物、现状以及一些重要寺院的活佛传承、学经制度、宗教活动，并探讨了这些藏传佛教寺院对地方社会的影响。③

西方基督教的传播是对近代中国社会产生重大影响的文化现象，因而一直是海内外学界研究近代中国的热点问题。本年美国学者本杰明·艾尔曼（Benjamin A. Elman）推出了其研究近代中国的新作《中国近代科学的文化史》④。该书描述了1550年以来中国的科学、医学和技术的文化史，

---

① 参见陈明华《扶乩的制度化与民国新兴宗教的成长——以世界红卍字会道院为例(1921—1932)》，《历史研究》2009年第6期。

② 参见王庆成《晚清北方寺庙和社会文化》，《近代史研究》2009年第2期。

③ 参见白文固等《明清民国时期甘青藏传佛教寺院与地方社会》，青海人民出版社2009年版。

④ ［美］本杰明·艾尔曼：《中国近代科学的文化史》，王红霞、姚建根、朱莉丽等译，上海古籍出版社2009年版。

将其与 17 世纪到 19 世纪之间耶稣会士对中华帝国晚期的影响，以及 1840 年至 19 世纪末的现代中国早期的新教时期联系在一起。其研究表明，帝制下的改革家、早期的共和党人、国民党骨干和中国共产党全都把科学和技术看作最应该优先考虑的事物。这弥补了我们对基督教与近代中国科技方面认识的不足。

（四）文化传播与文化观念研究

文化传播是文化观念演变的载体和形式，也是近年学者关注的热点。本年度研究成果主要集中在以下论题：

1. 文化传媒与文化传播

有学者对出版、报刊等文化传媒及其社会影响做了专题研究。孙宏云考察日本政治学者小野塚喜平次对中国现代政治学形成的作用。论文认为，小野塚喜平次的政治学讲义在清末有多种汉文译本，主要被用作清末法政学堂的教科书，其编译者基本上都是日本法政大学法政速成科的中国留学生。小野塚的政治学强调国家稳健进步，对日本明治政体有强化之功，正好契合清政府仿行明治宪政的变革意旨，因此被作为检定合格的官方知识来传播。依托学堂教科体制，小野塚政治学成为清末“政治学”的典范，为中国现代政治学的形成提供了阶段性的理论框架和概念工具。①

杨雄威考察了围绕 1906 年南昌教案上海中西报界的报道，分析认为上海报纸大体以中西为畛域，形成两种截然相反的解释。中方报纸认为是法国教士诱杀中国县令，西报则认为是中国县令自杀以诬赖教士。这是近代中西报界报道中西冲突问题的一个典型案例，折射出许多深层的历史内涵。② 有学者考察了辛亥革命前北京最重要、最有影响力的白话报《京华日报》在 1904 年所遭遇的困境，叙述并分析了该报宗旨从“开民智”到“通上下之情”的转变，旗人的广泛加入促成该报的成功等过程。③

刘宗灵以早期《学生杂志》中的“论说”栏目为中心，讨论学生自我意识的呈现。论文认为，《学生杂志》是民国早期商务印书馆创办的一种学生类期刊，全国中等学校的学生群体是其读者群。该杂志为学生们提供

---

① 参见孙宏云《小野塚喜平次与中国现代政治学的形成》，《历史研究》2009 年第 4 期。

② 杨雄威：《南昌教案与上海中西报战》，《历史研究》2009 年第 2 期。

③ 王鸿莉：《〈京华日报〉的甲辰（1904）之困》，《北京社会科学》2009 年第 2 期。

了一个交流联络的言论空间，学生们通过这里加强了自我认知，塑造了群体的共同形象，呈现出一种有时代特色的集体心态。[①] 张晓芳专门考察北大留日学生创办的《学海》杂志，对其办刊理念、概况内容及特点等方面加以分析。[②]

还有考察媒体与都市文化或社会生活的论文。例如南阳师范学院苏新留关注报刊在1942年河南大旱荒中的作用。文章主要以《前锋报》《大公报》和《时代周刊》为主要分析对象，说明报刊对救赈河南灾民发挥了重要作用。[③] 还有学者考察长沙《大公报》视域下的湖南联省自治思潮。[④]

2. 语词、概念与知识传播

新词语、新概念的形成与传播，是社会观念变动的反映，蕴含着一定的社会意义。日本学者石川祯浩对晚清中国的“睡狮”形象进行探源。[⑤] 20世纪初，“睡狮”“醒狮”成为中国士人普遍接受的一个象征性说法。作者认为“睡狮”形象最早是戊戌时期由梁启超创造出来的，梁指的是弗兰肯斯坦之怪物。当时梁启超受天津《国闻报》一篇文章和严复按语的启发，又间接得到有关吴士礼（Wolseley）、弗兰肯斯坦之怪物的知识，使得梁启超把弗兰肯斯坦误解为状如狮子的人造机巧怪物。加之梁又读过曾纪泽的《中国先睡后醒论》，于是种种记忆和他的想象力结合起来，产生了“睡狮”的说法。清末“睡狮”形象的广泛传播是基于梁启超创造发明而出现的文化现象，先在中国人之间迅速流行，然后传到包括日本在内的外国舆论界。

一些新概念的形成反映了西学东渐或中西学融合的文化变迁。张帆研究了作为晚清教科的“科学”概念的生成和演化。论文认为，19、20世纪之交“科学”一词在中国出现，当时并不特指分科教育。新政时期中国朝野皆以日本教育为汲取“科学”的管道，使得晚清新教育和日本“科学”紧密结合，从而形成教科意义上的“科学”概念。不过“科学”的

① 刘宗灵：《早期〈学生杂志〉与学生自我意识的呈现——以“论说”栏为中心的讨论》，《江苏社会科学》2009年第3期。

② 参见张晓芳《北大留日学生创办的〈学海〉杂志研究》，《北京大学学报》2009年第6期。

③ 参见苏新留《报刊与1942年河南大旱荒》，《史学月刊》2009年第10期。

④ 参见喻春梅《长沙〈大公报〉视域下的湖南联省自治思潮》，《湖南大学学报》2009年第5期。

⑤ 参见［日］石川祯浩《晚清“睡狮”形象探源》，《中山大学学报》2009年第5期。

意义却负载了不同的政治理想。清政府希望整体移植日本官办教育体系，巩固“政教合一”的专制政权。在野人士则希望接引启蒙思想，从中寻求改造社会的思想资源。“科学”概念在教育领域泛化的结果，在学术和政治两方面都动摇了清政府的专制统治。①

知识传播以报刊传播为主要载体。章清研究了晚清的西学“汇编”与本土回应，认为适应于“采西学”的需求，晚清出版了多种西学汇编资料。从形式上看，这些资料是按照知识分科的架构对中译西书进行分类，但是究其实质却并非如此单纯。既然是“汇编”，即意味着针对传入的西学知识进行二度创造，即“知识的再生产”，因此解析其中关乎本土文化的调适与回应，正是审视中西文化之调适与回应的主旨所在。②

程美宝研究了《国粹学报》中博物图画的资料来源及其采用的印刷技术。③ 论文认为，在清末西学东渐过程中，外来的知识大多经历一个“多重复制”的过程而传播，这个过程包括把外文翻译成汉文，袭用外文资料图画，最终印刷发行。1907 年至 1911 年在《国粹学报》上刊登的一系列博物绘图就是探讨“知识多重复制”问题的一个案例。文章考察了这批博物绘图的来源，探讨了绘图者阅读相关外语资料的途径和能力，并初步讨论了当时上海印刷技术对复制图画所能达到的效果。

吴义雄研究了晚清时期西方人体生理知识在中国的传播和本土化。论文认为基督教传教士在这个过程中发挥了主要作用，他们从传教需要和普世关怀的动机出发，系统地把西方人体生理学知识和其他西学知识一道输入中国，他们的代表人物有合信、柯卫良、德贞、傅恒理、惠亨通等人。传教士编纂了有关著作、通俗小册子，在报刊上发表文章，对大众进行知识普及。在这个过程中，西方人体生理知识逐渐进入中国本土知识体系，最终以进入国家教育体系为标志，确立了其在中国社会文化中的位置。④

邹振环通过考察光绪皇帝的英语学习，分析进入清末宫廷的英语读本。文章考证出光绪皇帝学习英语的准确时间是在光绪十七年（1891）

---

① 参见张帆《晚清教科之“科学”概念的生成与演化（1901—1905）》，《近代史研究》2009 年第 6 期。

② 参见章清《晚清西学“汇编”与本土回应》，《复旦学报》2009 年第 6 期。

③ 参见程美宝《复制知识——〈国粹学报〉博物图画的资料来源及其采用之印刷技术》，《中山大学学报》2009 年第 3 期。

④ 参见吴义雄《晚清时期西方人体生理知识在华传播与本土化》，《中山大学学报》2009 年第 3 期。

前。留美学生颜永京曾经是光绪英语教师的候选人。1891 年至 1894 年正式担任光绪英语教师的是京师同文馆的毕业生张德彝和沈铎。光绪的英语自学过程一直持续到 1908 年前后。光绪帝使用过的英语词典和英语读本有《华英音韵字典集成》《英华大辞典》《华英进阶全集》等。光绪此举对皇族外语教学和晚清社会外语学习产生了一定的影响与意义。①

3. 文化观念、心态与历史记忆

社会心态是社会变动对于人们的内在影响。孙燕京从《那桐日记》考察清末权贵的心态。文章认为，通过解析《那桐日记》，可以窥视部分清末权贵、民初遗老的生活起居、出入行藏，进而描摹处于历史转型时期上流社会的心态，说明长期处于优容状态的满族权贵或对政治“懵懂不觉”，或自觉“大势已去”，以致政权更迭、时局动荡对他们的生活乃至心理影响甚微。通过这个个案可以探讨并凸显清末民初上流社会群体活动与政权转移、风尚变迁、权力纷争以及社会各结构之间的关系。②还有学者研究郭嵩焘使西日记中的西方形象，从中考察中国士人对西方的认识。③

历史记忆与构建是近年开拓的新领域。刘超从清末民国时期的中学历史教科书考察中国历史分期表述，探察史家如何运用分期策略来构建中国民族的历史。论文认为，若以“共和”与“中华民族”为标准，清末民国教科书以民国为古代和近代的分期标志；若以“世界化”为标准，则以明清之际为分期界限。而后者在 1930 年后逐渐成为历史书写的基本样式。④

（五）总结

综上所述，本年度社会文化史研究的亮点主要体现在两方面：

一是社会史论文成果数量较多而且研究深入。通过社会事件探察社会运行机制，考察社会组织和制度的运行，以及展现社会生活的多面性，是

① 参见邹振环《光绪皇帝的英语学习与进入清末宫廷的英语读本》，《清史研究》2009 年第 3 期。

② 参见孙燕京《从〈那桐日记〉看清末权贵心态》，《史学月刊》2009 年第 2 期。

③ 参见尹德翔《郭嵩焘使西日记中的西方形象及其意义》，《社会科学战线》2009 年第 1 期。

④ 参见刘超《古代与近代的表述：中国历史分期研究——以清末民国时期中学历史教科书为中心》，《人文杂志》2009 年第 4 期。

研究者关注的集中点。这方面发表了不少质量较高的论文。

二是文化史研究的推进，主要表现在文化观念及知识传播上有几篇考证翔实、论证严密、结论合理的论文，数量较多且较为集中。文化传播方面，有的论证相当精彩。

2010 年度

中国近代社会史、文化史及社会文化史，是近年来一直兴旺发展的研究领域。本年度研究成果主要集中在以下一些方面。

(一) 社会与文化史理论探索

社会文化史作为一个新兴交叉学科，经过 20 多年的努力探索，已经取得了一些成果，但也出现了理论方法的“瓶颈”问题，引起一些学者的反省。本年出版的梁景和主编《中国社会文化史的理论与实践》[①] 一书，汇集了 20 多年来十几位学者有关社会文化史理论方法及学科发展的文章，记录了这一新兴学科从创生、奠基到探索、发展的历程，是对中国社会文化史理论方法与学科发展的总结，可以作为中国近代社会文化史学科已走过初创阶段而进入成熟发展阶段的一个标志。

李长莉《交叉视角与史学范式——中国“社会文化史”的反思与展望》[②] 一文认为，“社会文化史”已经成为一个稳步发展、日趋成熟的史学分支领域。中国的“社会文化史”研究是在社会转型大背景下，由中国史学内部发展要求而产生的。它与欧美兴起的“社会文化史”并行而有差异，如欧美学者关注“个人价值”，而中国学者注重“群体特性”；欧美学者趋向“反叛”“解构”的后现代，而中国学者意在“补充现代性”。近年来，中国“社会文化史”研究出现微观史与深度描述、建构理论与概念分析工具、以记述叙事为主要表现形式等趋向，同时也存在着碎片化、平面化、理论与内容相脱节及“片面价值论”等缺陷。“社会文化交叉视角”不只适用于“社会文化史”的专属研究领域，也可以作为一种新史学

---

① 梁景和主编:《中国社会文化史的理论与实践》，社会科学文献出版社 2010 年版。

② 李长莉:《交叉视角与史学范式——中国“社会文化史”的反思与展望》，《学术月刊》2010 年第 4 期。

范式，对于以往通史、专史单一视角的史学范式提供有益的补充。小田《“一日史”的意义——论历史维度谱系与整体史》一文，探讨了多种历史维度和整体史之间的关系，探寻日常事件的方法论意义。[①]

（二）社会结构、社会生活与社会转型研究

社会结构和社会生活的变动是中国近代社会转型的主要方面，近年来一直受到学界的关注，本年也有不少这方面的研究成果，主要集中在以下一些论题：

1. 社会阶层、社会组织与群体

知识阶层是中国社会的文化精英阶层，也是一直被集中关注的研究领域。本年关于学生群体的研究有一些进展。马建标撰文分析五四学生的集体认同和政治转向问题。文章认为，学生集体认同的构建及其国民身份意识的产生，一方面是“从上到下”的政府培养和精英启蒙的过程；同时也是“自下而上”的自觉构建过程，国民身份意识成为主导五四学生的最高身份意识，是促使学生运动政治转向的内在诱因。然而学生运动的政治化超越了北京政府的控制范围，当局往往无法控制那些具有强烈国民身份意识的学生群体。于是五四运动后期，学生面临国民身份意识与学生身份意识的认同困惑，社会舆论的争论客观上促使学生的思想发生分化。在此背景下，北京政府1920年春对于干政学生身份的再界定，有效压制了学生运动，也是对此前刻意灌输的国民身份意识的纠正。[②] 黄小艳对1946年至1949年国共内战时期的流亡学生问题进行考察，主要分析了东北流亡学生和豫鲁流亡学生为主要群体的情况脉络、政府安置及成效问题。[③]

关于知识群体的研究，还有阳信生《湖南近代绅士阶层研究》一书，它对具有地域文化特色且在近代历史上发生过较大作用的湖南绅士阶层做了进一步的研究。[④] 关于新型知识群体的研究，王宝平分析了甲午战前赴

---

① 参见小田《“一日史”的意义——论历史维度谱系与整体史》，《河北学刊》2010年第6期。

② 参见马建标《学生与国家：五四学生的集体认同及政治转向》，《近代史研究》2010年第3期。

③ 参见黄小艳《国共内战时期（1946—1949年）流亡学生问题略论》，《江苏大学学报》2010年第1期。

④ 参见阳信生《湖南近代绅士阶层研究》，岳麓书社2010年版。

日文人群体的特征和历史意义。[①] 韩晗以 1930—1937 年的《武汉大学文哲季刊》为核心，通过对刊物发表文章、作者群以及撰稿意图分类分析，对知识分子的公共交往和话语范式进行考察，认为话语范式和时代语境相结合导致了实用理论成为译介主潮和时评兴盛这两个重要现象。[②]

关于商人群体，王凤山、冀春贤等人探讨了宁波近代商帮活动的历史轨迹，总结其成功的多种因素，揭示其经营理念的转变与提升，结构调整与发展壮大等。[③]

对于近代社会下层及边缘群体的研究本年又有新进展。邵雍考察了近代秘密社会与中国革命的复杂关系。[④] 池子华对近代苏南地区的"打工妹"群体进行分析，认为这一群体是随着近代工业兴起和城市化进程推进带来的结果。论文综合考察了近代苏南"打工妹"群体的数量、自然构成、社会构成及进入城市劳务市场的"路径"，结论认为："打工妹"人数远远超过"打工仔"，形成近代社会变迁中农民工大流动的"苏南特色"；其籍贯构成、年龄构成、职业构成均各有特点。[⑤] 渠桂萍论述了 20 世纪前期华北乡村中的弱势阶层，主要包括长工、乞丐、看青夫等群体。他们土地资源匮乏，被乡民"贱视"，通常是村庄照顾与救济的对象。论文还论述了弱势阶层不同群体的异同及品质特征，指出弱势阶层和无赖能人有着本质区别，说明他们是推动近代中国社会变革不可忽视的群体力量。[⑥]

2. 社会管理、社会控制与社会转型

国家与社会的关系是近年学界关注的一个热点。国家通过社会管理来控制社会，对社会管理制度与控制方式是社会转型的重要方面。

在城市管理方面，李自典考察了警察与近代北京城市治安管理问题，认为具有现代社会治安管理职能的警察体系的建立，是近代北京一个重要的社会现象。文章考察了警察机构的建立，政府、警察和民众的互动以及

---

① 参见王宝平《晚清赴日文人群体初探》，《社会科学战线》2010 年第 12 期。

② 参见韩晗《知识分子、公共交往以及话语范式——以 1930—1937 年〈武汉大学文哲季刊〉为核心的学术考察》，《社会科学论坛》2010 年第 23 期。

③ 参见王凤山、冀春贤等《宁波近代商帮的变迁》，宁波出版社 2010 年版。

④ 参见邵雍《秘密社会与中国革命》，商务印书馆 2010 年版。

⑤ 参见池子华《近代"打工妹"群体研究的几个断面——以苏南地区为中心》，《江海学刊》2010 年第 5 期。

⑥ 参见渠桂萍《试述 20 世纪前期华北乡村中的弱势阶层》，《华东师范大学学报》2010 年 5 月。

分析了治安管理中的问题等。[①] 周正庆考察了清末民初广州城市的环卫制度与环境整治，认为清末新政以后至20世纪20年代广州城市环境卫生的整治向制度化、规范化以及有序的法制化方向转变，对以后广州城市环境卫生的管理产生了重要影响。[②] 蔡勤禹等考察青岛开埠与慈善公益事业的兴起，认为青岛开埠初期诸种社会问题严重，胶澳总督府从建立“模范殖民地”目标出发，积极兴办学校、医院等公益设施。不过胶澳当局推行的华欧分治政策，使青岛慈善公益事业发展表现出很大的不平衡。[③]

对于社会生活的管理也是国家控制社会的一个方面。肖红松、陈桦评析了清末直隶的戒烟活动。论文认为，清末直隶首先从官场入手，责令官员戒烟；对于民众则从限制售吸、扩大宣传和戒治烟民等方面并举。官绅良性互动使得清末直隶的戒烟活动取得了显著成效。[④] 许冠亭考察了上海市商会与南京国民政府推行国历运动这一事件的关联。[⑤] 南京国民政府推行国历运动，是以强制性制度变迁冲击国人的历史文化传统和商业习惯，影响到民众的日常生活。上海市商会的态度是既接受与国际历法接轨的新国历，又减缓改历造成的民众生活及商业经营波动。

灾害治理问题是社会公共管理的重要内容。李德英、高松以1933年四川叠溪地震为例，考察地震灾害与社会反应。论文论述了灾难发生后川西民众依靠自身力量抗灾自救，以四川军阀为主力的地方政府也为抗灾重建进行了努力，川西各界的工商、知识、宗教界都做出了自己的贡献，但中央政府的态度和中央机构的反应则有些冷漠。[⑥] 崔艳红研究了1947年广东特大水灾和国民政府的应对策略，说明在严重的公共危机面前，除了政府履行危机管理的主体作用外，还能充分发挥慈善团体等非政府组织和新闻媒体的积极作用，不过在危机减轻和恢复方面成效甚微。[⑦] 王虹波研究

---

① 参见李自典《警察与近代北京城市治安管理——以1901—1937年为中心的考察》，《北京社会科学》2010年第4期。

② 参见周正庆《清末民初广州城市的环卫制度与环境整治》，《史学月刊》2010年第3期。

③ 参见蔡勤禹、侯德彤《青岛开埠与慈善公益事业兴起》，《史林》2010年第6期。

④ 参见肖红松、陈桦《清末直隶戒烟活动论析》，《社会科学战线》2010年第2期。

⑤ 参见许冠亭《上海市商会与南京国民政府推行国历运动》，《史学月刊》2010年第7期。

⑥ 参见李德英、高松《地震灾害与社会反应——以1933年四川叠溪地震为中心的考察》，《史学月刊》2010年第1期。

⑦ 参见崔艳红《1947年广东特大水灾与国民政府应对公共危机策略》，《广东社会科学》2010年第4期。

1912—1931 年间辽宁的水灾与救济，分析灾害的特征及原因，指出政府和社会救济起到一定的缓解作用，但由于灾区广漠、政府救济乏力，有灾必荒，往往造成灾民生存艰难。① 孔祥成、侯德彤研究 1931 年的江淮大水，从中考察民国时期救灾组织中的用人制度及其自律。②

此前少有人关注的东北乡村社会近代变迁也引起了学界的注意。王广义《近代中国东北乡村社会研究：1840—1931》一书，从村落入手，考察当时东北的“农村的政治控制，农民的社会生活，农业的经济发展”，揭示了其近代化历程的演变，进一步展现了百年来近代东北地区乡村的社会变迁。③

综合研究有欧阳恩良主编的论集《近代中国社会流动与社会控制》，汇集了有关社会流动、社会阶层与团体、慈善救济、社会控制、城市治理、农村与农业、工商经济等诸方面 30 余篇专题论文，集中展现了这些方面的最新研究成果。④

3. 社会生活与民间文化

社会生活是中国近代社会文化史研究的主要领域之一，城市生活最具近代变迁的代表性。王笛《茶馆——成都的公共生活和微观世界》⑤ 一书是其中国城市微观史和成都叙事的“三部曲”之一（其他两本是《跨出封闭的世界：长江上游区域社会研究：1644—1911》和《街头文化：成都公共空间、下层民众与地方政治，1870—1930》）。该书考察了茶馆的三个功用，即茶馆与社会、茶馆与经济、茶馆与政治，从中观察底层人民的文化和思想在茶馆这个微观世界中的作用与被作用过程，尤其是透视那些在历史上看似微不足道的小人物、小事件，来解读当时的社会、文化。由此揭示“公共空间”在社会生活中的作用，日常生活与国家政治的联系，并以之折射出整个大时代的变迁。《茶馆》是研究近代中国的“新文化史和微观史”的力作，也是探索近代中国区域日常生活史的重要著作。

一些小城镇的变迁也在近代化过程中扮演了重要角色。李学功的著作

① 参见王虹波《1912—1931 年间辽宁水灾与救济》，《社会科学辑刊》2009 年第 5 期。

② 参见孔祥成、侯德彤《民国时期救灾组织中的用人制度及其自律——以 1931 年江淮大水为例》，《江苏社会科学》2010 年第 1 期。

③ 参见王广义《近代中国东北乡村社会研究：1840—1931》，光明日报出版社 2010 年版。

④ 参见欧阳恩良主编《近代中国社会流动与社会控制》，社会科学文献出版社 2010 年版。

⑤ 参见王笛《茶馆——成都的公共生活和微观世界》，社会科学文献出版社 2010 年版。

考察晚清民国江南市镇变迁时提出了具有地方社会特色的“南浔现象”。作者以晚清民国的大时代背景立题，将小历史的个案研究置于大历史的观察视角，认为晚近时期的南浔既是中西经济文化交流、碰撞的缩影，更是早期资本主义市场化在中国的缩影，同时，它又以缩影的形式展现了江南市镇由传统向近现代曲水流觞式的转型演进历程。南浔在近代的历史命运，从长时段的空间范围和地方性知识角度提供了一种解读范本和经济社会景观——南浔现象。①

民间文化的变化也反映了社会变动对人们文化生活的影响。罗检秋撰文分析了近代京剧西化的内在缘起及得失②，认为清末民初京剧走上了援西入中的西化轨道。这种现象除了西学潮流冲击外，还有其本土思想和社会根源，主要是基于“剧以载道”的思想传统和根植于戏曲商业化的社会土壤，其中得失揭示了传统文化的复杂演变。葛涛论述了照相与清末民初的容貌辨认这个主题，认为晚清以降，从西方传入的照相被运用于司法、寻人、科举、学堂考试和人事管理等领域，成为一种社会管理手段。照相的普遍运用增强了社会管理的效能。③ 苏泽龙以山西省临县碛口镇为例，对碛口古镇遗存的丰富民间文化进行了解读，论述了古镇社会历史形成的过程，从中探察民间文化对区域社会历史研究的价值。④

4. 女性研究

女性社会角色与社会地位在近代发生了根本性变化，一直是学者关注的一个领域。本年也有新的研究进展。王琴《女性职业与近代城市社会》一书，考察了女性职业对近代城市社会的影响。她从性别与权力等角度，透视了传统城市的性别格局在近代的演变，解读了新女性在近代城市转型中的角色与功能。⑤ 专题论文方面，李长莉考察了妇女财产权的确立，认为这是五四的重要社会后果。文章认为，五四时期形成了高涨的妇女解放思潮，“男女平等”成为社会主导观念，最后在标举男女平权宗旨的国民党执政后，才最终修订颁行了真正实现男女平等财产权的法律。这一法律

① 参见李学功《南浔现象——晚清民国江南市镇变迁研究》，中国社会科学出版社2010年版。

② 参见罗检秋《近代京剧西化的内在缘起及得失》，《江海学刊》2010年第1期。

③ 参见葛涛《照相与清末民初容貌辨认》，《史林》2010年第6期。

④ 参见苏泽龙《民间文化与区域社会历史研究——以山西临县碛口镇为例》，《社会科学战线》2010年第3期。

⑤ 参见王琴《女性职业与近代城市社会》，中国社会出版社2010年版。

条文比民间实际情况有所“超前”，因而效用性受到限制，但对社会观念及民间习俗变革起到了主导和引领作用。反映了观念、制度和习俗变革之间有一定的“超前”梯度，这是中国社会现代化变革的一个特点。[①] 宋立中探究了晚清上海弹词女艺人的职业生涯和历史命运[②]。论文分析了传统娱乐方式开始商业化、市场化而催生的弹词女艺人群体，其发生演变历程和演出场所、空间、方式及流变所表现出的庸俗化、色情化特征，总结认为造成沪上女弹词悲剧结局的根本原因在于晚清上海城市社会的近代转型。

关于女性观念的研究，乔以钢、刘堃关注晚清的“女国民”话语及其女性想象[③]，认为在晚清思想界逐渐形成的“国家—国民”概念中，“国民”概念不仅标示着国家与个人之间的政治关系，而且意味着一种新的现代身份认同。晚清男女两性知识分子都把引导女性认同“国民”身份作为重要的启蒙任务，但在具体言说中，包括“女国民”责任和权利、“女国民性”的界定及其实践路径等，不同性别的启蒙者所采取的价值立场和论述策略呈现出微妙的差异。“女国民”想象呼应了思想界的讨论，而究其实际未脱离男性中心的叙述模式。还有文章讨论了晚清以《女子世界》《中国新女界杂志》和《天义报》为代表的妇女报刊女权思想的三种倾向：激进民族主义、温和主义和女性本位的无政府主义女权思想。[④]

关于女性习俗的研究，杨兴梅考察了晚清关于缠足影响国家富强的争论[⑤]，认为近代中国反缠足运动的主要思想依据是缠足影响国家富强。这一观念由传教士发端，争论主要发生在传教士及中国教徒之间，起初并未引起士人关注。甲午之后国家富强之说日渐流行，争论逐渐在中国士人之间展开，尤其是南方反缠足运动积极开展的地区。新政时期，官方和民间更多接受了缠足与国家富强关系甚大的观念，这种影响扩大到全国。

① 参见李长莉《五四的社会后果：妇女财产权的确立》，《史学月刊》2010 年第 1 期。

② 参见宋立中《晚清上海弹词女艺人的职业生涯与历史命运》，《四川大学学报》2010 年第 1 期。

③ 参见乔以钢、刘堃《晚清“女国民”话语及其女性想象》，《中山大学学报》2010 年第 1 期。

④ 参见李春梅《论晚清妇女报刊女权思想的三种倾向》，《华南师范大学学报》2010 年第 1 期。

⑤ 参见杨兴梅《晚清关于缠足影响国家富强的争论》，《四川大学学报》2010 年第 2 期。

（三）教育与宗教信仰研究

教育和宗教是社会文化的重要领域，在近代社会转型中都发生了较大变化，并对社会发生了深远影响，因而一直受到学界的重视，本年也有新的研究进展。

1. 教育制度与教育观念

自改革开放以来，伴随中国教育制度的不断改革，近代中国教育的变革问题一直深受学界的关注。本年比较突出的热点是，有多部研究近代中国高等教育的专著问世，也有一些专题论文，涉及近代中国高等教育的多方面问题。

关于西方大学理念对近代中国大学的影响。闻曙明探讨了中国近代高等教育发展的大格局、中西方高等教育管理思想在中国高等教育近代化过程中的交融、中国近代大学高等教育管理思想的表现特征及实证研究、中国近代高等教育管理思想分类研究及管理思想论架构等。①

关于大学校长与近代中国高等教育。吴立保从大学校长的视角考察中国近代大学制度的本土化进程，论述中国近代大学精神的本土化，阐述大学校长与大学本土化之互动关系及其影响价值，总结了中国近代大学本土化的历史经验。② 王昊选取了近代以来在中国大学史上较为著名的15位大学校长，循其足迹，撷其灵光。③

关于大学通识教育。李佳考察了近代中国大学通识教育课程的形成与发展、北京大学的通识教育理念与通识课程实践、清华大学的通识教育理念与通识课程实践、国立西南联合大学的通识教育理念与通识课程实践等。④

此外，还有关于高等教育的专题论文。如左玉河综论现代大学研究院制度的创建，认为现代大学研究院制度开创于北京大学研究所的创办。教育部颁布相关规程对大学研究院的性质、组织机构、研究生资格及考试、管理等做了统一规定，标志着中国现代大学研究院制度规范化。论文还讨

---

① 参见闻曙明《中国近代高等教育管理思想研究（1912—1937）》，吉林人民出版社2010年版。

② 参见吴立保《大学校长与中国近代大学本土化研究》，中国社会科学出版社2010年版。

③ 参见王昊《近代中国大学校长的文化选择》，天津教育出版社2010年版。

④ 参见李佳《近代中国大学通识教育课程研究》，浙江大学出版社2010年版。

论了大学研究院职能或主要功能的变化。[①]

除了高等教育这一热点专题之外，近代教育制度与管理是近代教育变迁的枢纽，一直是学界关注的一个重心，本年也有一些新的研究成果。彭爽《中国近代职业教育法律制度研究》一书，从法律制度的角度对近代中国职业教育的演变做了较系统的梳理。[②] 南钢《上海家庭教育的近代变迁》一书，对上海这个近代变迁最具典型的城市中家庭教育的变迁状况进行了梳理，阐述了家庭教育在上海近代化变迁过程中的作用。[③]

专题论文方面，汪婉撰文研究晚清直隶的查学和视学制度。文章梳理了中国地方视学制度的来源、职权范围等，指出“省视学”的职权范围不仅超出了对教学内容、教学方法等教育的内在事项的指导和监督，扩大到教育的外在事项，如校舍、校具及学校财政等，而且对于学务管理机构的设置及人员配备、经费收支，尤其是人事权等，皆有监督干涉之权。这一方面反映了此制度建立伊始对职能界定模糊，另一方面也符合清廷试图通过地方“视学”以加强中央对地方的控制之目的。[④]

教育制度与管理方面也有一些个案研究，景晓平考察国立北京高师和附中师资的国际化与本土化，从中观察中国教育从依附到自主的历史进程。论文认为清末民初以来，从京师大学堂师范馆到北京高师，再到高师附中，师资经历了日籍教师、中国留日学生、北师大（包括北高师）毕业生的三次转换，体现了外来教育体系引进中国的三个过程：引进外来制度、本土的文化自觉和融合中外、实现超越。[⑤] 林辉峰以马叙伦的经历为视角，考察五四运动后至北伐战争前夕的教育界风潮。论文认为五四运动后，作为最高教育行政管理机构的教育部的控制力大为减弱，教育界风潮此起彼伏。同时政治势力日益渗入教育界，与教育界原有派系因素交叉混杂，使风潮更为复杂。教育界各方势力在激烈的风潮斗争中逐渐分化。马叙伦1922年、1924年两次出任教育次长，与北高师、农专、美专、东大、女师大等学校风潮关系密切，他的经历为考察

① 参见左玉河《中国现代大学研究院制度的创建》，《北京大学教育评论》2010年第3期。

② 参见彭爽《中国近代职业教育法律制度研究》，湖南人民出版社2010年版。

③ 参见南钢《上海家庭教育的近代变迁》，山西教育出版社2010年版。

④ 参见汪婉《晚清直隶的查学和视学制度——兼与日本比较》，《近代史研究》2010年第4期。

⑤ 参见景晓平《国立北京高师和附中师资的国际化与本土化——兼论中国教育从依附到自主的历史进程》，《华东师范大学学报》2010年第1期。

此时期教育风潮的较好视角。①

女子教育是近代教育变迁的一个重心，今年仍然受到学者的关注，有不少研究成果。吴民祥撰文关注清末女子学堂的教师，考察了清末女学的困境、早期女学堂教师来源、向日本女子学校的学习，以及女子师范学堂的创立等问题。②

还有一些比较深入的女子教育个案研究成果。如万琼华《近代女子教育思潮与女性主体身份建构：以周南女校（1905—1938）为中心的考察》一书，以周南女校为个案，深入分析了女子教育思潮的演变，并从中解读女性主体身份如何建构。③ 马学强撰文梳理了上海徐汇公学的创立背景、办学宗旨、生源变化、课程设置和学校管理等问题，反映了这所天主教系统在上海设立的最著名的一所学校的特点及其社会影响。④ 万琼华撰文以朱剑凡的“毁家兴学”为例，探讨湖南教育近代化进程中的女学实践。⑤

还有关于地方女子教育的研究成果。如吴民祥《浙江近代女子教育史》一书对浙江近代女子教育的系统梳理。⑥ 赵欣撰文对 1843 年至 1937 年间上海女子教育的阶段性特点做了概括。⑦ 徐爱新撰文探讨河北现代女子教育的兴起及发展特征。⑧

留学教育方面，赵清明撰文考察了山西大学堂的留学生与山西近代高等教育的发展，认为 20 世纪初，在清政府新政背景下，山西大学堂派出大量留学生赴国外学习新式科学。这些学生学成归国后陆续投身于山西高等教育事业中，积极改进学校教育管理、引进新学科、新专业和教学法，

① 参见林辉峰《五四运动后至北伐战争前夕的教育界风潮——以马叙伦的经历为视角的考察》，《中山大学学报》2010 年第 1 期。

② 参见吴民祥《中国教育早期现代化的独特乐章——清末女子学堂教师之考察》，《华东师范大学学报》（教育科学版）2010 年第 1 期。

③ 参见万琼华《近代女子教育思潮与女性主体身份建构：以周南女校（1905—1938）为中心的考察》，中国社会科学出版社 2010 年版。

④ 参见马学强《“素为沪地教会中学之冠”——近代上海徐汇公学研究》，《史林》2010 年第 6 期。

⑤ 参见万琼华《湖南教育近代化进程中的女学实践——以朱剑凡“毁家兴学”为例》，《湖南大学学报》2010 年 9 月。

⑥ 参见吴民祥《浙江近代女子教育史》，杭州出版社 2010 年版。

⑦ 参见赵欣《1843—1937 年的上海女子教育：阶段与特点》，《华东师范大学学报》（教育科学版）2010 年第 2 期。

⑧ 参见徐爱新《河北现代女子教育的兴起及发展特征》，《河北学刊》2010 年第 4 期。

创办了一批实业学堂。[①] 谢俊美论述陈兰彬与近代中国的留学教育。[②] 潘崇撰文探讨端方与清末留学教育的关系。[③]

教育思想与观念的变化是影响近代教育变革的重要因素。黄文治考察了 1923 年至 1930 年的中华基督教青年会与公民教育运动，梳理了青年会与公民教育理念的兴起、“公民教育运动周”的运作模式及其发展启示等内容。[④] 还有几篇考察某一教育家或者政治人物与教育之关系的论文。例如，吴洪成等研究近代教育家吴汝纶的事业与思想[⑤]，肖海燕论述陈启天的国家主义教育思想[⑥]，田正平等关注袁世凯与清末官绅教育[⑦]，项义华考察蔡元培与绍兴中西学堂[⑧]。

2. 宗教与民间信仰

宗教与民间信仰是民众的精神世界，是近代社会文化史的重要内容，本年有多部研究专著问世，反映这一领域取得了较大进展。

学界对近代中国基督教的研究已有丰富的研究成果，本年又有几部专著。孙顺华《基督教传播与近代青岛社会文化研究》一书，以近代(1840—1949）为研究时限，在梳理基督教传播进程的基础上，着重探讨了基督教传播与近代青岛社会文化的关系，力图揭示异质文化间的传播规律。[⑨] 章博《近代中国社会变迁与基督教大学的发展》一书，以华中大学为中心，将基督教大学置于近代中国社会变迁的大环境中进行了考察，分析了基督教大学与西方教会和中国政府的关系，研究了 20 世纪 20 年代至 40 年代在中国化、世俗化、国立化潮流中的华中大学的应对之策和自存之

① 参见赵清明《山西大学堂留学生与山西近代高等教育的发展》,《山西大学学报》2010 年第 5 期。

② 参见谢俊美《陈兰彬与近代中国留学教育》,《华东师范大学学报》（哲学社会科学版）2010 年第 3 期。

③ 参见潘崇《端方与清末留学教育》,《徐州师范大学学报》2010 年第 1 期。

④ 参见黄文治《中华基督教青年会与公民教育运动（1923—1930)》,《甘肃社会科学》2010 年第 6 期。

⑤ 参见吴洪成、李占萍、张文超《试论近代教育家吴汝纶的事业与思想》,《华东师范大学学报》（教育科学版）2010 年第 6 期。

⑥ 参见肖海燕《陈启天的国家主义教育思想探析》,《社会科学战线》2010 年第 6 期。

⑦ 参见田正平、夏益军《袁世凯与清末官绅教育》,《浙江大学学报》2010 年第 6 期。

⑧ 参见项义华《蔡元培与绍兴中西学堂——一个超越“新旧冲突”的分析视角》,《浙江学刊》2010 年第 6 期。

⑨ 参见孙顺华《基督教传播与近代青岛社会文化研究》，中国社会科学出版社 2010 年版。

道。[①] 李传斌考察了1835—1937年的基督教在华医疗事业产生、拓展、光大与转型及其与近代中国政治、中西文化交流等问题。[②]

基督教在近代中国的传播及其影响，是海外学界研究近代中国的热点问题。美国学者李榭熙的《圣经与枪炮——基督教与潮州社会（1860—1900）》[③] 是近年海外研究基督教在华传播历史的力作之一。作者从乡村社会的视角，对基督教在华南潮州地区的传播情况进行了细致入微的考察，对基督教是如何向中国内地渗透的、中国的乡村居民对基督教这个新生事物有什么反应、基督教对中国乡村社会产生了怎样的影响等一系列重要问题进行了深入探讨。按照作者的理解，近代基督教向内地的传播过程中，其中心在乡村而不在城市，但是乡村基督教的繁荣是一种近乎畸形的发展，因为基督教取得成功仅仅是因为地方政治势力在争权夺利的过程中把基督教作为了加强自己权势的新的政治资本。

民间信仰是中国近代社会文化史研究的薄弱环节。近年来这一领域也有新的成果。王健《利害相关：明清以来江南苏松地区民间信仰研究》一书，从民间信仰与日常生活，民间信仰与地方经济、社会空间的拓展，士绅、家族与民间信仰，官与民围绕民间信仰的博弈等角度考察了明清以来松江府及其附近地区的民间信仰与地方社会的关联及其互动。[④] 关于传统宗教方面，付海晏撰文研究北京白云观和晚清社会，认为晚清白云观在宗教、政治、社会生活等方面均有重要影响。从宗教史的角度而言，晚清白云观在拓展、高涨全真龙门声势方面颇有功绩，白云观的历史认同得到了强化，白云观的传戒步入正规与常态。从政治史的角度而言，白云观发挥了超越道教的作用；尤其是方丈高仁峒，是一个政治中的神仙。从社会生活角度而言，方丈高仁峒既是雅士，又是俗人，而白云观则是京城大众重要的宗教生活以及游乐场所。[⑤]

---

① 参见章博《近代中国社会变迁与基督教大学的发展》，华中师范大学出版社2010年版。

② 参见李传斌《条约特权制度下的医疗事业：基督教在华医疗事业研究，1835—1937》，湖南人民出版社2010年版。

③ ［美］李榭熙：《圣经与枪炮——基督教与潮州社会（1860—1900）》，雷春芳译，社会科学文献出版社2010年版。

④ 参见王健《利害相关：明清以来江南苏松地区民间信仰研究》，上海人民出版社2010年版。

⑤ 参见付海晏《北京白云观与晚清社会》，《华中师范大学学报》2010年第1期。

(四) 文化传播与文化观念研究

文化传播与文化观念是近些年一直受到学界关注的热点领域，本年也有不少相关研究成果。

1. 文化媒介与观念、知识的传播

教科书和大众读物是普及知识的载体，其编写方式在近代受西学影响而发生了改变。关于历史书的编写体例，邹振环撰文研究晚清史书编纂体例从传统到近代的转变。[①] 论文认为晚清是中国史书编纂体例发生重要转变的时代，最关键的变化是引入了章节体，其中又存在一个由卷章段体到章节体的转变过程。最早的卷章段体例出现于 19 世纪 80 年代引进的外国史书体例中，第一环节为美国传教士谢卫楼编译的《万国通鉴》，第二环节为上海东文学社出版的那珂通世《支那通史》和桑原骘藏的《东洋史要》。中国史家柳诒徵和夏曾佑等在改造传统史书编纂形式的过程中，都曾借鉴日本章节体中国通史的形式。沈敏考察中国近代小学科学教材的发端和变迁，认为 1902 年《壬寅学制》的出台使科学课程正式走上历史舞台，小学科学教材经过了一个从翻译到自编的过程。[②] 还有作者考察晚清西学书目对近代科技传播的作用问题等。[③]

报刊等大众传媒是近代传播信息、知识与观念的主要载体，近年来一直受到学界关注，本年也有较多研究成果。有文章考察了报刊媒体与社会思潮及社会运动之间的关系。安徽大学汪杨以安徽地区的书报刊等媒介为中心，考察新文化运动在安徽地方的展开。文章考察了《新青年》杂志为代表的新文化运动中的知名进步刊物在安徽的普及和渗透情况，说明学术繁荣和文化更新对民众参与公共生活创造了前提条件。新文化运动对安徽最令人注目的影响是催生了各种本土宣传新思潮的刊物，有力推动了安徽的文化启蒙。[④] 还有作者以《浙江潮》为例考察近代报刊与浙江现代化进

① 参见邹振环《晚清史书编纂体例从传统到近代的转变——以汉译西史〈万国通鉴〉和东史〈支那通史〉、〈东洋史要〉为中心》,《河北学刊》2010 年第 2 期。

② 参见沈敏《中国近代小学科学教材的发端和变迁》,《华中师范大学学报》2010 年第3 期。

③ 参见张晓丽《论晚清西学书目与近代科技传播》,《安徽大学学报》2010 年第 2 期。

④ 参见汪杨《新文化运动的地域展开——以安徽地区的书、报、刊等媒介为例》,《安徽大学学报》2010 年第 3 期。

程问题[①]，有学者考察《浙江潮》与晚清民族主义思潮的兴起之间的关系[②]，还有学者考察长沙《大公报》视域下的湖南联省自治思潮[③]。

还有文章考察媒体舆论与权力、政治的关系。唐小兵以20世纪30年代前期的《大公报》和《申报》为例，考察公共舆论与权利网络之间的关系。[④] 文章分析了这两份报纸、两个专栏和国共两党的亲属关系，这种亲属关系如何塑造了公共舆论的价值立场和话语方式，以及公共舆论与政治权利发生冲突时如何解决，体现了怎样的舆论与权力的关系等，进而讨论中国式公共舆论的独特性格和历史命运。胡朝雯探讨了20世纪20年代报刊小说和新闻的互文性阐释关系，说明这种带有史传传统的互文阐释使得小说对读者民族想象共同体的构成产生深远影响。[⑤]

还有考察媒体与都市文化或社会生活的论文。李从娜从《北洋画报》中分析考察民国时期的都市交际舞业，认为以《北洋画报》为代表的新媒体积极推介、宣传交际舞，引导了社会价值观念。它对于舞女群体有较多呈现，向社会大众展现出都市消费与两性关系的异化，实现了画报媒体与社会的互动。[⑥]

2. 词语、概念与文化传播

通过词语、概念来考察文化观念的传播，是近年新兴的一种研究路径，今年也有相关成果。黄兴涛对近代中国"黄色"词义的变异进行考察，梳理了"黄色"从代表高贵、尊严的民族象征色彩的词语，变成与色情淫秽指代共存、具有内在矛盾的词语，指出这种传统词义的变态，是近代中西文化交汇和中国近代社会政治互动的产物。文章对"黄色"一词的传统含义，以"黄色新闻"和"黄色工会"为代表的西方贬义黄色概念传入中国的考察尤为细致。结论认为，"黄色"词义在近代发生变异的原因

---

① 参见龙长征、钱诚一《近代报刊与浙江现代化进程——以〈浙江潮〉为例》，《浙江学刊》2010年第5期。

② 参见付建洲、田素云《〈浙江潮〉与晚清民族主义思潮的兴起》，《中州学刊》2011年第4期。

③ 参见喻春梅《长沙〈大公报〉视域下的湖南联省自治思潮》，《湖南大学学报》2009年第5期。

④ 参见唐小兵《公共舆论与权利网络——以1930年代前期〈大公报〉、〈申报〉为例的考察》，《浙江学刊》2010年第1期。

⑤ 参见胡朝雯《1920年代报刊连载小说与报刊新闻的互文性阐释——以〈人间地狱〉为例》，《湖南大学学报》2010年第11期。

⑥ 参见李从娜《从〈北洋画报〉看民国时期都市交际舞业》，《中州学刊》2010年第1期。

主要是：抗战结束后市民生活的舒缓恢复、享乐文化盛行的文化环境；国共对峙中社会各界抨击国民党腐败堕落的舆论环境；中日黄种人内部的战争弱化了作为族类象征的黄色含义，以及五四后中国人民族自尊感和文化自信心的失落造成的民族心理因素。①

赵晓阳以“天主”“上帝”的汉语译名为视角，梳理这两个中国传统词汇逐渐受西方宗教理念影响而被基督教化，失去原有的本土宗教内涵，演变为象征西方文化的新词语，从而考察译介再生中的本土文化和异域宗教关系。② 陈辉考察了 19 世纪东西洋士人所记录的汉语官话，发现一方面外国传教士和商务人员日益重视北京官话，另一方面中国士人夷夏观念逐渐改变和近代国家意识的确立，使北京官话越来越拥有政治优势，在 19、20 世纪之交终于取代南京官话的优势地位，成为清朝的国语标准。③ 还有学者讨论民国时期“五七”“五九”国耻纪念所形成的“耻感”与“爱国”之间的关系。④

程亚丽关注晚清民族危机中现代身体话语的生成。⑤ 论文认为，晚清以身体喻说国事非常流行。身体不仅成为国家的喻体，还是中国人反观自身的载体，身体承载着思想者对国家这个民族共同体未来的想象与诉求。其中，以现代身体话语生成为标志，显示出身体国家化的重要趋向。

3. 历史记忆与建构

历史记忆与文化建构也是近年新兴的一种研究路径，本年也有相关成果。王先明通过分析清末民初“绅权”的变异过程探讨历史记忆与社会重构。文章认为，湖南地方政治变革过程中，“绅权”是“兴民权”的表现，士绅阶层是地方新政改革的历史起点、救亡图存的中坚，到大革命时期反而成为全民之公敌，列强军阀的基础和革命之障碍。士绅从“四民之首”到“无绅不劣”，从“兴绅权”以“兴民权”变成“打倒绅权”以“实现民权”，形成巨大的历史反差。这源于在近代社会利益和社会关系结

① 参见黄兴涛《近代中国“黄色”词义变异考析》，《历史研究》2010 年第 6 期。

② 参见赵晓阳《译介再生中的本土文化和异域宗教：以天主、上帝的汉语译名为视角》，《近代史研究》2010 年第 5 期。

③ 参见陈辉《19 世纪东西洋士人所记录的汉语官话》，《浙江大学学报》2010 年第 6 期。

④ 参见杨鹏、张远波《耻感与爱国——民国时期“五七”“五九”国耻纪念平议》，《社会科学论坛》2010 年第 11 期。

⑤ 参见程亚丽《新身体·新民·新国家——论晚清民族危机中现代身体话语的生成》，《社会科学辑刊》2010 年第 6 期。

构重建过程中，绅士之“士”的特征完全弱化，对地方公共权力和公共资源的控制和占有使他们逐渐成为一个权力阶层，尤其是具有现代特征的新政的制度建构，使他们可以用较为正式的政治方式行使权力，从而成为体制内的权力阶层。在近代社会重构和利益重构过程中，民众动员放大了对绅权的社会记忆，传统士绅形象被选择性失忆。因此，从晚清的绅民冲突到民国时期新青年与传统士绅的矛盾，从国民党政权与绅权在乡村社会的对峙，到共产党组织的农民运动与绅权的较量，最终完成了“兴绅权”向“打倒士绅”的历史选择。①

曲晓雷以胶澳租借地为中心，考察清末民初中国人眼中的德国形象。②论文认为，清末民初时期媒体和民众所认识的德国一直在被统治的“屈辱”和“认同”两端游移。德国对青岛城市现代化的塑造，表现在交通、建筑、卫生及生活方式诸方面，并构成青岛城市优越感的重要组成部分。但国人构建德国形象时表现出的矛盾，不仅仅归因于现代性因素的影响，其他如民族自强之路的渴求、德人统治方式对原有社会秩序力求维持、各阶层之间的利益博弈以及与日据时期统治的对比等因素都至关重要。

4. 文化观念、文化认同与心态

文化观念与文化心态是社会变动在人们精神世界的投射，一直受到学界的关注，本年主要有以下一些研究成果：

关于文化心态与文化观念方面，雷颐通过对容闳一生的经历梳理，说明容闳作为近代“留学之父”和“新式教育”的催生者，又是“全程”参与近代史的人物，他的选择和经历深刻反映了近代中国历史的走向，具有独特的文化意义。他与太平天国有过交往，深入参与了晚清官方的“洋务”事宜，开辟留学之路，又参与了戊戌维新，最终他投身革命。容闳的温和、理性和超越性特征为那个时代所罕见，具有独特意义。③

张玉萍通过对留日时期戴季陶的考察，分析戴季陶基本观的形成与留学经历的关系。论文尤其参考日本大学有关资料，考察戴季陶与日本之邂

---

① 参见王先明《历史记忆与社会重构——以清末民初“绅权”变异为中心的考察》，《历史研究》2010 年第 3 期。

② 参见曲晓雷《屈辱与认同之间：清末民初国人眼中的德国形象——以胶澳租借地为中心》，《社会科学辑刊》2010 年第 5 期。

③ 参见雷颐《容闳的独特意义》，载《珠海、澳门与近代中西文化交流——“首届珠澳文化论坛”论文集》，社会科学文献出版社 2010 年版，第 308 页。

逅、日语能力之培养、在日本大学的学习及退学等问题，分析诸种因素对戴季陶日本观形成的影响，进而思考中国知识分子的留日经验与日本观形成之间的关系。[①] 菅志翔通过多视角梳理回族军阀马麒的发家史和政治谋略，考察其身份转换与政治抉择，从而探查民国时期地方割据势力的国家意识。[②] 论文认为辛亥革命后中国社会面临一个政治整合问题，在边疆与中央的政治、经济、文化互动过程中，青海在回族地方军阀马麒父子为首的治理下顺利建省，政治整合相对较为顺利。分析这个过程有助于观察民初国家意识形成的多样性。还有学者研究郭嵩焘与西方的电报文明。[③]

关于国家认同方面，常宝研究了清末民国时期蒙古地方精英的国家认同问题。文章认为在清末民国时期复杂的政治、文化环境之下，蒙古精英的国家认同及其行动面临多重选择和困惑。文章讨论分析了蒙古精英的“叙述”结构、国家认同及其行动，展现其复杂性和独特性，以及因此出现的国家与地方危机。[④]

王东杰以清末民国的“蜀学”论探讨地方认同和学术自觉。论文认为近代四川学术兴起与同、光时代，呈现了一些特色，其影响力尤其得力于整个中国近代学术典范转移的大潮流。在社会层面上，近代蜀学论是晚清四川地方认同形成在学术上的体现，既有文化自信，也夹杂着焦虑感。[⑤]

中西文化的关系是中国近代文化变迁的一个主题。左玉河《中国近代文明通论》一书，以宏观的历史视野考察了中华传统文明在近代所面临的根本问题及其重新建构过程中遭遇的困惑。内容涉及西学东渐的历程及对中国近代社会文化的影响、中西文明的冲突及文化论争，中西文明的诸多融合方案、儒学独尊地位的动摇及瓦解、儒家思想在近代的新开展、中西文明差异性的比较、中华文明核心价值观念的转变等关乎中

---

① 参见张玉萍《留日时期的戴季陶——其日本观形成与留学经历的关系》，《江海学刊》2010 年第 2 期。

② 参见菅志翔《马麒的身份转换与政治抉择——兼议民国时期地方割据势力的国家意识》，《社会科学战线》2010 年第 8 期。

③ 参见夏维奇《郭嵩焘与西方电报文明》，《社会科学辑刊》2010 年第 5 期。

④ 参见常宝《“寻找国家”：清末民国时期蒙古地方精英国家认同的演变与形成》，《社会科学战线》2010 年第 8 期。

⑤ 参见王东杰《地方认同与学术自觉：清末民国的“蜀学”论》，《四川大学学报》2010 年第 6 期。

国现代文明发展的重大问题。认为中华文明的现代复兴，不是儒家思想的复活，而是儒家思想的现代转化；不是全盘西化，而是中西文明的融合与沟通。①

此外，社会与文化综合研究方面有唐仕春主编的论集《近代中国社会与文化流变》，收入了有关社会史理论反思、传统文化与近代化、媒体与文化生活、文化运动与论争、教育与知识、文化交流、风俗流变等诸方面的专题论文30余篇，集中展现了这些方面学界的最新研究成果。②

（五）总结

本年度社会文化史研究呈现为齐头并进、整体推进的态势，在很多研究领域都有厚重的成果。

值得注意的是，本年度关于近代大学有多部研究专著，成果厚重，领域集中，为近年少见。理论研究方面，李长莉有关社会文化史理论探讨的总体性专论文章，带有总结、探索和前瞻性质。概念史研究领域成果突出，考证扎实。黄兴涛的词义变异考察脉络清晰，是融和考证和文化分析的精彩之作。历史记忆研究方面王先明考察“绅权”变异的论文立论严谨，推演周正。知识传播方面邹振环研究晚清史书编纂体例的变化，对“卷章段体”的发现言人所未言，论证周详。文化观念方面雷颐对容闳独特的文化价值进行深入发掘。这些成果都是本年度值得关注的研究。

2011年度

本年度社会史与文化史研究仍然保持持续发展势头，各研究领域皆有比较丰富的研究成果问世，并出现一些比较有分量的论著，将一些领域的研究推向深入。

（一）社会与文化史研究的理论探索

社会史与文化史皆为近二三十年新兴起的学科，研究理论的探索一直为学界所关注，本年这方面的研究成果比较多，使这一探索有了比较大的

① 参见左玉河《中国近代文明通论》，福建教育出版社2010年版。

② 参见唐仕春主编《近代中国社会与文化流变》，社会科学文献出版社2010年版。

进展。

对于西方社会史与文化史理论的介绍和评论取得了突出成果。俞金尧撰文《书写人民大众的历史：社会史学的研究传统及其范式转换》[①]，认为书写人民大众的历史是社会史学区别于其他历史研究的特征。新文化史研究历史上的大众文化，因而具有社会史学的属性。社会史学兴起于战后，秉承了年鉴学派的总体史追求，倾向于从经济基础和社会结构中寻找社会变迁的终极原因，建立起宏大的历史叙事。但是其经济决定论的弊病，引发了社会史学的“文化/语言转向”，从而催生了新文化史。但是新文化史强调文化、符号、话语的重要性，走向文化/语言决定论的另一个极端。这使得西方史学界在20世纪90年代中期以后出现了“超越文化转向”的趋势，或称之为“实践的历史”或“后社会史”，体现了学者们重视实践作用的探索取向。

洪庆明《从社会史到文化史：十八世纪法国书籍与社会研究》[②]一文指出，18世纪法国书籍与社会研究经历了从注重以计量方法研究书籍到强调文本解读，从书籍社会学到阅读社会学，从文化社会史到社会文化史的转变。这种转变的原动力来自年鉴学派用计量方法研究社会经济史所取得的成功，此后受到其他社会科学、后现代主义理论及文化人类学的影响。具体而言，20世纪60年代法国高等研究实践院组成了以弗朗索瓦·孚雷为首的研究团队——后来被称为“书籍与社会”学派，他们追随年鉴派经验，利用计量方法着重从经济和社会层面探索书籍的出版和社会传播情况，对社会文化产品和文化阶层进行全景式描述及研究，在深度和广度上极大地推进了法国书籍史研究。不过他们在史料和研究方法上遇到的困境和质疑，在20世纪70年代夏蒂埃的研究中获得改善。夏蒂埃突出文本研究，分析文本对读者阅读的影响，重视阅读实践的研究，丰富了书籍史研究的领域，将计量研究方法推进到文本解读。夏蒂埃之后对书籍/阅读史做出重要贡献的是达恩顿，他的百科全书出版史研究继承了此前法国书籍史研究的总体史方法，加入考察书籍的生产流通史，并受到格尔茨人类文化学“深描”方法的影响，将研究焦点投向解读文本的文化意义，开辟了

① 俞金尧：《书写人民大众的历史：社会史学的研究传统及其范式转换》，《中国社会科学》2011年第3期。

② 洪庆明：《从社会史到文化史：十八世纪法国书籍与社会研究》，《历史研究》2011年第1期。

法国书籍文化史研究的新范式。

李德英鉴于美国学者施坚雅“基层市场社区”理论对中国研究产生的巨大影响和在中国学者中的共鸣，她利用民国时期成都平原的档案资料和相关调查资料，考察了民国时期成都平原乡村集镇和农民的生活，回应了学术界对于施坚雅理论的有关争论。①

任放以乡村史研究为中心，评述了近30年中国近代史研究视角的转换。文章认为30年来中国近代史研究主要有三种视角：革命史、经济史和社会史。前二者皆发生了引人注目的变化，给传统学科带来新挑战。方兴未艾的社会史研究则突入革命史和经济史的疆域，并对它们产生了相当影响。但由于社会史本身属性未能确定，因此其演进路径尚不清晰。②

杨才林梳理了国内对社会史概念的六种说法“专史说”“通史说”“新学科说”“方法视角说”“范式说”及“新社会史说”，提出赞同“范式说”的看法。③

（二）社会结构、社会生活与社会转型研究

社会结构、社会生活与社会转型的研究一直是近年社会史研究的一个重点。本年的成果主要集中在以下一些方面：

1. 社会阶层、社会组织与群体

知识阶层作为社会精英对于近代社会变革发挥着重大作用，因而一直是学界研究的一个重点。本年更有多篇重量级论著问世，是这一领域的丰收之年。

本年有多部研究知识群体的著作出版。近代文化世族的变迁是引人注目的社会现象。徐茅明等人在考察明清以来苏州文化世族的变迁时特别注意其在近代的大转型。他认为，近代西学东渐，苏州文化世族也站在了时代潮流的前列，顺利地完成了由科举教育向现代教育的转向，由科举世家蜕变为现代的科学世家。近代江南文化世族的转型紧随国家政策的转向，具有明显的实用特色。以科举制废除为界，此前此后文化世族的教育内容、教育途径与人才类型上出现了很大变化。在科举制废除前，文化世族

① 参见李德英《民国时期成都平原乡村集镇与农民生活》，《四川大学学报》2011年第3期。

② 参见任放《近三十年中国近代史研究视角的转换——以乡村史研究为中心》，《史学月刊》2011年第4期。

③ 参见杨才林《论社会史范式》，《社会科学战线》2011年第1期。

重在考取功名，步入仕途，凭借国家权力维系其家族利益、社会声望与文化优势。但在科举制废除之后，文化世族则转入实业、科学、技术等领域，借以获取更多的产业优势与生活条件。不过，近代世族从“家庭—家族—宗族”的三维结构转向了一夫一妻家庭的单细胞结构，大为减弱了文化世族成员数量增长与代际延续的能量。近代文化世族的转型不可阻挡地冲淡了世族的宗族观念与家族组织。①

民初“文化遗民”是一个特殊的群体。过去人们对民初“文化遗民”多持单一性否定的看法。罗惠缙注意到“文化遗民”在政治上虽表现出明显的观念固执的特征，但也呈现出明显的延续道统的意味。“文化遗民”作为一个群体存在，其理由有三：一是这个群体与中西学术密切关联；二是其在文学上成就斐然；三是其在史学及文化上取得了令人注目的业绩，给后人的学术研究带来了便利和帮助。他对这一群体的文化贡献给予了充分的肯定，并揭示说民初“文化遗民”在社会鼎革中并没有因时代的热烈而放弃了自己的文化守望，反而冷静地坚守固有的遗民精神和文化价值，看护着一己或整个民族的精神家园，这种无私的精神境界恰恰构成了“文化遗民”存在的价值。②

近代中国的科学社团进入了研究者的视野。范铁权全面考察近代科学社团的发展变迁历程，阐述科学社团在科学传播、科学化运动、科学体制化、科学教育等方面的历史功绩，揭示近代科学社团在中国科技史、社团发展史上的地位与影响；剖析影响近代中国科学社团发展变迁的制度和政策因素，考察科学社团的各种社会关系。③

王巨光考察了民国教育社团推进民主教育的进程及其成效。他认为，中国科学社、全国教育会联合会、中华职业教育社、中华教育改进社及中华平民教育促进会总会等重要教育社团始终以人为本，并结合促进中国社会进步和发展的需要，对具有中国特色的民主教育进行了富有成效的探索，在中国民主教育建设上起了领导和推动作用。由于坚持思想自由、学术独立及“民族再造”“民族复兴”之“公共善”的正义目标，教育社团获得了一切爱国力量的认同和支持，从而增强了自身活动的能力。不过，

---

① 参见徐茅明等《明清以来苏州文化世族与社会变迁》，中国社会科学出版社 2011 年版。

② 参见罗惠缙《民初“文化遗民”研究》，武汉大学出版社 2011 年版。

③ 参见范铁权《近代中国科学社团研究》，人民出版社 2011 年版。

由于封建主义思想影响及专制主义政治的存在，民国教育社团所理想的学校民主教育难以全面深刻推行。①

关于知识群体也有多篇有分量的专题研究论文。尚小明以教育部和大学原始档案为依据，以丰富细致、令人信服的资料描述了近代近百所大学或学院626名史学教授的群体状貌。文章认为，近代中国大学的史学教授大致可分为三代：科举时代的人、新式学堂教育时代的人以及大学教育发展时代的人。数量上第三代占了近85%，是最主要的构成部分。但就影响而言，三代之间存在学术传承关系，前两代的重要性不可忽视，第三代史学教授大部分出自北大、清华和燕京等少数几所大学，其中过半曾在国外大学或研究院所接受过教育。尽管当时教授流动极为频繁，但少数几所大学的史学仍然保持相对稳定的师资，因而能够巩固其地位和影响。至于本国史教授与外国史教授势力悬殊，以及很多留学生回国后改治中国史，除了国内研究条件缺乏外，更主要的是许多人在主观上更重视本国文化历史研究之故。②

沈洁探讨了清末民初知识人的科举、功名意识。文章认为，由科举衍生的功名意识在1905年废科举之后在士人社会中依然广有市场，别有魅力。以至于清政府在宣布废科举的同时又推出一系列学堂奖励政策，直到民国时期这种意识也并没有完全褪尽。文章即以废科举前后功名意识的流变为中心，一方面着力还原由废科举事件引发的清末民初知识人社会的众多面相，另一方面通过功名意识的流转呈现近代中国制度变革所面临的复杂难局和困境。③

张雪蓉分析20世纪20年代东南大学留美知识分子群的集聚和离散，认为民国初年大量留美学生进入东大，他们以美国所受的教育训练，在教学、科研和社会服务等方面大显身手，成为中国现代科学、教育和大学制度构建的开拓者。但是从20世纪20年代中后期以易（校）长风波为标志，留美知识分子逐渐离散，折射出中国现代大学制度转型过程中本土化的困顿。④

① 参见王巨光《民国教育社团与民主教育研究》，湖北人民出版社2011年版。

② 参见尚小明《近代中国大学史学教授群像》，《近代史研究》2011年第1期。

③ 参见沈洁《科举、功名与清末民初知识人社会》，《华东师范大学学报》2011年第1期。

④ 参见张雪蓉《20世纪20年代东南大学留美知识分子群的集聚与离散》，《江苏社会科学》2011年第4期。

有几篇文章探讨了知识群体、学生群体与社会运动的关系。杨天宏探讨了北洋时期学生亚文化与学运的关系。① 论文认为，北洋时期中国校园孕育出特色各异的学生亚文化。学生运动与学生亚文化有着内在的逻辑联系，亚文化的多元决定了学运起落的内涵差异。在师生关系上，教师不一定处于主导位置；在政党与学运的关系上，学生也并不总是受动的一方。国共两党均重视学运。在国共合作背景下，如何定性由具有双重身份且公开身份是"国民党"的党人开展的学生工作，还可商榷。学生运动有先天缺陷，政党对学生的"运动"也与时转移。不过认真剖判各界认知，时人对学运主流仍是肯定的。

杨国强撰文从晚清绅士阶层的权利和国家权力角度分析二者的纠葛和关联。文章认为清初抑绅权，到太平天国起东南，募勇筹饷要务不得不由绅士承担，这个过程实际上成为国家权力扶持绅权的过程。被扶植起来的绅权一面同国家权力合作，一面与之抗衡。而当西潮催化社会嬗退之时，绅权又掺入了民权、主权等原本没有的新意。② 叶舟研究了晚清旅沪同乡文人群体的政治活动，以晚清"丁未政潮"时旅沪常州府同乡的一封公开信为个案，分析上海近代同乡集体政治活动的集结方式、观念分野及原因。③

左松涛以自强学堂为中心，探讨了清末学堂师长和辛亥革命的关联。文章认为清末自强学堂是辛亥革命胚胎地之一，有相当数量的学生投身反清活动。学堂师生虽有立场或代际冲突，但因势求变之心类似。辛亥革命的多歧面相，从清末学堂的师生关系走向中可窥一斑。④ 赵林以"木瓜之役"和"浙一师风潮"为例，分析辛亥前后杭州知识界和学生运动的互动状貌，认为浙江两级师范学堂在辛亥革命前后发生的这两场风潮，凸显了新型媒介出现、城市公共空间功能转型、新知识界主体人格转变以及新式社团舆论传播等因素，在这个过程中新媒介和新话语日渐扩大，影响孕育

① 参见杨天宏《学生亚文化与北洋时期学运》，《历史研究》2011 年第 4 期。

② 参见杨国强《论晚清中国的绅士、绅权和国家权力》，《华东师范大学学报》2011 年第 1 期。

③ 参见叶舟《网络、派系、利益：晚清旅沪同乡文人群体政治活动研究》，《史林》2011 年第 5 期。

④ 参见左松涛《清末学堂师长与辛亥革命——以自强学堂为中心》，《武汉大学学报》2011 年第 7 期。

了浙江乃至全国的政治气候。①

何树远分析五四时期北京教职员联合会的挽蔡驱傅运动，认为1919年5月9日蔡元培辞职后，以北京大学为主体的北京专科以上学校教职员联合会积极挽蔡，奔走于政府、学生之间，功不可没。稍后北大又发起成立北京小学以上学校教职员联合会，以要求薪金发现洋为由，驱逐教育次长傅岳棻。这两次运动有着千丝万缕的联系，标志着北京高等教育界开始作为独立的社会势力出现。② 印少云、岑红分析留学生群体和国民政府抗日外交政策的确立。文章认为自九一八事变到抗日战争全面爆发前，以留学生为主体的海外使领馆人员积极呼吁国民政府放弃对日妥协政策。在他们的舆论压力和努力推动下，国民政府的对日政策实现了由妥协退让到抗日外交的转变。③

商人阶层也是一直为学界关注的问题。唐力行撰文考察1923年至1953年间徽州旅沪同乡会与社会变迁问题。论文认为，1902年首个旅沪同乡会诞生。同乡会是旧式会馆的延续，是在新式与旧式商人、士绅与新知识阶层、男性与女性、资方与劳工等广泛参与下建立起来的地缘性自治组织，与商会功能互补。徽州旅沪同乡会从20世纪20年代初建立到1953年消亡，经历了延续、断裂、再延续、最终断裂的过程。太平洋战争爆发使徽州同乡会停止会务；抗战胜利后同乡会的社团自治功能和上海的市民公共空间得以延续。第二次国内战争后又陷入困境，最终消亡。解读这个历史是观察时代变迁的特有视角。④

朱英撰文综论国民革命时期商民运动的成效与缺陷，认为国民革命时期商民运动的开展，对于中小商人组织程度的提高、促进广大商人摆脱“在商言商”的束缚，以及关心政治、支持和参加革命，产生了明显的积极成效。同时广大中小商人的反帝爱国热情也空前高涨，积极参加反帝爱国斗争，成为一支重要力量。但是其中也存在较为突出的缺陷，就是国民党制定的商民运动方略较为偏激，将洋货业商人等同于买办，并认定商会

---

① 参见赵林《辛亥前后杭州知识界与学生运动——以“木瓜之役”和“浙一师风潮”为例》，《中山大学学报》2011年第4期。

② 参见何树远《五四时期北京教职员联合会的挽蔡驱傅运动》，《中山大学学报》2011年第3期。

③ 参见印少云、岑红《留学生群体与国民政府抗日外交政策的确立》，《江苏社会科学》2011年第5期。

④ 参见唐力行《徽州旅沪同乡会与社会变迁（1923—1953）》，《历史研究》2011年第3期。

是反革命团体、革命对象，导致在商民运动期间引起较大纷争。[①]

彭南生撰文考察了 1923 年上海商界的反贿选运动。[②] 论文以上海马路商界联合会为中心，考察它在反贿选运动中的作为，说明反贿选运动是五四运动以来上海商人国民责任意识的一次实践和寻求国民自治的一次尝试，标明了上海商界与北京政府的疏离，也为早期中国共产党人理解商人阶级提供了一个实例。

民间社团兴起是近代一种社会现象。方平撰文以上海为中心，探讨清末民间社团的发展空间及其限度，认为清末十年间上海地区各种类型的新式社团蜂拥而起，一派繁荣。这些社团宗旨不一，但多以"维持公益"为目的，拓展了城市的公共生活，提升了社会各界、各阶层的"合群"意识。[③] 刘荣臻考察了 1928—1937 年北平贫民救济会的制度化建设及救助活动，认为该会在近代北京社会救助史上占有比较重要的地位，其完善的组织机构及制度化建设、较强的救助成效，推动了北京近代社会救助事业的发展与转型。[④]

2. 社会流动、社会控制与社会转型

铁路的建造与发展，往往对地方社会流动、经济等产生重大影响，成为引起地方社会多方面近代化系列变迁的一个重要因素。本年在这方面有较厚重的研究成果。熊亚平《铁路与华北乡村社会变迁（1880—1937）》一书，尝试运用历史学、统计学、城市学多学科方法，对 1880—1937 年的铁路与近代华北地区的工矿业起步、城乡市场重构、产业结构变迁、社会结构变动、市镇发展等方面进行了比较全面的考察。他认为，铁路自身具有向后的连锁影响，在整个华北乡村社会变迁的动力系统中占有重要地位，有力推动了乡村经济由传统向近代的变迁。此外，他提出 1880—1937 年华北乡村社会变迁具有五个特征，如"产业、人口及市镇不断向不断向铁路地区沿线集中"等。[⑤]

---

① 参见朱英《国民革命时期商民运动的成效与缺陷》，《史学月刊》2011 年第 8 期。

② 参见彭南生《1923 年上海商界的反贿选运动——以上海马路商界联合会为分析中心》，《华中师范大学学报》2011 年第 6 期。

③ 参见方平《清末民间社团的发展空间极其限度——以上海为中心》，《华东师范大学学报》2011 年第 5 期。

④ 参见刘荣臻《北平贫民救济会的制度化建设及救助活动（1928—1937）》，《北京社会科学》2011 年第 6 期。

⑤ 参见熊亚平《铁路与华北乡村社会变迁（1880—1937）》，人民出版社 2011 年版。

郭海成《陇海铁路与近代关中经济社会变迁》一书，考察了20世纪30年代铁路对关中经济社会的影响。其认为，民国时期的关中经济社会因为陇海铁路而出现了重要转型。由于新风气的传播，诸如缠足一类的陋习加速消弭。关中民众以于偏狭的地域观念逐渐淡化；新知识的传布，又促进了区域间的融合，民族国家观念逐步深入关中民众内心。同时，铁路通车使近代文明传播加速，大量外货的输入及新风气的传入也改变了关中民众日常生活的方方面面。在陇海铁路的带动下，关中经济社会外向型发展模式初步确立。以铁路为代表的交通体系在近代关中城市与社会文明转型中作用的十分显著。①

盗匪是影响近代中国社会秩序与转型的重要因素。何文平《变乱中的地方权势：清末民初广东的盗匪问题与社会秩序》一书，考察了清末民初广东的盗匪问题与社会秩序的关联。首先，梳理了清末民初广东盗匪的规模、活动方式、群体状况及盗匪问题的特点等方面。其次，着重分析了晚清广东地方政权应对盗匪问题所处于的“困境”状态，从社会控制力的角度揭示清王朝专制政权的衰微。再次，考察盗匪问题与清末民初广东革命运动的关系，分析了政权的更替对社会控制的影响。最后，讨论了民国初期广东地方社会武力化的两种主要途径及其后果，并揭示了地方社会应对盗匪问题的实际效果与社会影响。其最后指出，清末民初的政治变化与经济变革不能协调，引起了社会混乱，也加剧了社会生存危机。这为广东盗匪提供了生存的空间和出路，而这些盗匪对近代广东的工业化、社会制度改革等方面产生了复杂的影响，甚至对地方政治的发展造成了致命的破坏。在清末民初广东的盗匪问题上，国家与社会处于紧张状态，具有三种倾向：国家权力向地方下移，地方权力向民间扩散，国家无法控制地方武力。清末民初政权的变更，弱化了地方政府对社会的控制力，而绅权在其与官权的抗衡中逐渐占据了上风。国家与社会的恶性互动，造成了两败俱伤的结果。②

余新忠撰文从卫生防疫的角度探讨晚清的卫生行政与近代身体的形

① 参见郭海成《陇海铁路与近代关中经济社会变迁》，西南交通大学出版社2011年版。

② 参见何文平《变乱中的地方权势：清末民初广东的盗匪问题与社会秩序》，广西师范大学出版社2011年版。

成。[①] 文章从卫生防疫角度考察了从传统到近代卫生防疫与身体之间关系的变化，以及卫生行政这一现代权力实现对国民监控的过程与特色，以及这样的身体规训又是如何被接受的。文章认为，这一进程的实现既有西方科学、卫生、文明等话语霸权的威力，更离不开国家的相关立法和相关职能机构的设置，总体上无疑是中国百余年来士绅精英为追求国家和国民现代化而做出的自觉选择，带有缺乏深思熟虑、简单便捷化的选择。

学界对近代中国慈善业的研究又有了新进展。黄鸿山《中国近代慈善事业研究：以晚清江南为中心》一书，以晚清江南地区为中心，沿着“传统慈善组织的近代发展”和“近代以来新型慈善组织的出现”这两条主线开展研究，揭示了中国近代慈善事业的运营实态和近代转型历程。在此基础上，他对近代慈善事业发展过程中体现的“教养兼施”、国家与社会的关系、传统与现代的关系等问题进行了再探讨，对以往流行的一些看法做了补充和修正。其认为，应当借鉴近代慈善事业采取的义仓、借钱局等救助办法，加强慈善组织运行的透明度，保障救助资金的正确使用，要避免变相地加重民众负担的行为和“救助”的负面效应。[②]

（三）社会生活、女性与法律研究

1. 社会生活与大众文化

社会生活是近年兴起的热门研究领域，本年更有多部相关论著。

城市社会生活尤其受到关注，上海作为近代城市典型是其中的热点，已经有了相当丰富的研究成果，本年度又有多部论著问世。王敏等《近代上海城市公共空间：1843—1949》一书勾勒了近代上海城市的公共空间。他们认为，在近代上海，公园、戏园、游艺场、电影院和跑马场等具有社交和休闲娱乐功能的城市公共空间十分发达。这些公共空间集现代性、大众性、多元性和商业性于一体，生动、深刻地体现出这座城市社会的民族关系、阶级关系以及移民区域特点，反映了这座城市的世界性与地方性并存、摩登性与传统性并存、先进性与落后性并存、殖民性与爱国性并存的特性。它们是近代上海的一个窗口，是这座城市的文化基因。[③]

---

① 参见余新忠《晚清的卫生行政与近代身体的形成——以卫生防疫为中心》，《清史研究》2011年第3期。

② 参见黄鸿山《中国近代慈善事业研究：以晚清江南为中心》，天津古籍出版社2011年版。

③ 参见王敏等《近代上海城市公共空间：1843—1949》，上海辞书出版社2011年版。

宋钻友等人《上海工人生活研究（1843—1949）》一书考察了1843—1949年上海工人的生活。他认为，近代上海工人生活具有三个特点：一是近代上海工人具有复杂的境况和较大的差异。二是工人的苦难是近代上海工潮发生的重要因素。三是近代上海的一些工人因为职业需要而受到了现代文明的一些有益的影响。[①] 之前叶中强《上海社会与文人生活（1843—1945）》一书，考察了1843—1945年上海的文人生活。他认为，晚清民国时期上海曾连续不断地吸引了一批又一批先自周边终及全国的文人。文人迁徙的历史图绘，不仅呈示出近代中国文化要素的一种地域流向，复亦见证了传统士人，从"仕途经济"走向职业空间，从庙堂依附者蜕变为一个以近代知识生产体系为存身空间、拥有文化权力的社会阶层的历史过程。[②] 田一平的文章研究了1937年至1966年上海书画名家的社会生活。[③]

照相与广告深刻影响了近代上海的社会生活。葛涛、石冬旭《具像的历史：照相与清末民初上海社会生活》一书，考察了西方的照相技术融入上海社会的进程。他们注意到由于运用了照相，社会生活的某些内容与形式发生了意义深远的积极改变。照相还具有娱乐的功能，深受大众的欢迎。不过，照相融入上海社会是个渐进的过程，因为不少人开始时对它产生了误解，抱有抵触的态度。这是中国传统文化观念与近代事物冲突、融合的一个写照。[④]《新闻报》的广告无异于近代上海休闲生活的一张名片。杨朕宇《〈新闻报〉广告与近代上海休闲生活：1927—1937》一书引入了"新文化史"的研究视角，梳理了《新闻报》广告中所建构的各种休闲理念与镜像，并分析了这种建构同当时上海社会文化之间的关联。他认为，20世纪30年代上海休闲生活的整体文化特征以及由休闲生活的发展变迁所引发的近代上海市民价值观念、道德判断的变化，从而在建构和形塑30年代上海的休闲生活上"充当了历史的不自觉的工具"。但是《新闻报》广告也在局部存在虚假广告、夸大失实的内容，过分引导市民追求无限的休闲享乐欲望。部分广告因为受到市场与资本的控制，强调的只是休闲生活中的享乐主义或将休闲生活定位成一种夸示性的高消费，从而操纵了人

① 参见宋钻友等《上海工人生活研究（1843—1949）》，上海辞书出版社2011年版。

② 参见叶中强《上海社会与文人生活（1843—1945）》，上海辞书出版社2010年版。

③ 参见田一平《上海书画名家社会生活（1937—1966）》，《史林》2011年第5期。

④ 参见葛涛、石冬旭《具像的历史：照相与清末民初上海社会生活》，上海辞书出版社2011年版。

们的休闲趣味与愿望，忽视了休闲的体验性和精神性意义。[①] 刘善龄、刘文茵从《点石斋画报》和《图画日报》等百年前的报刊上细心截取了200余帧图画，从种种细节上展示了当时上海的城市生活。[②]

除了上海之外，还有一些其他城市生活的研究成果。如周锦章撰文关注民国时期北京商业铺保，通过分析其形式、责任及社会关系类型，考察北京城市基层社会的生活结构。[③] 李自典等撰文研究近代北京的警察生活，论述了近代北京警察的发展概况以及他们的社会角色和生活状态。[④] 此外，还有荆蕙兰《近代大连城市文化研究》一书，梳理了近代大连城市文化产生的历史环境、外来建筑文化为主的城市形态、殖民文化为主的思想文化与教育、人口特征与社会习俗等。[⑤] 刘克敌、苏翔探讨了民国时期杭州文人的日常生活。[⑥]

城市旅游是近代社会生活的新兴事物。项文惠、王伟《民国杭州旅游》一书，从旅游交通工具、服务环境、资源开发与旅游活动等多个层面考察了"民国时期杭州旅游的盛衰变迁"的过程。讨论时借鉴了法国年鉴学派的做法，以问题导向的分析史学取代传统的历史叙事，并综合运用了历史学、旅游学和社会学的理论与方法。他们认为，民国时期的杭州已经被定位为旅游城市，初步具备了吃、住、行、娱、游、购等六大要素，但因为传统观念、战争破坏等原因，其整体的产业水平并不能与北京、上海等地相比。民国时期的杭州旅游业促进当地的市政建设与经济发展。[⑦]

近代中国社会风俗也随着社会变动而发生变迁，各个地方又有其地域特色。盛美真《近代云南社会风尚变迁研究》一书，将近代云南社会风尚的小变迁置于近代中国社会经济大变迁的背景中，围绕"怎样变""为什么变"的内在逻辑，探讨了近代云南社会风尚变化趋势及其规律。系统考察了近代云南社会风尚变化的脉络、节奏、表现、动力与环境等内容，揭示了其独特的西部边疆民族性的典型特征，肯定了风尚变迁对云南区域近

① 参见杨朕宇《〈新闻报〉广告与近代上海休闲生活：1927—1937》，复旦大学出版社2011年版。

② 参见刘善龄、刘文茵《画说上海生活细节》清末卷，（上海）学林出版社2011年版。

③ 参见周锦章《论民国时期的北京商业铺保》，《北京社会科学》2011年第3期。

④ 参见李自典、李海滨《近代北京警察生活之管窥》，《北京社会科学》2011年第6期。

⑤ 参见荆蕙兰《近代大连城市文化研究》，吉林人民出版社2011年版。

⑥ 参见刘克敌、苏翔《民国杭州文人日常生活》，杭州出版社2011年版。

⑦ 参见项文惠、王伟《民国杭州旅游》，杭州出版社2011年版。

代化的积极意义。认为在近代云南社会风尚变化的动力系统中，交通条件改善是重要前提，政府发挥了主导作用，官方制度是维系风尚的重要动力及变迁机制的关键构成部分。①

大众文化生活也是近年受到关注的领域。杨原撰文研究了近代北京梨园行的义务戏②，论述了义务戏的缘起、种类、管理及影响，从中可以看出义务戏与慈善事业的推动和关联。万妮娜撰文对民初北京的通俗讲演进行了评析③。

医疗卫生社会生活的基本内容之一。龙伟《民国医事纠纷研究：1927—1949》一书考察了民国时期的医事纠纷。他认为，医事纠纷的实质乃是医患关系的冲突。医患关系是医生与患者的个人关系，也是特定环境下医生群体与病患者群体的社会关系。清季医界虽多受医患间互动关系的制约，但因未得任何的制度规范，医家对病人的处置往往有很大的随意性，这种随意性极可能对病患的权利造成伤害。民国时期，在近代医疗卫生行政体系逐步建立的背景之下，传统医患关系已不可避免地加入了新的因素。医患间的彼此关系并非一成不变，整个医疗环境事实上也一直处在动态的变化过程之中。在此过程中，医病双方经斗争和妥协不断界定彼此的关系及各自责任与权利的边界。在近代卫生行政体制建立的时代背景之下，国家制度（卫生行政与民国法律）以及社会团体干预和影响着医患双方关系的互动，进而也对南京国民政府时期医事纠纷有着制约和影响。④沈伟东《医界春秋：1926—1937——民国中医变局中的人和事》一书，通过对民国《医界春秋》杂志的考察，从微观上分析了期刊出版与社会政治的关系，讲述了民国中医变局中的人和事，披露了民国中医鲜为人知的行业内幕。⑤

2. 女性研究

女性研究也有新的开拓。侯杰和李钊撰文考察了清末民初天津出版的《醒俗话报》《人镜画报》等石印画报，分析其中的女性特质如何被符号

---

① 参见盛美真《近代云南社会风尚变迁研究》，中国社会科学出版社 2011 年版。

② 参见杨原《近代北京梨园行的义务戏》，《北京社会科学》2011 年第 6 期。

③ 参见万妮娜《民初北京通俗讲演评析》，《北京社会科学》2011 年第 2 期。

④ 参见龙伟《民国医事纠纷研究：1927—1949》，人民出版社 2011 年版。

⑤ 参见沈伟东《医界春秋：1926—1937——民国中医变局中的人和事》，广西师范大学出版社 2011 年版。

式地定位于“传统”和“现代”框架之中。① 文章认为清末民初知识分子把女性纳入培养国民之母的计划之内，又把女性“缺乏教养”视为落后象征。由于男性知识分子掌握了记录历史的权力，所以选取什么样的“新闻”视角，如何诠释历史事实，反映了其思维特征，折射出深层的社会结构和时代变革话语。

赵炎才文章探讨了近代的“贤妻良母”与民初共和精神之间的关联。文章指出，民初国人认识到国民道德薄弱、法律观念缺乏，主张以贤妻良母为救国手段。而理论上的近代贤妻良母是中外思想的结晶，基本清除了封建贤妻良母的弊端，是人格独立、才德兼备，肩负家庭与社会双重责任的新妇女形象。在近代民族主义话语下，它对共和精神的培育主要体现为利国、相夫和教子等方面。时人欲借此塑造国民的理想人格，化解现实社会危机进而实现郅治。② 苏志宏等撰文研究张竞生的女权主义思想及特征。③

江文君研究近代上海的女职员，认为虽然这一群体只占近代上海女性劳动力的很少部分，但她们引起了上海社会公众的诸多关注。她们代表了上海中等阶级妇女中敢于走出家庭、服务社会、追求个人自主性的女中豪杰，在家庭和职业圈定的情境中自我实现。④ 小田则从歌谣观察近代江南村妇的生活，论文对村妇生活的艺术展示、元素提取和时代性确认进行了细致分析，展示了史学与艺术跨学科对话的努力。⑤

也有对下层女性进行研究的成果。郭卫东研究瞽姬的命运以探察民国年间广州的世风丕变⑥。文章认为，瞽姬在晚清民初的广州等地曾兴盛一时，但是到了20世纪30年代，先在教会人士后是行政当局的努力下，部分盲女从此类行当中退出，“瞽姬”逐渐成为历史遗响。但是由于未能有妥善的善后安置举措，结果治标不治本，盲女的社会处境仍未得到根本改

① 参见侯杰、李钊《媒体·视觉·性别——以清末民初天津画报女性生活为中心的考察》，《南开学报》2011年第2期。

② 参见赵炎才《近代贤母良妻与民初共和精神》，《人文杂志》2011年第4期。

③ 参见苏志宏、郝丹立《张竞生的女权主义思想及其特征》，《四川大学学报》2011年第5期。

④ 参见江文君《白领丽人：近代上海的女职员》，《史林》2011年第3期。

⑤ 参见小田《近代歌谣：村妇生活的凭据——以江南为例》，《江苏社会科学》2011年第4期。

⑥ 参见郭卫东《瞽姬的命运：民国年间广州世风丕变的一个缩影》，《广东社会科学》2011年第1期。

善。艾晶考察了清末的女犯监禁情况，论述了关于监禁女犯的法规、女性犯罪后的慎重监禁，女犯监禁后的艰难处境，以及女犯的反抗和治理措施。①

3．法制与法律观念

法制既是政治问题，也是社会文化问题，与社会生活密切相关。近代中国的法制在西方法律的影响下出现了艰难的转型。本年学界在这一领域的研究更为深入。

法律的具体实践直接关联着社会生活。刘昕杰《民法典如何实现：民国新繁县司法实践中的权利和习惯（1935—1949）》一书，选取了四川省新繁县民国司法档案作为研究的基本材料，在2000余件案件中完整选取了佃、典、婚约、离婚、分家析产以及合会六种共计258件民事案件。通过对这几类案件的描述，可以发现不同的传统民事权利在民法典之后的基层司法实践有着不同的表现形式。他认为，近代中国基层民事司法的"实用型"，源于传统中国基层官僚型司法官的职责和处境，其以地方官员的全能型权力为基础，以最有效的纠纷解决为目标，以不违背官僚追责与道德操守为限，在远离国家政治权力的基层政府有效地维持着地方社会关系的运行和恢复熟人社会的人际关系。②

近代法律与社会习俗变革的关系十分密切。王歌雅《中国近代的婚姻立法与婚俗改革》一书，梳理了近代中国的婚姻立法由传统到现代、由家族本位向个人本位过渡与转化的历程。认为，中国近代的婚姻立法与婚俗改革，在中国的婚姻立法史和婚俗改革史上具有承上启下的作用，不仅凸显了中西婚姻法制观念和婚俗文化的碰撞，而且体现了中国传统婚姻法律、文化在近代的传承和嬗变，还深刻涉及了近代的婚姻立法与婚俗改革的伦理内涵和伦理价值。③

（四）教育与宗教信仰研究

1．教育制度与教育观念

近代中国教育的变革问题一直深受学界的关注，本年仍是一个成果累

---

① 参见艾晶《清末女犯监禁情况考述》，《清史研究》2011年第4期。

② 参见刘昕杰《民法典如何实现：民国新繁县司法实践中的权利和习惯（1935—1949）》，中国政法大学出版社2011年版。

③ 参见王歌雅《中国近代的婚姻立法与婚俗改革》，法律出版社2011年版。

累的领域。

教育制度与教育管理的研究成果体现了教育史研究的深入。吴洪成等撰文对清末“新政”时期教育政策的推行进行了评述，包括学务处的设立和兴学活动的倡导，学部对新教育的规划设计，以及废科举等政策，还评述了教育政策推行的能力限度。[①] 陈胜、田正平撰文从《退想斋日记》和《朱峙三日记》中考察乡村士人心中的清末教育变革，认为废科举、兴学校给乡村旧教育体制下的士人带来巨大冲击。不同的士人对这场变革有着积极或消极的不同体验，这些体验与其生活环境有关，也与其个人经历和心态密切相关。从某种意义上可以说他们的教育体验是主观构建的结果，这种构建又离不开士人的个性、知识结构和忍耐力等因素。其心态变化也是中国教育早期现代化研究的一个重要组成部分。[②]

梁尔铭的文章以全国教育会联合会的成立为中心，梳理了新式教育建立过程中，清末各省教育总会联合会与学部中央教育会的抗衡，以及民初各省教育总会联合会与教育部中央教育会议的抗衡，从而呈现清末民初教育主导权之争。[③] 崔恒秀《民国教育部与高校关系之研究：1912—1937》一书考察了1912—1937年民国教育部对各地高校的管理及互动关系。[④]

孙邦华、颜芳撰文考察了20世纪30年代“高师改大运动”后，北平师范大学的办学经费困难、北高师与女高师强行合并、招生困境乃至几乎停办的生存危机。[⑤] 梁晨以教育部公文和部分大学档案为基础，以北京大学和清华大学两校教师为例，探讨民国时期国立大学的教师兼课问题。论文指出民初明令禁止教员校外兼课，但教员校外兼课成风。国民政府成立后允许有限的校外兼课，这一转变过程中暗含了教育主管者和教员群体长期博弈的过程，从中可以探查民国教育行政的特点。[⑥]

---

① 参见吴洪成、李占萍《清末“新政”年间教育政策推行评述》，《浙江大学学报》2011年第3期。

② 参见陈胜、田正平《横看成岭侧成峰：乡村士人心中的清末教育变革图景——以〈退想斋日记〉和〈朱峙三日记〉为中心的考察》，《教育学报》2011年4月。

③ 参见梁尔铭《清末民初教育主导权之争——以全国教育会联合会的成立为中心》，《河南大学学报》2011年5月。

④ 参见崔恒秀《民国教育部与高校关系之研究：1912—1937》，福建教育出版社2011年版。

⑤ 参见孙邦华、颜芳《论20世纪二三十年代北平师范大学的生存危机》，《北京社会科学》2011年第3期。

⑥ 参见梁晨《民国国立大学教师兼课研究——以北京大学、清华大学为例》，《南京大学学报》2011年第3期。

还有几篇考察教育家或者政治人物与教育之关系的论文。有的分析阎锡山与山西教育①，有的讨论孙家鼐与晚清教育②，有的考察辛亥革命前后上海绅商郁怀智的办学善举③，有的研究杨昌济的教育经世思想及其对湖南早期党史人物群体的影响。④ 还有研究关注地方教育，如研究近代北京的私立山东中学⑤，有综论清末北京的社会教育的方式和主要内容。⑥

关于基督教会与教育的关系方面也有新的成果。王尔敏《近代上海科技先驱之仁济医院与格致书院》一书⑦，对上海近代早期外国传教士办的仁济医院和格致书院传播近代科技知识的作用做了考察与梳理。张龙平撰文分析了中国教育会与清末教育改革的关系，指出1890年基督教传教士成立的中国教育会对西方公共考试制度加以引介，提出了对中国教育体制改革的种种设想，并和清政府进行了基督教教育地位的交涉，试图为中国新式教育带来影响。⑧ 杜敦科撰文考察了南京国民政府时期的基督教大学立案问题，包括重组校董会、任命华人校长、调整学院设置和改革宗教教育、实行党化教育等方面，加速了基督教大学的中国化和世俗化。⑨

乡村教育方面，崔玉婷《近代中国乡村教育的不同路向：邹平教育模式与延安教育模式比较研究》一书，以邹平和延安两种模式进行比较，探讨了中国近代乡村教育不同路向及其影响。⑩

专门教育的研究方面，有关于外语教育的论著。张美平《晚清外语教学研究》一书，按照教会学堂的外语教学、官办学堂的外语教学以及留学教育三条主线，回顾了近代中国外语教育走过的艰难历程，重点分析了近

---

① 参见陈芳《民国时期的阎锡山与山西大学——政治控制的个案研究》，《山西师大学报》2011年第1期。

② 参见李丹《孙家鼐与晚清教育》，《乐山师范学院学报》2011年2月。

③ 参见汤仁泽《论辛亥革命前后上海绅商郁怀智的办学善举》，《史林》2011年第4期。

④ 参见罗玉明、董丽霞《杨昌济教育经世思想及其对湖南早期党史人物群体的影响》，《江西社会科学》2011年1月。

⑤ 参见孙向群《近代北京的私立山东中学》，《北京社会科学》2011年第6期。

⑥ 参见刘晓云《清末北京社会教育述论》，《北京社会科学》2011年第5期。

⑦ 参见王尔敏《近代上海科技先驱之仁济医院与格致书院》，广西师范大学出版社2011年版。

⑧ 参见张龙平《中心与边缘的徘徊：中国教育会与清末教育改革》，《河南大学学报》2011年第2期。

⑨ 参见杜敦科《南京国民政府时期基督教大学立案探析》，《历史教学》2011年第16期。

⑩ 参见崔玉婷《近代中国乡村教育的不同路向：邹平教育模式与延安教育模式比较研究》，教育科学出版社2011年版。

代中国历史上有代表性的若干学堂创办的原因及过程，外语教学特色、影响及其启示等。[①] 邱志红考察了京师译学馆的英语教育，认为京师译学馆以外国语言文字训练为主，辅以外国文学课程教育，为民国时期通过外语学习外国文学，进而改造旧文学、创作新文学这一外语观嬗变历程之先导，是近代中国高校英文系建立进程中承上启下关键的一环。[②]

修身科是受政治影响最直接的科目，对近代修身教科书的研究也有新成果。尚红娟考察修身科的历史嬗变，从中探究国民塑造和传统德育的近代转型。文章认为，修身科是传统道德教育受到撼动后产生的近代中国道德教育的主要载体。从臣民教化到国民的培养，从个人私德的修炼到国民品行的完善，修身科的出现使得传统教育的教学目标、内容和方式有了根本性的改变，但是它又是一个未完成的近代转型。[③] 吴亚玲考察了辛亥革命前后中小学修身教科书的演变，认为修身教科书的框架体系逐渐系统化，核心内容由传统的伦理道德转变为现代的国民、国家思想，成为传播近代道德、公民观念的价值载体。[④]

还有地方专门教育史的著作，如袁宣萍《浙江近代设计教育：1840—1949》一书，对近代浙江地方的设计教育做了梳理。[⑤]

2. 宗教与民众信仰

学界对近代中国基督教的研究已有丰富的研究成果，本年又有深入拓展的新成果。

基督教教育仍是近代史学界的研究热点。学界已有的相关成就十分丰富，也形成了“文化侵略”范式、现代化范式、普遍主义范式和全球地域化范式等比较成熟的范式，但这些范式之间存在着种种不能互容的内在冲突。周东华《民国浙江基督教教育研究：以“身份建构”与“本色之路”为视角》一书，在细致考量了这些范式的基础上，独辟蹊径，以“身份建构”与“本色之路”为新视角，考察了基督教会与民国浙江教育现代化的个案，重点论述了浙江基督教教育如何从晚清体制外的“外国人”转变为

① 参见张美平《晚清外语教学研究》，中国社会科学出版社 2011 年版。

② 参见邱志红《京师译学馆英语教育初探》，《北京社会科学》2011 年第 6 期。

③ 参见尚红娟《国民塑造与传统德育的近代转型：以修身科的历史嬗变为中心》，《江苏社会科学》2011 年第 5 期。

④ 参见吴亚玲《论辛亥革命前后中小学修身教科书的演变》，《史学月刊》2011 年第 5 期。

⑤ 参见袁宣萍《浙江近代设计教育：1840—1949》，中国社会科学出版社 2011 年版。

中国“国民”，如何从教会机关变为为中国社会服务的教育机构；如何从教会控制转变为受政府节制；如何从帝国主义文化侵略中国的文化工具转变为中国教育现代化的有力促进者等问题。试图揭示近代中国教育现代化表象背后的真正内涵，即作为中国“私立教育”的一部分，作为中国“国民”的基督教教育如何实践其“国民”品性——用“革命化与现代化”抑制近代中国的“衰败化和半边缘化”的现代化进程。①

基督教在近代中国的传播及其影响，也是海外学界研究近代中国的热点问题。关于基督教与近代中国社会生活方面，本年翻译出版的德国学者狄德满《华北的暴力和恐慌：义和团运动前夕基督教传播和社会冲突》一书，从基督教与近代中国社会生活的角度重新思考了义和团运动的兴起。他利用基督宗教各传教团体档案特别是天主教圣言会与耶稣会藏档、传教士著述和日志，以及天主教各代牧区修会、教士与教廷及其母国政府间的往来信函等中国学者迄今没有接触到的资料，从新的角度探讨了义和团运动的起源。他认为义和团运动起源于山东与邻省交界的三个边缘地区，与该地农村地区长期存在的派系冲突、盗匪、教门斗争等暴力冲突尤为相关，强调应从中国内部环境考察义和团运动爆发的历史根因。山东大学的路遥教认为该书是“西方学者研究义和团运动的又一重要成果”（见该书序言）。②

近代以来基督教对中国民间社会产生了越来越明显的影响。美国学者连曦《浴火得救：现代中国民间基督教的兴起》一书，梳理了20世纪中国民间基督教的历史发展脉络，并道出民间基督教运动在中国兴起的原委。由此揭示基督教从一个由外国传教士布道及主持的异域信仰转变成为一种本土的大众宗教。③

民国时期北京不同宗教的社团在当地社会生活中发挥了重要作用，迄今很少有人对其进行综合性的比较研究。左芙蓉《民国北京宗教社团：文献、历史与影响（1912—1949）》一书，探讨了民国时期在北京地区的佛

① 周东华：《民国浙江基督教教育研究：以“身份建构”与“本色之路”为视角》，中国社会科学出版社2011年版。

② ［德］狄德满：《华北的暴力和恐慌：义和团运动前夕基督教传播和社会冲突》，崔华杰译，江苏人民出版社2011年版。

③ ［美］连曦：《浴火得救：现代中国民间基督教的兴起》，何开松、雷阿勇译，台湾中文大学出版社2011年版。

教社团、道教社团、伊斯兰教社团与基督教社团，重点考察了这些社团的活动及其特征。认为，民国时期北京的宗教社团具有如下四个共同特征：一是它们在不同程度上受现代西方社会的影响，具有现代社团的特征。二是它们都大力开展内容丰富、形式多样的宗教活动，以传扬宗教为其主要工作。三是它们多从事社会服务活动，包括平民教育、医疗、慈善等。四是它们作为非营利组织，还是培养公民思想的摇篮。[①]

（五）文化传播与文化观念研究

1. 文化传媒与文化传播

学界对近代中国的文化传媒已有众多的研究成果，近两年又取得了新的成果。著作方面有王建明、王晓霞等所著《中国近代出版史稿》一书，全面梳理了中国近代出版业的进程。[②] 李滨《中国近代报刊角色观念的发展和演变》一书，从传教士、早期维新思想家、戊戌变法时期改良派等方面，考察了中国近代报刊角色观念的发展和演变。[③] 刘光磊《宁波近代新闻传播史》一书，对1854—1949年的宁波报刊（纸）、通讯社和广播电台做了全面而完整的梳理，展现了宁波近代新闻传播史的全貌。[④]

关于文化传媒也有一些专题研究论文。关于教科书的研究，毕苑关注近代博物教科书与进化论的传播，文章梳理了博物教科书诞生的知识背景，认为1902年虞和寅《博物学教科书》的出版标志着近代博物教科书的诞生，而博物知识的传播推动了与动植物演化息息相关、建立在近代自然科学基础上的新观念，即进化论的传播。文章细致分析了博物教科书中的动植物演进观念，博物教科书中的进化论述与严复的进化论述的不同，说明了博物教科书的自然科学启蒙特色。文章尤其论述了杜亚泉的博物学贡献及其与“形而下”的自然哲学观之间的冲突，说明博物知识的初步传播与科学的自然哲学观的培养还有一定差距。[⑤]

报刊是主要的文化传媒形式，也是一直受学者关注的研究领域。有文

---

① 参见左芙蓉《民国北京宗教社团：文献、历史与影响（1912—1949）》，宗教文化出版社2011年版。

② 参见元青主编，王建明、王晓霞等《中国近代出版史稿》，南开大学出版社2011年版。

③ 参见李滨《中国近代报刊角色观念的发展和演变》，岳麓书社2011年版。

④ 参见刘光磊《宁波近代新闻传播史》，东北林业大学出版社2011年版。

⑤ 参见毕苑《博物教科书与中国近代自然教育的发端（1890—1915）》，《中国社会科学院近代史所青年论坛（2009年卷）》，社科文献出版社2011年版。

章集中在媒体与五四运动的关系上。邓金明以《新青年》杂志为中心考察现代中国青年文化的诞生。文章认为五四青年所代表的青年文化是在近代中国青年阶层诞生的基础上产生的。以“青年”和“青春”为主题的《新青年》形成了五四时期独特的“青年论述”。现代“青年”角色的产生既是社会的期待和规范，也是青年的自我设计。作为社会角色的“青年”的形成、“青年”自我意识的萌发，与《新青年》有不可分割的关系。[①] 王康以五四时期的《京报》为中心，考察舆论传播与五四学生运动的关系。文章认为《京报》创办者邵飘萍和学生群体的交往，造成“巴黎和会外交失败”的舆论在更大范围内传播，引燃了青年学生的爱国热情，推动了五四运动的进一步发展。[②]

还有考察媒体与都市文化或社会生活的论文。陈旸从《新家庭》杂志的广告分析20世纪30年代上海的家庭生活。论文发现物质生活领域发生了广泛变化，很多新式用具进入了家庭；家庭精神生活也有很大变化，新式观念输入，闪烁着西方文明之光，这些都成为当时上海家庭走向文明与进步的标志。[③] 付建洲等撰文考察《浙江潮》与晚清民族主义思潮的兴起之间的关系。[④]

2. 文化观念、文化认同与心态

这一领域是学界持续关注的研究领域，本年又有多篇专题论文，将这方面研究推向深入。

关于国家认同方面，李禹阶撰文考察华夏民族与国家认同意识的演变[⑤]，认为古代中国在国家和民族认同上的特点是族别上的兼容性、民族统一与国家安全的一致性及文化的开放性。近代以降，这种认同观念发生了断裂，面临重新阐释和再塑造的问题。孙中山为代表的近代仁人志士积极探索民族国家的重建途径，创造性地提出政治革命与民族革命相统一的

---

① 参见邓金明《现代中国青年文化的诞生——以〈新青年〉杂志为中心的考察》，《上海大学学报》2011年第5期。

② 参见王康《舆论传播与五四学生运动——以五四时期〈京报〉为中心》，《安徽大学学报》2011年第2期。

③ 参见陈旸《1930年代上海的家庭生活图景——以〈新家庭〉杂志广告为中心》，《史学月刊》2011年第4期。

④ 参见付建洲、田素云《〈浙江潮〉与晚清民族主义思潮的兴起》，《中州学刊》2011年第4期。

⑤ 参见李禹阶《华夏民族与国家认同意识的演变》，《历史研究》2011年第3期。

思想，并以此为核心构建近代中华民族国家中民族认同与国家认同的新的一致性。

黄兴涛探讨清代满人的“中国认同”问题。论文分析了这一认同形成的过程和特点，认定它与满人自身的族群认同并不矛盾。从某种意义上说，将更为广阔地区的“非汉人”群体彻底有效地陶铸成“中国人”，使他们以主人公的姿态公开认同并满足于“中国”的身份，且在清末实现一定程度的现代性转换，既是清朝超越以往中国王朝的“满人特性”的结晶，又是体现其统治时期鲜明的“中国特性”之所在。由此回应了很多美国学者“新清史”研究中强调“中国”与“大清”两分的观点。① 瞿骏研究了辛亥前后的学堂、学生和现代国家观念的普及。论文认为，现代国家观念是中国走向现代进程中影响至深至大的观念之一。辛亥前后全新的学堂建制与报刊舆论相结合，为国家观念的普及提供了强有力的平台。学生们的生活世界、知识世界乃至感觉世界在辛亥前后都发生了重要而深刻的变化。②

关于国民认同方面，日本学者小野寺史郎仔细考察了清末新政时期万寿圣节“悬旗结彩”等成为习惯的过程，探讨“臣民”与“国民”认同之间的关系。论文认为，庚子事变以后清政府改变万寿圣节的形式，导入臣民悬挂国旗以庆贺君主诞辰这一全新的政治文化，是以清末外交官在欧洲与日本看到的各国习惯为参考的，同时也受到美国、法国等独立或革命纪念日概念传入的影响。于是，通过纪念过去“事业”养成国民之爱国心，形成纪念日，在新政时期广泛普及。这说明在“民国国民”认同之前，已经有“大清臣民”的新的自我认同的期望。③

郑大华和朱蕾撰文分析近代“国民观”的历史意涵，认为国民观促进了近代中国人主体意识的初步觉醒，不过民初宪政实践的失败又促使先进知识分子对国民观进行反思，指出梁启超等人对国民劣根性的批判只涉及爱国主义和国家主义层面，未能对儒家传统伦理价值观的核心即“三纲五常”和家族思想进行批判，因而对民初乱局束手无策。在这种反思和批判

① 参见黄兴涛《清代满人的“中国认同”》，《清史研究》2011 年第 1 期。

② 参见瞿骏《辛亥前后的学堂、学生与现代国家观念普及》，《华东师范大学学报》2011 年第 5 期。

③ 参见小野寺史郎《大清臣民与民国国民之间？——以新政时期万寿圣节为中心的探讨》，《华东师范大学学报》2011 年第 5 期。

中，新文化知识分子萌生了对以个人为本位的公民观的向往。因此可以说“国民观”是从“臣民观”到“公民观”的桥梁。① 许峰等人从民初知识精英的元旦书写中考察其对于新国民的想象。文章认为，兼具新年和开国纪念日双重意义的元旦，知识精英的书写充满了对新国民的想象，包括新国民的国家认同、品格和责任三个方面。这一想象以国家认同为前提，同时加深了这种认同。②

华东师范大学李孝迁考察了20世纪初历史教科书对“国民”概念的传播。文章分析其共同点在于对“爱国”“尚武”精神的强调和说明，但是不同政治派别对“爱国”的解释和鼓吹并不相同，“尚武”精神与中国传统人文道德价值取向时常存在紧张关系。③

关于社会心态研究，张昭军以《讨满洲檄》为中心，讨论辛亥革命前后革命党人的民众动员策略和种族心态，认为檄文有鼓动革命的效果，但其中的种族心态也对革命造成了损失。④

关于社会角色的认知方面，邱志红梳理了从“讼师”到“律师”的翻译状况，从中考察近代中国社会对律师的认知。⑤

3. 历史记忆与文化构建

历史记忆与文化建构是近年引起学者关注的新兴领域，本年由于适逢纪念辛亥革命百周年，因而有较多集中于辛亥革命记忆的研究成果。

刘伟、潘大礼透过革命纪念分析南京国民政府时期国民党的辛亥记忆⑥，认为国民政府时期国民党通过一定的制度安排建构了一整套“革命纪念”制度，并在此名义下建构起以“本党”革命历史为主线的辛亥记忆，形成强劲的意识形态话语。郭辉研究了民国时期的黄花岗起义纪念与

---

① 参见郑大华、朱蕾《国民观：从臣民观到公民观的桥梁——论中国近代的国民观》，《晋阳学刊》2011年第5期。

② 参见许峰、田花《想象新国民：民初知识精英的元旦书写》，《江苏社会科学》2011年第4期。

③ 参见李孝迁《“制造国民”：晚清历史教科书的政治诉求》，《社会科学辑刊》2011年第2期。

④ 参见张昭军《辛亥革命前后革命党人的民众动员策略与种族心态——以三份〈讨满洲檄〉的文本为讨论中心》，《社会科学辑刊》2011年第2期。

⑤ 参见邱志红《从“讼师”到“律师”——从翻译看近代中国社会对律师的认知》，《近代史研究》2011年第3期。

⑥ 参见刘伟、潘大礼《革命纪念：南京国民政府时期国民党的辛亥记忆》，《华中师范大学学报》2011年第3期。

国民党政治诉求的表达，认为民初黄花岗起义展示是为了确立革命传统和牺牲精神，国民党全国政权建立后，黄花岗起义纪念成为对所有牺牲先烈的纪念，由一党纪念扩展到国家纪念，强调了国民党的合法性，增强民众认同感。①

报刊是承载历史记忆的文字载体。朱英、许峰以《申报》的双十节商业广告为视角，考察民国时期的辛亥革命纪念现象。论文认为民国时期双十节所蕴含的政治性为商业广告提供了特殊的时空背景，使广告得以借助政治话语宣传商业信息，并在某种程度上迎合政治权威扩大国家和民族认同的需要，达到商业与政治双赢的目的。商家借用双十节盛会与民众互动，采用国旗、双十字、党旗、革命伟人等政治性符号和国家、民族、人民等民族主义话语等商业广告，以恭祝国庆、为国家和国民谋福祉等话语为切入点，将商业信息伴随政治话语进入受众大脑，刺激民众消费欲望，体现出商业与政治之间千丝万缕的联系。② 董淮平通过观察政党报刊来研究辛亥革命时期上海的城市文化及现代性话语的构建。文章以此独特视角，解读上海城市特定氛围与政党报刊集聚的相关性，呈现舆情与辛亥革命进程的互动能量，揭示城市文化和政党报刊在构建中国现代型话语体系方面的独特贡献。③

展览馆等是历史记忆的物化形态，也有关注这方面的研究成果。陈蕴茜关注地方展览与辛亥革命记忆塑造，认为南京国民政府时期地方革命史展览多由公立博物馆、纪念馆、图书馆等官方机构举办，是国民党宣传辛亥革命历史的重要渠道，具有塑造人们革命记忆的功能。史实陈列和展览为主要方式的记忆塑造一直以孙中山为中心，反映了政治意识形态对展览的隐性控制，地方性展览建构起的国民党历史叙事成为国民党宣传策略的重要组成部分，成为党国一体化和合法化的工具。④ 王楠、陈蕴茜探讨烈士祠所反映出的民国时期辛亥革命记忆。民国烈士祠保留着传统祠堂的形

① 参见郭辉《民国时期黄花岗起义纪念与国民党政治诉求的表达》，《广东社会科学》2011 年第 3 期。

② 参见朱英、许峰《商业与政治：民国时期的辛亥革命纪念——以〈申报〉双十节商业广告为例》，《社会科学战线》2011 年第 4 期。

③ 参见董淮平《城市文化·政党报刊·现代性话语构建——辛亥革命在上海》，《江海学刊》2011 年第 3 期。

④ 参见陈蕴茜《地方展览与辛亥革命记忆塑造（1927—1949）》，《江海学刊》2011 年第 4 期。

式，但其纪念仪式、陈设大有不同，是集祭司和展览功能于一体的空间，从传统祭祀空间转化为承载现代国家记忆的神圣空间，作为国家记忆的重要载体发挥着重要的民族主义象征功能。①

4. 文化现象和文化事件

文化现象和事件是社会文化变动的集中反映，本年这方面有多篇比较厚重的研究专论。

朱志刚撰文从汪康年、黄遵宪的合作考察《时务报》的创立。论文认为，从晚清社会格局中的地位和身份看，《时务报》的创办可以视为正途和异途士人的一次成功合作。黄遵宪和汪康年即是这两类士人的代表。他们各自利用人际资源筹措资金、铺建发行网络，使《时务报》顺利诞生并且一开始就拥有相当高的发行量。当发行畅通、印数很大的《时务报》不再有政治风波之虞之后，汪康年等的人脉关系就越来越发挥主导作用，而在资金上出力的黄遵宪对报馆事务的发言权就日趋消减。②

陈廷湘分析九一八事变后学生运动的样态及成因，考察政局动荡与学潮起落的关系。文章认为九一八事变引发的学生请愿示威运动启动迅猛，经历了两个发展阶段后很快结束。其特点是规模巨大，行动激烈，对当局的冲击程度超过以往的学生运动。但是学潮并未达到形成全国统一的组织和意志的奋斗目标，也未与工农商各界结合形成持久运动，而是在当局的化解和国际形势变化及国内政局动荡等影响下很快归于平息。③

罗志田考察了成立于北伐前的吴宓主持下的清华学校研究院国学部，说明主事者吴宓想办一个突破边界、融合中西的新式书院，通过培养"正直高明之士"来影响社会。他没有太多口号和宣传，以静默的方式推行实质上具有革命性质的变革。例如，坚持以讲授经史小学为主的"普通国学"和向西学开放的"专题研究"相结合，要求师生密切接触而挽救新教育体系下的师生疏离，以及分科以教授个人为主来颠覆西式的学科分类等，可谓"一次宁静的革命"，显示了清华国学院的独特追求。不过这场

① 参见王楠、陈蕴茜《烈士祠与民国时期辛亥革命记忆》，《民国档案》2011 年第 3 期。

② 参见朱志刚《人脉与资金的聚合——从汪康年、黄遵宪合作看〈时务报〉的创立》，《近代史研究》2011 年第 5 期。

③ 参见陈廷湘《政局动荡与学潮起落——九一八事变后学生运动的样态及成因》，《历史研究》2011 年第 1 期。

小小的革命最后以吴宓辞职而黯然收场。①

魏万磊则以《清华学报》为中心，考察 20 世纪 30 年代清华政治学的国际视野。论文认为 20 世纪 30 年代重组后的清华政治学系拥有一批海外留学背景的教师，师资力量雄厚，研究主题广泛深厚，具有明确的问题意识和高度的现实关怀，研究遵循严格的学术规范。这些使得清华政治学从研究主题到学术水准都达到相当高度，具备了国际化的视野。②

马勇以京师大学堂创建为中心观察知识传播背后的权利冲突，认为 1898 年京师大学堂的创建是政治史上的一件大事，但是创建过程中各派政治势力的话语权及权利操控，使得新知识传播背后蕴含了十分严重的权利冲突，这种冲突甚至可能远大于新知识本身，这是近代中国知识分子无法逃避的悲剧。③

（六）总结

本年度成果的特点表现在以下方面：

首先，理论研究成果比往年深入、丰富。俞金尧、洪庆明对社会史理论的综论和对西方社会文化史理论的引介为本领域同人带来一些新信息。李德英对施坚雅理论的思考表现了中国学者对西方理论的回应。

其次，历史记忆研究方面，由于今年是辛亥革命 100 周年，较多论文集中于辛亥革命的历史记忆和构建，成果较为集中突出。

再次，较为突出的推进，是对“国家认同”“国民认同”的研究和关注。较多论文对这个论题从不同角度加以分析，表现对于现代国家建立、现代国家观念和塑造新国民等这一重大历史变革开端的思考。

最后，社会史研究方面，较为集中于两个方向的主题：社会机制运行分析和社会生活的多层面展现。

（李长莉　毕　苑　李俊领）

① 参见罗志田《一次宁静的革命：清华国学院的独特追求》，《清华大学学报》2011 年第 2 期。

② 参见魏万磊《1930 年代清华政治学的国际视野——以〈清华学报〉为中心》，《清华大学学报》2011 年第 3 期。

③ 参见马勇《新知识背后：以京师大学堂创建为中心的探讨》，《安徽大学学报》2011 年第 4 期。

第四章

近代思想史

2009年度

2009年正值五四运动90周年，因此关于五四新文化运动的研究成果颇丰。郑师渠深入研究了五四新文化运动与反省现代性思潮的关系，认为新文化运动根本的思想取向在于追求现代性，故其主持者对西方反省现代性思潮并不认同。但是，新文化运动毕竟发生在欧人反省自身文化和欧洲现代思潮发生深刻变动的大背景下，因此无论自觉与否，新文化运动的主持者们不同程度上都在借鉴和吸纳反省现代性合理的内核，从而在很大程度上弱化了新文化运动初期明显存在的极端功利主义，绝对化、简单化的非理性倾向，为新文化运动打上了反省现代性的印记。不仅如此，反省现代性思潮还为李大钊、陈独秀最终转向马克思主义，提供了重要思想铺垫。[①] 就此，他对新文化运动的思想解放内涵进行了新的诠释，认为五四新文化运动包含两大相互依存的思想解放取向：一是“对传统求解放”；二是“对西方求解放”。而国人“对西方求解放”的新构想，主要呈现两种范式：一是呼吁打破对西方的盲从，重新审视中西文化关系；二是服膺马克思主义和转而“以俄为师”。五四新文化运动作为一场思想解放运动，在其展开的历史过程中，正是“对传统求解放”与“对西方求解放”这二者之间的张力与搏击，构成了不断推进这场思想解放运动深入发展的内驱力。[②] 汪晖从政治与文化的关系入手，研究了20世纪10年代的战争、革命与五四新文化运动发生转向的内在关联。认为，基于第一次世界大战和共和危机的影响，五四新文化运动出现了明显的转向。如何评价共和制度与价值，如何看待19世纪末期以降被视为楷模的西方模式，以及由此引

---

① 参见郑师渠《新文化运动与反省现代性思潮》，《近代史研究》2009年第4期。

② 参见郑师渠《完整理解五四新文化运动的思想解放内涵》，《河北学刊》2009年第1期。

发的如何看待中国传统等问题，构成了“五四文化转向”的基本问题。五四新文化运动的根本特征，是文化与政治之间的相互转化、渗透和变奏。[①]耿云志深入剖析了五四新文化运动的性质、作用及其负面影响。他强调指出，五四新文化运动既具有启蒙运动的性质，也带有文艺复兴的特点。因为它所批判、反对的是古代的专制主义的政治与宗法伦理以及各种武断迷信，它所提倡的是近代的自由平等、个人独立以及科学精神与科学方法，因此将五四新文化运动与欧洲的文艺复兴运动相比拟，并无大不妥。五四新文化运动之于中国近代文化转型，无疑是一大枢纽，这表现为：文学革命运动造成创造民族新文化的利器；新教育渐臻成熟；在中西文化沟通中产生民族文化复兴的自觉意识和必要精神条件；社会公共文化空间进一步扩展等。而新文化运动的负面影响则主要表现为：激进主义；泛政治化；迷信群众运动。[②]杨琥对《新青年》主要撰稿人的构成与聚合途径进行了研究，认为五四新思潮的核心力量，是以《新青年》杂志为阵地和纽带而结合形成的一批知识分子和青年学生；他们经由地缘、师友、革命同道以及思想主张的相互吸引与呼应等几种途径集合而成新文化阵营。新思潮核心力量的集合与分化，反映了五四时期中国知识分子新旧杂糅，政治主张对立歧异而思想观念相互交融的复杂性。在发动新文化运动的过程中，它本身也经历了由依赖同乡、同门、同事等传统的社会人际关系向以思想主张一致为基础的新型社会交往方式的转变。新思潮核心力量是联合阵营，但并非具有严密组织的政治团体，在五四新文化运动的高潮之后，它的分裂与重组势所必至。[③]欧阳哲生则以1920—1921年同人书信为中心，通过对《新青年》前六卷之编辑、陈独秀赴沪后编辑办法之初议、从八卷一号开始为中共上海发起组所主控、陈独秀离沪后编辑办法之再议、陈独秀等对胡适与研究系关系之怀疑及最后成为中共理论刊物诸环节的考察，揭示了《新青年》从同人刊物转为中共理论刊物过程中的编辑演变。指出，陈独秀从创刊《青年杂志》对该刊明确定位，前三卷吸收皖籍作者；到四至六卷交给同人轮编，转为同人刊物，把《新青年》变为北大教员和学生宣

① 参见汪晖《文化与政治的变奏——战争、革命与1910年代的“思想战”》，《中国社会科学》2009年第4期。

② 参见耿云志《关于五四新文化运动的几个问题》，《社会科学战线》2009年第10期。

③ 参见杨琥《同乡、同门、同事、同道：社会交往与思想交融》，《近代史研究》2009年第1期。

传新思潮的核心阵地；再到七至九卷，办“劳动节纪念号”，设“俄罗斯研究专栏”，开展社会主义讨论，将上海共产党发起组成员安排进入编辑部；最后把《新青年》变为中共中央的理论机关刊物，培养了一批年轻的共产党理论家。在《新青年》这场大剧中，陈独秀集编剧、导演、演员为一身。根据剧目的要求，寻找演员、选择演员、更换演员。[①] 王天根系统梳理五四前后的北大学术纷争及其与胡适“整理国故”之间的关联，认为五四前后的北大学术纷争主要表现为章门弟子与桐城派的学术冲突；部分章门弟子与陈独秀、胡适等皖人联手，将白话文运动的矛头指向桐城文法。当桐城派大体上被赶出北大后，北大教授因新旧思想的不同及地缘身份的差异而重组学术阵营，以致陈独秀、胡适等皖人与江浙学人也有纷争。而在政治压力下胡适倡导“整理国故”既有学理本身发展的逻辑，更与五四以后的北大派系重组过程中思想策略运用密不可分。[②]

在西学的输入及其影响研究方面，邹小站研究了戊戌时期西学输入的内容及特点，指出戊戌时期的西学输入发生了明显的转向，这不仅表现在输入主体与目的与此前明显不同，即输入主体由洋务时期的以官办译书机构与教会为主体转变为戊戌时期的以民间士人为主体，输入之目的由洋务时期的“欲明制造”变为“输入文化挽救危亡”；而且西学输入的基本方向也转向了多译西方政学、多译日本书的轨道上来。[③] 郑大华研究了九一八事变后费希特民族主义思想在中国的输入、传播与影响，认为虽然早在20世纪20年代，张君劢以及部分青年党人对费希特的民族主义思想做过介绍，但只是零星的、不成系统的，只是到了九一八事变后，才被系统地介绍到中国。其间，《东方杂志》《国闻周报》等多家报刊发表了费希特民族复兴思想的文章多达23篇，这主要是因为费希特民族主义思想提出时的德国处境与30年代的中国十分相似，而费希特本人在国难当头时为复兴民族而置生死于度外的精神正与近代中国知识界对于民族主义之爱国主义的理解一致，因此费希特的民族主义思想因适合中国的国情而得到了中国知识界的青睐。而费希特民族主义思想的输入对中国知识界的重要影

① 参见欧阳哲生《〈新青年〉编辑演变之历史考辨》，《历史研究》2009年第3期。

② 参见王天根《五四前后北大学术纷争与胡适“整理国故”缘起》，《近代史研究》2009年第2期。

③ 参见邹小站《戊戌时期西学输入及其转向》，载郑大华等主编《中国近代思想史研究集刊》第6辑《戊戌变法与晚清思想文化转型》，社会科学文献出版社2010年版，第90—108页。

响之一就是促进了 30 年代民族复兴思潮的勃兴。① 郑大华等还研究了苏联“一五计划”对中国知识界的影响，指出：1928 年开始的苏联第一个五年计划至 1932 年提前完成，苏联从一个落后的农业国迅速发展成为一个强大的工业国。苏联所创造的社会主义的计划经济模式引起了中国知识界的关注。自苏联“一五计划”开始，国内主要报刊便对苏联“一五计划”进行了及时详细的报道，对苏联人民的勤劳表示了高度的赞扬，对苏联经济建设取得的巨大成就羡慕不已。而反观国内则是政治混乱、战争频仍、经济残破、民生凋敝，中苏两国形成了鲜明的对比。于是，素以追求独立富强为己任的中国知识分子禁不住发出了学习苏联、实行计划经济的呼声。20 世纪 30 年代初，中国思想界兴起了一股关注和评论苏联的热潮，即所谓的“苏联热”。知识界介绍和评论苏联的目的，是希望中国向苏联学习，从而像苏联那样迅速成为一个强大的国家。② 孙宏云对日本政治学者小野冢喜平次的政治学讲义在清末的输入及其对中国现代政治学形成的影响进行了考察，指出小野冢喜平次的政治学讲义在清末有多种汉文译本，而这些译本主要被用作清末法政学堂的教科书，其编译者基本上都是日本法政大学法政速成科的中国留学生。强调国家稳健进步且担当了强化日本明治政体任务的小野冢政治学，正好契合了清廷仿行明治宪政的变革意旨，从而被作为检定合格的官方知识来传播。依托学堂教科体制，小野冢政治学成为清末“政治学”之典范，为中国现代政治学的形成提供了阶段性的理论框架与概念工具。③ 刘增合研究了西方预算知识与制度的输入过程，认为清季西方预算制度和知识体系的输入，大多经过了日本的过滤转化。庚子后，西方预算制度的一般常识引介、学理知识引介和应用性知识三个层面的传播交互推进，呈现出规模越来越大的特征。而经由日本过滤后的西方预算制度与知识又经过了传统理财观念的过滤与阐释，已经不太符合西式制度的原有格式、知识边界。外来知识体系接引过程中的生吞活剥、隔义附会以及借助于“西学中源”之类劝服方式等，无不意味着外来制度与

① 参见郑大华《“九·一八”事变后费希特民族主义思想的系统传入与影响》，《近代史研究》2009 年第 6 期。

② 参见郑大华、张英《论苏联“一五计划”对 20 世纪 30 年代中国知识界的影响》，《世界历史》2009 年第 2 期。

③ 参见孙宏云《小野冢喜平次与中国现代政治学的形成》，《历史研究》2009 年第 4 期。

知识接引过程的复杂情态。[①] 高瑞泉考察了“平等”观念“自西徂东”的历史，重点关注的是在中国人平等观念的现代嬗变中，“西学东渐”中基督教传教士活动发生了何等作用。他认为，平等观念不仅有古今之分，还有东西之别，有宗教和世俗的分别。在他看来，晚明传统纲常危机下，西方基督教的平等观念与儒家“友道”的结合，使得“平等”在极少数士大夫中获得了前所未有的认同，但其影响极为有限。太平天国的平等乌托邦包含了基督教和中国某些传统资源的粗糙结合。到了19世纪晚期，自由派传教士将平等与自由、民主等现代性价值作为整体介绍进中国，在汉语文献中初步而又比较全面地提出现代平等诉求。不过它之所以发生实际作用，不但是由于中国思想家们将基督—西学的平等观念与儒释道等传统的资源做了一种直观上的综合，而且由于19世纪后期中国社会变革已经提供了现代平等的现实条件和社会期待。[②] 吴义雄以基督教传教士为中心，考察了西方人体生理知识在晚清的传播与本土化过程，指出基督教传教士从传教需要和普世关怀的双重动机出发，在数十年的时间内系统地从事将西方人体生理学知识与其他西学知识一道输入中国的事业，其主要途径是编撰学术著作、刊行众多通俗性小册子、在报纸杂志上发表大量文章。主要代表人物与著作有合信的《全体新论》、柯为良的《全体阐微》、德贞的《全体统考》、傅恒理的《省身指掌》、惠亨通的《体学新编》等。在大量介绍传教士的相关论著及晚清国人论著及报刊中的生理学知识普及之后，文章指出经过长期的传播，西方人体生理知识逐渐进入中国本体知识体系，并从清末开始对中国近代思想文化产生不同层次的影响，最终以进入国家教育体系为标志，确立了其在中国社会文化中的位置。[③]

新名词的输入及其内涵演变的研究是近年来中国近代思想文化史研究方面的热点问题，今年的相关研究中有以下成果值得关注。冯天瑜研究了近代国人面对外来新词汇的态度，指出清末民初之际，伴随着西学东渐力度的剧增，作为西学表征的新词汇也以汹涌之势进入中国，大批新词语融进汉语文系统。面对这一重要文化现象，迎受者有之，拒斥者有之，既迎且拒者亦有之，也有学者对其做了理性分析。而就历史的实际演进态势来

---

① 参见刘增合《知识移植：清季预算知识体系的接引》，《社会科学研究》2009年第1期。

② 参见高瑞泉《自西徂东：平等观念史的西来脉络》，《中山大学学报》2009年第6期。

③ 参见吴义雄《晚清时期西方人体生理知识在华传播与本土化》，《中山大学学报》2009年第3期。

看，其基本走向是中—西—日语汇的彼此涵化。① 张帆对 1901—1905 年教科中之“科学”一词的生成与演变做了考察，指出 19、20 世纪之交，“科学”一词在中国初现，虽与教育相关，却不特指分科教育。清末新政时期，中国朝野皆以日教育作为汲取“科学”的管道，使得晚清新教育与日本“科学”紧密结合，从而形成教科意义上的“科学”概念。但“科学”的意义之上却负载了清政府与在野士人不同的政治理想。而且，教科之“科学”的生成是“科学”概念在教育领域泛化的结果，它在学术与政治两方面都动摇了清政府的专制统治。② 黄兴涛研究了戊戌时期康有为对日本新名词的使用与传播。指出，戊戌时期康有为是时人使用日本汉字新名词最多的人物，其传播日本新名词的途径主要通过上奏折和著文、编译新学目录工具书、进呈皇帝御览专著等方式，其中又以《日本书目志》与《日本变政考》为代表。康有为所传播使用的有关近代化的政治思想、法律制度以及社会哲学等方面的新名词和新概念如“改良”“社会”等，对当时中国人的思想启蒙发挥了不容忽视的积极作用。③ 马永康则具体考察了康有为创言“公理”一词的过程，认为“公理”一词在古汉语中早已有之，但并不常用，只是到了近代才变成了人们言说中的通用语，象征着普遍知识与最高价值标准。而康有为则是中国近代最早使用“公理”一词的士人之一，也是近代中国泛化使用“公理”的典型人物。从戊戌前《实理公法全书》的“几何公理”到戊戌后《孟子微》《论语注》《大同书》的“公理”，显示出康氏对“公理”的用法逐渐摆脱科学的束缚，窃用了axiom的普遍必然性，但却抛掉了词语本身所具有的科学意义。“公理”原本具有的科学意义上的普遍性被瓦解，变成了一个权威的象征符号，以权威化其社会政治主张。“公理”的泛化使用给近代科学理性的发展带来了很大的阻碍。这一现象与后来挂“科学”的名义来推行社会政治改革相类似。尽管如此，“公理”取代“天理”却有其积极作用，从“天理”的绝对主义转向石灰中的公共领域，“引导带动中国传统向现代性的转换”。④

① 参见冯天瑜《近代国人对外来新语汇的“迎”与“拒”》，《河北学刊》2009 年第 5 期。

② 参见张帆《晚清教科之科学概念的生成与演化（1901—1905）》，《近代史研究》2009 年第 6 期。

③ 参见黄兴涛《康有为戊戌时期使用和传播日本新名词之研究》，载郑大华等主编《中国近代思想史研究集刊》第 6 辑《戊戌变法与晚清思想文化转型》，第 190—217 页。

④ 参见马永康《康有为与“公理”》，《中山大学学报》2009 年第 3 期。

与“改良”“社会”等相比，“文明”并非“新名词”，但在近代却被赋予了新的内涵。罗检秋对清末民初知识界对于“文明”这一词汇的认知与思辨进行了研究，认为近代中国人对西方的认识经历了复杂的演变，19世纪中期以“夷”“洋”为标志的西器、西俗，至清末则成为文明的象征。“文明”引领着都市社会的生活时尚，也成为思想领域的价值尺度，可谓蕴含复杂的近代话语。但清末民初知识界对“文明”的认知和思辨值得注意：他们试图纠正文明潮的物质化偏颇，而彰显了制度和精神文明；他们辨析了奢侈与文明的本质区别，而重视道德修养；同时摒弃了西方文明观隐含的殖民主义意识，体现了多元化的文明观念。民初知识界多元文明观影响了社会思潮，推动了五四以后文化热的兴起。[①] 石川祯浩探讨了清末“睡狮”形象的起源，指出20世纪为中国人普遍接受的“睡狮”形象最早是在戊戌时期由梁启超创造出来的，“睡狮”说的发生过程可能是：梁启超在戊戌变法时期，对其间接得到的有关吴士礼、弗兰肯斯坦之怪物的知识，发挥想象力，与其读过的曾纪泽的《中国先睡后醒论》结合起来，于1898—1899年创造出来的。此前外国并没有称中国为“睡狮”的例子。而清末“睡狮”形象急速而广泛的传播是基于梁启超创造、发明的“睡狮”而出现的文化现象。因此与很多新名词源于外来不同，中国＝“睡狮”的表述，首先是清末在中国人之间迅速流传，然后才流传到外国的舆论界。[②]

在学术史研究方面，王东杰从有关古史研究的“故事眼光”入手，探讨了20世纪20年代末30年代初“释古”与“疑古”两条不同取向的治史路径之间的呼应与关联。认为20世纪二三十年代的“疑古”与“释古”两条学术路向分别代表了破坏古史与重建古史两条不同的路线，但二者在观念上也有不少相似乃至相同的地方。一方面，“重建派”学者在研究中也运用了与顾颉刚非常相似的“层累说”观察古史的构成，而历史研究中的“故事眼光”更成为贯穿“疑古”与“释古”的一条道路。另一方面，“疑古派”在辨伪过程中发展出来一些与“重建派”非常相似的具有建设

① 参见罗检秋《清末民初知识界关于“文明”的认知与思辨》，《河北学刊》2009年第6期。

② 参见石川祯浩《晚清“睡狮”形象探源》，《中山大学学报》2009年第5期。

意义的观念，但因其给人留下的“破坏”形象过强而被忽视了。① 侯宏堂考察了钱穆学术思想中的宋学情结及其对宋学的现代诠释，认为在中国学术文化的发展脉络和历史演进中，钱穆先生最为认同、推重“宋学”，并在自己的众多著述与讲演中论涉了宋学问题，对宋代学术文化做了广博而精微的研究。综合钱穆的论说与诠释，他所念兹在兹的宋学，其意涵可以概括为五大要点，即融释归儒的宋学血脉，开创近代的宋学地位，明体达用的宋学精神，综汇贯通的宋学气象，天人合一的宋学境界。② 张寿安以龚自珍对“六经”“六艺”的分判为中心探讨了中国前近代学术在近代知识转型中的重要地位。指出，龚自珍从“辨章学术，考镜源流”的学术史观点，上溯《汉书·艺文志》，厘清“六经”与“六艺”，进而梳理出“六艺”的知识系统，直接与乾嘉新兴专门之学相系，又与近代接触西学后形成之相关专门学科相勘，这意味着传统学术在 17—19 世纪的知识蓬勃发展下已经发生转型。这不仅说明传统经学在前近代中国所呈现的分化情形，也为清代学术史的研究开出一个新视域。③ 黄开国对龚自珍的经学特色与影响进行了重估。在他看来，梁启超、章太炎、钱穆以及今人对龚自珍经学的定位都不够准确。龚自珍的经学绝不是人们“公认”的今文经学，事实上，龚自珍的经学包括思想与学问两大内容，其借今文经学、《公羊》学言说社会发展史观、批评封建专制，关注社会民生等是龚自珍经学的思想内容，而以字解经、平议汉宋等则属于龚自珍经学的学问内容。正是龚自珍在经学之外有了思想，才使今文经学、《公羊》学在晚清获得活力，成为一种可以利用的思想形式，使《公羊》今文学成了晚清的显学。④ 戚学民通过对阮元所辑《儒林传稿》的研究发现，阮元实是造成道光年汉宋纷争的关键人物，《儒林传稿》是激化纷争的导火索。阮元本人持“汉学”立场，从他撰写《儒林传稿》时的心态和学术立场来看，他的汉学立场非常稳固，对于宋学有系统的批评。相应的，具有总纲性质的《拟国史儒林传序》，也严守了汉学的藩篱。通过《儒林传稿》，阮元将其

---

① 参见王东杰《“故事”与“古史”：贯通 20 世纪二三十年代“疑古”与“释古”的一条道路》，《近代史研究》2009 年第 2 期。

② 参见侯宏堂《钱穆对“宋学”的现代诠释》，《近代史研究》2009 年第 6 期。

③ 参见张寿安《龚自珍论“六经”与“六艺”——传统学术知识分化的第一步》，《清史研究》2009 年第 3 期。

④ 参见黄开国《龚自珍经学的特色与影响》，《河北学刊》2009 年第 3 期。

本人的“汉学”树为儒学正宗，并以此为中心编写了本朝的学术史。《儒林传稿》对江藩的《宋学渊源记》等产生了影响，导致了方东树撰写《汉学商兑》与之相争。[①] 张循从汉学内在的紧张切入，为清代学术思想史上引人注目的“汉宋之争”问题提供了新解。指出，汉学与宋学的对立是既有关于清代“汉宋之争”研究关注的焦点。事实上，“汉宋之争”在思想史上的内涵并不止于此，它同时也是清代汉学自身内部“穷经”与“进德”、“考据”与“义理”之间紧张状态的反应。随着清代汉学逐渐出现“为知识而知识”趋向，不免与儒学本身重道的、重致用的性格相违背，汉学毕竟还是一种儒学，有其自身内在的限制，不能允许欠缺义理的求治倾向无限制膨胀。既难以抑制考据的兴趣，又必须限制这种兴趣的发展，以防止它同德行、义理等层面分裂脱节，清代汉学始终处在这种内在的紧张之中。这即是所谓“汉宋之争”在思想史上更深层次的含义。清季以降，一整套西方学术分科体系逐渐流行于中国，表现为“汉宋之争”的儒学内部各层次的分裂之势与西方学科体系相互支援，在清季民初以后导致了儒学最终的解体，儒学内部的“汉宋之争”也借此而消歇。在这条学术变化理路中，清代儒学的“汉宋之争”就好像是提前为祖国学术由传统进入现代做了一番准备，清代学术思想似乎显示出某种“近代性”的趋向。[②]

思想家的思想研究是思想史研究永恒的主题。川尻文彦探讨了梁启超的“功利主义”思想。指出，“功利主义”思想来自英国思想家边沁，而近代日本与中国将其放在传统的“自私与利他”的框架中来接受。自私则有损利他，利他则有损自私。然而，实际上功利主义通过自私增加个人的能量，使集体活性化，最后走向利他。功利主义被导入明治时期的日本时，有各种各样的反应。当年，流亡到日本的梁启超也受到日本对边沁理解的影响，撰写了《功利主义之泰斗边沁之学》（1902 年），针对明治初期将功利主义理解为“了利主义”的讨论，表明了一半赞成一半反对的立场。那时，梁启超颇为善意地介绍了从“爱己”主义观点理解功利主义的加藤弘之。可是，其后梁启超在重新解释阳明学和墨子等中国传统思想的过程中，开始批判地认为功利是“利己”的东西，其背景既有梁启超的政

① 参见戚学民《阮元〈儒林传稿〉与清代汉宋学术之争》，《清华大学学报》2009 年第 6 期。

② 参见张循《汉学的内在紧张：清代思想史“汉宋之争”的一个新解释》，载台湾《“中央研究院”近代史研究所集刊》第 63 期。

治思想发生变化的一面，即从重视公德转移到重视私德，又有受严厉批判加藤弘之的井上哲次郎影响的一面。① 隋淑芬以严复、梁启超、谭嗣同为例，探讨天赋人权说在中国近代的两难困境。指出，天赋人权说是西方启蒙思想家对人存在合理状态的解释模式，既是架构自由、民主、平等思想的基石，也是启蒙思想的核心理念。但是当中国近代启蒙思想家引入这一模式时，却陷入理解上的两难困境，出现思想史上的奇特现象。一方面他们把天赋人权与自由、民主作为一个系列的理念加以接受，另一方面又不断地质疑、否定天赋人权说。这种对天赋人权的认知困惑，深层次的原因是新生命理念的缺失。新生命理念以权力存在体界定人生命的独特性，构筑了自由平等的逻辑前提，而近代启蒙思想家以多生命存在的伦理关怀和存活优先意识遮蔽了权力意识；这一国民素质问题上的认知误区，导致对完整人权基础上生命同质性理念的背离，造成人权主体的失落、人与人的分离；进化论、制度思维、实证思维三种思维范式使启蒙思想家思考天赋人权时陷入认知误区。自由民主与天赋人权的割裂，造成了启蒙思想的弱化与转向。② 郑大华梳理了现代新儒家的代表人物张君劢对西学传播的贡献：在政治学方面，他翻译过约翰·穆勒的《代议政治论》、拉斯基的《政治典范》、费希特的《告德意志人民书》以及有关西方人权思想的文章；在哲学方面，除他的老师倭伊铿的学说外，他还介绍过柏格森、康德、黑格尔、费希特、杜里舒、罗素、怀特海（张又译怀悌黑）、哈德门（张又译哈德猛）、耶斯丕氏，现象学派胡塞尔、存在主义派契尔契加、海德格尔、萨特尔等人的哲学思想，就介绍西方哲学家和哲学流派之多而言，在现代中国哲学家中很少有人能与张君劢相提并论；在文化思想方面，他是较早介绍德国人施宾格勒的《西方的没落》一书的中国人之一，尤其是对汤因比的《历史哲学》做过比较系统的介绍。他输入西方学理，向中国广大读者介绍西方的政治学、哲学和文化思想，但和西化派不同，他对西方学理并不抱迷信的态度，在输入西方学理的同时，又能提出自己不同的观点。③ 杨天宏考察了孙中山民生思想中的资产权属理念，认为，

① 参见川尻文彦《“自由”与“功利”——以梁启超的“功利主义”为中心》，《中山大学学报》2009 年第 5 期。

② 参见隋淑芬《生命理念的缺失：近代天赋人权说的两难困境——严复、梁启超、谭嗣同合论》，《天津师范大学学报》2009 年第 3 期。

③ 参见郑大华《 张君劢对西学传播的贡献》，《中国文化研究》2009 年夏之卷。

作为具有“社会主义”倾向的政治家和思想家，孙中山曾极力宣传“土地国有”“节制资本”，对私有制度多有微词，以致不少学者认为他是要废除土地私有制，并以国有资本为主构建现代企业制度。但孙中山对“平均地权”与“土地国有”所做范围限制以及他对私人资本与国家资本所做权重设置并不支持此类见解，而倾向于支持系以私有制为主的认知。就前者而言，孙中山在土地所有制问题上主张并不单一，如果用“因地制宜，公司并存，以私为主”来概括其土地权属理念，应当与其思想实际相去不至太远；就后者而言，在公、私两种企事业所有制的权重衡量上，孙中山始终是将私有制放在主导位置。孙中山的政治理想是西方式的自由民主制度，其民生思想中的资产权属理念与其政制选择是同构的，即孙中山在经济上偏重私有制度的“民生”选择与他在政治上偏重民主自由的“民权”选择象征了一种相互支撑的同构关系。然而由于孙中山对自己思想主张的实用主义表达，加之政治实践及研究中存在的实用主义倾向，其思想的概念边界变得模糊，对其思想主张的理解也意见歧出。[①] 李明辉研究了王国维对康德哲学思想的吸纳与评介，指出康德哲学于 19 世纪开始传入中国，大致经历了两个阶段：第一阶段，其传入主要凭借日文书刊之转介，以康有为、梁启超、章太炎等人为代表；第二阶段，中国知识界不再以日文书刊为媒介，而是开始直接阅读德文原典，甚至有人亲赴德国学习康德哲学，其代表人物有蔡元培、张君劢、郑昕等。而王国维对于康德哲学的吸纳介乎第一、第二阶段之间：他一方面借由日本学者的著作了解康德哲学，另一方面阅读康德著作的英、日文译本。在此基础上，王国维不仅翻译了不少与康德哲学有关的论文，并自作了一些介绍康德及其哲学的论文，其中不乏王国维融汇康德美学以建立理论的用意。更为重要的是他借用康德的哲学概念来诠释中国哲学，如借用康德的知识论架构讨论中国传统的人性论，借用康德的理性学说讨论“理”的问题，借用康德的自由理论讨论“命”的问题。尽管王国维的这种尝试未免生硬，但其对康德哲学的理解已远远超过他同时代的康有为、梁启超、章太炎等人。[②]

报刊史研究也是近年来兴起的一个热门话题，所涉内容较为广泛，包括近代中国报刊的发展演变脉络、报刊内容的解析及报刊与社会、政治的

① 参见杨天宏《孙中山民生思想中的资产权属理念》，《史学月刊》2009 年第 11 期。

② 参见李明辉《王国维与康德哲学》，《中山大学学报》2009 年第 6 期。

互动等。本年度黄旦、詹佳如从报刊史的角度研究了《时务报》纷争的内涵与意义。指出，作为同人刊物，1896年创办的《时务报》是由不同群体共同参与创办的。虽然在设报达聪、“有益国事”的目标上基本一致，但《时务报》群体本就各有打算，因因缘际会走到一起。从群体的特点看，康有为师徒属于“意识形态首属群体”，比之汪康年群体更具有自己的身份认同和鲜明政治主张，始终有借助《时务报》宣传“康学”的意图。康门弟子试图变“同人报”为自己“党派”的宣传工具，并最终危及同人合作之基础走向分裂。党派需求和同人报刊运作机制及意见表达的天然矛盾，乃为《时务报》悲剧的根本原因。[①] 齐辉对九一八事变前后《盛京时报》的报道内容及其所扮演的角色进行了研究，指出《盛京时报》是日本在近代中国创办的颇具影响的中文报纸。九一八事变前后，该报与日本侵华势力配合，其报道与评论具有迷惑性与煽动性。值得注意的是，《盛京时报》在报界“声名鹊起”，产生广泛影响也恰恰在九一八前后。此期，作为东亚同文会的机关报，《盛京时报》的报道明显偏袒日本，这在九一八事变前夕的“万宝山事件”与“中村事件”的报道中可以见及。同时，九一八事变前后的《盛京时报》主要以攻击张学良，离间蒋张为导向，用舆论动摇张学良和国民党在东北的统治，并巧妙地将日本的对话政策融入其中，潜移默化地影响国人的政治倾向。此外，该报善于引导与利用舆论，其言论主张契合了国人对国民党统治的不满心态，如其对民生问题的关注与报道，以及对国内政治的尖锐批评等，而这正是该报能在九一八事变前后“崛起”的原因所在。[②] 郑大华考察了九一八事变后《大公报》的理性的民族主义，认为民族主义可以表现为狭隘的民族主义、理性的民族主义、偏激的民族主义、保守的民族主义等不同类型。所谓理性的民族主义，即从实际情况出发，理性地思考和处理事关中华民族生死存亡的重大问题，不偏不倚，避免情绪化、非理性化的行为和言论，以最大限度地维护中华民族的根本利益。九一八事变后的天津《大公报》持的就是这样一种理性的民族主义，即反对“与日一战”（对日宣战），但也不赞成国民党的不抵抗政策，而主张在自卫的前提下坚决抵抗日本的侵略；认

① 参见黄旦、詹佳如《同人、帮派与中国同人报——〈时务报〉纷争的报刊史意义》，《学术月刊》2009年第4期。

② 参见齐辉《〈盛京时报〉与九一八事变》，《民国档案》2009年第3期。

识到国联的作用有限，中国不能一味地依赖国联，但不反对国联介入中日争端，更不反对国民政府利用国联和国际舆论与日本进行外交斗争；要求废止一切内战，其中也包括国共之间的内战，不赞成国民党提出的“剿共抗日”口号，主张建立包括各阶级、各党派在内的“巩固的”抗日民族“统一战线”。就当时国际国内的实际情况来看，尤其是与同时期有影响的报刊如《东方杂志》和《独立评论》的比较来看，《大公报》的立场和主张无疑是最符合中华民族根本利益的一种理性选择。①

（贾小叶）

2010年度

长期以来，五四新文化运动一直是思想史研究界关注的热点问题，而研究视角的转换使得这一历史丰碑“横看成岭侧成峰”。章清以“中心”与“边缘”为视角，通过考察《新青年》及新文化运动的阅读个案，对五四思想界进行了新的审视。在他看来，尽管“从五四运动以来”早已成为固定的叙述模式，而且各种“回忆”所建构的“读《新青年》，参与五四运动”，也明示了五四的影响，但这只是基于对那些处于“中心”之事件参与者的考察。而在更广泛的视野下发掘具体的阅读经验，便可以发现，身处不同地域、不同身份的个体对《新青年》及新文化运动的“阅读”颇具差异，呈现出新文化运动的多姿多彩性及中国社会的多样性。作者选取了已走出校门、身处东北边地的金毓黻，就读于武昌中华大学的恽代英和浙江第一师范学校的陈范为例，论证了“边缘”与“中心”在“阅读”《新青年》及新文化运动时所展示的不同图景，进而指出，尽管“阅读”是个体的行为，由种种机缘造就，但哪怕是私人的阅读，也可以展示“中心”向“边缘”的渗透机制；同时“边缘”对“中心”的认同也不容忽视，否则，“中心”也难以形成。② 马建标探讨了五四学生的集体身份认同与政治转向，认为五四前夕，学生集体身份的建构遵循一个自上而下和自

---

① 参见郑大华《理性民族主义之一例：九一八事变后的天津〈大公报〉》，《浙江学刊》2009年第4期。

② 参见章清《五四思想家：中心与边缘——〈新青年〉及新文化运动的阅读个案》，《近代史研究》2010年第3期。

下而上的双向互动过程，有着强烈国民身份意识的新学生因此而大量出现。在五四运动的高潮阶段，国民身份意识是主导五四学生的最高身份意识。中国政府与社会精英对五四学生国民身份意识的培养与灌输，在很大程度上具有“刻意为之”的倾向。五四学生的国民身份意识是促使学生运动政治转向的内在诱因，学生运动的政治激进化超越了北京政府的可控范围。结果，当局者往往无法控制那些具有强烈国民身份意识的学生群体。在五四运动后期，学生界面临国民身份意识与学生身份意识的认同困惑，社会舆论对学生的身份资格也发生各种争论，客观上促进了学生界的思想分化。在此背景下，1920 年春北京政府对干政学生的身份界定，不仅暂时有效地取缔了学生运动，也是对其在此之前刻意提倡学生国民身份意识行为的一次否定。[①] 桑兵对五四时期的白话文运动进行了重估。指出清末民初，国人认为，汉字繁复，且与语言分离，不能普及，妨碍教育，导致中国贫弱。循着这样的思路，以列强共有的字母文字为旨归，当然是不言而喻、理所应当的进步取向。清季民初，在文言合一得到越来越多的社会认同的情况下，以何种官音为基准，仍然争议不断，取舍困难。五四新文化运动提倡白话文学，初衷是使国语统一摆脱困境，走上文言合一的坦途，促进汉字革命，其实不过造成新的欧式书面语，非但文言仍然不能合一，还使得说方言的群体失去了书面文学创作的动力乃至能力。20 世纪 30 年代陈寅恪抨击时流以陈货为新知，宣称中国文学应以文言为正宗，绝非意气之见。虽然无力回天，却为放弃废除汉字的取向之后重新检讨作为过渡的白话文提供了重要警示。[②] 郑师渠考察了五四后，时人对“新文化运动”的讨论。指出，随着“新文化运动”一词的产生，思想界出现了一场关于“新文化运动”的热烈讨论。时人在概括身在其中的新文化运动本质的基础上，探讨了文化运动与社会运动、现实政治的关系以及中国的根本出路等重大的问题，并合乎逻辑地引出了关于运动发展趋向的三个不同取向：普及文化、提升学术与转向社会革命。从后来的历史发展看，三者虽不应等量齐观，但无疑都有自己的合理性。新文化运动不仅催生了中国新民主主义革命的善果；从长时段看，新文化运动依文化发展自身的逻辑，沿着

① 参见马建标《学生与国家：五四学生的集体认同及政治转向》，《近代史研究》2010 年第 3 期。

② 参见桑兵《文与言的分与合——重估五四时期的白话文》，《社会科学战线》2010 年第 5 期。

普及与提高两个向度纵深发展，以至成为常态，有力地奠定了现代中国学术文化发展的基础，从广阔的视野看问题，在很大程度上，也可以说，它同样为现代文明政治的发展奠定了一个长期起作用的“非政治的”即文化思想的基础。①

近代中国学术的发展、演化是近年来颇受学界关注的话题，也是本年度研究的热点之一。戚学民比较研究了唐鉴的《学案小识》和阮元的《儒林传稿》，认为唐鉴《学案小识》的诸多和阮元《儒林传稿》同名人物的传记，实曾参考利用了阮著。在此基础上，唐鉴对相关人物的学术宗旨进行了重新鉴别和记录，对阮著的文字多有改动，编织了一个以程朱理学为正统的清代学术史谱系。唐鉴的这套清代学术史论述针对阮元及其汉学论述，有争夺学术正统的用意。这些现象揭示了《儒林传稿》对后来的清代学术史著作有相当的影响力，也显示了《学案小识》潜藏的思想史价值，更提示我们注意晚清时期学术史著作之间的内在联系。② 於梅舫以出入于浙、粤学术圈的朱一新之《无邪堂答问》为切入点，在解析朱一新论学旨趣的基础上，展示了浙、粤学人在认识汉宋与兼采汉宋上的分歧与特质。指出，晚清学人治学，沟通汉宋蔚为风气，尤以浙、粤为胜。后者颇渊源于前者，而又自具特色。朱一新学出浙江诂经精舍，主讲于广东端溪、广雅等书院，与浙、粤两大学术圈关系极深，其学问交往恰资认识浙粤学人兼采汉宋的异同。朱氏治学路向以回复部分汉宋为高明，同时代的学人不加辨析，多视其为广东陈澧一派，后人受此观点影响，所写学术史，难免偏差。事实上，朱一新与陈澧在沟通汉宋中有着绝大不同。陈澧之持平汉宋不过是调停两是，“徒据一二端之近似，而未能尽观其深”。相反，朱一新的汉宋调和则不仅“知其所以合”，且“知其所以分”，可谓“尽观其深”。两种不同的境界正展示了浙粤学人见解的异同与处理汉宋办法的高下。③ 陈启云以胡适、傅斯年、钱穆为例，研究了中国文人学术的近代转型。指出：鸦片战争和五四运动以来中国引进西方学术文化经历的特点，即对“救亡”（经世、救国、救民）关注的“现实功利”态度，压倒了对

---

① 参见郑师渠《“五四”后关于“新文化运动”的讨论》，《北京师范大学学报》2011 年第 5 期。

② 参见戚学民《〈学案小识〉与〈儒林传稿〉》，《近代史研究》2010 年第 1 期。

③ 参见於梅舫《浙粤学人与汉宋兼采——朱一新〈无邪堂答问〉论学旨趣解析》，《近代史研究》2010 年第 4 期。

"知识、学术、真理"本身的关注。胡适的国学根底很好，但他对西方学术文化的理解很粗浅，却大力攻击传统中国文化而宣扬全盘西化；傅斯年大力推动"兰克史学"，但他对"兰克史学"只是略知之无，他推动的其实只是清代考据学的新版；钱穆坚守中国传统学术方正博大的途径，会通文史哲学，对西学采取批判性、选择性的接受与会通，对西方文化与学术反而有异曲同工之效。钱穆很多关于学术的论说，常常比著名的重要西方学者的学说，早出了二三十年。这是很值得国人反思的。[①] 赵庆云对"三次革命高潮"这一兼具学术性与意识形态性概念的提出、内涵进行了梳理。指出，以"三次革命高潮"为基本标志的中国近代史诠释体系，在相当长的时间里对大陆学者的近代史研究产生了导向性的影响。"三次革命高潮"概念的提出并得到广泛接受并非偶然，自有其深刻的时代背景和社会思想基础。胡绳在对中国近代史的总体把握中将国内阶级矛盾置于中外民族矛盾之上，"三次革命高潮"突出中国本土因素、相对忽视涉外事件即与此密切相关。此外，他将"义和团运动"与"戊戌变法"合成为第二次"革命高潮"，这样近代史上四个被特别突出的历史事件之主角，农民与资产阶级各居其二，从表面上来看无所偏重，实则为其解释体系的调整预留了空间。胡绳通过对"义和团运动"与"戊戌变法"这两大史事做有分寸的扬此抑彼的解读，在一定程度上因应了不同时代的理论需求，增强了其学说的包容性与解释力。[②]

在思想家思想及其社会影响的研究方面，本年度主要有以下成果值得关注：贾小叶通过系统梳理康有为的《新学伪经考》与《孔子改制考》在戊戌时期所引发的不同反响，探讨了戊戌时期学术与政治的复杂关系。指出，以往研究在谈及时人对康有为"两考"的态度时，往往混一而论，没有做必要的区分。事实上，"两考"虽同为康有为思想体系的重要组成部分，但由于其问世的时空条件不同、内容侧重不同，问世后所引发的反响也不尽相同。前者因问世较早，没有涉及太多"孔子改制"等微言大义，故时人的评论基本上是从学术研究的角度提出的；而后者因其鲜明的"改制"主旨，时人的评论也由学术转向政治。反对康有为变法者，因政见与

① 参见陈启云《中国人文学术的近代转型——以胡适、傅斯年和钱穆为个案》，《河北学刊》2010 年第 1 期。

② 参见赵庆云《"三次革命高潮"解析》，《近代史研究》2010 年第 6 期。

康有为不同而对其学术大加攻击；支持康有为变法者，因政见与康有为一致而宽容、理解其学术，这其中所透露出的是戊戌时期学术与政治的复杂关系。[①] 黄开国、唐赤蓉通过对《教学通义》内容的分析，发现不只是康有为的“两考”受过廖平的影响，《教学通义》中《春秋》以后的部分也较多地杂糅了康有为后来的经学思想，其内容多出于廖平经学前二变，也有受廖平经学第三变影响的痕迹。据此，作者对前人的相关研究提出了商榷。[②] 叶其忠考察了张东荪西化哲学思想中的折中论，认为张东荪的西化哲学里有无处不在的折中论。其思想的西化性质可以从三个层次来印证。第一个层面是关于他读过的西文书，这是最无争议但比较不深刻的证成法。第二个层次是关于他费力从事于“介绍”，或比较正确地说是改换西方观念、信条和学派以适应中国的环境和需要。第三个层次是关于他基于对这些有所改变的西方观念、信条和学派而企图建立和鼓吹的哲学体系；其西化哲学中的折中论确是处理中、西方哲学、思想与文化交往时比较理想或可取的态度、步骤、方法和原则。他为了折中常不得不断改变看法。[③] 高瑞泉以徐复观为中心透视了现代新儒家“平等”观念的不同向度。认为，新儒家通常都既承认礼教与平等价值之间的断裂，又着意于从儒家传统出发去解释现代平等观念。它涉及复杂的系统，也呈现出不同的向度。作为“激进儒家”的徐复观，对不平等表达了强烈的抗议，虽然像其前辈熊十力等人一样，以“性善论”为平等的形上基础，但却更着意于将平等的形上学转变为平等的政治学和社会学。其法权平等的观念对于儒家维持特权、等级和权威主义的传统有所突破，通过对“德治”理想的改造，试图实现君主主体到人民主体的转变。这种儒家自由主义由于其产权理论和主张自由竞争的市场经济而更为彰显，同时也与熊十力那类主张公有制且自上而下垂直运用政治权力的儒家社会主义表达了不同的向度。[④] 王刚系统梳理了吕思勉学术体系中的经学问题，认为，在吕思勉的旧学系统中史

① 参见贾小叶《戊戌时期的学术与政治——以康有为“两考”引发的不同反响为中心》，《近代史研究》2010 年第 6 期。

② 参见黄开国、唐赤蓉《〈教学通义〉中所杂糅的康有为后来的经学思想》，《近代史研究》2010 年第 1 期。

③ 参见叶其忠《西化哲学家张东荪及其折中论论证析义》，载台湾《“中央研究院”近代史研究所集刊》第 69 期。

④ 参见高瑞泉《儒家社会主义，还是儒家自由主义？——从徐复观看现代新儒家“平等”观念的不同向度》，《学术月刊》2010 年第 6 期。

学是主干，起点和支点是经学。经学虽拥有知识基础的地位，但指导性作用却被其知识结构中的新学所取代。循此思路，吕思勉在现代学术视野下，完成了由今文学派立场向“今古贯通”的经学转化。这一学术路数的改变也使得吕氏的旧学日渐过渡到现代形态，并以历史主义的眼光，将经书放至历史情景中加以研求，把经学带入了历史的现代学术轨迹，与此同时，吕氏自己也实现了由士大夫向先帝研究者的转型，从而步入了现代学术的场域。① 黄克武以贺麟与蒋介石关系为主轴，探讨了蒋介石与知识分子之间的交往，并揭示了此类交往关系如何影响知识分子面对 1949 年离开或留居大陆的抉择，以及 20 世纪 50 年代中国共产党的思想改造。指出，贺麟以研究斯宾诺莎与黑格尔的思想、翻译西方著作、会通中西哲学名著，也是现代新儒家的代表人物之一。在抗战时期，他与林同济、雷海宗同属“战国策派”，又加入张其昀、钱穆等人所筹办的思想与时代杂志社，在理念与宣传上大力支持蒋介石的“力行哲学”与政治统治。蒋介石与贺麟的结合是政治与文化民族主义的结合。贺麟左批唯物辩证法与共产主义，右批胡适的实验主义与自由主义，并从哲学史的角度肯定蒋介石与孙中山的继承关系，是他为蒋所欣赏、重用的主要原因。然而，令人费解的是 1949 年他选择了留在大陆，之后接受中国共产党的思想改造，彻底推翻昔日对蒋的尊崇，改为歌颂毛泽东思想，甚至还以八十高龄加入共产党。从贺麟 1954 年出版的《当代中国哲学》到 1986 年将之改为《五十年来的中国哲学》，反映出他一生从“拥蒋”到“拥毛”的思想转变。贺麟的个案显示蒋介石与中国共产党政权对知识分子所采取的不同策略，也凸显出 20 世纪中国知识分子所面临的困境。②

关于“新名词”的译介、输入与传播问题，也是近年来学界研究的重点，本年度主要有以下成果：黄兴涛、陈鹏考察了“黄色”一词的词义在近代中国的变异，认为“黄色”由代表高贵、尊严的民族象征色彩词，转成为色情隐讳之指代并列共存、具有内在含义矛盾的词汇，是近代中西文化交汇与现实中国社会政治互动的产物。“黄色”词义的变异有着双重内涵，一是国人对西方输入的新知概念“黄色新闻”产生误解和曲解，其原义在中国不断缩小词义的范围，其内蕴的淫秽色情部分在其义项结构中被

① 参见王刚《吕思勉学术体系中的经学问题》，《史林》2010 年第 4 期。

② 参见黄克武《蒋介石与贺麟》，载台湾《“中央研究院”近代史研究所集刊》第 68 期。

逐渐前置、变成核心，乃知独占义项；二是中国原本象征高贵尊崇的传统含义之黄色与出现占据优势的、大众的矛盾义项——色情、淫秽、低俗，形成同一词义结构内部的雅俗对立。而抗战胜利之初国共对峙、国民党腐败等特定的社会环境和时代背景也无疑为“黄色”词义的变异提供了条件。[①] 赵晓阳考察了天主、上帝等基督教汉译名词的译介、传播与接受过程，认为《圣经》的中文翻译不仅是语言文字译介的问题，而且涉及西方宗教与中国文化之间的调适与转化，以及如何被中国本土社会所认同等问题。在基督宗教唯一尊神的汉语译名问题上，天主教和基督教产生了长达300年的激烈争论。在西方宗教理念的阐释下，中国传统词汇“天主”“上帝”逐渐地被基督教化，失去了其原有本土宗教的内涵，再生演变为象征西方文化的新词语。除被天主教和基督教接受外，“上帝”译名还被更大范围的中国本土世俗社会接受。[②]

本年度关于社会思潮的研究，涉及的内容颇为广泛。王东杰研究了清末的切音字运动与“国语统一”思潮的纠结，认为切音字运动兴起之初，出现了一大批拼写南方方言的切音字方案。20世纪初，随着统一国语观念的流行，方音切音字被很多人认为破坏了“书同文”而受到激烈批评。但其支持者则强调方音切音字不但无阻反而有助于国语统一。另一方面，被诸多国语统一论者支持的官话音、切音字也在一些地区遇到了类似的质疑，甚至直接影响到切音字本身的存在合理性。与此同时，汉字在历史上维持国家统一的作用也日益受到重视，“以文字统一语言”思路获得了越来越多人的支持。不过，汉字拼音化在20世纪的大部分时间里都未终绝。[③] 郑大华考察了中国近代民族主义的理论建构及其过程，认为中国近代民族主义大致经历过三个阶段：清末民初，这是中国近代民族主义的形成阶段；五四时期，这是中国近代民族主义的发展阶段；九一八事变以后到抗日战争结束，这是中国近代民族主义的高涨阶段。与中国近代民族主义发展的三个阶段相联系，中国近代民族主义的理论也经历过不断的建构过程。在清末民初，民族主义的理论主要是围绕建立一个什么样的民族国

① 参见黄兴涛、陈鹏《近代中国“黄色”词义变异考析》，《历史研究》2010年第6期。

② 参见赵晓阳《译介再生中的本土文化和异域宗教：以天主、上帝的汉语译名为视角》，《近代史研究》2010年第5期。

③ 参见王东杰《“声入心通”：清末切音字运动和“国语统一”思潮的纠结》，《近代史研究》2010年第5期。

家而构建的，当时以孙中山为代表的革命派主张“排满”和建立单一的汉民族国家，而以梁启超为代表的立宪派则主张“合满”和建立包括满族在内的多民族国家，双方为此而展开过激烈的论战和斗争，结果是建立一个独立、民主和统一的多民族国家成了革命派和立宪派的共识并得到最终确立。在五四时期，受第一次世界大战后世界民族解放运动和十月革命以及列宁、威尔逊提出的民族自决理论的影响，民族主义的理论构建主要是围绕民族自决以及由此而引起的反帝与反封的关系而展开的，以李大钊、陈独秀为代表的中国早期马克思主义者和以孙中山为代表的中国国民党人都曾为此做出过重要贡献。九一八事变后，受日益严重的民族危机的刺激，这一时期民族主义的理论建构又发生了新的变化，这主要表现为民族复兴思想的提出并成了一种社会思潮，当时的知识界围绕民族复兴问题展开了热烈讨论。①

张宝明对中国化的激进主义谱系的生成过程进行了探讨，认为激进主义与保守主义的关系历来是学术界关注的焦点，但相对而言，对保守主义理论体系的探寻此起彼伏，对激进主义生成谱系可行的探索却几乎是一个盲点。事实上，20 世纪以来激进主义谱系的形成是本土文化资源与外来思想资本暗合流布而成的。从戊戌到五四，中经辛亥，激进主义或依附民族国家观念，或寄托于未来乌托邦的政治理念，或依托于文化机制创新，在不一而足的激进体系中，我们会更清晰地看到近代以来中国化激进主义的前世今生。而立足于中国的现实语境来看，中国的激进主义确实经历了一个“累积式”渐进的轨迹，在本土的思想资源逐步发展和异域传媒的影响下，《新青年》派的诞生可谓是中国激进主义的集大成者，中国化的激进主义也于五四时期最终成型。② 王天根以《天义》及《新世纪》为中心，梳理了域外报刊在无政府主义学理探讨中语意多歧的镜像。指出辛亥革命前夕，中国政治舆论价值取向多元，其中既有改良、革命思潮的影响，又有革命语境下无政府主义思潮的影响。就无政府主义思潮而言，又分为留法、留日学者的无政府主义主张，还有从中国传统老庄哲学而来的无政府主义思潮。域外语境下的无政府主义刊物《天义》《新世纪》探讨了国家

① 参见郑大华《论中国近代民族主义的理论建构及其过程》，《华东师大学报》2010 年第 5 期。

② 参见张宝明《中国激进主义生成谱系探寻》，《郑州大学学报》2010 年第 6 期。

和社会关系上的互助论、进化论学理，其论辩和文本呈现背后亦有革命派内部的同盟会、光复会等的利益分歧，拥护孙中山及倒孙派在政治舆论价值趋向上的冲突。① 赵慧峰、俞祖华以严复与胡适为例，探讨了中国近代自由主义思潮的传承与调适。指出，严复、胡适是近代中国自由主义思潮发展史上的旗帜性人物。从严复到胡适，自由主义思潮既一脉相承、薪火相传而又不断发展、不断调整：严复较多关注了“个体与群体”这对矛盾中的群体一端，胡适则比较倾向、认同西方文化的个体本位传统。两氏均主张渐进主义，反对急进而骤变的革命，赞同渐进而温和的改革，但严复强调自由为体、自由为先、自由为本，反对将民主宪政作为即时目标，反对遽行民主，主张先行自由思想的启蒙；胡适以自由与民主并重甚至更彰显民主，提出了“幼稚园民主说”，认为民主宪政并非高不可攀，在迈上“宪政”的起始之处宪政即可开始。严复所认同并加以移植的是古典自由主义的经济放任思想，而胡适所赞同与推崇的是新自由主义的社会主义倾向。二人均从“自己争取”与社会“容忍”的角度讨论思想言论自由，但严复侧重从国势兴衰的角度强调思想言论自由的意义，胡适则比较突出思想言论自由对于人性完善、人格发展与人权保障的重要性。② 马克锋考察了传统墨学与社会主义的契合及背离，指出，当西方社会主义思潮开始传入中国时，学界曾经将传统墨学与之比附、比较，发掘传统墨学与社会主义的契合点。早期社会主义者普遍推崇墨学，将其牺牲、奋斗精神作为重要的本土思想资源。传统墨学对毛泽东及其中国社会主义产生了重大影响。然而历史与现实已证明，传统墨学不是引领中国社会进步和长治久安的思想文化资源，试图武断地用墨学取代儒学，违背了中国文化和中国社会的基本国情。③ 田园以萧一山“民族革命史观”的形成为例，探讨了20世纪前半期新史学思潮的探索与实践，认为萧一山是中国近代著名清史专家，也是梁启超“新史学”思想的继承者。青年时期，他发奋著述《清代通史》，形成了“民族革命史观”，并以之作为贯穿清代近300年历史的主线。其内涵主要包括肯定清初郑成功抗清事业，重视天地会作用，评价太

---

① 参见王天根《晚清域外报刊与无政府主义学理的媒介镜像——以〈天义〉、〈新世纪〉为中心》，《安徽大学学报》2010年第1期。

② 参见赵慧峰、俞祖华《从严复到胡适：近代自由主义思潮的传承与调适》，《文史哲》2010年第6期。

③ 参见马克锋《传统墨学与社会主义的契合及背离》，《天津社会科学》2010年第4期。

平天国是民族革命的巨大洪流等。抗战时期，在民族危亡关头，他撰成《清史大纲》，标志着“民族革命史观”得到了升华。主要论述民族革命经历了三个阶段：“天地会肇其端，太平军扬其波，革命党竟其功。”并明确地以鸦片战争作为中国近代社会的标志，强调反抗西方列强侵略的意义。他的“民族革命史观”在当时学术界有重要影响，是其学术经世思想的重要体现，也是“新史学”向“马克思主义史学”发展道路上一个重要的里程碑。①

关于中国近代知识分子思想、观念演变方面的研究，本年度主要有以下成果：许纪霖探讨了近代中国知识分子的士大夫意识，认为传统中国的士大夫精英意识，在晚清“四民社会”解体之后，虽然一度被平等的国民意识所取代，但国民内部智性和能力的不平等，使梁启超等人产生了“既有思想之中等社会”这一新的士大夫意识；而到五四启蒙运动，个人观念的崛起又进一步在意志和理性上强化了知识分子的精英意识，其合法性基础也从个人的德行转变为现代的知识。人民固然是国家的主人，但政治和舆论的操盘者，应该是具有现代知识与政治能力的知识分子。近代中国知识分子的士大夫意识，与另外一种相反的平民意识相互激荡，形成了近代中国思想界的两歧性分野，也构成了近代中国知识分子丰富复杂的内心世界。② 张仲民研究了清季启蒙人士改造民众阅读习惯的努力与影响，认为阅读的历史同禁书的历史不可分割，在前现代中国，一直都存在禁止民众阅读“淫词小说”类书籍的论述和行为。时至清末，启蒙精英凭借西来的思想资源，进一步认识到小说、戏曲的巨大社会作用，并反思通俗小说、戏剧和义和团事件的关联，将阅读和启蒙同民族国家联系起来，决心努力创造出“淫词小说”的替代品——新小说、新戏曲，改造民众阅读，以开民智、打造新国民。但新小说和改良戏曲也一样是众声喧哗、多音复义的论述空间，对于各种各样的人来讲，其意义不同，并非仅具有启蒙取向。况且民众阅读文化本身也有其内在的逻辑，不可能完全受制于外来的规

① 参见田园《2020 世纪前半期新史学思潮的探索和实践——以萧一山“民族革命史观”为例》，《河北学刊》2010 年第 3 期。

② 参见许纪霖《“少数人的责任”：近代中国知识分子的士大夫意识》，《近代史研究》2010 年第 3 期。

训，清季启蒙人士改造民众阅读习惯的成效终归有限。[①] 李来蓉考察了民国时期知识界学术独立观念的形成过程，指出民国时期，随着西方近代学术观念的加速引进及传统文化的日渐没落，学界愈益关注学术与政治的关系，主张政学分离，并摆脱致用观念的束缚，确立起学术以求真为目的的价值和地位。在此期间，学术独立观念与外部生态环境如学术研究水准、政治和社会背景等相对应，各时段独立意识的强弱、讨论内容偏向及其深度和影响力都有所不同，总体上经历了由少数学人零散认知到知识界广泛探讨并达成共识及自觉实践的转变过程。[②]

在西学输入及其影响的研究方法，主要有：孙江系统梳理了拉克伯里的“中国文明西来说”话语及其在东亚（日本和中国）的传播，指出19世纪末，法裔英国人拉克伯里自称运用“语言科学”和“历史科学”的方法发现了中国上古史的秘密——皇帝裔出自巴比伦，汉人的祖先是巴比伦人。拉克伯里的“西来说”不为欧洲主流汉学界所接受，但当其被介绍到日本后，备受学界瞩目，出现了以桑原骘藏和三宅米吉、白鸟库吉为代表的反对派和支持派。而在日本学界尚未定论的拉克伯里“西来说”，经由白河次郎、国府种德撰写的《支那文明史》进入清末知识人的视野，1903年东京和上海分别出现了《支那文明史》的不同译本和介绍，在其后的两三年里，“西来说”成为部分排满知识人的“公共知识”。但清末经由日本传入中国的拉克伯里“西来说”，是一种带有政治色彩的近代知识，接受者按照自身的主观意图对这种知识加以取舍和诠释。出于排满革命的需要，清末知识人试图以“西来说”来确定汉族对自身历史的认同，但当意识到“西来说”表征着汉人的外来性而不合排满革命政治目标时，先前的支持者便纷纷转而反对。[③] 张帆对20世纪初年发生在学界一场关于中国是否“有学”的讨论进行了梳理，指出这场讨论是由梁启超发起，《新世界学报》《大陆》回应的。三方均欲依傍西学的分科概念反省中学，但在模糊的“科学”标准下，梁启超认为中国古代“有学”，近代“无学”，

① 参见张仲民《清季启蒙人士改造民众阅读习惯的论述》，载台湾《“中央研究院”近代史研究所集刊》第68期。

② 参见李来蓉《学术与政治：民国时期学术独立观念的历史考察》，《广东社会科学》2010年第5期。

③ 参见孙江《拉克伯里“中国文明西来说”在东亚的传布与文本之比较》，《历史研究》2020年第1期。

欲以“科学”为榜样对旧学新之而不弃之；《新世界学报》认为中国古已“有学”，只需复兴古学，保存国粹即可；《大陆》则认为中国根本“无学”，应径取欧美之学以替代中学。中国学人在兴学道路上的分歧实际上是在相同的西学话语中自我体认的差异，折射出他们面对东西学术时自卑而又不甘落后的矛盾心态。①

关于报刊史研究，陈一容对《时务报》的日文翻译古城贞吉及其“东文报译”进行了梳理，指出，作为《时务报》“东文译报”栏目的主持人，古城贞吉是应黄遵宪之召受聘于《时务报》的，其间，他主持“东文报译”栏目期，发表译文 600 多篇，共计 34 余万字，其译文数量在《时务报》及其“域外报译”中的比重较高，译稿内容具有更明显的广泛性和时代性特点。“东文报译”是当时中国最大的“和制”词汇引进平台，输入大量新词汇、新概念，如“经济学”“政党”“文明”等具有现代含义词汇的输入都与古城贞吉的“东文报译”密切相关。同时，在传递近代理论与常识，丰富国人西学知识方面，古城贞吉及其主持的“东文报译”的积极作用不可抹杀。其中所传递的总统选举、政党理论及近代科学及社会科学理论与常识，乃至世界地理知识都受到了读者广泛的关注与赞誉。②几乎所有的教科书或研究性著作都认为，自 1929 年第二卷起批评国民党践踏人权的《新月》是大革命失败后中国自由主义知识分子批判国民党专制统治的最早刊物，但郑大华、钟雪在《〈新路〉：大革命失败后批判国民党专制统治的第一刊——兼与〈新月〉对国民党专制统治之批判的比较》一文中指出：《新月》对国民党专制治的批判实际上要晚《新路》整整一年，1928 年创刊的《新路》才是大革命失败后中国自由主义知识分子批评国民党专制统治的第一刊。尽管它刊行的时间不长，内容却相当丰富：既有知识分子对国内各种政治主张或建国方案的评论，也有其本身的政治要求和社会改造方案；既有对国民政府当局内政外交的批评与建议，也有对他国政治形势、政体政策的介绍和评价，较为集中地反映了南京国民政府建立后存在于国民党与共产党之间的一部分知识分子的思想动向。③

---

① 参见张帆《“有学”与“无学”之辨：20 世纪初“科学”标准下的中学自省》，《中山大学学报》2010 年第 4 期。

② 参见陈一容《古城贞吉与〈时务报〉“东文报译”论略》，《历史研究》2010 年第 1 期。

③ 参见郑大华、钟雪《〈新路〉：大革命失败后批判国民党专制统治的第一刊——兼与〈新月〉对国民党专制统治之批判的比较》，《安徽大学学报》2010 年第 4 期。

在著作方面，郑大华的《民国思想史论》（续集）可谓是本年度出版的民国思想史研究力作。这是作者继2006年出版的《民国思想史论》后的又一部研究民国思想史的学术著作，全书分五编考察了清末民初的思想演变、第一次世界大战对五四思想界的影响、五四时期的文化保守主义派别、九一八事变与思想界的应对以及20世纪30年代的中国思想界，对中国近代民族主义的思想来源与形成、五四后梁启超的思想属性、学衡派与白璧德新人文主义、九一八事变后中国民族主义的新变化、苏联“一五计划”对20世纪30年代中国知识界的影响以及1949年后留在大陆的现代新儒家与马克思主义的关系等问题进行了深入探讨。全书内容丰富，史料翔实，尤其注重对思想脉络的梳理，如书中将晚清的思想发展和民国时期有机联系起来，几乎每个名家的思想演变、每个流派的思想脉络都梳理得清晰准确。在论述社会主义、文化保守主义、自由主义等影响最大的几股社会思潮时，运用考订、辨伪的实证方法，历史地再现了其起源和发展，而且还结合世界和中国的社会文化走向，分析了其发生、发展的政治生态和文化场景，让读者在了解世界历史现象的过程中增强了问题意识，既知道了“是什么”，又必须想“为什么”。该书从全球史的新角度，探讨了第一次世界大战对世界文化起伏和中国政治思想、社会思潮、文化演变的影响，指明了这次战争基本奠定了社会主义和文化保守主义在中国的勃兴，从而大致决定了民国时期社会主义、自由主义、文化保守主义三者鼎立的思想文化格局。这种背景式的文化源流梳理方法，实现了情景和谐的交融，寻找源流时又不得不去思考决定源流的客观条件。①

（贾小叶）

2011年度

本年恰逢辛亥革命100周年，围绕辛亥革命学术界发表了大量文章。郑大华针对学界对革命历史作用质疑的观点，强调了革命派的历史作用，认为革命派的革命宣传，对于动员广大汉族官僚、知识分子和下层民众参加辛亥革命起了巨大的积极作用；其武装起义和暗杀活动，加剧了本已严

① 参见郑大华《民国思想史论》（续集），社会科学文献出版社2010年版。

重的社会危机，造成统治者的极大恐慌，为辛亥革命准备了必要的军事力量；其“五族共和”的建国主张，尤其是以革命和国家为重的大局意识，对辛亥革命的成功具有十分重要的意义，就此而言，“没有革命派，也就没有辛亥革命”。[①] 李良玉反思了因长期以来受意识形态影响而对辛亥革命做出的“失败论”评价，提出了截然相反的观点。李文认为，列宁、斯大林有关十月革命和民族与殖民地国家革命运动的理论，对于中国共产党人产生了两点深刻的影响：第一，为把中国民主革命划分为新旧两种类型的革命提供了理论依据；第二，为判断辛亥革命是软弱的资产阶级领导的失败的革命提供了理论前提。在 1921 年至 1949 年的 28 年间，在革命意识的支配下，共产党人大多对辛亥革命抱持批评态度。他们的批评意见，形成了根深蒂固的价值标准。这些看法，有合乎历史实际的性质，又带有根据革命形势需要，提出新的任务、指示新的方向的性质，从而与史学研究中的学术评价标准有相当差异。必须注意提高理论修养，科学地理解和运用这些看法，而不能照搬。新中国成立以来，一般认定辛亥革命属于旧民主主义革命；它有成功之处，又是一场失败的革命，这样的总体评价基本没有改变。笔者认为，辛亥革命是一场伟大的民族民主革命，是中国皇权专制社会向近代民主社会转折的关键，是中华民族走向民族独立、建设现代国家的重要开端，是亚洲民族解放运动的重大标志，是一个世界性的重大历史事件。对于辛亥革命失败论，应该进行必要的甄别和纠正。[②] 何卓恩分析了辛亥革命时期“主义”的“共生”现象。他认为，民族主义、自由民主主义、社会主义三大思想系统在中国形成思潮是同时发端于辛亥革命时期的短短几年间。这三大主义各自分出不少流派，形成前所未有的新型思潮涌动格局。不过这时“主义”之间的关系，却没有出现五四以后那样彼此分庭抗礼、互相否定的激烈斗争状况，而是呈现出各种“主义”大体和谐共生的态势。三民主义实系革命者对于三大主义蜂起于中国之反映，它既是革命领袖着意创造的革命“原理”，更是革命志士尽力结合热心于各种“主义”的知识精英和感召社会民众之策略，具有很强的社会动员属性。[③] 高瑞泉研究了辛亥革命与平等观念。他认为，辛亥革命时期是

① 参见郑大华《论革命派在辛亥革命中的历史作用》，《高校理论战线》2011 年第 10 期。

② 参见李良玉《失败的革命？——中国革命意识形态中的辛亥革命评价》，《徐州师范大学学报》（哲学社会科学版）2011 年第 4 期。

③ 参见何卓恩《辛亥革命时期“主义”共生现象探析》，《江海学刊》2011 年第 6 期。

现代“平等”观念在中国确立的重要时期，它与革命派中两类思想有密切的关系：刘师培、章太炎等的无政府主义和孙中山的三民主义。刘师培采取卢梭式的激进的平等主义路径，主张全面而彻底的平等，并且要根本上祛除国家政权，对于儒家传统的纲常则予以激烈的否定。章太炎从追求“毕竟平等”出发，也具有无政府主义倾向，他借佛学和庄子来论证平等的形而上学，走排遣名相的抽象路径，并没有完成“平等如何可能”的哲学论证，反而导致虚无主义。孙中山领导的辛亥革命第一次在国家根本大法层面上肯定了“平等”的价值，并承诺将其转变为社会政治法律方面的制度安排。但是孙中山主张机会平等，反对实质平等或结果平等，其经济平等的诉求远比其政治平等的要求激进，并且主张依赖“全能政府”来实现平等。他的权威主义与国家社会主义的特征，与无政府主义虽然呈现为对立的两极，但同样都表明“平等”的嬗变尚在途中。[①] 郑大华、朱蕾对辛亥革命时期的国民观进行了研究，认为国民观是清末知识分子在内忧外患的社会背景下探索救国救民的道路时对一国之民应该具有的特质做出的思考，是伴随着臣民观的瓦解和新国家观念之主权意识的确立而逐渐产生的，其内涵是认为国与民之间应该以国家为本位，人民享有权利并担负义务，但是必须重义务轻权利、重国家利益轻个人利益，国与民是内在的统一体，但国家优先于个人。[②] 就渊源而言，“国民”一词是清末知识分子从日本辗转假借而来的，带有近代德国学派思想的痕迹。近代中国知识分子们的国民观念有机地融合了中国传统思想、不同时期的西方近代思想和日本近代思想，注重民族主义和国家主义，并具有浓厚的道德主义和精英主义倾向。国民观念对清末时局的发展产生了重大的影响，并促进了近代中国人主体意识的初步觉醒。但民初宪政实践的失败促使中国先进知识分子开始对国民观进行反思。通过反思，他们认识到清末梁启超等人对国民劣根性的批判只涉及爱国主义和国家主义的层面，而未能对儒家传统伦理价值观的核心，即“三纲五常”和家族主义思想进行批判，而这正是国民观念对民初的乱局束手无策的根本原因。在对国民观的反思和对臣民观的更深入批判中，新文化派知识分子萌生了对以个人为本位的公民观的向往。

① 参见高瑞泉《辛亥革命与平等观念的现代嬗变——以两类革命派的思想为中心的考察》，《学术界》2011 年第 7 期。

② 参见郑大华、朱蕾《论国民观在清末的兴起》，《学术界》2011 年第 6 期。

国民观在中国近代思想史中的地位也由此而奠定：国民观是从臣民观念到公民观念的桥梁。①

本年也是中国共产党成立 90 周年，对相关问题的研究也就成了学术界的又一热点。郭若平分析了 20 世纪 20 年代中共“小资产阶级”观念的起源问题，认为在中国共产党历史上，“小资产阶级”问题始终是关系到革命和建设成败的问题。20 世纪 20 年代中共有关“小资”特征与表现的相关论述，历史地形成了一整套“小资”观念。中共“小资”观念从早期经济学、政治学含义，演变为思想意识等文化含义，都是在相应的历史语境之下构成的。从观念史角度研究分析中共“小资”观念的起源，一方面可以从特殊面相观察中共历史，另一方面也可以显示观念史研究在中共党史研究中的作用。② 王宪明、杨琥研究了 1918 年 12 月 1 日复刊后的《晨报副刊》传播马克思主义的贡献与意义，指出改良以后的《晨报副刊》是继《新青年》以后传播马克思主义的第二阵地，并成为马克思主义在中国有组织、有系统传播的最重要的阵地之一，其作用与《新青年》相比，可以说毫不逊色。在李大钊的指导和帮助下，复刊以后的《晨报》紧密配合《新青年》，在《晨报副刊》开始有组织、有系统地发表有关马克思主义理论和世界社会主义运动的文章。正是在《新青年》和《晨报副刊》的带动下，《民国日报》《时事新报》和稍后的《京报》等迅速跟进，先后辟出专栏专刊，宣传马克思主义。③ 于化民研究了中国早期共产主义者的国家观，认为在传播马克思主义的过程中，中国早期共产主义者运用唯物史观的原理，对国家及相关问题进行了理论探索。他们从马克思主义的立场、观点和方法出发，观察分析中国问题，寻找解决中国问题的方案和道路。针对当时思想界的各种非马克思主义的观点，他们系统地阐述了无产阶级专政学说的根本原则，深刻论证了中国走社会主义道路的历史必然性，确定了中国革命的总体方向和长远目标。虽然早期共产主义者关于国家问题的论述也存在着某些不足，但由他们确立的观察国家问题的立场和方法，所提出的全新的国家理念，以及解决中国问题的基本思路和主要观

---

① 参见郑大华、朱蕾《国民观：从臣民观到公民观的桥梁》，《晋阳学刊》2011 年第 5 期。

② 参见郭若平《二十世纪二十年代中共“小资产阶级”观念的起源》，《中共党史研究》2011 年第 4 期。

③ 参见王宪明、杨琥《五四时期李大钊传播马克思主义的第二阵地——〈晨报副刊〉传播马克思主义的贡献与意义》，《安徽大学学报》（哲学社会科学版）2011 年第 4 期。

点，开启了中国共产党人在马克思主义指导下认识和解决国家问题的进程，成为新民主主义国家思想的理论源头。① 郭若平通过研究中国共产党对五四的阐释，认为五四之于中共有着特别的意义，因为它不但涉及中共的现代起源问题，而且中国共产党在特定的历史阶段，根据政治任务的变化，在对五四做出相应的解释中，体现了自身意识形态建设的特色。在五四的解释中，中国共产党在早期阶段初步建立了一套有关五四的话语系统，而这套话语系统的形成过程，显示了中共意识形态建设的早期发展过程。②

除辛亥革命和中国共产党成立外，社会思潮仍然是学术界研究的一个重点。2010 年 8 月，中国近代思想研究中心联合洛阳师范学院、首都师范大学历史文化学院等单位在历史名城洛阳召开了“中国近代思想史上的激进与保守国际研讨会”。海内外有关专家围绕主题进行了深入探讨，新见迭出，此次会议论文集——《中国近代史上的激进与保守》（郑大华、邹小站主编）作为《中国近代思想研究辑刊》的第八辑于 2011 年 8 月由社会科学文献出版社出版。该论文集可以说是近年来思想史界有关中国近代史上的激进与保守讨论的集中展示。此外，围绕“激进与保守”这一近代思想史研究的热点话题，本年还发表了以下一些代表性文章。郑大华对两种激进主义（“政治上的激进主义”和“文化上的激进主义”）与两种保守主义（“政治上的保守主义”和“文化上的保守主义”）进行了理论辨析，认为政治上的激进主义和保守主义的分歧在社会制度方面，前者主张全面改革甚至革命，后者主张维持现状或少许改良。文化上的激进主义和保守主义的分歧在思想文化方面，前者主张西化或全盘西化，后者主张认同、维护传统。中国近代思想家们的文化取向与政治取向的联系往往是历史的，而非逻辑的，二者之间并不存在一种必然如此的因果关系，一个政治上的激进主义者，在文化上可能是激进主义者，也可能是保守主义者，反之亦然。中国近代思想史上激进与保守之间不是简单的两极对立、非此即彼，而是既互为矛盾、相互对立，又互为补充、相互依存，甚至互为转

① 参见于化民《中国早期共产主义者之国家观探析》，《东岳论丛》2011 年第 6 期。

② 参见郭若平《中共“五四”论述与早期意识形态建设》，《中共福建省委党校学报》2011 年第 6 期。

化的关系。[1] 何晓明、万国崔认为，保守主义与激进主义两者间存在相反相成的关系，并非水火不容。保守主义历史必然性的题中应有之义即历史合理性，但也应当警惕、摒除其感情趋向上的守旧、复古因素。激进主义则引领了近代中国历史演进的方向和速率，推动了现代化进程，但其中的经验教训也是学术理论界责无旁贷的研究任务。[2] 何卓恩针对中国近代思想史研究传统的三分法——“保守主义、自由主义、激进主义”提出不同看法，认为这种来自西方的描述方式并不适合于中国近代，实际上中国近代思潮经历了以“常”“变”之争为主轴到以“主义”之辩为主轴的演变。在前一时期，主要表现为文明变迁上“保守主义、调适主义、激进主义”的历时态推进；在后一时期，主要表现为在建国目标上“民族主义（保守的理想）、自由主义（温和的理想）、共产主义（激进的理想）”的共时态竞合。而在行为手段方面，“保守方式、渐进方式、激进方式”的分歧则贯穿前后。这三种情况下所显示的保守与激进，有着截然不同的内涵。[3] 在民族主义研究方面：黄兴涛研究了清末现代“民族”概念的形成问题，认为这一现代概念的萌生可能与 19 世纪西方民族的接触和文化碰撞具有一定的历史关联，而其流行得益于日本汉字新词对译西方的用法，是中、西、日文化交流互动的结晶。黄文进一步指出，中国现代意义的“民族”概念的出现与早期运用，是认知民族主义形成和发展的重要内容之一。[4] 姜红分析了晚清报刊在民族主义兴起过程中发挥的作用，指出晚清报刊不仅为民族主义的产生提供现实基础和观念前提，更为“想象中国”进行舆论造势，成为民族主义思潮勃兴的引擎和载体。[5] 王先明考察了义和团运动和中国近代民族主义关系，认为这一运动是从传统民族主义向近代民族主义运动转折的历史界标。提出：义和团以“主权”为核心，以“争利权”为基本诉求的一系列民族抗争，构成 1901 年以后近代民族

---

① 参见郑大华《中西与新旧之间：中国近代史上的保守与激进》，《学术研究》2011 年第 1 期。

② 参见何晓明、万国崔《现代化思潮的重奏与交响——论近代中国保守主义与激进主义》，《学术研究》2011 年第 1 期。

③ 参见何卓恩《“常”“变”之争和“主义”之辩下的保守与激进——“保守主义、自由主义、激进主义”三分法商榷》，《学术月刊》2011 年第 4 期。

④ 参见黄兴涛《清末现代“民族”概念形成小考》，《人文杂志》2011 年第 4 期。

⑤ 参见姜红《“想象中国”何以可能——晚清报刊与民族主义的兴起》，《安徽大学学报》2011 年第 1 期。

主义运动的时代表征。而这一运动的历史起点则是义和团运动。而以“革命话语”为主导的“新的民族觉醒”的历史转折也始于义和团运动。[①] 周云鹏对民族主义与20世纪30年代“民族主义文艺运动”的历史关系进行了考察，指出左翼阵营及后来的学界对于“民族主义文艺运动”的兴起只是关注当时的政治背景，而对于艺术和思想背景则缺乏分析，从20世纪20年代傅彦长等人的民族主义艺术理论及黄震遐的创作来看，后来“民族主义文艺运动”的兴起绝非偶然。[②] 郑大华梳理了九一八事变后“文化民族主义”的新特点，认为它一方面表现为研究中国文化和历史热的出现，另一方面表现为对文化复兴问题的探讨，当时人们的一个基本观点，即是认为文化复兴是民族复兴的基础或前提，而要复兴民族文化，关键是提高民族的自信心，尊重本国的历史和文化，但人们在尊重本国的历史和文化的同时，并没有失去对本民族文化的反省意识，承认本民族文化有它的不足，有向西方文化学习的必要性。[③]在自由主义研究方面：章清分析了第二次世界大战后中国的自由主义，认为作为一种政治话语，自由主义是什么，自由主义往何处去，到战后才引起各方热烈讨论。游离于此，要重建中国自由主义的基本史实，是难以想象的。将此置于近代中国思想发展过程予以审视，明显可以看出中国自由主义有了较为清晰的思想图景；而对中国自由主义的认知又陷入正名的诉求中，也表明中文世界阐述自由主义所面临的问题。[④] 章清还研究了现代中国思想史上的“民生主义”，他指出：现代中国的思想图景，从某种意义上来说是由“主义”所营造的，各种“主义”也成为解读近代中国历史最为基本的资源。这里所要检讨的是“民生主义”在抗战期间及战后所引发的回响。当我们把目光聚焦于20世纪三四十年代，很容易就会发现，“三民主义”中之“民生主义”得到更多关注，构成抗战建国纲领的基本内容，而在知识分子中也形成了这样的主导价值——“政治民主，经济平等”。对此的审视，或可对“民生主义”

---

① 参见王先明《义和团与民族主义运动的时代转型——立足于近代民众抗争运动的比较分析》，《历史教学》2011年第2期。

② 参见周云鹏《“民族主义文艺运动”兴起的历史文化语境探析——兼对〈民族主义文艺运动宣言〉来源的考证》，《社会科学辑刊》2011年第2期。

③ 参见郑大华《论九一八事变后的文化民族主义》，《天津社会科学》2011年第4期。

④ 参见章清《中国自由主义的正名——战后自由主义的浮现及其意义》，《华东师范大学学报》（哲学社会科学版）2011年第2期。

所展现的意义，有新的认知。①

本年度学术界对思想家的思想研究仍然兴趣不减。黄克武对严复、梁启超与章太炎所译的社会学进行了比较研究，认为清末有两种社会学的倾向：一种是严复与梁启超受到斯宾塞的影响，采用调适取向来对待社会变迁；一种是章太炎受到岸本能武太的影响，采取转化取向的社会学传统。这大致是1949年马克思主义盛行前最主要的两种社会学理论。晚清社会学的翻译，不仅是解释世界，也是改造世界，而且，一开始就是和改造世界的意图结合在一起的。对晚清思想的认识，可以帮助我们了解晚清社会的发展；而对晚清社会学的研究，或可以帮助我们了解20世纪中国的思想变化。② 高瑞泉研究了康有为的《大同书》和谭嗣同的《仁学》对平等主义阐释，认为《大同书》是中国第一个全面阐释平等主义的纲领，它和努力演绎其平等主义思想的《仁学》一道，共同构成了现代平等主义的早期经典，正是从康有为开始，平等观念的古今之变呈现出历史性的飞跃，建立在“人的相同性”基础上的“平等”观念，从单纯的形上学或境界论转变为基本的价值和实践的原则。康有为不仅将儒、释、道和基督教关于平等的玄谈引向现实的规范，而且将农民“均贫富”的诉求转变为具有社会主义色彩的经济平等，在“大同”社会的价值排序中，全面平等不但具有普遍主义的特征，而且明显优先于自由，由此凸显其平等主义的重要性及其价值。而谭嗣同的《仁学》所表现出来的平等主义思想具有两个显明特点：第一，《仁学》更多地表达了为平等诉求做哲学论证的尝试；同时表征了平等观念在中国获得社会植根性的曲折过程。第二，《仁学》表示谭嗣同的平等主义在实践上比康有为更加激进，使得一种原本具有抗议性甚至颠覆性的思想呈现为激进主义的典型形态。③ 高瑞泉还对梁启超、严复的平等观进行了认真梳理，并得出结论，在平等观念的古今嬗变中，梁启超、严复代表了早期自由主义的一翼，与同时代激进的平等主义一翼有诸多不同：他们主要依靠外来观念与对现代社会生活的直观体验获得平等意识的觉醒，同时借助传统观念的“变形”来建构新的社会规范；在现代

---

① 参见章清《现代中国思想史上的“民生主义”》，《社会科学》2011年第2期。

② 参见黄克武《晚清社会学翻译中的思想分途——严复、梁启超与章太炎所译社会学之研究》，《文汇报》2011年8月22日。

③ 参见高瑞泉《平等主义的纲领及其衍绎：〈大同书〉〈仁学〉的一种解读》，《社会科学》2011年第11期。

性价值排序中以自由为中心，坚持自由对于平等的优先性，认为假如人们没有自由，甚至不能提出平等的主张，更没有实践平等的权利；不是将“平等”视为全盘性改造社会的激进方案，而主张听任服从进化规律的人类社会的自然演进，因为是自由竞争而不是理性设计，才是社会进步的动力；在分配问题上，他们通常拒绝平均主义和结果平等，更多地关注政治平等和机会平等。[①] 彭春凌分析了康有为和梁启超在孔教能否为国民义思想上的分分合合。彭文认为，康、梁戊戌政变流亡海外，孔教运动的领袖康有为逐步以“国民”外壳寻找到“孔教”适应现代社会的制度支撑；而近代国民学说最有影响力的鼓吹者梁启超，则重新灌注“孔教”的核心价值入“国民”之精神修养。康、梁渐次以不同的方式认同孔教为国民义，他们从不同层面向对方靠近的轨迹，是在现代国民观念兴起的背景下，孔教（儒教）在政教双轨的制度设计中被重新确认为不可或缺的“教”所经历的复杂思想史历程。文章通过展示康梁在戊戌政变至民国初年这一时期激烈的思想碰撞、交锋，异中之同，合中之殊，冀望历史性、境遇化地呈现出孔教为国民义这一命题所包含的思想及制度挑战：在传统帝制社会曾为主流意识形态的儒教面临着突破优胜劣汰、天演竞争等历史进化观念的藩篱，而转成现代国民信仰之源的问题；而曾经作为东亚地区普遍价值信仰的儒教，在进入略显偏狭的近代国家主义之制度范畴的目的和方式上，同样必须做艰难的抉择。康梁在孔教能否为国民义思想上的分合，表明儒教从“天下义”“宗族义”到“国民义”的现代转型中的确蕴含着嬗变、协商与不被规训的多重面相，亦折射了清末民初文化思想变迁的多元生态。[②] 高力克研究了梁启超的“新民说”与民族主义之间的关系，认为梁启超新民说之要旨，在民族认同的建构与公民精神的启蒙，其所倡言的公德、国家意识、权利、义务、自由、自治、合群、政治能力等，皆为中国文明所匮缺的公民身份之必备元素。对于梁来说，公民身份是民族认同的关键要素，它更是建构中国民族主义的中心目标。在梁的公民民族主义中，自由主义、民族主义与社会进化论熔于一炉，其徘徊于卢梭民主主义与伯伦知理国家主义之间的理论矛盾，表征着一种后发展政治理论的深刻

① 参见高瑞泉《早期自由主义视域中的平等——以梁启超、严复为中心的考察》，《上海师范大学学报》（哲学社会科学版）2011 年第 6 期。

② 参见彭春凌《康梁在孔教能否为国民义思想上的分合》，《近代史研究》2011 年第 5 期。

困境。①

五四新文化运动研究历来是近代思想史研究的重点。刘贵福将胡适、梅光迪在新文化运动前后在儒学、孔教和文学革命做了对比研究，提出了不同以往的新看法。刘文认为，留学初期，梅光迪以创造中国新文化为己任，发掘儒学的现代价值，对其不适于现代的部分则加以批判，积极探索复兴儒学和融合中西文化的途径。这一主张得到了胡适的积极呼应。在孔教运动中，梅光迪赞同建立孔教，而胡适则对简单恢复孔教的做法提出批评，二人还就基督教、西方现代文明等问题进行了讨论。1915 年后，胡适以实验主义为指针，力倡文学革命，梅光迪对其积极支持，同时也对新人文主义观念不断予以批评，尤其是在诗歌问题上。胡适、梅光迪关于文学革命的主张尽管不同，但却相反相成，相生相长。胡适倡导的文学革命主张在近代中国文化史、思想史上产生了划时代的影响；而梅光迪对其的批评也具有深刻的思想内涵，对近代中国的文化变革颇具启示意义。② 郑师渠提出了欧战后“对西方求解放”思潮的问题，认为这个思潮体现了新文化运动对自身的可贵超越。他认为，欧战以后，有识之士要求重新审视中西文化和世界格局，要求打破“西方文明中心”论，要求否定西方的资本主义，探索中国社会发展的道路，直至取向社会主义。以梁启超为代表的反省现代性与李大钊为代表的马克思主义两股思想的交汇，彰显了这一思潮的时代特点，也标志着它的理论高度。不过，两者在文化与社会改造、中国是否具备社会主义革命的条件以及对世界新格局的认识上存在严重分歧，最终分道扬镳。但是思潮却没有因此减弱，反倒随着马克思主义的进一步传播而更加高涨。五四新文化运动之所以成为近代中国一场伟大的思想解放运动，归根结底，在于它同时包含了两大思想解放的向度：“对传统求解放”与“对西方求解放”。二者间的张力与搏击，构成了不断推动这场思想解放运动深入发展的内驱力。③ 张太原的《“没有了中国”：20 世纪 30 年代中国思想界的反思》一文，虽然研究的是 20 世纪 30 年代的思想界，但其内容也与五四新文化运动有关，文中的所谓“反思”，实际上讲的是

---

① 参见高力克《梁启超的公民民族主义及其困境》,《政治思想史》2011 年第 3 期。

② 参见刘贵福《中国文化的讨论——以儒学、孔教和文学革命为中心》,《近代史研究》2011 年第 1 期。

③ 参见郑师渠《欧战后国人的“对西方求解放”》,《北京师范大学学报》（社会科学版）2011 年第 2 期。

对近代以来尤其是五四新文化运动对思想界一味追随西方之弊病的反思，由此反思，思想界开始转而关注中国自身的实际和需要，这主要表现为努力产生中国的新政治理论，提倡新教育的中国化，呼吁建设中国本位的文化。一时间“中国化”逐渐成为流行语，强调外来之说应用于实际蔚为潮流。但是，人们对于实际、中国、本位的理解却不尽相同，此中国往往与彼中国相抵牾。相对以前的“西与西战”可以说思想界又出现了“中与中战”的局面。另外，人们有意识地去重塑中国，却无意识地扎进世界里不能自拔，种种“中国化”的背后仍是各式各样的“世界化”。这表明中国人陷西已深，醒然仍无以自立，整个思想界还不能对近代以来的知识和思想进行超越的系统的清理。①

近年来，学术界越来越重视对近代以来的报刊研究，并取得了不少研究成果。郑大华在《报刊与民国思想史研究》一文中，就民国时期报刊与19世纪末20世纪初的报刊比较所具有的不同特点、报刊在民国思想史研究中的重要地位，尤其是研究报刊的方法提出了自己的意见，他认为研究报刊，首先要研究报人（创办者、经营者和作者）与报刊的关系，因为报刊是由人创办和经营的，报刊的性质往往由创办者（个人或思想和学术界群体）和经营者所决定，而作者水平的高低则影响着报刊的受众和发行量；其次要研究社会与报刊的关系，任何报刊都是一定社会的产物，或多或少会带有它存在时期的社会烙印，实际上，一份报刊办得成功与否，与它能否实现和社会的良性互动有着非常重要的关系；再次要研究报刊与报刊的关系。这包括两层含义：一是报刊间的相互关系，二是报刊之间的相互比较。② 邵雍、王惠怡考察了《申报》对义和团运动的舆论导向，指出《申报》作为近代中国一份历史悠久的报纸，对义和团运动的整体舆论导向是否定的，义和团运动兴起之初，《申报》就主张组织团练进行镇压，严惩闹教起事者。当清政府的态度开始转为招抚后，《申报》又希望清政府能够停止招抚，并坚决反对对外宣战。后来《申报》接连刊发文章，积极在中外之间斡旋，力劝朝廷停战议和。到议和阶段，《申报》则对和约内容给予正面评价，并提出了一些强国设想。通过对《申报》舆论的整理

---

① 参见张太原《“没有了中国”：20世纪30年代中国思想界的反思》，《近代史研究》2011年第3期。

② 参见郑大华《报刊与民国思想史研究》，《史学月刊》2011年第2期。

和研究，我们可以从另外一个角度了解义和团运动期间上海市民阶层的心态。[①] 王康以五四时期《京报》为中心，对舆论传播与五四学生运动的关系进行了考察，认为作为社会舆论的重要载体，报刊不仅可以反映舆论，而且能够引导、组织、制造舆论，形成强大的舆论风潮，进而影响社会群体的思想和行动。五四时期的青年学生群体既富热忱和变革理想，又具有新知，他们最先与舆论媒介结合，唤醒国民，成为民众运动的先导。《京报》创办者邵飘萍与学生群体的交往，造成“巴黎和会外交失败”的舆论得以在更大范围内传播。舆论引燃了青年学生的爱国情绪，同时又推动了五四运动的进一步发展。[②] 王宪明、杨琥在《五四时期李大钊传播马克思主义的第二阵地——〈晨报副刊〉传播马克思主义的贡献与意义》一文中指出：《新青年》是李大钊宣传马克思主义的主阵地之一，而复刊后的《晨报》，特别是改良以后的《晨报副刊》则是他传播马克思主义的第二阵地。李大钊在《晨报》所担当的是一个组织者、协调者的角色，正是通过他的杰出工作，《晨报》从 1918 年 12 月 1 日复刊第一天开始，特别是从次年 2 月 7 日开始，成为马克思主义在中国有组织、有系统传播的最重要的阵地之一，其作用与《新青年》相比，可以说毫不逊色。在李大钊的指导和帮助下，复刊以后的《晨报》紧密配合《新青年》，在《晨报副刊》开始有组织、有系统地发表有关马克思主义理论和世界社会主义运动的文章。正是在《新青年》和《晨报副刊》的带动下，《民国日报》《时事新报》和稍后的《京报》等迅速跟进，先后辟出专栏专刊，宣传马克思主义。日本学者石川祯浩《中国共产党成立史》一书提出的“五四时期指导《晨报副刊》积极宣传马克思主义的不是李大钊而是陈溥贤”的观点，不符合历史事实。[③] 郑大华、郭辉以《东方杂志》的报道为中心，以“第一次世界大战于进行之时对中国的影响”为切入点，探讨第一次世界大战对中国的影响，认为第一次世界大战引起了知识界对中国问题的思考，可将这些思考视为知识界的“爱国三调”：西方各交战国国民在战争爆发之

① 参见邵雍、王惠怡《〈申报〉对义和团运动的舆论导向》，《安徽大学学报》（社会科学版）2011 年第 2 期。

② 参见王康《舆论传播与五四学生运动——以五四时期《京报》为中心》，《安徽大学学报》（社会科学版）2011 年第 2 期。

③ 参见王宪明、杨琥《五四时期李大钊传播马克思主义的第二阵地——〈晨报副刊〉传播马克思主义的贡献与意义》，《安徽大学学报》（社会科学版）2011 年第 4 期。

初表现出的强烈爱国心，引起了知识界对国民爱国心的思考；战争进行到第二阶段，德国在战场上的表现十分突出，取得了战争的一度优势，而德国就是国家主义之代表，所以知识界从分析德国国家主义之原因中思考中国自身之振兴实业、国民性、国民教育、宗教救国等问题；在最后一阶段，随着战争的变化，此时期的知识界对西方的心态很矛盾，既含希望，也含失望，这都促使他们向内，也就是对中国的未来政治、经济、文化、外交等各个方面的思考。①

以上是对近三年中国近代思想史研究前沿的简略回顾。从中可以看出，在学术界同人的积极参与和努力下，中国近代思想史研究取得了长足进步，不少研究领域均有重要的甚至是突破性的成果问世，老的研究课题有了新的研究进展，新的研究课题成果日益丰富。当然，我们对近三年中国近代思想史研究成果的回顾，也难免挂一漏万，因我们的视域所限，一些具有重要价值和影响的文章或著作未能介绍，这是我们要向学术界尤其是这些文章和著作的作者表示歉意的。我们真诚希望学术界继续加强学术资料的整理工作，广泛吸收国际学术界相关的新理论、新方法，并在此基础上提出新问题，取得新成果，从而推动中国近代思想史研究的进一步深入。

（宋广波）

① 参见郑大华、郭辉《第一次世界大战与中国知识界的思考——以〈东方杂志〉为中心的考察》，《浙江学刊》2011 年第 4 期。

第五章

马克思主义史学理论

2009—2011年度

（一）关于唯物史观的指导及相关问题

如何看待唯物史观对中国近代史研究的指导，这一问题受到不少学者的关注。朱佳木指出，对攻击唯物史观的思潮言论应进行科学分析和有说服力的批判，不能视而不见；在捍卫唯物史观的科学体系和基本原理的同时，应注意发现和弥补唯物史观理论上的不足，并结合新的实践，对这一理论进行丰富和发展。① 张海鹏强调，“有远见的历史学者在注意吸收各种有价值的西方史学理论的时候，不能放弃马克思主义的方法论和世界观”②。李文海指出，当前的历史研究对唯物史观有两种不能令人满意的现象，一是用不屑一顾的态度予以排斥和否定；二是将唯物史观作为史学论著中空洞的标签，而不是分析历史进程的有力工具。对一种理论的认同和信仰，从来不是靠政治压力，而是靠理论本身的真理性的吸引。提倡研究者学习、接受和运用唯物史观，关键在让人们真正了解唯物史观的深邃内容。③ 步平认为，经过20世纪80年代对西方的学术成果的大量介绍、引进和学习之后，特别是在接受了盲目引进西方理论的教训后，关于学术研究的自主性与本土化的话题日益受到国内学者的重视。当社会面对那些越来越复杂而深层的难题的时候，当人们越来越迫切地需要破解难题的具有较高解释力的理论的时候，唯物史观越来越展现出强大的功能。因而，中

---

① 参见朱佳木《关于加强马克思主义史学理论建设的几个问题》，《史学理论研究》2009年第4期。

② 参见张海鹏《六十年来中国近代史学科的确立与发展》，《历史研究》2009年第5期。

③ 参见谢维《中国近代史研究三十年——过去的经验与未来的可能走向》，《近代史研究》2010年第2期。

国近代史学术界应该在保持自身“知识系统”正当性的前提下与西方学术界展开平等对话，发挥中国马克思主义史学在历史领域的主导地位与主流影响。①

长期以来，历史研究强调以唯物史观为指导，但却缺乏中层理论和实证研究的支持，唯物史观的一些理论原则未能得到贯彻。郭德宏指出，历史著述中，作为历史主体的民众的活动与贡献很少被提及，民众的生活状态和疾苦、业绩和贡献、利益、愿望、要求和呼声，以及他们对历史的看法，更很少得到反映，因此也造成了史学内容的片面和单薄。因而有必要转换研究的立场和视角，提出民众史观。具体说来：民众是历史的主体，史学要有视角下移的胆识，充分反映各种人群多姿多彩的境遇和心路历程，史学研究需要有多方位、多角度的纵横编织，才能立体地谱写出一部中华民族的全息史。民意是解释历史的基础，在分析历史事件发生的原因时，不能仅仅看统治者、领导者及文件如何说，还要注意考察这些历史事件背后的民意，并分析产生这种民意的原因。民益是评价历史的根本标准，评价历史不仅要看民意，还要看这种民意是否符合民益，特别是民众的长远利益。因此，历史研究者应该转换研究视角，从长期以来流行的“从上到下”的研究变成“从下到上”的研究。不仅注重民众史的研究，更重要的是要站在民众的立场，从民众的角度来看历史，让民众真正成为历史的主角。具体研究方法也要加以改变：（1）应该注意有关民众的资料的多样性，既注重文献资料，还要注重实物资料。（2）注意从现有的文献资料中认真挖掘那些有关民众的资料。（3）真正深入民众中加强调查走访。（4）对收集来的材料进行认真分析。（5）写作形式也应多样化，面向一般民众。②

在新的条件下如何才能坚持与发展唯物史观，亦是当前史学理论的重大问题。吴英认为，唯物史观当前面临严峻挑战，主要原因在于我们对唯物史观的诸多误读。例如，将五种生产方式的演进序列视为具有普遍适用性的社会历史演进规律，违背了马克思的原意；关于历史发展的单线论还是多线论问题，不能走极端，历史发展是多样统一性的结合体；经济决定

① 参见步平《改革开放以来的中国近代史研究》，载《过去的经验与未来的可能走向——中国近代史研究三十年（1979—2009）》，社会科学文献出版社 2010 年版。

② 参见郭德宏《论民众史观》，《史学月刊》2009 年第 11 期。

论不准确，应是生产力决定论；物质决定意识是机械唯物论观点，唯物史观是生活决定意识或实践决定意识；过去认为国家是阶级压迫的工具，但国家还必须履行公共职能；关于阶级结构问题，过去强调两大阶级对立，但历史上新社会取代旧社会，并不是被压迫阶级担当新社会的统治者，一半都是中间阶级。[①] 要发展马克思主义，既需要正本清源，着重从理论体系上对唯物史观的诸原理做到准确地理解与阐释，还需要与时俱进，结合国内国际出现的新现象、新形势，以唯物史观基本原理为指导，做出有说服力的解析，并逐步形成有中国特色的马克思主义史学理论体系。[②]

李振宏认为，马克思主义史学在中国能够继续保持顽强的生命力，因为它是一个很有特色的历史学派。马克思主义学派一方面需要在和其他学派的争鸣中得到发展，另一方面也需要在内部不同学派的争鸣中焕发活力。王贵仁指出，唯物史观在中国的发展过程，是不断遭遇各种理论诘责和实践挑战的过程，唯物史观正是在不断回应理论与现实提出的各种挑战中，被一代又一代学者认识和阐释。而唯物史观的再认识或再阐释，不是对以前认识和阐释的否定，更不是对唯物史观理论的否定，而是对唯物史观的继承与发展。[③] 薄洁萍提出，马克思的唯物史观是一个开放的系统，它呼唤着人的创造精神，而基于此所理解的历史发展则始终存在着无限开放的可能性空间，存在着内在的选择和创造的机制，从而充满了丰富性与复杂性。从这个角度来说，唯物史观本身就有着对历史微观的内在层面的理解，也要求人们肯定历史发展道路的多样性，反对脱离人的实践活动本身和具体日常生活而依照某种外在尺度编写历史。我们以前忽视了这一点，从而导致对唯物史观的误解及其与历史研究的隔膜。因而我们必须不断丰富对唯物史观的理解，以努力做到接近历史原本，展现历史的丰富性。[④] 李红岩认为，马克思主义史学总是随着时代变化而与时俱进，不断获得新的理论原则、新的认识手段和方法。当前处于伟大的历史时期，也预示着与时代相适应的新的史学样态即将产生。他着重指出，新的马克思

---

① 参见吴英《对马克思国家理论的再解读》，《史学理论研究》2009 年第 3 期；刘克辉《史学理论创新与历史学科的发展——史学理论前沿问题春季论坛综述》，《史学月刊》2009 年第 9 期。

② 参见吴英《唯物史观与历史研究 60 年》，《史学理论研究》2009 年第 4 期；《在新的历史条件下坚持和发展唯物史观》，《史学理论研究》2010 年第 2 期。

③ 参见刘克辉《第二届史学理论前沿问题春季论坛综述》，《史学理论研究》2010 年第 4 期。

④ 参见薄洁萍《唯物史观与历史研究》，《光明日报》2010 年 1 月 5 日第 12 版。

主义史学样态，必须克服三大问题：玄学化的研究方法，形式主义的研究方法，碎片化的研究方法。①

以上几位学者的看法可谓异曲同工，都强调一方面挖掘唯物史观丰富、复杂的内涵，同时以开放包容的心态，对唯物史观进行再认识和再阐释，真正与时俱进地丰富和发展唯物史观。

关于中国古代社会形态问题的论争，引起广泛关注。侯旭东在后殖民理论的影响之下，对中国古代专制说提出质疑。他认为，19 世纪末以来，用“专制主义”或“专制政体”称述中国历史上从秦代至清代的帝制政治制度，只是亚里士多德以来西方人对东方的一种偏见，是西方学术外铄和中国人“自我东方化”的结果；延续两千余年的皇权制度并非专制制度。“18 世纪时个别西方思想家开始以此来描述中国，19 世纪末以后经由日本广为不同立场的中国知识分子所接受。这一说法实际未经充分的事实论证，不加反思地用它来认识帝制时代中国的统治机制只会妨碍研究的深入。”② 黄敏兰撰文从历史事实与研究方法上对侯旭东的观点进行反驳，指出“中国古代专制说”既有深厚的中国本土思想资源为基础，也经过众多学者长期的和深入的研究，符合中国历史的特征。接受和传播“中国古代专制说”并非中国人的“自我东方化”和“自我殖民”，而是中国人为了改造传统社会去深入认识中国社会。侯旭东的文章并没有严格地梳理专制说的学说史，只是梳理了“专制”这一概念如何从西方经由日本进入中国的过程（即使这方面的梳理也存在着漏洞），而对大批学者研究古代专制制度的成果完全不予承认。因而在没有进行历史学充分论证的情况下，得出有悖史实的结论。③ 万昌华也对侯旭东的文章进行了反驳。他认为：其一，中国古代专制说并非 19 世纪末年中经日本传入中国的，实际上严复、谭嗣同、夏曾佑等人未经日本，直接与西学接触后，即对中国古代的君主专制统治做了详细阐述，这早于侯旭东所说的梁启超等人。其二，侯文说中国古代专制说“并未经过充分的事实论证”，这一说法也有违历史事实。

---

① 参见李红岩《中国马克思主义史学的三个三十年》，载《过去的经验与未来的可能走向——中国近代史研究三十年（1979—2009）》，社会科学文献出版社 2010 年版。

② 侯旭东：《中国古代专制说的知识考古》，《近代史研究》2008 年第 4 期。

③ 参见黄敏兰《质疑“中国古代专制说”依据何在——与侯旭东先生商榷》，《近代史研究》2009 年第 6 期。

从梁启超起，就有不少学者对中国古代专制制度进行认真的研究。①

此后，关于中国古代是否专制社会的论争仍然持续。这一论争值得从理论方法上略加评析。侯旭东批评广大知识分子信奉中国古代专制说是受了西方话语的支配，是自我东方化的表现，但他的文章“在一定意义上与后殖民理论研究学术史的思路相吻合”，实则以一种西方话语来反对另一种西方话语。

应该看到，后殖民理论已然对中国的历史研究产生了一定影响。张旭鹏认为，中国历史学家在面对西方理论话语和知识体系时，始终缺乏足够的反思和批判。以庶民研究为代表的后殖民史学，能够让中国的历史学家保持一份清醒的批语意识和怀疑态度，探索出一条体现中国精神的历史研究之路。② 但是，使用后殖民理论也须谨慎。如何发挥这一理论的积极作用，避免套用和误读，是历史研究者必须注意的。如黄敏兰指出，后殖民理论有其自身民族文化背景：作为阿拉伯裔的萨义德主张中东阿拉伯世界各族群建立自己的文化认同，以抵抗西方帝国主义的文化霸权。他的批判具有很强的现实性和针对性，主要针对的是美国，因为美国对中东事务的干预大大超出其他西方国家，为配合现实政治对中东推行的文化霸权也格外严重。而中国近代的确遭受过西方列强的领土殖民，当然也会伴随着文化的殖民。但是文化殖民究竟是如何表现的，是否和领土殖民相一致，应当做具体的分析。如果说文化殖民的话，西方对中国的传教当是较为典型的。然而，传教士的活动早在西方入侵二百余年之前的明末就开始了，即使在后来也与领土殖民的活动相对疏离，所起的积极作用也不容忽视。传教士开启了中西文化交流的大门，给中国带来西方新知识、新文化。他们创办报刊、开设新式学校、医院、慈善机构等，在客观上起到了改造中国传统社会和传播现代文明的作用。黄敏兰强调，侯旭东的文章正是因误读和滥用萨义德的“东方学”学说，才想象出中国人的“自我东方化”和“自我殖民”，以及西方的话语霸权；由此而想象出一系列否定现代学术成就以及否定古代专制政体性质的结论。③

① 参见万昌华《一场偏离了基点的“知识考古”——侯旭东〈中国古代专制说的知识考古〉一文驳议》，《史学月刊》2009年第9期。

② 参见刘克辉《史学理论创新与历史学科的发展》，《史学月刊》2009年第9期。

③ 参见黄敏兰《质疑“中国古代专制说”依据何在——与侯旭东先生商榷》，《近代史研究》2009年第6期。

阶级斗争理论在唯物史观中的地位如何，学术界的认识存在分歧。有观点认为，曾在我国占据主导地位的阶级斗争史观“从实质上严格说来并不属于唯物史观，因为唯物史观的实质主要是从生产力的发展和物质生产方式的角度来观察和研究历史”①。王也扬对“以阶级斗争为纲”的理论源流及历史实践做了深入考证，他指出，生产力、生产关系与阶级斗争、无产阶级革命虽为不同的概念，但在马克思主义唯物史观里面却有着必然的联系；阶级斗争学说不可等同或替代唯物史观，但它确是唯物史观的核心内容。从李大钊到毛泽东的中国共产党人，把阶级斗争和无产阶级专政理论作为马克思主义政治学说的核心内容来认识和理解，是符合经典作家原意的。马克思主义阶级斗争学说和列宁对这一学说的发展，是“以阶级斗争为纲”治国方针的理论依据。人为地将阶级斗争从唯物史观中“摘”出去，是改革开放之初人们在反思此前几十年阶级斗争扩大化时，在理论上的一种权宜之计。马克思主义是过去了的那个革命时代的产物，而我们今天所身临的已经是以和平与发展为主题的时代。当今时代，社会上并非不存在阶级、阶级矛盾，但人们已经具备这样的条件：可以通过讲发展这个硬道理，用民主和法制的手段，使阶级矛盾趋于缓和，使社会达至公正、和谐。唯物的认识论，承认人的认识是不断发展、与时俱进的，我们今天要以马克思主义经典作家所始终坚持的实事求是的态度来对待马克思主义，而不能抱有其他非学术的目的。②

王也扬还撰文探讨了“两类矛盾说”。“两类矛盾说”，我们今天仍在使用，实际上属于“以阶级斗争为纲”的理论体系，它与中国特色社会主义理论体系是不同的，所以应该停止使用这个旧理论范畴。我们在面对和处理社会矛盾问题的时候，要以事实为根据，以宪法法律为准绳，切实保障公民的各项基本人权，绝不再搞“以阶级斗争为纲”和所谓“区分两类矛盾”那一套。只有这样，才能使“以法治国”常态化、制度化，使国家、社会长治久安。③

无须讳言，近年来的中国近代史研究中存在“历史虚无主义”倾向，有学者对之做了较为深刻的分析和批评。梁柱认为，历史虚无主义把近代

① 蒋大椿：《当代中国史学思潮与马克思主义历史观的发展》，《历史研究》2001 年第 4 期。

② 参见王也扬《“马克思主义观”阅读札记》，《博览群书》2010 年第 10 期；《“以阶级斗争为纲”理论考》，《近代史研究》2011 年第 1 期。

③ 参见王也扬《“两类矛盾说”理论探析》，《史学月刊》2011 年第 10 期。

中国凡是追求变革进步的都斥为“激进”而加以否定，断言是“激进主义”祸害了中国，阻碍了中国现代化进程。并用“现代化史观”取代“革命史观”，将现代化作为近代中国历史发展的唯一要求和唯一主题，借以否定中国近代史上的革命斗争。这种“研究范式”的转换，是按照研究者的主观愿望和政治诉求来剪裁历史，这是他们设置的一种“理论陷阱”。历史虚无主义在方法上的片面性，并不完全是一种随意性，而是有着明确的取舍标准，有所虚无，有所不虚无，用抽象的人性论取代马克思主义的阶级论，是唯心主义历史观在新的历史条件下的复活。①

李方祥撰文指出，历史虚无主义的历史逻辑和理论逻辑在中国近现代史研究中，突出地表现为以历史偶然性来否定革命的必然性。历史虚无主义尽管也挖掘出一些鲜为人知的史料和历史细节，但其认识论根源在于不能正确区分历史本质与现象、历史主流与支流。马克思主义与历史虚无主义的实质性区别并不在于要不要对人性进行分析，而是在于怎样看待人性问题，究竟是从抽象的人性出发还是从具体的人性出发。马克思主义在分析历史人物时，并没有完全否定人性，只是反对那种纯自然的、抽象的、超阶级的人性，反对把抽象的人作为历史研究的基础。② 周玉认为，中国革命是近代中国历史发展的必然选择，它从根本上扫除了中国历史前进的制度障碍；社会主义道路是中国近现代革命的必然逻辑。历史虚无主义的“革命制造”论、“革命破坏”论以及“误入歧路”论，背离了近代中国的历史真实，实质是否定作为革命必然逻辑的社会主义道路，为中国发展寻找没有历史依据的另类道路。③

梅宁华认为，对于中国近代史的一些根本的原则性问题不能被颠倒，否则就会从根本上搞乱社会主流思想的主流价值，动摇一个民族、一个国家立足和发展的思想基础。要真正从近代史中找到规律性的东西，就必须坚持历史唯物主义的立场、观点和方法，坚持客观性、全面性的原则来认识历史。革命、现代化是贯穿中国近代史的主题，正确认识历史就在于把握历史发展的主流，揭示这些历史活动内在的逻辑和规律。④ 郦正指出，

---

① 参见梁柱《历史虚无主义是唯心主义的历史观》，《思想理论教育导刊》2010 年第 1 期。

② 参见李方祥《划清马克思主义与历史虚无主义界限的几个问题》，《思想理论教育导刊》2010 年第 8 期。

③ 参见周玉《历史虚无主义三谬——哲学和历史的透视》，《理论导刊》2010 年第 3 期。

④ 参见梅宁华《旗帜鲜明地反对历史虚无主义》，《红旗文稿》2010 年第 10 期。

历史虚无主义思潮已经对我国的文化安全和意识形态安全产生了一定的消极影响。每个民族都有属于自己的光荣和梦想，伟大的历史事件和伟大的历史人物，构成了各民族的历史图腾和历史记忆。我们可以不断通过新的发现和新的更科学的方法，不断解读历史，以求得更全面、准确的历史认识。但是，重新解读不等于颠倒和全盘否定。在中国近代史研究领域，反思批评革命的不成熟及革命的过度理想化、激进化，和由此否定革命是有本质区别的。近代以来，面对帝国主义侵略，中华民族的优秀儿女奋起抗争，被迫或主动地选择了革命的激进道路。但是，我们不能因此以历史虚无主义否定革命，否定一个半世纪以来中华民族争取独立自由解放的历史的合理性。①

（二）中国近代史宏观理论体系的探讨

中国近代史的理论体系问题，学术界在20世纪50年代、80年代曾有过两次大规模的讨论，分别以中国近代史的分期、中国近代史的基本线索作为讨论的主题。这两次学术争鸣大大推进了中国近代史学科建设。此后讨论一度沉寂。2010年以来，一些学者重新关注中国近代史宏观理论体系的建构，并做出了新的探讨。

1. 中国近代史的断代与分期

近年来，近代史学界多倾向于将1840—1949年的百余年历史进程前后贯通，作为“中国近代史”的研究对象。房德邻虽同意以1840—1949年作为“中国近代史”学科的研究对象，但他认为，以1919年划界的中国近代史其实是中国近代旧民主主义革命史和新民主主义革命史，统称民主革命史，这是专门史，而不是作为通史的中国近代史。1919年作为文化史的标志性年代是合适的，但是对于经济、政治、社会、外交等专门史，1919年不能作为标志性年代；若从通史的视角看，1919年五四运动自然并不具有划时代的意义，因而应以1912年中华民国的成立为界标，将中国近代史划分为前后两个不同时期。在他看来，1912年中华民国成立的意义远远超过1919年五四运动，中华民国的成立结束了两千年的帝制，在整个中国通史上有划时代意义；1840—1912年的近代史其实只是“前近代”，1912—1949年才是“近代”，因为1912年南京临时

---

①　参见邴正《警惕历史虚无主义的滥觞》，《中国社会科学报》2011年5月24日第5版。

政府的成立才建立了一个近代的国家政体。而现在我们所见到的晚清史和中华民国史实际上是晚清政府史与民国政府史，二者简单相加并不等于中国近代史。[①]

姜涛对于中国近代史的断代问题也提出了新的看法：（1）近代是指距离自身所处不远的年代，其本质上是相对史，它必须随着时间的推移不断与特定的绝对历史年代重合或分离。（2）相对于研究者而言，近代史活的灵魂就是“近”，它必须回答现实所提出的一系列问题。因而根本不必拘泥于 1840—1919 年或 1840—1949 年的所谓近代史的上下限的划分，这些年限不是什么不可逾越的鸿沟。但“近”也不是无限逼近，而是应该与“眼下”保持一定距离。他认为保持 30 年左右的距离较为合适。（3）近代史的下限应该后延。在目前，中国近代史至少应当包括整个清史、中华民国史和中华人民共和国史。[②]

中国近代史的研究者较多考虑其研究时段的下限问题，而较少考虑近代史的上限问题。以 1840 年为中国近代史的开端在相当长的时间以来一直是学术界的主流意见。但也有一些学者提出，应打通明清史与近代史的樊篱。赵世瑜认为，以往的研究往往忽略明清史与中国近代史之间的连续性，导致将社会变革的多面性与复杂性简化。由于“近代史”概念是西方的舶来品，这就决定了近代史研究主题的外部性质，导致本土话语的缺失，导致对“反侵略”“革命”和“现代化”等概念的狭隘理解。近代的历史不仅是东南沿海的历史，近代的主题也不仅是帝国主义侵略和近代化。如晚清时期大规模的西部移民以及由此而来的“边村社会”的形成，同样也是值得研究的重大历史变化，然而这一变化如果不从明朝至少是清雍正以后的移民浪潮去把握，则看不到其在 19 世纪中国历史中所扮演的重要角色。刘志伟亦提出，尽管在具体内容上存在历史脉络的断裂，但问题的逻辑从来都是贯通的，近代史的研究者不必要事先划定一个时间断限，而要依研究的问题伸延时间上的视野。如农业经济史研究中，赋税问题和租佃问题自明清至民国时期始终是一脉相承的，要弄清这类问题的来龙去脉及变化的逻辑，就必须贯通起来进行研究。[③]

① 参见房德邻《中国近代史的含义究竟是什么》，《近代史研究》2010 年第 2 期。

② 参见姜涛《近代史就是要近》，《近代史研究》2010 年第 2 期。

③ 参见谢维《中国近代史研究三十年——过去的经验与未来的可能走向》，《近代史研究》2010 年第 2 期。

2. 中国近代史的研究“范式”问题

近年来，有关革命史范式与现代化范式之争，受到学界较多关注。步平指出，两种范式之所以产生争论，与对中国近代史上“现代化历程”与“革命历程”孰轻孰重的判断有紧密关系。而这种孰轻孰重的判断并非产生于主观性的政治立场的动摇，而是源于客观的时代变化。在新的时代条件下，在提出建设具有中国特色社会主义的理论后，重视“现代化历程”的必要性，则成为时代的要求。从现代化的角度关注中国社会，与从革命的角度分析中国社会，在理论架构方面虽然有所不同，但两者并不是对立与排斥的关系。建立一个包括革命在内而不是排斥革命的新的综合分析框架，以现代生产力、经济发展、政治民主、社会进步、国际性整合等为参照，从新的角度对中国近代史进行研究，已成为时代发展的要求。中国近代史研究中的“范式”多元并存的状态，是思想活跃的直接结果，对于拓展中国近代史研究的广度和深度，对于近代史研究中理论思维的深入具有积极意义。他也指出，“范式”是具有一定价值取向的理论框架，所以需要将“范式”的讨论加以一定的学术限制，否则就会产生负面效果。以“现代化范式”阐述社会变革过程，必须注意到现代化的理论从某种程度上是被引进的理论，是在西方的学术话语系统中被磨炼得相对纯熟的理论，如果照搬这一理论，把中国仅仅看作普遍化的西方历史在东方的特殊范例，就容易陷入“历史虚无主义”的泥潭。①

郑师渠提出，引进“范式”这一主要应用于自然科学的概念，固然有助于开阔视野，但在历史研究中若刻意强调整齐划一的范式及其更替，却难免简单化。将经过几代学者认真研究所形成的对近代中国社会历史发展具有真知灼见的一系列重要认知，简单定性或归结为“革命史”范式，既不准确，也不公平。在唯物史观指导下所获致的这些认知，归根结底，体现了对近代中国社会历史发展整体和本质的把握，具有指导整个近代史研究的意义。目前近代史学界客观上并不存在所谓“两个范式”的角力。革命史书写尚有范例（权威学术论著），以范文澜、翦伯赞、胡绳、刘大年等为代表，一大批老一辈学者筚路蓝缕所取得的巨大学术成就，在近代史研究领域显然具有重要的典范意义，长期以来为广大同行所公认，而后者

① 参见步平《改革开放以来的中国近代史研究》，载《过去的经验与未来的可能走向——中国近代史研究三十年（1979—2009）》，社会科学文献出版社 2010 年版。

也恰恰构成了学术共同体的实践者。而现代化史虽然近年也取得了很好的成果，但尚不能说业已取得了公认的、具有典范意义的成就，从而促成了学术共同体的确立，并为之提供了实践的模型。而且从目前来看，所谓“现代化范式”不具备“不可通约性”，而恰恰是可以被“革命史范式”所通约和涵盖的。因而，“现代化范式”在当下还仅是一种新的研究视角与新的探索，而远非业已形成的客观存在。同样，所谓“革命史范式”与“现代化范式”的争鸣，还仅是部分研究者范围内的一种概念上的讨论，而非在实践层面上两种范式的真正角力。不可否认，革命与现代化是近代历史这一整体的不可分割的两个侧面，如果用“范式”这个概念构建中国近代史的框架，过分渲染所谓“革命史范式”与“现代化范式”的并存与争鸣，对于史学来讲具有过强的刚性，会使“革命”与“现代化”只有对立而无联系，变得水火不容。就近代史教材编撰而言，着重在坚持唯物史观为指导，坚持继承与创新的统一。经几代学人长期研究所已获致的关于中国近代社会历史发展基本规律，包括近代社会主要矛盾、社会性质及发展趋势等重大问题在内的一系列合乎历史实际的科学认知，应当加以继承，并构成教材编撰的大视野。教材编写不但要突破革命史的框架，而且要超越范式之争，向通史的本义回归，突出“通”的特点：纵向上要能体现一以贯之的历史发展脉络，横向上要能体现近代中国社会各主要板块间的有机互动与综合发展，以便能够多侧面地、更好地反映近代中国社会历史生动丰富的发展。①

赵庆云对革命史范式的标志性概念“三次革命高潮”做了较深入的解析。他认为，“三次革命高潮”实际上是突出了“八大事件”中表征着人民反抗过程的几次事件。这一概念的提出并得到广泛接受并非偶然，有其深刻的时代背景和社会思想基础。胡绳在对中国近代史的总体把握中，将国内阶级矛盾置于中外民族矛盾之上，“三次革命高潮”突出中国本土因素、相对忽视涉外事件即与此密切相关。“三次革命高潮论”不但将近代史事系统化，并予以规范解释，而且更为重要的是，它引导了一种着重中国本土因素、眼光向下关注下层民众的研究倾向。这无疑迥异于此前以中外关系为中心的中国近代史研究模式。“三次革命高潮论”的正面因素之

---

① 参见郑师渠《近代史教材的编撰与近代史研究的“范式之争”》，《近代史研究》2010 年第 2 期。

展开，推进了中国近代史这一新兴学科的发展。这一理论诠释体系从中国近代史这条漩流着的长河之波澜壮阔处着眼，在当时的时代背景下自有其意义。但因其本身固有的偏颇因素，以及具体运用中的教条化，其负面影响也不可忽视。①

马克锋认为，“革命史范式”侧重于从政治史角度对历史发展的解释，“现代化范式”更重视历史与中国现代化之间的逻辑合理性的论证，更关注经济史、社会史与文化史，二者之间并不矛盾，而是互为补充、相互促进的关系。② 虞和平对于改革开放以来中国近代史研究规范的创新做了系统梳理。他认为，就目前近代史学术界看来，中国近代史研究已形成“反帝反封建革命”与“争取近代化”这种一主一次的两个主题结构。但两个主题结构是就整个近代史的学科范畴而言，落实到具体的研究成果上，通史性著作虽然可以有较全面的体现，但也会因不同研究者的视角不同而在两个主题的分量构成上有所轻重；在专门史著作中则不仅不可能做到全面体现两个主题，其分量构成也可能有所不同。这些都是不必强求一律的。同时值得注意的是，与近代史研究主题由一进二的变化相应，近代史研究的内容结构也发生变化。其一，从事件史结构发展到与重大事件相结合的时期史结构。这种时期史的构成，小的如与“三次高潮”、“八大事件”、五四运动、北伐战争、土地革命、抗战时期、解放战争相结合的时期，大的如晚清时期、北洋政府时期、国民政府时期，以及包括后两者的民国时期；它们不仅研究时期中核心事件的本身，而且研究事件起止过程所覆盖时期中的包括政治、经济、社会、文化等在内的总体状况。这样的时期史研究，不仅没有忽视近代史上的重大事件，而且深化了重大事件的生成原因和社会影响的研究，突出了事件与社会的互动关系，可以说是一个时期内整体历史的研究。这样的时期史研究，从现有的成果来看，目前除民国史之外尚少见及整体性的时期史研究成果，但是，在理念上和专题及专门史研究上，已多有时期史的观念和成果。其二，从事件结构到发展阶段结构和年代结构的转变。所谓发展阶段，是指某一事物自身发展过程中的不同阶段。如果上述的时期史的界限划分还与事件相结合，是事件史的扩大的话，那么这里的年代史和发展阶段史的界限划分则已基本与事件相脱

① 参见赵庆云《“三次革命高潮”解析》，《近代史研究》2010 年第 6 期。

② 参见马克锋《近五年来中国近代史研究述评》，《教学与研究》2010 年第 11 期。

离，是一种事物自身变迁阶段和自然时间的划分，而将事件作为阶段和年代之内的一项内容。所谓年代结构，就是以每 10 年（年代）间的历史为界限进行研究。这方面的研究由中国社科院近代史研究所民国史研究室在 2004 年开创，从该年起以民国历史的每 10 年期为内容每年举行一次国际学术讨论会，并出版论文集旨在开创民国史研究的新视野，以“年代”为论域，以“年代”代替“事件”作为大致的分期，期以探讨较长时段内的历史演变，以利于政治、经济、军事、外交、文化、社会等方面的会通观察，突出历史的“连续动态过程”和时代特征。近代以来，历史变迁的节奏明显加快，将“年代”的视野引入近代中国的考察，正能凸显这种变化趋势。①

史学发展无非靠观念更新和史料挖掘，李喜所认为，二者相比，形而上的观念变革更难，也更具决定意义。史观是史学研究的灵魂，是一定的学术水准和特定的社会生态互动的产物。中国近代史发展主线的讨论，根本原因是在时代更替的制约下史观的不断变迁。世异时移，时移史易，是无法改变的定律。而史观的变化不是否定中的递进，更多的是传承中的扬弃，往往不能用是非来评判。就“革命史观”和“近代化史观”来讲，前者较多地去研究革命的积累、社会矛盾的激化、武装革命的成熟和政权的变更，将中国近代史变化为一个革命的过程；后者则着眼于和近代化有联系的相关因素的积累。革命条件的积累包含有社会的近代化因素，而近代政权的更迭也就是在构筑新的资产阶级民主政治。因而二者交会的东西不少，只是各有侧重。而不同研究侧面的变化，不仅使历史研究永无止境和接近历史真实，而且使史学与现实沟通，显示史学的社会功能和青春活力。还应认识到，历史认识具有相对性。绝对可以解释一切、永远有效的史观并不存在。因而，史家可以全心信奉某种史观，却不必去千方百计捍卫某种史观，更不必去批判你认为不正确的史观。②

对于近代中国的社会性质这一近代史“研究范式”的核心问题，张海鹏提出了自己的看法。他认为，这个问题可以从学理上去分析，也可以从历史实践上去分析。但是任何学理的分析，都只能基于历史实践。脱离了历史实践的分析，都是书生之见。近代中国的新民主主义革命，正是基于

---

① 参见虞和平《改革开放以来中国近代史学科的创新》，《晋阳学刊》2010 年第 6 期。

② 参见李喜所《改革开放以来的中国近代史发展主线研究》，《史学月刊》2009 年第 3 期。

对中国社会性质的正确认识和分析，才制定出新民主主义革命的战略、策略，才能明确革命对象、明确革命力量、明确革命前途。中华人民共和国的成立，社会主义道路的选择，都是这个历史实践的结果。离开这个历史实践，虚构种种臆测的理论，不能与历史的实践相符合。历史研究是基于史实的探讨，离开了史实，仅凭思辨不能解决问题。①

任放认为，自 1978 年以来，中国近代史研究主要有三种视角：革命史、经济史、社会史。从研究现状看，革命史的研究视角发生了引人注目的变化，突出体现在宏大叙事逐渐让位于细部深描，动辄全国性的题目和以论带史的定性研究被更多区域性的题材和个案分析所取代。经济史研究的问题意识也发生了诸多变化，从而给这门传统学科带来了新的挑战。社会史研究方兴未艾，正在突入革命史和经济史的疆域，对革命史和经济史的研究旨趣产生了相当的影响。由于社会史的学科性质存在较多争议，其学术边界最不稳定，呈现某种不确定的飘移状态，因此社会史视角下的乡村研究呈现出生机盎然但却纷乱驳杂的局面，其演进路径尚不清晰。实际上，革命史、经济史、社会史均是考察中国近代史的独特视角，不可相互替代，各有其重要的方法论意义。因此，这三种视角可以兼收并蓄，以利于达成研究之目的。②

夏明方则将既有的中国近代史研究大致趋向概括为革命史、现代化、后现代三种范式。这三种范式在其产生时都曾适应当时历史的需要，但随着历史的发展，又不可避免地走上教条主义道路。现代化范式和后现代范式都属于后革命范式，但两者之间亦处于对立状态。现代化范式改变了革命史范式的五阶段论或目的论，代之以现代化的目的论和进化论，强调与传统的对立，其中心主题是所谓不以人们意志为转移的从传统向现代过渡的历史大趋势。后现代范式对规律确定性的探讨、对启蒙与进步的质疑、对民族国家的解构、对过去或传统的怀念、对差异和边缘的关注，则体现了现代化发展到一定程度之后对现代化的批判和反思。在近代中国特定的历史条件下，尽管后现代范式与革命史范式以对立为主，然而二者又有诸多相似。由于时代变化，这些范式都不再适用。当今中国革命并未终结，

---

① 参见张海鹏《60 年来中国近代史研究领域有关理论与方法问题的讨论》，《历史研究》2009 年第 6 期。

② 参见任放《近三十年中国近代史研究视角的转换——以乡村史研究为中心》，《史学月刊》2011 年第 4 期。

只是革命背景、对象、途径、方式已发生变化，在这样一种新革命潮流涌动之时，中国近代史研究应以一种反思的形式成为这场新革命的组成部分，以建立“新革命范式”为趋向。其具体内涵为：（1）将历史时期的划分与历史视野的贯通结合起来，从历史的长时段探讨近代中国社会变迁的历程，着重解决历史的连续与断裂问题；（2）把中国置于世界文明发展的历史进程之中进行考察，着重解决中国历史变迁的内在动力与外部冲击的相互关系问题，对现代中国的由来与未来，对其在国际社会的地位与作用，做出新的解释和观照；（3）关注被以往研究所忽视的地理环境问题，更要以此种互动关系作为一种视角重新审视以往研究的主要问题——人与人之间的相互关系问题，为建设生态文明社会提供历史的智慧与借鉴；（4）辩证处理政治立场与学术研究之间的关系，尊重学术研究的相对独立性，重振史学研究的经世传统，把对中国历史问题的探讨与对现实的关怀有机结合起来，促进社会实践与学术研究的良性互动。从而建立以反思和对话为核心的多元史观；（5）以口述历史与田野调查、资料集成与数据库建设为重点的新史料观。①

3. 有关中国近代史的研究取向问题

美国学者柯文著《在中国发现历史——中国中心观在美国的兴起》，对中国近代史的研究取向提出了新的认识，在中国学术界引起很大反响。多数学者认为柯文将自己的理论体系建立在较精密和周全的论证之上，试图超越西方“现代性”冲击中国传统社会的旧说，打开了一扇透视中国近代史的新视窗，虽由于过分强调内部因素导致理论缺憾，但均基本肯定“中国中心观”的积极意义。李学智指出，历史研究的根本原则是从史实出发，如果过分强调某种“模式”，则很难避免用公式去剪裁历史的弊端，具有很大风险。即使要运用某种模式，这种模式也应该是建立在对这一阶段历史深入全面研究的基础之上。关于中国近代历史发展某种模式的建立或推翻，从根本上来说均就是在对中国近代历史全面而深入的研究之后，而不应是源于研究者对其自身所处现实社会某些现象的怀疑和批判，或搬来一个形成于其他国家历史进程的某个模式来套用于中国近代史。柯文对“冲击—回应”模式的批评，主要不是出于对中国近代历史的具体研究，而是源于作者对其自身社会现象的反思及进一步的推演，从而对既有模式

---

① 参见夏明方《中国近代历史研究方法的新陈代谢》，《近代史研究》2010年第2期。

反其道而行之地构建一个新的解释框架，然后去套用于中国近代史。实际上，承认西方冲击的作用，并不就是否认了内部因素；认可中国近代历史发展的“冲击—回应”模式，并不影响人们“在中国发现历史”。柯文的“中国中心观”弱化乃至否认近代西方世界与中国之间存在的重要差异，否认西方列强的侵略对近代中国所造成的冲击，模糊甚至混淆了“晚清中国的改革思想与活动”与此前中国历史上的改革所具有的重大区别，对中国近代史和近代中西关系做了背离史实的阐释，因而难以成立。中国具有悠久的改革传统，但这与晚清的变革是由西方的冲击而引发并不矛盾。西方的冲击，是欲认识近代中国不能不认真对待的事情，否则关于19世纪中后期的变革乃至整个中国近代史将无法解释。此外，柯文对“首次相撞”等概念的使用及论述的逻辑亦存在舛误。近代西方社会内部存在的差异和东西方之间存在的差异不可相提并论。中国近代史研究还是要从历史事实出发，具体问题具体分析，而不应预设某种取向，限制住研究者的视野和思维。[①] 虞和平也指出，近年来经过热烈讨论，外因、内因结合论已成学界的基本共识，即使有倾向于“冲击反应”论者，也认为反应的状况如何就是内因在起作用，也是外因和内因结合的结果。[②]

（三）研究的理论方法

理论方法对于推进中国近代史研究无疑极为重要，但过于依赖某种理论又容易导致偏蔽甚至歪曲历史。如罗志田所言，理论固然可以帮助和指导我们认识历史的和现实的存在，若发生理论与事实之间的冲突时，就绝不能用理论来否认实际存在，而应根据构建理论者过去未曾认识到的实际存在来修正理论。[③] 近年来，中国近代史研究中所运用的理论方法大多来自西方，我们诚然需要以开放的态度来对待这些新的理论，但在使用时需要谨慎鉴别具体分析，避免一味套用食洋不化。

马敏认为，借鉴、运用西方的理论来分析中国近代的社会组织，必须防止食洋不化，避免掉进西方概念和西方话语的陷阱而不能自拔。因为我

---

① 参见李学智《冲击—回应模式与中国中心观——关于〈在中国发现历史〉的若干问题》，《史学月刊》2010年第7期。

② 参见虞和平《改革开放以来中国近代史学科的创新》，《晋阳学刊》2010年第6期。

③ 参见罗志田《文革前“十七年”中国史学的片断反思》，《四川大学学报》2009年第5期。

们分析研究的毕竟是中国的问题，其中自会有种种变异，不能削足适履。借用西方概念必须结合中国历史的实际，赋予新的解释。更为理想的办法是直接从中国历史本身抽象、提炼出某些概念，从而真正建立中国自己的话语。如“绅商”，便是从文献中直接抽绎出的概念，如能围绕这一关键词进行种种厘清和内涵外延的重建工作，或许有望形成“以我为主”的理论解释框架。郑大华也对滥用西方理论的现象提出了尖锐批评。他指出，有些学者在研究中非西方的理论方法不用，而对西方理论或方法又存在诸多使用不当的现象。[①] 朱政惠则指出，我们要尽可能借鉴和应用国外学者研究中国历史的成果，对他们的研究也要用批判的眼光看待和分析，不能因为有价值就随便用，不假思索就吸收。但我们又不能不注意国际社会科学的发展和自我调适，否则会被边缘化。[②] 其实，西方学者对运用他们自己创造的理论工具也持谨慎的态度。如美国学者黄宗智就在指出理论对于中国近代史研究的作用之同时，着重对自己在学术生涯中遇到的四个主要的“理论陷阱”做了批评和反思。这四个“理论陷阱”为：不加批判地运用，意识形态的运用，西方中心主义以及文化主义。[③]

在 2010 年 6 月召开的“史学理论：中西比较与融通”学术研讨会上，刘家和、易宁等指出，我们不仅要了解西方的史学理论前沿，而且要了解其理论是如何在扬弃的基础上形成的，要了解他们理论的逻辑论证思路，这是与西方学者“对话”的基础。李剑鸣认为，中国的史学理论应该走出自己的道路，而不应只为西方理论做注脚。张越提出，我们以往对西方史学的了解和接受重在观点上的借鉴和方法上的照搬，现在应进一步对观点形成的论证过程做更深入的研究，对方法背后的知识背景作理论上的剖析。邓志峰认为，中国的史学理论要回到自己的传统之中才能有所发展。因此，我们的史学理论研究，目前最根本的问题是要把中国史学传统之中最根本的、奠基性的东西发掘出来，才可能有大的突破。[④]

作为历史认识的工具，现代化理论促进了对近代经济、政治、文化、

---

① 参见谢维《中国近代史研究三十年——过去的经验与未来的可能走向》，《近代史研究》2010 年第 2 期。

② 参见朱政惠《史学理论与史学史研究的新思考——与海外中国学研究关系的讨论》，《安徽史学》2010 年第 2 期。

③ 参见黄宗智《学术理论与中国近现代史研究》，《学术界》2010 年第 3 期。

④ 参见李娟《“史学理论：中西比较与融通”会议综述》，《史学史研究》2010 年第 4 期。

思想各个方面的深入探索，有力地推动了中国近代史研究的发展。但无须讳言，现代化理论也存在不足。姜新指出，现代化理论具备历史事实判断工具的基本条件，但将现代化作为价值评价尺度造成了种种混乱。现代化在政府树立目标、学术界塑造必然趋势、社会幻想理想王国的作用下，被充当衡量一切价值的尺度。然而，广义现代化价值尺度无法确定合理的内涵以及合适的外延；狭义现代化价值尺度忽视现代化道路的多样性和现代社会的复杂性，人为将现代与传统、西方与东方对立，忽视传统的价值，抹杀现代局限。我们对于现代化理论应该批判吸收，绝不能过分迷信，若将之奉为评判一切事物的价值尺度，则可能产生谬误。[①] 吴英也指出，现代化理论尽管正确指出了农业社会向工业社会转型的必然性，并客观地总结了工业化和城市化过程的一些本质性，但它的研究范式是受西方结构功能主义思潮的影响，实质是将西方，尤其是美国的发展道路视为现代化的标准模式；在历史发展规律的揭示上，它认定西方，尤其是美国式的现代化道路乃是历史发展的规律，而无视后发国家演进路径的多样性，同时也无视发达国家演进路径的多样性。[②]

不少学者注意到学科分割的弊端，强调贯通的重要性，呼吁打破近代史研究中的森严壁垒，融合学科界限。学科之间的分割和隔膜，容易使学者画地为牢，不敢越雷池半步。很多新的交叉学科领域貌似热闹，却难以深入，关键在于难以打通，缺乏“通识”。史学研究过于强调专深精细，注重对历史个案作微观剖析，却忽略了对历史的本体性把握，以致史学研究中碎片化趋向明显，系统性严重缺失。学科分割反映在通史与专史的编撰上，一为通史不通，不能将历史发展的内在逻辑梳理清楚；二为专史过专，失去了与其他方面的历史联系。[③] 桑兵特别强调，近代史事纷繁复杂，治近代史须克服偏蔽，通贯整体。“通”是中外史学共同推崇的至高境界，只是人力有限，难以掌握驾驭无涯的知识，才有分科分段分类治学。治史划分过窄，各守一隅，窄而深的努力往往流于狭隘的积习。学问支离破

---

① 参见姜新《历史事实判断工具还是价值评价尺度——对史学领域“现代化”理论的质疑》，《安徽史学》2010 年第 2 期。

② 参见吴英《中国历史教科书的编纂不能离开唯物史观的指导》，《史学理论研究》2010 年第 4 期。

③ 参见谢维《中国近代史研究三十年——过去的经验与未来的可能走向》，《近代史研究》2010 年第 2 期；杨天宏《系统性的缺失：中国近代史研究现状之忧》，《近代史研究》2010 年第 2 期。

碎，失去整体性，所治窄而深的局部研究乃至对于学问的见识判断也会扭曲。研究领域过于偏狭和整体史的严重缺失，已经成为制约史学发展的瓶颈症结。而跨学科并非易事，迄今为止的跨学科，多为拼凑和放大，甚至未能将史学基本方法运用得当，以别科的陈说，为趋时的新解。近代史研究必须追求贯通，不通不仅不能揭示和把握历史整体的渊源大势及内在联系，甚至无法恰当研究具体的历史。要在整体之下研究具体，探寻个别的普遍联系。中国近现代史的“通”，须破除分科的成见和局限，既要贯通古今中外，还应沟通各门各类。如何才能具备“通”的眼光，他强调研究者不要悬问题以觅材料，而应通过放眼读书发现问题，在博通与专精之间求得平衡。①

章清则认为，用分科治学的方法研究近代史，把整体历史按政治、经济等分割，这种做法本身就是造成专门史碎片化的原因。就目前看来，海外中国学研究的基本趋向是将中国划分为更小的研究“单位”。今日中国所开展的中国近代史研究，也有类似的取向，“专门史”仍然是中国史学学科建制的基本特征，其画地为牢的弊端也日趋显现。学术界所致力的“新社会史”“新文化史”，构成了对“专门史”的消解。社会史、文化史本属专门史之列，然而一个“新”字，却将多重因素都纳入对专门史的审视上，体现了对“全面的历史”的追求。但同时产生新的问题：既然要写全面、整体的历史，势必会注重“横向”与“纵向”的拓展，缩小“历史研究的单位”，由此又必然导致历史研究选题的“碎片化”。因而，所谓“整体的历史”或“全面的历史”，或许不过是历史学家“高贵的梦想”，关键在于了解各种研究方式的局限性。②行龙指出，近代社会史研究要力戒“碎片化”，因为只有碎片一地，却没有那个“有似绳索贯穿钱物”的东西，只能是碎片越来越多，景象越来越乱。要真正摆脱“碎片化”的境地，必须回到总体史的路子上来，正确地理解和把握总体史：社会史意义上的总体史并不简单的就是追求研究对象上的五花八门、包罗万象，也不是单个社会要素连续相加重叠的混合体，而是一种多种结构要素相互联系和作用的多层次的统一体。

① 参见桑兵《中国近现代史的贯通与滞碍》，《近代史研究》2010年第2期。

② 参见章清《“历史研究的单位”：“专门史”与中国近代史研究》，《过去的经验与未来的可能走向——中国近代史研究三十年（1979—2009）》，社会科学文献出版社2010年版。

社会史的选题并无大小之分，关键在于“以小见大”，在总体史的眼光下进行多学科的交融，勇于和善于在具体研究中运用整体的、普遍联系的唯物史观，寻找事物的互相联系和作用。①

近年来，“全球化史观”对中国学术界产生了广泛影响。张玉法对史学研究的全球化与本土化问题做了独到分析。他认为，历史和史学本来都是本土的，随着世界各国彼此之间联系日趋紧密，使本土向全球化发展。在向全球化发展的过程中，本土化仍然存在。有时为了标榜本土的价值，或受外来刺激和威胁，使本土更本土。在中国走向全球化的过程中，史学也走向全球化。全球化史学，是站在世界或全人类的立场写历史，在写到其他民族或其他国家的历史时，需考虑到其他民族或国家的立场与感受，不专以本土观点或利益为出发点。以世界的眼光研究本国史，以全国的眼光研究地方史，是全球化中史学发展的趋势。② 张玉法所论，实则与超越国界的历史认识问题密切相关。近数十年德、法等国进行共同历史研究、共同编写历史教科书，以达成历史共识与和解，也体现了全球化史学的精神。日本一些学者为维护国家颜面，否认历史事实，则属本土化史学。对中日之间的历史认识问题，徐秀丽做了较深入的阐述。她认为，中日历史共同研究和教科书合作固然可以在宏观认识和具体策略上借鉴欧洲国家解决历史问题的经验，但中日历史问题有着更为复杂的历史和现实成因，在许多方面无法复制欧洲经验。因而需要历史学者做出更多创造性的努力。③

研究中国近代史，往往难以避免先入之见，陈寅恪提出的“同情之了解”就显得极为重要。杨奎松就近代史研究中的人性问题做了深入探讨。他指出，研究历史需要人性视角，历史是一些活生生的有思想、有感情的人创造出来的，若摒除历史人物的党派政治背景，每个人都有血有肉，有长有短，很难用好坏简单加以定性和区分。传统的革命史观，着眼于政治的是非，往往只见阶级不见人；现代化史观，着眼于生产力及其相应的经济政治发展，又往往见物不见人。流行的阶级史观，或民族国家史观，着眼于某个阶级，或某个民族或国家的发展与命运，往往只见自己不见他

---

① 参见行龙《中国社会史研究向何处去》，《清华大学学报》2010 年第 4 期。

② 参见张玉法《论中国史学的全球化与本土化》，《史学月刊》2009 年第 6 期。

③ 参见徐秀丽《欧洲经验对解决中日历史问题的启示及其局限》，《抗日战争研究》2009 年第 2 期。

人。从人性视角来研究历史，就能够较好地弥补这类史观的局限性。既然历史的主体是人，既然人有共同的特性，那么研究历史就不仅需要注意到那些表面的不同，如地主和农民、精英和民众、敌人和友人、外族和本族、压迫者和被压迫者，还必须注意到他们作为人的共性之所在，并基于对人类共性的理解，对研究对象抱以历史的同情态度，才能避免做出过于武断和片面的判断。①

历史归纳方法，从“特殊事实”中提取“普通事实”，进而推导历史一般常态，是史学研究中的重要一环，也是极易失真的一环。桑兵明确提出，治史不宜归纳，而要贯通。他认为，史学着重见异，有别于社会科学的主要求同，在分科治学以及社会科学泛化的误导下，不少学者好用归纳或附会式比较，看似有理，其实很可能背离历史真实。② 张耕华也指出，由于历史的个别缺乏天然的齐一性，使得通常所用的典型性研究的有效性大打折扣。某一典型个案的研究，究竟在怎样的程度上、在怎样的时空范围内代表着一种普遍性，也难以做出正确无误的判断。而且，史料的留存，史实的选择，对史事属性的诠释，都或多或少掺入了我们主体的因素，这就使得用作归纳的个别，已然充满着不确定性和含糊性。因而，对使用历史归纳方法的局限应有清醒的认识和反思，对由使用归纳方法而获得的历史知识要有恰当的估量。③

对于历史人物研究中的“翻案”问题，刘克辉则从历史认识论的角度提出批评。他认为，“翻案”的提法容易强化人们的“定论”思维，把某一评价凝固化，使史学工作者失去主体意识；“翻案”思维使“正面和反面人物的两分法”成为人物评价的准则，影响人物研究的正常开展。简单地将历史人物区分为正面人物和反面人物，是一种形而上学贴标签的方法。人物的性格及承担的社会角色是非常复杂的，需要我们多角度地观察和评价历史人物。④

对于近代史研究领域的“翻案”“揭短”文章现象，曾业英认为：问题的关键并不在该不该“翻案”“揭短”，而在怎么“翻”？怎么“揭”？

① 参见杨奎松《历史研究中的人性取向问题》，载《过去的经验与未来的可能走向——中国近代史研究三十年（1979—2009）》，社会科学文献出版社 2010 年版。

② 参见桑兵《中国近现代史的贯通与滞碍》，《近代史研究》2010 年第 2 期。

③ 参见张耕华《略论历史归纳中的几个问题》，《史学史研究》2010 年第 4 期。

④ 参见刘克辉《历史人物研究中的“翻案”问题》，《史学理论研究》2009 年第 3 期。

只要不符合历史实际，不管你是哪个阶级、哪种政治力量，都一律要“翻”、要“揭”。近年来，近代史学界出现了一种以新的教条主义代替旧的教条主义、新的简单化代替旧的简单化、新的片面性代替旧的片面性，从一个极端走向另一个极端的现象。怀着这种以偏纠偏的倾向研究中国近代史，非但不能还中国近代史的本来面目，还将造成新的历史错位和认识混乱。首先，以偏纠偏带有明显的感情用事色彩，而研究者对研究对象的这种“自恋”倾向，又往往与先入为主相生相伴，有了先入为主的倾向，又怎能保证历史研究的客观和公正呢！其次，任何一位历史研究者，一旦产生这种以偏纠偏的倾向，就难以坚持正确的学术立场了。最后，以偏纠偏者的研究，还背离了历史研究实事求是的精神。表面看，以偏纠偏者的研究，是在否定盛行于以往那个特殊历史时期的教条主义、简单化、片面性，方向看似相反，本质则是一样的。这种以偏纠偏的倾向，既难于担起历史研究者对历史负责的重任，正确解读中国近代史，提高中国近代史研究的学术水准，又难保不造成新的历史错位和认识混乱，影响整个社会对中国近代史的认识。因而这种倾向并不可取，且值得近代史研究者深思和警惕。①

（四）分支学科的相关理论问题

1. 社会文化史的理论建构

20世纪七八十年代，西方在人文社会科学领域发生影响深远的“文化转向”之后，西方史学界也出现了重大转折——新文化史（New Cultural History）兴起并成为主流。20世纪80年代末，中国学术界也兴起了“社会文化史”这一社会史与文化史交叉学科，与西方学术界的“新文化史”基本对应。但经过20年来的发展，“社会文化史”已经成为一个日趋成熟且独具特色的史学分支领域。2010年9月25日，“首届中国近现代社会文化史国际学术研讨会”在北京召开。《光明日报》也于2010年8月邀请在社会文化史研究领域辛勤开拓、颇有实绩的专家座谈相关理论问题。

刘志琴指出，在中国，一部社会文化史实际上也是一部物化的社会思潮史，这是思想史和社会史不能取代的内容。当今中国社会文化史研究处

① 参见曾业英《〈近代史研究〉三十年之路与未来走向》，《近代史研究》2009年第5期。

于全球化的浪潮中，不能不受外来文化的启迪。但鉴于中国文化的特质，与其接受外来文化的影响，不如深入本土资源中谋求新发现，建立适于研究本土社会文化的理论概念与学术谱系，以寻求本土历史的理论阐释，进而提出针对本土社会文化发展的一般理论，参与时代的知识进步与理论创新。时代课题将促进社会文化史研究领域的扩展、深化与多样化。当今中国社会正面临“社会治理”与“文化重建”两大课题，正是社会文化史研究的中心问题，社会文化史研究应当为此提供更多的本土经验与历史启迪。[①]

李长莉认为，我国史学界的“社会文化史”有自己的独特性，与欧美史学界的“新文化史”并行而有异。虽然欧美的“新文化史”肇始与兴起的时间比中国略早 10 年左右，但中国的“社会文化史”并非是受其直接影响而引入的“舶来品”，而是以中国学者为主体，在改革开放的思想解放的语境下，在社会转型的时代课题挑战下，因应中国史学内部发展的要求而产生的，是一种本土性的新史学趋向。具体说来，中国的“社会文化史”研究与欧美“新文化史”研究相比较，虽然都有“向下看”的共同趋向，但前者更注重“群体研究”，而后者更注重“个体研究”；前者更强调对原有范式的补充、并存和交融，而后者更强调对旧范式的“反叛”与“替代”。前者属于“现代化”的文化潮流，而后者则属于西方“后现代”的文化流派。随着人类面临日益复杂而且多样的问题，要求历史提供的知识就不只是还原历史真相与判断是非，而是要开掘历史现象的纵深处，多层面地探究其内在根源与演变机制。如果仅限于某一专史领域、单一视角的知识则难以解答。社会文化史从社会史与文化史相结合的交叉视角，以文化视角透视历史上的社会现象，或用社会学的方法研究历史上的文化问题。它并没有严格的学科定义，始终是一个开放性的学科概念。它与通史和专史不是替代关系，而是补充关系。“社会文化交叉视角”不只适用于“社会文化史”的专属研究领域，也可以作为一种新史学范式，对于以往通史、专史单一视角的史学范式提供有益的补充。近年来，中国“社会文化史”研究出现微观史与深度描述、建构理论与概念分析工具、以记述叙事为主要表现形式等趋向，同时也存在着碎片化、平面化、理论与内容相脱节及“片面价值论”等缺陷。时代的挑战将促进社会文化史的

---

① 参见《社会文化史：史学研究的又一新路径》，《光明日报》2010 年 8 月 17 日第 12 版。

发展，史料数据化与网络化将为社会文化史学者利用大量民间史料提供更多便利。①

梁景和撰文指出，研究社会文化史涉及精英文化与大众文化的关系问题，精英文化源于大众文化，同时又是对大众生活和大众文化的体认、关注和指导，因此二者均不可偏废。研究社会文化史还须注意社会文化与国家意志的关系问题；注重研究社会运动的社会文化意义。社会文化史研究，应该借鉴以田野调查方法为重点的文化人类学理论与方法，同时应尽量拓展史料范围，除引人关注的一般史料外，诸如被目为野史稗乘的笔记、小说、戏曲、诗歌等，也须纳入研究的视野。②

身体史，确切地讲应该称之为身体文化史，主旨是以“身体”为视角来考察社会、文化与政治的变迁。目前身体史研究在海外乃至台湾学界已经有了较丰硕的成果，大陆学界则仅有少数学者涉足。刘宗灵认为，身体史已经开始成为一个能重新审视历史进程的有效途径，其方法与视角具有的理论前沿性与学科综合性，能加深我们对过往历史的认知。身体史研究在欧美已蔚为大观，形成了自己的研究范式与特色。大陆学界则处于追随模仿阶段。对于这一全新的领域，向先进学习固然必要，但如何从自身的历史资源中发现自己，并从中提炼出自己的要领和理论框架，也是必须面对的问题。③ 杜丽红指出，身体史的最大特点是跨学科研究，身体史研究发展过程中，从哲学和社会理论获取了思想基础，从语言学和人类学中习得重视话语、文本和叙述的研究方法，身体是承载着社会、政治和文化的客体，必须进行多角度解读。④

2. 环境史研究

环境史是20世纪90年代之后兴起的一个新的“学科生长点”，开辟了史学的新领域，目前已逐渐成为国际史坛之大宗。在我国，由于人与自然和谐的理念不断推展，环境史研究亦呈现显学之势，成果颇丰。《历史研究》2010年第1期约集国内环境史研究专家，刊发一组题为“中国环

---

① 参见李长莉《交叉视角与史学范式——中国“社会文化史”的反思与展望》，《学术月刊》2010年第4期；《社会文化史：史学研究的又一新路径》，《光明日报》2010年8月17日第12版。

② 参见梁景和《关于社会文化史的几个问题》，《山西师大学报》2010年第1期。

③ 参见刘宗灵《身体史与近代中国研究——兼评黄金麟的身体史论著》，《史学月刊》2009年第3期。

④ 参见杜丽红《西方身体史研究述评》，《史学理论研究》2009年第3期。

境史研究”的笔谈，以支持、倡导环境史研究。

朱士光认为，环境史作为一门跨越地理科学、环境科学、生态学与历史学的学科，对于这几门相关学科的一些理论观点也当加以遵循，并在此基础上建构起自身更为完满的理论体系以指导环境史研究工作深入开展。但中国环境史研究脱胎于历史地理学，因而作为中国历史地理学理论基础的“人地关系”理念，亦应作为中国环境史的理论之基础与核心内容。只有以“人地关系”理念作为生态环境史研究之基本理论，进行周密严谨的研究，才能在推进实证性个案研究的同时，不断丰富充实生态环境史的理论内涵，促进环境史理论体系建设。①

邹逸麟认为，环境史研究牵涉的学科面很广，一个人的知识和专业有限，因此，环境史研究需要多学科的交叉和合作，经过一系列的实证研究，最后才能建成一门理论体系完整的独立学科。就我国具体的环境史研究而言，应注意以下问题：（1）人口与土地利用问题；（2）对历史时期水环境变化的研究；（3）研究中国环境史，一定不能忽视整个社会体制的影响；（4）环境史与社会史研究应该结合。② 蓝勇指出，历史时期中国环境的变迁并非呈现古代生态环境比近现代更好的直线发展趋势，人类较大的经济、军事、政治活动往往会对生态环境造成十分复杂的影响，环境变迁并非直线发展。这种环境变化的复杂性、非直线性使得我们在复原历史环境时不能仅在大区域内用文献材料简单插补后按级数递增、递减来复原，而更多地要将历史学、地理学、考古学、统计学、人类学的诸多方法结合起来，在分区域深入研究的基础上进行复原。③ 王先明认为，就“环境史”定义的内涵而言，仍然定位于“自然生态”方面，但亦不可忽视对“社会环境”的研究。没有“社会环境史”的历史，将不是完整的社会历史；没有社会环境史的内容，也建构不起真正完整的“环境史学”。社会环境史研究的取向，不仅有助于弥补“环境史”偏重于自然史取向的单向发展，而且有助于社会史展示社会生活演变进程的丰富性和多面性，可以在人与环境、历史事件与环境相互作用的历史进程中，获取更为深刻、更具历史洞见的理性认知。环境史的社会史取向，既是以人为主体的历史学

---

① 参见朱士光《遵循“人地关系”理念，深入开展生态环境史研究》，《历史研究》2010 年第 1 期。

② 参见邹逸麟《有关环境史研究的几个问题》，《历史研究》2010 年第 1 期。

③ 参见蓝勇《对中国区域环境史研究的四点认识》，《历史研究》2010 年第 1 期。

科发展的内在要求，也是史学面对当代社会发展的需求，实现其“学以致用”学科功能的重要体现。①

梅雪芹指出，中国古代环境史研究已取得较丰富的成果，而中国近现代环境史则是一个有待开拓的新领域。当前加强中国近现代环境史研究，不仅是学术问题，而且是对中国社会经济建设具有重要实践意义的现实问题。她认为，我们应从环境对人类历史的影响、人类活动对环境的影响及其反作用，以及人类有关环境的思想和态度等方面，来提出中国近现代环境史的课题。比如，近现代战争、革命及其环境影响这一课题中就有许多问题需要进一步加以研究，尤其需要加强有关列强侵华战争对中国环境之破坏的研究。从事中国近现代环境史研究，要认真思考如何摆脱近代以降针对中西方历史和文化而出现的“传统”与“现代”、“落后”与“先进”等简单的二分思维，重新审视一些由来已久的规范性或主流认识。中国近现代环境史要取得大的发展，首先，要下大力气整理相关史料，包括进一步挖掘已有资料的新内容；其次，应全面开展相关专题的学术史考察，在此基础上拓展新方向、研究新问题。②

一直从事卫生史研究且颇有成绩的余新忠撰文指出，卫生史与环境史不仅在研究旨趣上相当一致，在研究内容上也有很大的交集。因此，就环境史研究来说，从卫生史的角度切入来探求人与自然的关系，不失为一种有效的研究路径。因为从卫生史的视角出发，对促进环境史研究的深入开展并进一步融入国际主流学术潮流颇有助益。同时，作为一种新史学的环境史，更关注人与自然的互动。我们不仅要关注人类的行为对环境造成了怎样的影响，以及环境如何影响和制约人的行为；还需要更进一步去考察环境与人是如何在观念和文化上互动的。而卫生乃是人类对疾病的适应和应对，其主要内容，也是透过疾病这一纽带，对生态环境的适应和应对。因而，从卫生史角度来探讨环境史，有利于我们探求生态环境的文化因素，便于我们观察不同时空中社群自然观念的不同，以及进一步考察不同时空中的社群的卫生观念如何对环境产生影响。③

---

① 参见王先明《环境史研究的社会史取向——关于“社会环境史”的思考》，《历史研究》2010年第1期。

② 参见梅雪芹《中国近现代环境史研究刍议》，《郑州大学学报》2010年第3期。

③ 参见余新忠《卫生史与环境史——以中国近世历史为中心的考察》，《南开学报》2009年第2期。

3. 观念（概念）史研究与数据库的运用

观念（概念）史，也被称作“历史语义学”，这是一个近年来受到不少学者青睐的史学研究方法，主要通过梳理那些在社会各阶层中广泛流行的关键概念的形成、发展、演变及其流行的过程，进而揭示词语的特定语境及其丰富的历史内涵，反映它们对历史尤其是社会政治思想史的影响。[①] 观念史具有社会史和思想文化史的交叠性，它的出现及盛行，一定程度受“语言学转向”对历史研究的影响。近世中国为中西文化的交汇期，出现并逐渐流行一些反映新事物、新观念、新制度的新概念，这些概念都不同程度地具有保存某些独特的历史文化信息。观念史的研究特别适应于从前近代到近代社会的转型时期。近年来，中国近代史研究领域的观念史研究取得了不少成果，对其具体研究方法取径也产生了一些争论。

金观涛、刘青峰著《观念史研究：中国现代重要政治术语的形成》（法律出版社 2009 年版）是一部较有影响的观念史著作。此书运用统计学的方法来进行观念史研究，在研究方法上具有开创性。作者以十年之功，建立起一个庞大的“中国近现代思想史专业数据库”（1830—1930）。这个包含了大约一亿两千万字的文献数据库以关键词为中心，分别对重要的概念进行时间分布上的统计，并且根据其不同的意义归类解读，力图由此找到一份中国现代重要政治术语形成时期的观念史地图。[②] 金观涛此著的研究方法受到质疑。张仲民认为，观念的流行与心态的变化有时并无蛛丝马迹可寻，即便有所表露和展示，往往也很难用数据库中揭示出来的新名词或关键词的出现频率，表征其流行程度与广度。就金观涛著作所依赖的数据库而论，相当多的报刊就未曾进入其视野，而且完全忽略了文学材料、广告资料。更为关键的是，金的著作过于依赖计量的方法。而计量方法在处理文化、观念、心态等比较模糊且缺乏明显数据的问题时，其局限会异常突出，其想取代传统历史学的雄心就显得大而无当。此外，新观念虽发轫于精英阶层，但均须经由各种媒介传播到一般民众那里才发挥作用。金观涛的观念史研究对于这些新的概念的传播方式、传播过程以及中下层人群对此的认知与使用完全忽略，对于观念流行的广度和深度则难以

---

① 参见黄兴涛《“概念史”视野与五四研究》，《中国社会科学报》2009 年 4 月 16 日。

② 参见白锐《一个词语的演变史就是一部观念史》，《南方都市报》2010 年 3 月 10 日。

有准确的把握。[①]

金观涛等则认为，引进数据库方法只是一种辅助方法，为对关键词的使用情况和类型分析这一素材搜集和整理的环节上提供了极大便利。而他的研究是在数据库基础之上，再以人文学科的基本范式和其研究分析这些资料。因而，其研究并非计量史学，而是利用计算机数据库，令其服务于人文研究。[②]

4. “民国史观”之提出

中华民国史学科从无到有，如今已取得巨大成绩。但该学科的基本框架是在20世纪70年代确定下来的，由于特殊的背景，使得当初对中华民国史学科的研究对象进行了限制，将中国革命史的内容排除在外，人为地割裂了民国史的完整性，严重影响对民国史发展状况与规律的总结。原有民国史学科体系已难以适应学科研究内容与方法上的多样化，目前已呈现民国史学科性质定义与研究现状不相称的窘境。在2010年8月召开的“第六次中华民国史国际学术研讨会”上，陈红民提出以“民国史观”来建构新的民国史学科体系。其核心内涵为：中华民国史研究的学科性质，应该定位为“断代史”，而非“专门史”，它是涉及民国时期政治、经济、军事、外交、文化艺术、社会发展等各方面的历史。只研究民国时期统治阶级及其人物活动，远不能反映民国史的全部内容。作为一部断代史，民国史的研究对象是1912年1月1日中华民国诞生至1949年10月1日中华人民共和国建立之间发生在中国的全部历史存在。考虑到历史的整体延续性，在时间上，上可追溯到晚清（与民国建立有关的史实），下可延至中华人民共和国建立后的若干年（民国残余势力的影响）。在空间上，发生在中国本土之外，但对民国进程产生重要影响的国际环境，也应给予关注。民国史研究的目的，是要从中国历史发展的长河中去评价与定位中华民国诞生、发展以至灭亡的历史过程，总结其特殊的历史规律。“民国史观”既是一种学术研究的观念，即强调学术中立性，尊重历史发展的客观规律；又是一种方法论，立足于现代化与国际研究视角，不拘泥于单一史料与“先验”结论。

近年来，海内外民国时期史学资料全面开放，学术交流日益频繁，研

① 参见张仲民《“局部真实”的观念史研究》，《东方早报》2010年5月23日。

② 参见金观涛、刘青峰《简答张仲民先生对拙作的评论》，《东方早报》2010年5月30日。

究者在相对宽松的学术环境中，基于扎实的史料，对民国时期的政治、经济、文化等各个方面进行严谨的多维论证。“民国史观”是在民国史研究取得迅速发展过程中逐渐形成的一种史观。用“民国史观”构建中华民国史学科新体系，是项长期艰巨的任务，需要不断完善。在建立新体系的过程中，至少需要注意：(1) 独立性、完整性。作为学术研究，不应该先入为主地只抽出民国史的某一方面或某一时段，来印证某种结论或理论。学者的研究可以有侧重，但在研究心态与总体把握上，应当将民国时期视为一个独立的整体，而不可以偏概全。(2) 评价民国时期的思潮、制度、政党、人物与社会，需要用发展的眼光，而不能用当时不可能做到的标准来苛求前人。(3) 研究民国史，必须有国际化的视野，比任何其他断代史更注意世界发展对中国的影响。构建这种新的民国史学科体系，应处理好与中国革命史的学科关系。在中华民国史变成“断代史”后，中国革命史作为“专门史”，可以继续深入下去。它们之间是大与小、整体与局部的关系，研究中国革命史的学者，要有整个民国史的大视野；研究民国史的学者，要随时吸取革命史学者的新成果。两者可以相辅相成，互相促进。如果从事革命史与从事民国史研究的学者能够选择相关课题合作，交叉研究，则其成果必然会增强学术研究的科学性，更有利于两个学科的共同发展。目前作为阶段性的目标，应该举学术界之力，完成一部由国家主持编纂、接续“二十四史”的《中华民国史》。[①]

此外，史学的大众化及专业史家如何因应，亦引起学界注意。以往的官方历史叙事与精英历史叙事垄断了历史话语权，近年来，“史学大众化”如野火燎原般迅猛发展，引人关注，自然需要学术界从理论上对之进行探讨。

郭震旦认为，大众化历史叙事的繁荣具有两个背景：大众文化的崛起及世俗社会的复归。它给史学的发展注入了活力，促进了历史研究领域的拓展、研究内容的转移以及文体的变动。但目前的大众化史学泥沙俱下，鱼龙混杂。历史学家是应该满足于只为他的历史学家同行写作，还是也应该以广大普通公众的阅读为自己的目标，是现阶段专业史学工作者需要直

---

① 参见陈红民《“民国史观”与中华民国史新学科体系的构建》，《历史档案》2011 年第 1 期。

面的一个问题。也有一些史学家开始了通俗史学的尝试，承担了教化国民、传承文明的社会功能。并且通过他们的参与，提升了大众化历史的水准与品格。但大众化历史叙事不能仅仅出于对市场的献媚，它必须建立起自己的品格，力求学术与通俗并重，学术不拒通俗，通俗力求学术。[①]

（王也扬　赵庆云）

① 参见郭震旦《历史编撰新图景：大众化历史叙事的隆起》，《清华大学学报》2009 年第 5 期。

第六章

革 命 史

2009年度

2009年，革命史研究主要成果体现在研究对象和研究领域的深入拓展上，特别表现在深入挖掘政治事件的社会基础等方面。对革命与乡村社会的联结，这一年的研究多有涉及。继2007年《革命源起：农村革命中的早期领导群体》之后，何友良关于地方领导群体的系列研究又有新作。何友良认为，地方领导群体在发动武装暴动后，面临着革命向核心目标展开的更为复杂的形势和艰难的任务。在革命展开过程中特别是在清一色的阶级政策下，地方领导群体在土地分配、阶级路线和发展目标等核心问题上，其自身特有的社会文化条件及行事方式必将遭遇困境和挑战。在内外多重因素影响下，地方领导群体坚持继续推进革命，但在土地问题上发生犹疑和失误，陷入阶级政策贯彻与出身认定的危机；在根据地之领导权集中与发展战略上与红军前委产生尖锐的矛盾。他们具有在革命源起时曾经发挥过重要作用的地方文化、社会条件等优势，但随着中心任务、组织形式和动力要求的变化，上述优势逐渐失去功用，其中有些人甚至成为革命的对象。地方领导者的境遇说明，革命是一个艰难复杂的问题，在早期，即使是在革命队伍内部，人们也需要付出沉重的代价，才能找到合适的道路与对策。①

张宏卿、肖文燕对1927年国共分途之后的革命起源做了分析，认为在当时革命处于危机的背景下，一批中小知识分子把诞生于城市的革命引向“乡下”，开启了革命的新路径。假如没有广大农民的参与，中国共产党人的革命只能是一场“书斋里的革命”；而假如没有革命者那种坚韧不拔、越挫越强的革命精神和敢于深入、不怕牺牲、灵活多样的革命行动，

---

① 参见何友良《农村革命展开中的地方领导群体》，《近代史研究》2009年第3期。

中国农民也难以成为革命的中坚力量。中央苏区区域社会革命的产生，有赖于中小知识分子群体的努力，而革命之所以能够成功地转入乡村得益于他们这样一些特质：地方性素质是其从未中断过的乡村“脐带”，外部活动是其革命思想产生的“催化剂”，革命的职业化、基层化是其获得民众认同的最佳路径。通过“深描”中国共产党人传播革命的具体进程，既可以揭示知识分子越挫越强的坚定信念，又彰显其脚踏实地实干灵活的精神，从而完整地再现知识分子与农民互动和磨合的多维“画卷”。①

1927 年 8 月 20 日《湖南致中央函》是秋收起义筹划过程中的一件重要文献，于化民通过对多重证据的深入辨析，确认毛泽东就是此信的作者。毛泽东在信中提出要彻底抛弃国民党的旗帜，立即建立工农兵苏维埃政权，制定了土地革命纲领。这些观点和主张虽然并不被当时的中央所接受，但后来的实践证明毛泽东选择的方向是正确的。《湖南致中央函》有着重要的思想和理论价值，真实记录了这一时期毛泽东探索革命道路的思想轨迹，成为在井冈山形成的红色政权理论和工农武装割据思想的发端，与在八七会议上的发言一道，构成毛泽东独立探索中国革命道路的理论起点，为全面考察毛泽东新民主主义革命思想的发展脉络提供了珍贵的文献依据。②

广东土地革命早期，一度出现过红色恐怖现象。刘昊的研究认为，革命者制造的红色恐怖虽然一度有利于鼓舞革命者的斗志，但总体上弊大于利。首先，红色恐怖造成了对中共不利的社会舆论，危害中共最终夺取国家政权这个根本利益。其次，红色恐怖与反动派的滥烧滥杀形成恶性循环，加剧了报复性烧杀，造成社会财富的巨额损毁和劳动人口剧减。最后，迫使反动武装誓死不降，造成攻坚的困难。红色恐怖出现之主要原因，一是血债血偿的复仇和农民的劣根性使然；二是领导者误将红色恐怖当作工农求解放的主要手段；三是革命形势引起的强烈阶级对立、复仇意识使然。后来，广东各地特委按照中共中央和广东省委的指示，基本上停止了红色恐怖。红色恐怖增加了革命成功代价，客观上违背了革命者的初衷，虽然持续时间较短，但充分暴露了在革命队伍内占绝对多数的农民的

① 参见张宏卿、肖文燕《革命“下乡”：赣南、闽西革命初期的领导群体》，《江西社会科学》2009 年第 1 期。

② 参见于化民《关于秋收起义文献〈湖南致中央函〉的探讨》，《济南大学学报》（社会科学版）2010 年第 1 期 。

劣根性。①

谢朝银、李维民根据近年出版的《共产国际、联共（布）与中国革命档案资料丛书》第 9 集、第 10 集中的几份文件，对赣西南苏区反“AB 团”事件做了解读。认为富田事变发生后，共产国际远东局成员最初对反“AB 团”曾有不同意见。但 1931 年 3 月在米夫主持下，共产国际执行委员会远东局做出将富田事变定性为反革命的决定，支持苏区中央局进行反“AB 团”的斗争，以致将错误肃反扩大到全党。②

近年，关于西北抗日根据地的研究较为深入。一批区域内学者从政治、经济、社会、文化等多个层面对该根据地展开实证研究，取得一批成果。岳谦厚、董春燕研究了晋西北抗日根据地中国共产党基层干部群体。指出，干部在中国共产党抗日根据地政权建设中具有举足轻重的作用，晋西北抗日民主政权建立后即开始努力建设自己的政权，试图通过民选方式和平且合法地改造基层政权，实现控制乡村社会、汲取乡村资源、服务抗战的目标。通过对基层政权的改造，产生了一支新的干部队伍，他们是中国共产党改天换地最基本的依靠力量，是其建设事业最主要的承担者。这些新生干部大多是来自社会底层的贫苦农民，他们在共产党扶持下进入权力层，其职权和权威源于共产党，并因自身经济能力和文化资源匮乏而对共产党依赖性极强。尽管这些新生干部是中共在乡村社会最基本的依靠力量或中共革命事业最主要的承担者，但由于文化素质低下、行政经验缺乏、革命意识不强，似乎很难真正承担起中共的伟大理想。这亦充分说明干部队伍建设是中共需要不断努力破解的一道“难题”。③

20 世纪三四十年代，晋西北乡村在日本入侵与中共革命的场景下，经历了激烈的变革。尤其是减租减息与大生产运动的开展，不仅变革了乡村旧有阶级关系，以新的中共信任的民众领袖取代传统士绅，而且封建迷信思想被削减。贺文乐以晋西北的偏关县西沟村为例，考察了该地抗战前后地权分配情况、生产状况以及社会风气的变化，论述战争与革命对晋西北

① 参见刘昊《论广东土地革命早期的红色恐怖现象》，《学理论·学术版》2009 年第 2 期。

② 参见谢朝银、李维民《从共产国际档案看反“AB 团”斗争》，《炎黄春秋》2009 年第 7 期。

③ 参见岳谦厚、董春燕《抗日根据地时期中共基层干部群体——以晋西北抗日根据地为中心的研究》，《安徽史学》2009 年第 1 期。

乡村社会变迁所产生的重大影响。[①] 张玮考察了晋西北抗日根据地的借贷关系。指出“减息”是抗战时期中国共产党解决农民问题的基本政策之一，实践层面可分解为两个重要环节，即债主减息与债户交息问题。在晋西北抗日根据地，减息并非一帆风顺，问题丛生迭出，债权人与负债人围绕减息交息展开激烈斗争，而借贷关系则因双方利益争夺及中国共产党限制或取缔高利贷政策陷于停滞。这既反映出乡村借贷关系的复杂性，又反映出减息政策与实践之间存在一定距离。中国共产党在削弱和废除高利贷时，为活跃农村金融，创设农民之间互助借贷，这是一种私人借贷方式，是中国乡村借贷关系史上的一种新现象。“互借”运动取得一定成绩，部分解决了农民生活及经济建设困难，使农村私人借贷停滞局面有所缓解。除“互借”外，中共又以西北农民银行为中心举办政策性优惠农贷，建立促进农民借贷的合作社，以此作为活跃乡村借贷和通融农业资金的主要手段。这样，因私人借贷停滞而农民借贷无门的现象慢慢消解，新的借贷制度逐步建立和完善起来。[②] 张玮还对抗战时期晋西北农村土地流转状况做了实证研究，指出在战争与革命的双重影响下，土地发生快速流转，日益“均化”，基本趋势是由农村富裕阶层向贫苦阶层或由地主富农阶层向贫雇农阶层转移。土地发生流转的因素很多，中国共产党推行的减租减息和负担政策应该是其主因。[③]

李娜娜详细介绍了抗战时期中国共产党在晋西北根据地的公粮、村摊款、田赋、工商税、战勤与劳力等负担政策的演变及实施情况。抗战初期由于经验缺乏与思想认识不足造成诸多问题，包括政策中原则性规定较多，具体实施办法少，操作性差；农救会规定“合理负担要使之完全合理”的原则，但缺乏衡量各阶级、各阶层贫富差距和负担能力的办法，造成执行的随意性；财粮与战勤等征用办法缺乏统筹兼顾，粮款主要从当地征用，但战时部队流动性大，造成部分地方负担畸重，很多群众“不堪其扰”，影响民众的抗战热情，同时也造成人力与财力的浪费；政策的“左”倾倾向严重背离抗日民族统一战线原则，侵犯地主、富农利益。随着根据

① 参见贺文乐《战争、革命与晋西北乡村社会变迁——以偏关县西沟村为例》，《沧桑》2009年第5期。

② 参见张玮《中共减息政策实施的困境与对策——以晋西北抗日根据地乡村借贷关系为例》，《党的文献》2009年第6期。

③ 参见张玮《抗战时期晋西北农村土地流转实态分析》，《晋阳学刊》第3期。

地各项政策的完善，1943—1945 年二次征粮情况总体不错，不仅保证了军事上的粮食供给，而且各阶层负担占收入比例较为平均。各项条例也日趋完善，摒弃了过去“抓大头，瞅目标”等做法，八成以上农民能够承担。当然具体实践中还存在些问题，有的地方把计征资产米作为处罚手段，部分地主富农被计征了资产米等。①

注重调查研究是中国共产党重要的工作作风之一。20 世纪 40 年代，以土地这一关涉农民生存命脉的话题为中心，中国共产党在太行根据地展开广泛调查，并在此基础上推进革命，改变农村。马维强、行龙以当时中国共产党所做调查为研究对象，指出调查研究始终是太行根据地民主政权领导群众抗战和变革社会的重要工作方法。太行根据地的社会调查涉及战争影响下农村社会的诸多方面，以及中国共产党各项政策如土地改革、减租减息、合理负担、群众运动等在农村的实践过程，显示战争背景下中国共产党对于农村的改革及农村方方面面的历史变化。从太行根据地的社会调查可以看出，虽然中国共产党的政策和引导不可忽视，但战争使农民自我因应而产生的变化同样是农村变革的重要动力，农村固有的思想传统和习惯行为也是影响社会变革的重要因素，这些调查为了解战争时代的农村提供了丰富的信息。太行根据地社会调查始终坚持以马克思主义实事求是观点为依据，注重观察分析农村社会的土地问题和阶级矛盾，展现和摸索农村群众日常生活及战争生活的实在状态，挖掘和探索乡土本色和中国农民、农村的内在特征。这些调查是中国共产党改造农村社会的手段、方法、内容、过程等的文献载体和事实反映。②

抗战期间，山东抗日根据地水、旱、虫、雹等自然灾害接连不断，王智东研究了中国共产党山东抗日根据地的救灾状况。面对严重的天灾，根据地确立了防灾、救济与发展生产相结合的救济方针。从难民救济、群众互助、组织生产、发展副业等方面克服灾害带来的困难。救灾工作的管理体制是山东省政府统一领导，上下分级管理，部门分工负责。重大的救灾工作都由山东省战时工作推进委员会统一部署。在解放区内设立了从省到乡各级民政部门负责救灾工作。同时为了应付严重灾荒，山东根据地还组

① 参见李娜娜《战时晋西北根据地农民负担分析》，《沧桑》2009 年第 3 期。

② 参见马维强、行龙《抗日战争时期中共在太行根据地社会调查刍论》，《中共党史研究》2009 年第 5 期。

织了救济灾贫委员会和优抗救济委员会，作为政府救济灾荒的咨询和协助机构。山东根据地的救济活动，改善了人民群众的生活状况，扩大了中国共产党在群众中的影响，提高了军队战斗力，巩固了根据地，为最终打败日本侵略者奠定了坚实的基础。①

占善钦研究了抗战后期中国共产党的政权诉求。指出，抗战后期国共两党的力量、作用和影响等出现了明显有利于中国共产党的变化，中国共产党开始向国民党提出分配中央政府权力的要求。既往学术界一直都集中于研究“联合政府”的主张，实际上，共产党对组建独立政府也进行了充分的酝酿和准备。这两种政权诉求有着不同的特点、影响和利弊，但都否定了国民党一党专政的国家政权，是互相配合、互相支持的关系。共产党经过一番取舍，最终对这两种政权诉求进行融合，使联合政府主张增添了具有指导性的组建独立政府的内容，成为对新民主主义政权的重要探索。②

屈为以浑源、灵丘、阳城等地为中心，对中国共产党在土地改革中的中农政策做了研究，认为中国共产党在解放战争时期中农政策大部分是正确的，即便出现一些纰漏也都及时给予了纠正。工作中具体的指导思想、工作方向也十分明确，时刻围绕着要团结中农这个主题。对待中农时出现的不少问题并非出自政策本身，大多源于地方没有按照政策认真贯彻执行，形成了上有政策下有对策的情形。此外还有一条重要原因就是当时一些地方领导干部是直接从基层选拔，工作前没有进行很好的宣传教育，再加上思想认识以及文化修养本身具有一定的局限性，因此有时对于政策的理解认识并不深入，甚至产生偏差。再有某些小农思想、个人本位等思想的作祟，就使原本正确的方针政策无法落实到位，从而带来一系列的不良后果。同时，政策在地方的实施过程中，缺少一个当地的监管机制。许多地方领导一手遮天，没有任何的机构可以制约，这无疑加剧了政策偏差的风险性。③

临清事件是1948年10月华北解放区因公营商店抢购棉花导致的一次涨价风潮，事件充分暴露出从抗日战争时期的分散经营到解放战争时期支

① 参见王智东《中共抗日根据地救灾研究——以山东分区为例》，《福建党史月刊》2009年第2期。

② 参见占善钦《论抗战后期中国共产党政权诉求的演变》，《抗日战争研究》第3期。

③ 参见屈为《解放战争时期中共在土改中有关中农的问题探讨——以浑源、灵丘、阳城为主要考察对象》，《首都师范大学学报》（社会科学版）2009年增刊。

持大规模战争需求的转变中，存在市场管理体制、货币金融政策、部门利益分配和组织纪律的权威性等方面的种种不适。刘一皋对事件的来龙去脉做了细致的研究，认为在事件中，基层干部、中层领导乃至最高层决策者，都需要在现实客观条件和方针政策导向之间进行判断与选择。事件表明，在强调集中统一和急速转型的战时环境下，要从认识上达到两者平衡相当困难。基层较难把握政策调整中的导向变化，并且往往由开始时强调执行过程中的客观条件，逐步转向在表达上与中央保持完全一致，工作的创造性随自主性的削弱而减退；中层在领会上级意图和指导下级工作两方面，均出现疑惑和无力现象。在此种情况下被定性的临清事件，认识导向在某种程度上替代了历史真实，强调在新国家中国营商业的领导地位和行政干预的必要性，以及资本主义经济成分特别是私人商业资本的危险性，成为九月会议前后中共中央认识发展的公开表述，并为中共七届二中全会做了思想准备。①

李东朗对毛泽东利用资本主义思想的演变做了考察，认为消灭资本主义是中国共产党人革命理念和对资本主义认识的逻辑结果，毛泽东利用资本主义的思想是出于国情限制考虑的一种策略思想。新中国成立后党内外在革命斗争中形成并愈益强烈的对剥削制度充满仇恨、强烈要求消灭资本主义的集体意识与领袖个人原有的、潜伏思想深处的强烈希望消灭资本主义的认识相互作用和结合，应该是转变的重要原因。②

2009 年，金冲及著《二十世纪中国史纲》得到学界高度关注。作者以实现中华民族的伟大复兴而奋斗为贯穿 20 世纪中国历史的主题和基本线索，运用极为丰富的资料，包括大量海外新公开的文献史料，如蒋介石日记、《蒋中正总统档案·事略稿本》等和大量中共中央档案和未刊文献，如中共中央的会议记录和中央领导人的讲话等，对很多重大问题敏锐洞察和思考，做出新的诠释。全书博采众论，独出一家，用丰富的史实，构造出 20 世纪中国历史的轮廓。它不是一部简单铺陈事实的作品，因此，这里不一定有很详尽的过程性的叙述，更没有大量的人名堆砌和枯燥数字，它以启迪思考、总结经验教训为职志，是一部大分量、大跨度的鸿篇

① 参见刘一皋《新中国成立前夕临清事件之历史真实与认识导向》，《近代史研究》2009 年第 3 期。

② 参见李东朗《毛泽东利用资本主义思想的演变》，《理论学刊》2009 年第 11 期。

巨制。[①]

张一平的专著《地权变动与社会重构》对1949年后的苏南地区土改进行了深入的实证研究。苏南地区是当今中国经济最发达的地区之一，该书关注了两个焦点，一是土改前后苏南地权的变化，二是新政权建设过程中国家和农民的关系。该书从大量的实地调查材料入手，分析了近代苏南乡村的土地制度、发达的租佃关系、业佃对地权的分割所反映的土地的资本化趋势。探讨了中共建政后苏南的减租运动以及其后的新解放区土改政策的制定，土改斗争中地主、农民、共产党之间为维护自己的利益而进行的博弈。作者认为，土改带来的乡村社会变动造成了苏南基层政权建设、乡村阶层结构的变化，并影响到国家对农民心理的重构。土改重新厘定了国家与乡村的关系，并进而奠定了此后近三十年中国社会结构的基础。[②]

（黄道炫）

2010年度

2010年的中国革命史研究，研究视野、方法与内容趋向全面和深入，并有所扩展，涌现了一些有价值的研究成果。

第一次国共合作期间，中国共产党服从共产国际命令，党员以“个人身份”加入国民党。因跨党造成党籍交叉，部分党员出现了身份认同问题。杨天宏考察了共产党员身份认同问题的由来及国共双方对策。提出为避免发生群体性认同危机，中国共产党按照共产国际指示，坚持独立性原则，在国民党内从事党团活动；国民党反制性地对共产党实施“党内”约束，其右派则极力破坏国共合作，两党矛盾日渐激化。共产国际既命令中共党员全体加入国民党，又要求共产党在国民党内保持政治及组织独立性，是一种内含矛盾且极具操作难度的决策。中国共产党曾多次提出退出国民党，遭到共产国际严拒。国共合作虽曾促进国民革命及中国共产党力量的发展，但“党内合作”这一合作方式包含的政治逻辑矛盾，也给国民

① 参见金冲及《二十世纪中国史纲》，社会科学文献出版社2009年版。

② 参见张一平《地权变动与社会重构——苏南土地改革研究（1949—1952）》，上海世纪出版集团2009年版。

党提供了"分共"口实。两党关系最终破裂，国民党"右派"对革命的背叛固属重要原因，共产国际包含矛盾的政治决策，也是不可忽略的因素。①

黄志高探讨了国共合作前后中国共产党对土耳其爆发的凯末尔革命的观察与反应。认为中国与土耳其同病相怜，以及凯末尔在苏俄援助下的成功，促使中国共产党高度关注凯末尔革命，做了很多报道和评论。但中国共产党对凯末尔革命的评说，又反映了苏俄在中国寻求盟友，与孙中山合作的战略意图。这就决定了中国共产党的论说是有选择性的，对凯末尔的转向和反共，有意无意地进行了某种程度的遮蔽。对凯末尔革命的观察和反应，从一个侧面体现了共产国际、苏俄与中国革命的复杂关系。②

在革命年代的中共党史文献中，"左"倾、右倾可能是出现频率较高的用语之一。赵淑梅考察了从八七会议到九一八事变的4年间，中国共产党内"左"倾、右倾含义及判定标准的变化。认为这期间，由于多种因素的影响，中国共产党内"左"倾、右倾含义及判定标准几经变化，不再沿袭大革命时期的标准，也不似后来多受民族危机的重大影响，而是主要与中国革命理论、路线、方针、政策的选择相关联。从最初以"无间断革命论"和"直接革命形势"为标尺界定的种种机会主义表现，到以是否有利于"准备革命高潮"为红线划出的盲动主义，再到对托陈派"取消主义"的批判以及遵循共产国际指示对立三路线"形'左'实右"的判定。对"左"倾、右倾判定的变化，直接影响了党和革命事业的发展。③

在一般的革命史叙述中，王明和博古是土地革命战争时期"左"倾教条主义的两个代表人物，在抗战初期又同样犯了右倾错误。郭德宏详细对比了二人的政治生涯，指出他们的相同之处有很多：都是很有才华的革命青年和学生领袖；曾到莫斯科中山大学学习；以极"左"的态度积极参加了反对"立三路线"和中共六届三中全会"调和主义"的斗争；执行了"左"倾教条主义错误；抗日战争初期都在中共中央长江局工作，犯了右倾错误；在延安整风中受到批判，同时离开中共中央书记处；在离开中共中央主要领导岗位以后，在法律、宣传等不同的岗位上为革命继续做出了

① 参见杨天宏《加入国民党后共产党员的身份认同问题》，《近代史研究》2010年第6期。

② 参见黄志高《1921—1925年中国共产党对凯末尔革命的观察与反应》，《北京科技大学学报》(社会科学版) 2010年第6期。

③ 参见赵淑梅《土地革命战争前期中共党内"左"倾、右倾判定标准考析》，《中共党史研究》2010年第6期。

贡献。但他们也有不同之处，例如他们在党内的地位不同；在错误中所起的作用、应承担的责任不同；王明较早地认识到了一些“左”倾错误，思想上发生了转变，曾多次对博古主持的工作提出批评；他们在延安整风中的态度不一样，因而结局也不一样。从对他们的比较中，可以得到很多启示。①

卢毅运用近年新公布的共产国际、联共（布）与中国革命档案史料，对博古临时中央研究中几个有争议的或不清楚的问题做了考证，纠正了一些不确之说。关于临时中央委员的人数，认为，以往的“9 人说”虽不甚周全，未能详细揭示临时中央成立过程之复杂曲折，但其基本观点亦可成立。关于王明等人是否曾向博古说明将来必须交权，指出王明的揭发固非毫无根据，而博古之否认亦情有可原。王明 1931 年前往莫斯科并非共产国际钦点，他的多次回国计划因安全风险太大而未能付诸实施。在全苏一大和六届五中全会人事酝酿上，那种认为博古曾想取消毛泽东政治局候补委员的观点，或许失之无据。②

既有的革命史叙述中，虞洽卿一贯被看作“买办资产阶级”的典型代表，蒋介石“四一二”政变的支持者。冯筱才通过考察 1926—1927 年虞洽卿等人的政治动向，探讨了商人与中国共产党及国民党的合作，研究了商人主动参与政治等问题。指出，北伐前后，共产党在上海曾与虞洽卿等商人有过密切联系，上海三次工人武装暴动即在此背景下展开。在此过程中，虞洽卿曾被视为“资产阶级左派”代表人物，也是工人暴动后在上海建立“临时市政府”的重要合作者。不过，虞与共产党的合作主要仍在国民党的框架中进行，当与之有旧谊的蒋介石到上海后，虞便成为蒋重要的财政顾问。尽管虞洽卿的行动，未必能代表上海商界多数商人的倾向，但却反映了某些商人潜在的政治投机心理及对政商关系的刻意经营。由于时势与环境的影响，共产党在当时的实际政治斗争中也会弹性运用“阶级分析”，来解释其利用虞洽卿等人的政策。但与“资产阶级”合作的失败，却为党内反对派提供了批判依据，甚至影响到后来路线政策的走向。③

红军的创立离不开对地方农民武装的吸纳。因此，土匪问题是红军和

---

① 参见郭德宏《王明、博古比较研究》，《中共党史研究》2010 年第 9 期。

② 参见卢毅《博古“临时中央”若干问题考辨》，《近代史研究》2010 年第 1 期。

③ 参见冯筱才《“左”“右”之间：北伐前后虞洽卿与中共的合作与分裂》，《近代史研究》2010 年第 5 期。

中央苏区创建初期的重大问题。张永通过以小见大的方法，从红军和中央苏区创建时期的土匪问题入手，探究了中共如何在动荡不安的农村吸收和改造具有明显落后性的农民武装，创建具有坚定信仰和严密组织的新型军队。认为国共分裂后共产党遭到血腥镇压，残存的力量撤退到偏远山区坚持武装斗争，这些蛮荒地区通常有众多的土匪武装。当时中共军队很弱小，收编地方武装可以迅速壮大革命军队，这些武装成分在早期红军中占不小的比重。但收编的土匪武装必须经过艰难的信仰和组织改造，才能成为真正的红军，而不能充分改造的部分则不得不通过严厉清洗解决。通过收编、改造、清洗三个步骤解决土匪问题的过程，显示出共产党依靠信仰和组织的力量，能够把动荡农村中复杂、落后的庞大人力组织起来，创建具有坚定信仰和严格纪律的新型军队。依靠这样一支军队，共产党在广大农村建立了一种崭新的政治秩序，并最终通过农村包围城市主宰了中国的命运。①

土地革命战争时期，充足的人力与物资供应直接决定着中央红军和苏维埃政权的生死存亡。以往研究多关注苏区军事斗争的决策过程和红军的战斗经过，对各级苏维埃的组织动员论述较少。钟日兴、张玉龙结合中共中央的军事动员政策、乡村政权在动员中的作用，以及这些动员措施在乡村社会中实施的情况，探讨了中央苏区政权的后勤动员与物资保障问题。认为中央苏区政府在乡村中进行了广泛的动员，通过组织战时服务队、推销公债、节省经费运动、收集粮食、借谷运动，保障了军队后勤人员、军费和军粮供给，从而支持了数次反“围剿”战争的进行。②

温锐、杨丽琼关注到学术界在充分肯定中央苏区土地革命中的“平分土地”与“地权农有”政策的同时，却忽视了贯穿土地改革始终的“重新平分土地”对农民土地权益保障和“地权农有”政策的负面影响，长期将平分土地误认为是农民的主体意志，因此对中央苏区的土地革命政策与土改实践进行了再探讨。指出，就中央苏区的农村土地制度改革实践看，时间虽然短短数年，却经历了从平分“公有”到反复平分，再到平分“农有”与仍可重新平分共存的历程。其间，农村土地土改的具体政策虽然因遇到不同困难而时有某些调整，但平分政策则在农村改革中红线贯穿，如

① 参见张永《红军与中央苏区初创时期土匪问题研究》，《近代史研究》2010 年第 4 期。

② 参见钟日兴、张玉龙《中央苏区乡村中的战时后勤动员》，《历史教学》2010 年第 14 期。

影随形，“地权农有”政策从没真正上升为基本土地政策，从而遮蔽了农村土地产权制度改革的创新视野。事实上，由于平分土地的冲击和传统理论的误区，《兴国土地法》对“没收一切土地”的改正并没落实。“地权农有”在实践中被平分土地否定，在理论上也有缺失，加上主要立足策略考虑，自然也难以长久。这种反复平分的政策，是与农民传统意识相违的，并非农民主体意志的选择。①

王明前从经济学的角度重新考察了中央苏区的土地革命与查田运动。认为无论是毛泽东主持中央苏区工作时推行的“抽多补少”和“抽肥补瘦”政策，还是中共中央领导中央苏区全面工作后实施的“没收富农土地，分给坏的劳动份地”政策，都是这一探索过程中形成的基于实地调查和实践总结之上的合理决策。二者的基本价值取向都是在服从现实政治军事斗争需要的前提下，追求社会平等，兼顾经济效率。而在反“围剿”战争形势下开展的查田运动，不仅是前期土地革命的继续与深入，更是一场进一步推进社会平等，同时兼顾经济效率的社会革命。②

政党成长是一个复杂的过程。何益忠考察了大革命失败后中共党员的发展情况，指出由于中共中央错误估计革命形势，为迎接即将到来的革命高潮，也为广泛吸收工农分子，扩大党的“无产阶级基础”，企图通过简单的、粗放式的党员发展壮大党的力量。由此使一些盲从者、投机者进入党内，由于党的组织整合、思想整合能力不足，导致党的力量并没有因规模增加而力量增强，反而在经历根据地失败后，党员数量再度大幅度减少。整个党的事业也因此遭受挫折。③

红枪会是20世纪二三十年代主要活跃于冀鲁豫一带的农民自卫组织，起源于河南并以河南为盛。吴宏亮考察了这一时期中共与红枪会的关系。认为，第一次国内革命战争时期，中共中央和河南党组织通过对河南红枪会的教育和改造，把红枪会改编成农民协会，成立农民自卫军（团）等，促进了河南农民运动的新发展，有力地配合了北伐战争，为北伐在河南的胜利奠定了群众基础。但同时，由于当时中共中央的工作重心在城市，对

① 参见温锐、杨丽琼《中央苏区平分土地政策与农民权益保障的再认识》，《中共党史研究》2010年第5期。

② 参见王明前《平等与效率：中央革命根据地的土地革命与查田运动》，《党的文献》2010年第2期。

③ 参见何益忠《论大革命失败后的中共党员发展》，《求索》2010年第7期。

农民运动整体重视不够，河南党组织对红枪会也存在着认识不到位、联合改造不够彻底、思想教育不够深入等诸多问题，致使河南红枪会在北伐胜利后迅速分化。抗日战争时期，中国共产党争取河南红枪会成为爱国抗日的力量，从而有效扩大了抗日的队伍，增强了抗日的力量，巩固了抗日的群众基础。因此到抗日战争胜利时，红枪会等会门组织在中国共产党领导的抗日根据地内基本上消失。①

国民党十九路军因福建事变反蒋与淞沪抗战而彪炳史册。薛宗耀考察了入闽初期的十九路军与中国共产党的关系，展现了十九路军的另一面。指出，中国共产党从中央到地方组织，对于曾在上海抗战又入闽“剿共”的十九路军，试图通过下层统一战线、号召兵变，并配合前线红军予以改造或消灭。十九路军入闽初期，屠杀部队中的中共地下党员，清洗众多遭受怀疑的官兵；在社会上镇压由中共地下党组织领导的抵制日货运动，制造了“郑维新事件”。当时，中国共产党与十九路军处于极端对立的状态。②

关于“福建事变”的研究，已取得了很大进展。对中共战略决策有着重大影响的共产国际究竟采取了何种态度和立场，张运洪对之做了进一步探讨。认为共产国际在对待“福建事变”问题上存在着严重的失误：没能正确地对待十九路军与红军之间的谈判及签署的《协定》；在政治上对福建人民政府进行了错误的揭露和批评；提出了不切实际的军事作战计划和瓦解、争取十九路军的方针。共产国际的这种态度和立场左右了中共临时中央的决策，加速了“福建事变”失败的进程，红军也由此失去了一个重要的盟友和粉碎敌人第五次“围剿”的最后一线希望，使革命事业遭到严重的挫折。③

20 世纪 30 年代，在赣西南革命根据地的东固和富田发生了震惊一时的富田事变和长达 5 年之久的肃 AB 团运动。时任红一方面军主要领导人的毛泽东与此有何干系？其应负的责任是什么？在肃 AB 团问题上毛泽东为什么会犯错误以及为纠正这一错误做了哪些努力？对此，罗惠兰进行了客观、翔实的分析论证。她认为富田事变的发生，毛泽东是有责任的，但

① 参见吴宏亮《中国共产党与河南红枪会》，《中州学刊》2010 年第 5 期。

② 参见薛宗耀《中共地下党组织与入闽初期的十九路军》，《党史研究与教学》2010 年第 4 期。

③ 参见张运洪《论共产国际对“福建事变”的影响》，《党史研究与教学》2010 年第 5 期。

不能由此推断20世纪30年代起源于江西赣西南后蔓延于全国各苏区且持续时间长达5年之久的肃AB团运动自始至终就是毛泽东一手导演的。赣西南苏区肃AB团斗争始于1930年5月。但1930年5—10月，赣西南党内大张旗鼓地肃AB团的责任者是赣西南特委而非毛泽东。江西苏区时期，毛泽东确信AB团存在，并认定其已大批地混进了党政军内的主要缘由是：一为赣西南特委和中央巡视员的报告，使毛泽东产生了AB团在苏区党政军内大量存在的错觉。二是快速整军中用逼供信的方法肃出的所谓AB团，使毛泽东怀疑AB团不仅混进了党和苏维埃政府内，还混进了红军队伍内部。三是赣西南地区一系列事件的频频发生，使毛泽东对党的地方组织产生了戒备心理。四是重用坏人李韶九。五是战争年代的残酷。总之，是在特定历史条件下，作为既领导军队又负有领导地方组织重任的总前委书记的毛泽东对残酷战争发展态势判断的失误以及对纷繁复杂事物认识上的偏差所致。毛泽东为纠正肃AB团错误做出了努力：公开承认在肃AB团问题上犯有错误并做了诚恳的检讨；采取相应措施纠正滥捕滥杀的行为。①

以往关于陕北肃反历史的记述，存在对一些事实叙述各异、自相矛盾，甚至失真的现象。李东朗就其中分歧较大者，如陕北肃反持续的时间与陕北肃反的决策、陕北肃反中的错杀及如何评价肃反领导人的自我纠错等问题，进行了详细考证，提出陕北肃反从1935年9月中旬部署、发动到11月30日中共中央正式做出结论结束，大体经历了两个多月时间。陕北肃反中大量党政军干部被错杀，是一个确凿的事实，也是这个肃反的最主要、最严重的错误之一。实际上，陕北肃反中的错杀，是源自肃反领导人的错误指示。在肃反错误酿成、发展的过程中，存在很多纠错的机会。但因肃反领导人对肃反错误的认识不到位，甚至认为没有错，实际纠错颇不得力，结果使机会错失，错误不断扩大和延续。② 魏德平进一步考察了"陕北肃反"的来龙去脉。指出，"陕北肃反"之所以会出现，与西北革命根据地内部的分歧长期得不到解决，且逐渐激化有关。中共北方代表和中共上海临时中央局通过不同途径得到西北革命根据地"问题严重"的报告，遂派遣朱理治、聂洪钧等赴西北解决问题，加强领导。依据上级有关

① 参见罗惠兰《毛泽东与富田事变及肃AB团责任问题考辨》，《党史研究与教学》2010年第5期。

② 参见李东朗《陕北肃反几则事实之考辨》，《党史研究与教学》2010年第5期。

肃反的决议，加上当地某些领导人的配合，依靠刚刚开赴西北革命根据地有着浓厚“肃反”情节的红二十五军，肃反领导人在西北革命根据地发动了一场主要针对陕甘边根据地和红二十六军党政军领导的肃反运动。这次肃反造成了当时西北革命根据地的严重危机，中共中央长征到达西北革命根据地后，迅速释放了被关押人员，从政治上对“陕北肃反”进行了定性，即在肯定肃反的必要性和正确性的前提下，只在组织上对肃反的某些领导者进行了处理。①

郭德宏通过实证考察指出，对于王明在抗战初期的错误，应该实事求是地进行分析。第一，他并不是不要中国共产党和军队的独立性；第二，他并不是没有开展对国民党错误思想及行动的斗争；第三，王明讲的很多话，毛泽东也讲过。不能因为王明犯了错误，就认为他在抗战初期什么都是错的。更不能不顾全文，只挑出一些所谓错误的语句，来批判王明的错误。其实，王明在抗战初期的主张并不完全是他个人的，他贯彻的主要还是斯大林和共产国际的主张。因此，王明在土地革命战争时期犯的是教条主义错误，在抗战初期犯的仍然是教条主义错误。②

抗战时期，在华北根据地农村有数以十万计的“二流子”，他们既给根据地带来严重危害，又是发展生产的潜在劳动力。牛建立研究了华北抗日根据地中国共产党对“二流子”的改造问题。指出，各根据地政府采取多种措施改造“二流子”，取得了良好效果，动员他们参加生产和抗战，促进了生产发展和社会教育，增强了中国共产党对根据地的经济、政治和意识形态的领导和控制，社会意义深远。③

已有研究认为，抗战时期中国共产党的“反托”运动与苏联、共产国际的“肃托”运动有关，但具体有着怎样的关系，并未探明。王新生根据近年来新公布的一些档案资料，对这个问题进行了详细考察。指出，在民族危机日益加深的情况下，中国共产党从团结各种政治力量共同抗战的愿望出发，曾先后两次打算调整对中国托派的政策。但是由于苏联先后发生所谓的“反苏托洛茨基平行总部”案和“右派和托洛茨基分子联盟”案，在此影响和共产国际的指示及干预下，中国共产党对托派政策的调整被打

① 参见魏德平《“陕北肃反”的来龙去脉》，《党史研究与教学》2010 年第 5 期。

② 参见郭德宏《如何看待王明在抗战初期的右倾错误》，《安徽史学》2010 年第 6 期。

③ 参见牛建立《华北抗日根据地的“二流子”改造》，《中共党史研究》2010 年第 2 期。

断。中国托派反对国共合作建立抗日民族统一战线，对其进行批驳揭露，清除其影响是必要的。但将其作为日本的走狗和最凶恶的敌人，则是不正确的。因为中国托派是反对日本侵略的。中国共产党在"反托"斗争出现的失误，共产国际应负主要责任。王明、康生带着共产国际、斯大林的指示回国，推动中国共产党的"反托"运动走向高潮，因而负有直接的责任。随着苏联"肃托"的升级，共产国际要求中国共产党反对托派的斗争力度越来越大，托派的罪名由"日本侵略者的直接帮凶"发展到"全世界的奸细、最恶毒的法西斯走狗"；斗争方式从组织、思想清除发展到包括肉体消灭、监禁在内的全方位的斗争；并多次强调斗争范围要从外部转到内部。但是，对于共产国际的"反托"斗争指示，中国共产党并没有机械地执行。中国共产党接受了共产国际对托派的定性，但对于共产国际要求在内部大规模开展"肃托"斗争没有执行，而是力图把"反托"目标转向制造国共摩擦的反共分子。正是由于中国共产党把"反托"的目标主要对外，尽管也出现了一些冤假错案，但只是发生在局部地区和个别人，没有发生像苏联那样大规模的清洗托派，造成大量冤假错案的情况。[①]

以往有关延安整风的研究成果很多，大多是集中探讨毛泽东发动整风的原因和过程，主要着眼于共产党方面，而较少揭示国民党方面的反应。卢毅详细考察了国民党对延安整风的观察与应对。指出，1942 年 2 月，毛泽东号召在全党开展整风，这一动向很快便引起国民党有关部门的关注。国民党中宣部的机关刊物《中央周刊》对此进行了一系列报道与评论，企图通过大肆渲染共产党在整风中揭露出来的问题，达到混淆视听、动摇人心的目的。到了国共决战阶段，蒋介石迫于形势，对延安整风有了新的认识，主张借鉴其经验以重振士气。他在退台初期开展的改造运动，更是在许多方面受到了延安整风的启发。因此，事实上，国民党对延安整风的态度颇为微妙复杂，大体上经历了一个从诋毁到借鉴的转变过程。[②]

针对学界以往重制度而轻实践、重上层而轻基层的状况，李里峰以山东抗日根据地为个案，从中国共产党面临的实际问题和困难、领导意图与实际执行之间的关系出发，着力在基层和实践运作方面，探讨了中国共产

① 参见王新生《共产国际与中国抗战时期的反托洛茨基派运动》，《中共党史研究》2010 年第 11 期。

② 参见卢毅《国民党人眼中的延安整风》，《党的文献》2010 年第 3 期。

党组织发展状况。指出，抗战时期中共农村支部发展十分迅速，在根据地乡村社会达到了很高的普及程度。但从上级组织对支部的领导、支部的组织状况和工作效能来看，仍然存在一些不足之处。就上下级关系而言，在种种主客观因素的制约下，县委、分区委与基层支部之间的信息传递渠道往往不能畅通，上级对支部领导尺度的把握也时常出现偏差，或者疏于联络、指导和帮助，或者失之于武断专制和包办代替。就支部组织状况和工作效能而言，能正常发展党员、收取党费、进行组织生活的支部比例并不理想，能有效进行党员教育、发动群众、树立威信、领导同级政军民团体的“健全支部”则为数更少，许多支部未能真正发挥“领导核心”和“战斗堡垒”的作用。抗战进入相持阶段后通过整理支部，整顿组织生活恢复或新建了一批支部、确立了大量模范支部和党员、改造了支部党员的成分比例，从而有效地改善了农村支部的组织状况。从抗战时期农村支部的运行实态来看，中国共产党的确在某种程度上存在上层与下层的脱节、应然与实然的张力，中国共产党之所以能取得成功，正在于它勇于正视问题、善于改正错误，使形势朝着对自己有利的方向发展。①

阶级斗争思维下，中国共产党非常重视农村干部的阶级成分问题。既有研究多偏重于讨论农村干部的各种阶级成分比重问题。徐进以晋察冀区为例，研究了中国共产党对村干部阶级成分的认知及变化的情况。指出，围绕村干部阶级成分问题，抗战时期晋察冀根据地干部就出现了两种意见：一种意见认为不能单纯从阶级成分出发分析问题，村干部阶级成分中农化并不值得大惊小怪；另一种意见则认为凡是村干部出现问题即因为其阶级成分出现问题。负责 1947 年至 1948 年土改整党工作的刘少奇就采取了后一种意见。刘少奇把村干部出现问题归结为阶级成分的认识，以及下级干部汇报的村干部阶级成分信息失真，是全国土地会议得出村干部为地主富农掌握的错误结论，进而导致整党运动出现全局性的“左”倾错误的原因。②

从抗战结束后解放区的土地制度变革过程来看，多数地区都经过了减租减息、反奸清算、土地改革、土改复查、平分土地、结束土改等不同名

① 参见李里峰《抗战时期中国共产党的农村支部研究——以山东抗日根据地为个案》，《中共党史研究》2010 年第 8 期。

② 参见徐进《解放战争时期土改整党中晋察冀区村干部阶级成分问题的由来》，《中共党史研究》2010 年第 3 期。

目的群众运动。按照土改领导者的说法，这些运动属于整个土地制度变革的不同阶段，每一阶段都有不同的侧重点，并在上一阶段的基础上继续深入，共同构成了整个土地制度的变革过程。然而，李里峰在大量基层土改文件中注意到，从土地分配的平均程度来看，这些运动未必构成一个前后相继、层层深入的渐进过程。就其运作情形而言，历次群众运动呈现出大体相似的程序、内容和特征，每次运动都包含着资源再分配、权力调整、精英监控、民众动员等要素，从而帮助党和国家实现乡村治理的目标。由此出发，可以发现从土地改革直到 20 世纪 70 年代后期的中国乡村社会，存在着一种独特的运动式治理模式。他以山东、河北等地的土地改革为例，对运动式治理的基本特征及其利弊得失做了探讨，指出，运动式治理模式的得与失，皆在“运动”二字。运动可以帮助党和国家在短时间内有效地动员乡村民众、贯彻国家意志、实现乡村治理；运动又使得这种动员和治理难以纳入常规化和制度化的轨道，而只能以不断的新的运动来加以维系。从而，在社会变革的动力与社会运行的常态之间，形成了难以消解的矛盾，这正是运动式治理的根本问题所在。①

中国共产党历史上每一次政治运动在农村的推行，往往都伴随着工作队下乡。李里峰探讨了华北土改运动中工作队的角色特征、权力属性及其与村庄社区的互动，揭示出中国革命进程中国家权力运作的一个侧面。提出，作为国家与乡村社会之间的新型中介机制和国家权力的非常规运作机制，工作队在土地改革运动中扮演了重要角色。工作队在村中拥有最高权力，其自身文化素质和工作经验又常有欠缺，有时便难免出现对权力的滥用。拥有领导权力的工作队与拥有“地方性知识”的基层政治精英之间，存在着普遍的矛盾和争夺。工作队的介入改变了村庄社区的权力结构，重塑了国家与乡村社会之间的关系，帮助党和国家实现了民众动员、精英监控、资源汲取、乡村治理的目标。但是，这种做法又破坏了科层化党政机构的日常运作，增加了国家的统治成本，从而使运动式乡村治理模式难以长期维系。②

中国共产党军队在解放战争中迅速击败国民党军队的一个重要原因

① 参见李里峰《运动式治理：一项关于土改的政治学分析》，《福建论坛》（人文社会科学版）2010 年第 4 期。

② 参见李里峰《工作队：一种国家权力的非常规运作机制——以华北土改运动为中心的历史考察》，《江苏社会科学》2010 年第 3 期。

是军队士气的高涨。以诉苦会为中心的新式整军运动是鼓舞军人士气的举措之一，在以往的研究中没有引起足够的注意。张永即以诉苦会为中心考察解放战争中新式整军运动的开展和效果，试图从群众心理层面解释中国革命的历史。认为中国共产党军队在解放战争中取胜的根本原因在于，解放军是有信仰的军队，而国民党军队没有信仰，有信仰的军队即使装备落后、人数较少但仍具有强大的战斗力。大批解放军战士获得这种信仰的有效形式是以诉苦会为中心的新式整军运动，在改造数百万俘虏兵的过程中，这一形式的效果尤为显著。以诉苦会为中心的新式整军运动大致是自下而上发展起来的，是群众心理的有组织的爆发。① 其实，细读历史资料，以诉苦为主要内容的新式整军运动，旨在控诉对国民党蒋介石的仇恨，从而激发复仇情绪，达至士气高涨。像历次运动一样，有着细密的自上而下的部署。面对历史，留意文本叙述与实际运作的距离，十分必要。

县级政权组织是中国历史上最为稳定、在政权体系中备受重视的组织层级。翁有为从中共历史的演进和发展中，依次考察了建党初期至抗战前、抗战至解放战争时期、新中国成立至“文化大革命”结束、改革开放以来诸时期，中共县委组织及其领导者的管理问题。指出从历史的角度看，在革命年代，县委设置经历了从无到有、从个别设置到普遍在根据地设置的过程。在全国普遍设置县委是在新中国成立、中国共产党成为全国执政党之后。县级单位无论在革命年代还是在建设时期，都是党的组织体系建设中的一个重要环节和组织层级，是毫无疑问的；但是，县级这样一个层级，没有受到特别的重视，则是事实。在党的组织体系中，重视的往往是两头，一是高级干部、高层级组织，一是基层干部、基层组织。县级单位是对中国进行管理和社会控制的门阀。因此，从中央对全国的管理角度看，县这一级是最关键的部位。②

（王士花）

---

① 参见张永《解放战争中以诉苦会为中心的新式整军运动》，《中共党史研究》2010 年第6 期。

② 参见翁有为《中共建党以来对县委组织及其领导人之管理》，《史学月刊》2010 年第12 期。

2011年度

2011年，对于中国革命史研究而言，应该说是一个丰收年。因为无论是内容还是视角与方法更趋多元、多样，在一些专题方面有较大的突破。

中国共产党在上海建立，历来为学界重视，成果很多。苏智良、江文君在此基础上，系统地考察了促成上海建党的地理、历史、社会、文化等内外因素，认为上海的工业化、现代化和国际化，为中共的成立提供了最适宜的地理环境。由于帝国主义侵入以及中华社会应对这种侵入而激发出来的各种因素，上海的现代性得以发展。这种现代性汇集和包容各类新生事物，集中体现在新的生产力与生产关系以及新社会阶级（如工人阶级）的萌生与成长，从而为历史注入新的动力。以上海工人为主体的中国工人阶级的壮大和阶级觉悟的提高，为共产党的创建奠定阶级基础。上海发达的媒介网络为马克思主义的早期传播提供便利条件。伴随新文化运动的勃兴，上海成为先进知识分子的集聚与活动中心。以陈独秀为核心的《新青年》编辑部和马克思主义研究会则为中国共产党上海发起组提供基本成员，上海发起组实际担当了组建中国共产党的"临时中央"。中国共产党在上海的成立是综合本土的社会影响力以及来自西方的外部影响力的结果。①

中国早期共产党人对于国家形态有着怎样的设计和预期？于化民依据李大钊等早期共产主义者的论著对之做了系统梳理和剖析。认为在传播马克思主义的过程中，中国早期共产主义者运用唯物史观的原理，对国家及相关问题进行了理论探索。他们从马克思主义的立场、观点和方法出发，观察分析中国问题，寻找解决中国问题的方案和道路。针对当时思想界的各种非马克思主义的观点，他们系统地阐述了无产阶级专政学说的根本原则，深刻论证了中国走社会主义道路的历史必然性，确定了中国革命的总体方向和长远目标。虽然早期共产主义者关于国家问题的论述也存在着某些不足，但由他们确立的观察国家问题的立场和方法，所提出的全新的国家理念，以及解决中国问题的基本思路和主要观点，开启了中国共产党人在马克思主义指导下认识和解决国家问题的进程，成为新民主主义国家思

① 参见苏智良、江文君《中共建党与近代上海社会》，《历史研究》2011年第8期。

想的理论源头。[①]

长期以来，中外学者对中共一大参加者尼克尔斯基的研究虽然有新的突破，但限于资料等制约，有关尼克尔斯基来华所担负的工作任务、具体职务，以及他何以出席中共一大等，一些实质性的问题一直没有得以澄清。张伟良在吸收国外最新研究成果的基础上，通过查证和分析近年来解密的一批苏联档案资料等，认为共产国际远东书记处派遣尼克尔斯基到中国上海不是作为全权代表专程前来参加中共一大的，更不是像有的中国学者所说“尼克尔斯基是中共‘一大’会议召开的具体发起建议者”，而是担负上海联络站的负责人并负责管理经费的使用。共产国际远东书记处指示尼克尔斯基出席中共一大，其具体任务为：一是与中国共产党的上海负责人一起担负中共代表“人员中转的技术性”工作和审查代表身份；二是监管经费的使用情况；三是掌握中共第一次代表大会召开的情况，以便及时向共产国际远东书记处报告大会的进程等。特别说明，中共一大的召开绝不是尼克尔斯基、马林等一两个人具体发起建议召集的，也不是由各地共产主义小组自行筹备的。中共一大的召开是维经斯基来华帮助中国早期马克思主义者建党，并发展到一定历史阶段的结果。[②]

观念史研究近来颇受学界关注，但在中国革命史研究领域却很少见。其实，在中共历史文献中，隐藏着丰富的、可供挖掘的关键性术语。对此详加考察，亦可呈现中共历史的另一面相。郭若平从观念史角度考察了 20 世纪 20 年代中共“小资产阶级”观念的起源，认为 20 世纪 20 年代中国共产党有关“小资”特征与表现的相关论述，历史地形成了一整套“小资”观念。在相应的历史语境之下，中共“小资”观念从原本一种经济与政治意义上的社会阶层分析概念，最终上升为一种意识层面的思想分析概念，这意味着中共“小资”观念的最后定型化或模式化。其后的概念演变及其具体运用，都是在这种定型化或模式化的框架内展开的。[③]

“五卅”惨案激起中国废除不平等条约运动的兴起，中国共产党在其中的作用，以往相关研究多有强调。王珍富通过梳理中国共产党围绕解决

① 参见于化民《中国早期共产主义者之国家观探析》,《东岳论丛》2011 年第 6 期。

② 参见张伟良《也谈中共一大参加者尼克尔斯基——兼论“谁是中共一大会议的发起建议者”》,《中共党史研究》2011 年第 6 期。

③ 参见郭若平《二十世纪二十年代中共小资产阶级观念的起源》,《中共党史研究》2011 年第 4 期。

沪案为中心的言动，进一步对中国共产党在何种层面定位当时的民族解放运动，做了详细探讨。指出“五卅”后中国共产党废除不平等条约主张的提出和坚持，都基于“根本解决”沪案和防止类似事件再次发生，并有针对性地提出了相应的革命主张。这对其他各界的变更不平等条约言动有着很大的影响，进而对于“五卅”民族解放运动的展开起了重要作用。不过，基于客观形势变化，中国共产党又采取了灵活的应对策略。①

在中国革命史上，共产党、青年党和国民党纵横捭阖，在一定程度上决定了中国政党政治发展的格局和走势。在以往的研究中，人们大多关注国共两党的争斗，而忽视了青年党的影响。其实，青年党与中国共产党素有渊源。周良书、李燕从党际互动角度，探讨了三党在高校争取青年学生的斗争过程。认为自少年中国学会与青年党的关系破裂始，中间虽经过了与国民党的两次合作，与青年党的一次合作，但中国共产党始终没有停止同其他两党争夺知识青年的斗争。在20多年的循环敌对和相互抗衡中，中国共产党广泛运用思想交锋、党团制度、统一战线等斗争策略，确保其在国、青两党的攻击下立于不败之地。②

1927年12月中共广东省委组织领导的广州起义，因其革命意义和起义者的奋斗精神而备受褒扬。然而在此重大历史事件发生的当时，却并非如此。曾庆榴指出，囿于当时的环境、条件，由于指导思想的不同，加上其他复杂的因素，中国共产党对广州起义的评价一开始就产生了严重的分歧和激烈的论争。从羲皇台会议广东省委的内部之争，到“一·一六决议”变成广东省委与临时中央政治局之争，再到广东省委二九会议勉强接受中央精神，实际上并没有消除思想认识的分歧。当时关于广州起义评价的论争，实际上是在“左”的思想指引下的一场赛跑，比试谁更“左”一些，谁在“左”的轨道上跑得更快一些和走得更远一些。“左”倾祸党的教训，可谓发人深省。而且，共产国际代表高调评价广州起义的“影响”和“意义”的动机，则只是想造成他们所需要的“影响”和“意义”。③

① 参见王珍富《从宣传到行动：“五卅”后中共的“废约”态度及其转变》，《党史研究与教学》2011年第4期。

② 参见周良书、李燕《“三党竞斗”：中共在高校中建党的背景分析》，《安徽史学》2011年第3期。

③ 参见曾庆榴《关于广州起义评价的党内论争——以1928年春中共广东省委三次会议为视点》，《粤海风》2011年第3期。

中国共产主义青年团作为中国共产党的得力助手和后备军，不仅是共产党领导和联系青年群众的桥梁和纽带，也是动员群众参加革命与建设的重要力量。但这种党团关系并非一开始就是如此，而是随着革命形势的变化不断调整而逐渐形成的。杨会清考察了土地革命时期党团关系的变迁，指出，土地革命初期，随着革命形势的变化和发展，党团之间围绕着工作安排、组织划分、经费供给等问题存在竞争与隔阂，通过多种调整工作，党团关系才逐渐得到改善。正确处理党团关系，有效地实施党对团的领导，同时又保持团的独立性，对于成功动员青年参加革命有重要影响。①

中央苏区革命的缘起，一直受到学界关注。游海华从社会生态环境变迁的角度，重新梳理近代以来赣闽边区的历史发展脉络，对该地区土地革命的缘起做了再探讨。认为 19 世纪中叶以后，浩浩荡荡的近代资本主义市场与工商业大潮在带给赣闽边区发展机会与繁荣希望的同时，也带来了残酷的竞争和破产的风险。依赖传统谋生方式的农民面对激烈的市场竞争环境，一时应对失据，生存陷入困境，其对近代市场经济的适应尚需时日。民国以来，地方军阀的混战与黑金政治，转嫁给农民无穷的负担，进一步恶化了边区农民的生存环境，堵塞了底层百姓的谋生之途。而外来的新兴思潮、政党组织犹如旋风，它们和地方固有的士绅争斗暗流交汇激荡；阶级矛盾、土客矛盾、宗族矛盾、姓氏矛盾等多种社会矛盾逐渐汇集成社会不稳定的洪流，深深撼动着古老的赣闽山区，其社会生态环境处于严重的失调状态，恰遇中共转入农村开展武装割据斗争，成为催生革命最好的温床。②

王志龙研究了土地革命时期的红军公田问题。认为，随着革命根据地的发展壮大，大量白区群众和白军士兵纷纷来参加红军。如何使来归者分享到土地革命的成果，从而保障他们自己及家属的生活，红军公田便应运而生。红军公田是外地红军战士的土地私有产权在特定条件下的特殊实现形式，它主要采取苏维埃领导群众义务代耕的经营管理模式，出产物主要归红军战士所有。红军公田的推行，调动了根据地之外的群众和白军士兵参加红军的热情，对瓦解敌军、壮大红军并推动土地革命的发展起到了非

① 参见杨会清《革命动员视野下的党团关系构建——以土地革命时期为中心》，《赣南师范学院学报》2011 年第 4 期。

② 参见游海华《中央苏区土地革命缘起的社会生态环境考察》，《福建论坛》（人文社会科学版）2011 年第 2 期。

常重要的作用。[①]

王才友利用丰富的地方档案资料及地方革命史文件，以1927—1931年的东固根据地分田运动为重心，考察中国共产党土地革命的"地方因应"问题。认为，国民党"清党"后，秘密割据的状态使中共地方干部形成了稳固的势力，外来干部欲介入地方革命，必须处理好与地方干部的关系，最妥善的办法就是和平共处。若措施激进，会引起本地干部的反抗，甚至令外来干部陷入生存困境。外来干部为了贯彻中央政策，必须打破这一和平共处格局。外来干部就选择了以分田的方式来直接吸引农民参加革命。但分田本身有时就会对本地干部利益形成冲击，所以在一定程度上受到地方干部的抵制，两大群体之间的冲突已不可避免。本地干部虽拥有地缘和武装优势，但当外来干部以更为强大的红军作依恃时，其优势便无法体现。不过，严厉惩处并不能解决地方干部自肥的问题，外来干部只能以频繁重分来消解地方干部带来的负面效应。同时重分还损害了农民的耕作利益，甚至导致普遍抛荒。指出，矛盾与冲突构成了江西时期本地干部因应外来干部革命动员的主旋律，并成为中共土地革命深入的主要障碍，事实上，江西苏维埃的失败也与此紧密相关。[②]

关于第三次反"围剿"的研究，已有成果不少，但视角大多局限于中国共产党本身。黄道炫从国内外诸多因素的复杂互动，对国共第三次"围剿"与反"围剿"的曲折进程进行了细密深入的考察。指出第三次"围剿"和反"围剿"是在国民党内部再一次发生严重分裂的背景下进行的，虽然相对中原大战前，这次分裂没有演变为宁粤双方的军事冲突，但武力相向的可能始终存在。冲突刺激了第三次"围剿"的迅速展开，并意外造成国民党军有利的形势，但也严重影响着蒋介石的"进剿"决心，使其在遭遇挫折后立即选择保存实力。国共双方对垒的结果，蒋介石深刻体会到中国共产党和毛泽东的非同寻常，对"剿共"战争的艰巨性有了更加充分的切身认识；红军则利用灵活、大胆、机动的战术渡过难关，但自身的重大损失及生存发展方式中的隐忧，在国民党优势兵力压迫下，也逐渐显现。第三次"围剿"和反"围剿"的进程与国民党内部的动荡离合密不可

---

① 参见王志龙《土地革命时期的红军公田研究》，《中共党史研究》2011年第5期。

② 参见王才友《土地革命的地方因应：以东固根据地分田运动为中心》，《开放时代》2011年第8期。

分，除国共两个主角外，宁粤冲突的因素始终牵动着整个事件的发展，而九一八事变，则直接成为“围剿”的终结者。[①]

多年来，学术界围绕着中共中央长征准备及其初期行动的成败得失评说不已，早年批评多肯定少，近年论者开始更多注意到中共中央长征前所进行的准备工作，对其评价日趋客观。但大多只是以中国共产党本身就事论事。黄道炫注意到这次牵涉甚广的战略行动之国际国内背景，将其成败得失与国内外其他政治力量的动向联系考察，运用一批新公布的史料证实，1934 年中央苏区主力红军的长征是一场准备堪称周密的军事行动，共产国际、中共中央为此付出很多努力，其中中国共产党对粤系的争取、利用尤为重要。粤系之所以会为中国共产党所利用，当然和其本身利益密切相关，事实上，宁粤及中国共产党多方面构成的赣南独特政治地理不仅对长征，而且对整个 20 世纪 30 年代中国共产党在此的生存、发展都有重要影响。同时，蒋介石 20 世纪 30 年代初的“剿共”态度也并不像他表面宣称的那样坚定不移。在 20 世纪 30 年代诡谲多变的政治生态下，中国共产党的生存发展和当时整体环境发生着不可分割的联系，长征的准备及其进程乃是国内大棋局中的一个局部，中国共产党其实只是场上的角力者之一。[②]

2011 年革命史研究最突出、富新意的研究成果当属黄道炫的专著《张力与限界：中央苏区的革命（1933—1934)》。该书运用资料丰富，视角全面，论证扎实。针对既有研究将土地革命与地权集中必然联系的习惯做法，作者核对多方面的调查资料，提出质疑，全面分析论述了土地革命的源流和赣南闽西成为中央苏区的多重因素。认为土地集中程度与苏维埃革命没有必然联系，但对土地的渴望是农民理解、接受、走向革命最直接的利益驱动；满足农民经济利益，是中国共产党鼓动农民投身革命的成功策略；苏维埃革命为农民提供的平等、权力、尊严、身份感，也是农民参加革命不可忽视的政治、心理原因；中国共产党领导开展的政治、军事斗争是将革命推向深入的直接动因；赣南闽西之所以能成为苏维埃革命中心区，与其特殊的地理态势、政治环境、贫穷造成的革命的内在动力直接相关，体现着夹缝中求生存发展的政治通律。进而指出，国内外形势的变化

---

① 参见黄道炫《国共第三次“围剿”与反“围剿”探微》，《近代史研究》2011 年第 5 期。

② 参见黄道炫《中共、粤系、蒋介石：1934 年秋的博弈》，《近代史研究》2011 年第 1 期。

及赣南、闽西独特的地缘政治也对“围剿”与反“围剿”进程，发挥着重要影响。通过探求中央苏区从全盛到败走这段历史的原初状况，黄道炫强调，革命是天赋权力的“非常态”表现，它不是包医百病的仙丹，革命有时“被制造”，苏维埃革命时期中共武装对农村的介入就具有一定的空降革命色彩。人类发展规则与革命运动之间所显示的冲突，时时提醒人们在革命令人目眩的张力后面，应有也必有自己的界限。①

遵义会议确立了毛泽东在党中央的领导地位，已是众所周知的事实。但对此次高层权力转移的具体过程，尚无实证性研究。王海光从人事关系变化的角度，对遵义会议前中央高层权力转移的情况做了系统考察。指出斯大林和共产国际鉴于中共中央屡屡出现的“路线错误”，以留苏学生担纲改组了中共最高领导层。以博古为首的临时中央，是“国际路线”不折不扣的执行者。第五次反“围剿”的失败，使“国际路线”的正确性受到怀疑，“国际派”内部也顿生罅隙。毛泽东在长征途中争取了“国际派”成员张闻天、王稼祥的支持，在政治局中结成“小三人团”。红军湘江惨败后，中央最高“三人团”的威信直落谷底，出现严重的信任危机。在红军存亡之际，毛泽东提出新的进军路线，得到多数人的赞同。周恩来继张、王之后，转向毛泽东一边，瓦解了最高“三人团”的最后抵抗。由此，中央的实际权力开始转到了“小三人团”的手里，为遵义会议的召开和改组中央领导机构，做好了组织上的铺垫。②

姚莉苹从湘鄂西苏区红色歌谣，探讨了其中蕴含的民间思想。认为“救星崇拜”意识是红色歌谣里表现的主要民间思想，其在歌谣中首先表现为民众对红军的信赖，把它作为自己救命的靠山；其次是民众对红军领袖的敬仰，视他们为精神支柱；再次在民众心目中救星更多的是一种集体智慧、集体能量、集体形象。此外，“均贫富”思想以及生存意志等也是红色歌谣里所表现出的重要的民间思想，红色歌谣，唱出了民众对“打土豪、分田地”政策的衷心拥护之情以及决心不屈不挠跟党走的冲天壮志。③

① 参见黄道炫《张力与限界：中央苏区的革命（1933—1934）》，社会科学文献出版社 2011 年版。

② 参见王海光《遵义会议前中共中央高层权力的转移：对毛泽东领导权威形成的历史考察》，《安徽史学》2011 年第 1 期。

③ 参见姚莉苹《湘鄂西苏区红色歌谣蕴含的民间思想》，《吉首大学学报》（社会科学版）2011 年第 1 期。

李敏、黄灿的研究关注到川陕革命根据地中国共产党对白军的分化瓦解与政治攻势。指出川陕革命根据地各级党组织根据白军中军阀对士兵和下层军官的压迫、白军生活苦、军阀内部矛盾重重等实际情况，制定和采取了不同的策略与方法，对白军进行了广泛而且形式多样的分化瓦解和政治攻势。具体而言，通过加强对火线白兵的政治宣传、开展对白军俘虏的政治攻势、重视对白兵亲属的教育引导、优待白军投诚士兵和白区专门人才等工作，分化瓦解敌军，壮大了红军队伍，有力地巩固和发展了川陕革命根据地，为抗日民族统一战线的建立奠定了基础，为中国革命的胜利做出了巨大贡献，也为后来的革命与建设事业积累了精神财富和宝贵经验，意义重大，影响深远。①

李里峰以各级党内文件和工作报告为基本资料，对抗日战争时期山东党组织在阶级构成、吸纳机制、组织结构、纪律执行、党政关系等方面做了比较系统的考察和分析。认为党员数量的扩大与质量的降低、信仰的缺失同时并存，体现出中国共产党在战争年代长期面临的困局，即在坚持革命理想与满足现实需要之间，如何保持必要的平衡。为求生存和发展，党不得不在很大程度上牺牲组织系统的严密性和意识形态的纯洁性来换取农民的大量加入；为重新获得组织的严密性和凝聚力，党又只能通过审查和处分将众多党员清洗出党。进而指出，抗日战争时期党组织的空前发展，并不必然建立于党所期望的意识形态信仰之上，而在很大程度上归因于党所采用的现实策略与权变之道。在残酷的战争年代，这些策略帮助共产党行之有效地发展了党员，扩大了组织，增强了实力，党也为此付出了代价。正是与中国乡村社会的相互改造、相互适应中，中国共产党方能获得广泛的社会基础，逐步发展壮大并最终赢得胜利。②

减租减息是中国共产党在抗日战争时期实行的土地政策。以往相关研究多关注减租减息政策的提出、实施过程、政策的性质及给抗日战争与根据地社会带来的影响，近年来虽有研究开始涉及减租减息运动的具体内容，但对其中的民众动员缺乏详细探讨。王士花以山东抗日根据地为个案，从减租减息政策的推行过程着重考察中国共产党动员农民的策略方

---

① 参见李敏、黄灿《川陕革命根据地中共对白军的分化瓦解与政治攻势》，《绵阳师范学院学报》2011年第3期。

② 参见李里峰《革命政党与乡村社会——抗战时期中国共产党的组织形态研究》，江苏人民出版社2011年版。

针、方式、步骤及其中出现的问题等，分析民众动员的程度与各地贯彻减租减息政策成果的相互作用与影响。指出，群众路线作为中国共产党的基本路线，同样被运用到减租减息运动中。运用阶级斗争理论，深入群众之中，进行“谁养活谁”的思想教育，尽量启发农民的自觉，是中国共产党发动、组织群众运动的重要环节。山东抗日根据地推行减租减息政策的实践证明，减租减息与群众运动相辅相成，二者互为促进，相互影响。群众对共产党的坚决拥护，正是共产党推行减租减息政策的最宝贵的收获和经验。共产党领导的抗日根据地由此获得了坚实的社会基础和取之不尽、用之不竭的人力和物力资源。被运动起来的群众常有过火行为，因此减租减息群众运动又存在严重的左的偏向。①

解放区的土改政策经历了“温和—激进—纠偏”反复调整的过程。学术界普遍认为这种反复是共产党的“政治谋略”或为了适应“革命形势”采取的。张树焕通过考察当时中国土地占有的实际状况、中央所在地与地方根据地客观状况的不同、动员群众与统一战线的关系等客观情况，提出土地改革政策反复调整的原因比较复杂。将南方土地分布状况作为北方土改的理论依据，导致了中共中央土改由温和日益走向激进；而北方许多地方土地分布较均衡的客观现实，又促使中共中央对激进的土改行为进行纠正。土地所有制和租佃关系分布的不平衡，是土改政策反复的客观因素。中共中央所在的陕甘宁边区由于土地关系变动较早，并且开明士绅较多，这对《五四指示》这一相对温和政策的制定具有重大影响；但其他根据地在当时尚未深入进行土地改革，因此采取了较为激进的措施。受到地方根据地土改实际状况的影响，中共中央在制定《中国土地法大纲》时也日益激进；这种状况导致了各根据地土改的进一步激进化，直至中共中央认识到并纠正这些过“左”的措施。中央与地方所处地区环境的不同及考虑问题的出发点不同，是土改政策反复的主观因素。统一战线与放手发动群众之间的矛盾，是共产党土改政策反复的直接原因。②

1946 年 7 月 29 日发生在河北省香河县安平镇的安平事件，是中国共产党与美国之间发生的第一次军队与军队之间的武装冲突。杨奎松结合中

---

① 参见王士花《群众运动与山东抗日根据地的减租减息》，《河北广播电视大学学报》2011 年第 2 期。

② 参见张树焕《解放战争时期中国共产党土改政策反复调整原因探析——兼评“政治谋略说”、“革命形势说”两种观点》，《华侨大学学报》（哲学社会科学版）2011 年第 2 期。

国共产党处理安平事件策略变化的具体经过和美国及国民党所处环境与应对的具体情况，重现了当时的历史状况。指出，这次冲突正值马歇尔来华调处国共关系遭遇困难之际。必须要求得国共双方配合的马歇尔，被迫对这一造成美国海军陆战队十余名官兵死伤的严重事件采取了大事化小的处理方法。但是，美国政府随后不顾中国共产党方面的强烈反对，向国民政府转售战时剩余物资的做法，还是加速了国共关系的破裂。安平事件的调查工作也因此备受影响，最终美、国、共三方各执一词，事实真相反而被遮蔽了起来。①

关于土改整党的研究更趋细化。徐进、杨雅萍依据档案材料，对发生在河北平山县封城村的村干部在土改复查中自杀引发的事件做了详细梳理和分析。认为事件是 1947 年中央工委派出工作团在平山县回舍区封城村进行土改复查试点引起的一次风波。该事件的具体内容是在中央工委工作团领导下封城村土改复查中村里主要干部部吉因被斗导致自杀，由此又引发了时任冀晋区干部许仙领导平山封城村附近众多区县干部的抗议事件。这一事件反映出中央工委外来干部与晋察冀本地干部在土改整党问题上的分歧，从中也折射出工农干部与知识分子干部的隔阂。②

满永通过对皖西北临泉县反霸运动实践过程的考察，揭示了一种经由反霸所形成的独特革命场景。以两个乡村普通人物命运在革命与反革命间的身份转换，喻示了革命进程中个体身份的多变，以及乡村人在革命历史大潮中的无奈。认为反霸的过程实质上体现了一种“背靠背”的政治运作逻辑。“背靠背”可以说是乡村革命过程中的一种主导性政治运作方式。从斗争对象的确定，到斗争对象的材料收集，以及各种斗争会的提前预演和揭发，体现出来的都是一种“背靠背”特征。“背靠背”政治剥夺了斗争对象申辩的机会，它最惯常的手法就是鼓励揭发。因此，揭发也就成了乡村革命过程中的一种独特政治文化，并且由此造成了个人身份的极端多变性。③

关于革命与性的问题，既有研究多关注来自城市的知识青年和中国共

① 参见杨奎松《1946 年安平事件真相与中共对美交涉》，《史学月刊》2011 年第 4 期。

② 参见徐进、杨雅萍《一个村庄的整党故事：封城事件考论》，《党史研究与教学》2011 年第 2 期。

③ 参见满永《“背靠背”政治：反霸中的革命场景生成——以皖西北临泉县为中心的考察》，《开放时代》2011 年第 8 期。

产党上层干部，往往忽略了乡村干部这一层级。少数研究虽然涉及这一问题，但多延续中国共产党自身对这一问题的解释，将其归结为干部腐化的结果。徐进以1947年至1948年晋察冀土改整党运动中村干部的“男女关系”问题为切入点，将这一问题放在革命与性的历史脉络中加以考察，并注意将这一问题与地方社会习俗和社会变动等因素结合起来探讨。认为1947年至1948年土改整党之际，晋察冀根据地村干部的“男女关系”问题是大量存在的。但这类问题不能简单以干部腐化论之，如果将其放在乡村社会的背景下去考察，即发现非婚性行为是固有并长期存在的，这与当地的男女比例失调有一定关联；加之战争影响与中共革命动员在某种程度上加剧了这一问题。整党运动的实际进程证明，此次整党村干部问题被严重高估，具体到村干部的“男女关系”问题也是如此。熟识当地情况的干部对这一问题做出了相对温和的解读，并被中共决策者接受。[①] 应该指出的是，关注到历史事件的社会背景，有助于全面理解事件发生的复杂因素，但若过分夸大，则有可能距历史真相更远。

（王士花）

① 参见徐进《革命与性：晋察冀根据地村干部“男女关系”问题的由来》，《史学月刊》2011年第10期。

第七章

民国政治史

2009—2011年度

值辛亥革命百年之际，民国政治史的研究已从当初如履薄冰的“险学”发展成为当下如日中天的“显学”，佳作迭出，精彩纷呈。36卷本《中华民国史》[①] 是民国史学科的奠基作和代表作，体现了致力于民国史研究的几代学人锲而不舍、精益求精的学术追求。本书继承了中国古代修史的传统，以纪、传、编年为主要形式，以展现中华民国（1912—1949）的重大历史进程、重要人物活动和大事备览为主体。其中，12卷本的《中华民国史》是中华民国38年兴亡的历史长卷。作者在尊重历史事实的基础上，以重大历史事件为核心，按“中华民国的创立和南京临时政府统治时期”“北洋政府统治时期”“南京国民政府统治时期”的历史时段，还原民国历史的本来面目。8卷本的《中华民国史人物传》选取自1905年同盟会成立至1949年中华民国结束，政治、经济、军事、文化、科技等领域的代表人物一千二百余人，撰写人物小传，传主事迹以客观叙述为主，力求史实准确，评断公允，文字精练，真实可信，足以传诸后世。12卷本的《中华民国史大事记》吸取编年体史书的优点，以“大事突出，要事不漏”为取材原则，围绕民国时期各阶段统治政权的活动这一中心，逐年、逐月、逐日并以大事、要事的重要程度，编排1905年至1949年发生的历史大事。纪事范围既包括政治、军事、外交等重要方面，还涉及经济、文化，甚至天灾地变等社会生活层面。这部两千余万字的皇皇巨著是整体反映民国历史全貌的一部民国通史，代表了国内民国史研究的最高水平。

近三年民国政治史的研究，随着民国政治核心人物蒋介石、胡汉民、宋子文、孔祥熙等人日记与档案资料的开放与利用，以政治人物与事件为

① 参见李新总编《中华民国史》（全36册），中华书局2011年版。

重心的传统政治史重新焕发青春；同时在政治学、社会学、人类学等新视野与新方法的冲击下，诚如已有学者所指出的那样，“新政治史在很大程度上克服了传统政治史的种种弊端，在跨学科的基础上焕发了新的生机”。[①] 本综述一方面按照纵向的时间脉络，分别梳理了最近三年学界关于民初政局、北洋时期、战前十年、抗战时期和战后中国等时段的最新研究成果；另一方面兼顾横向的问题取向，分别介绍了近几年来学界关于民国时期的政治制度史、中央与地方关系、国家与社会关系以及政治文化的建构等方面的最新研究进展。

（一）历时性研究的细化与深化

近三年学界对于民初政治的研究，一方面更加关注转型期政治规范和制度的确立，另一方面开始关注地方的政治博弈。

民初政党试验既是中国政党成长的原点，也是中国现代国家建设的起点，它直接影响了国人的组党理念与未来的国家建设。王建华博士的《夭折的合法反对：民初政党政治研究》一书，借用政治学概念中的体制内政党“合法反对”的研究视角，以1912年至1913年合法政党的生成与实践为线索，运用个案研究、比较研究等方法，分析了作为“部分”的政党应对现代国家建设的困境所在及其对制度成长的影响。[②]熊秋良博士的《移植与嬗变：民国北京政府时期国会选举制度研究》一书主要以北京政府时期第一、二届国会选举为考察对象，将中国近代选举置于中国近代社会大转型背景下，通过对中国选举思想的演进、二次国会选举的法律文本的解读、选举动员与民众的参与、投票行为、选举舞弊现象、选举诉讼、政党与选举的关系等方面的系统研究，揭示国人选举观念在近代的嬗变，并从政治学的角度对中国近代早期选举制度进行了总结与反思。[③] 刘建军的专著则集中研究北洋政府时期的直隶地方议会政治，从省级议会的角度来观察民国初年的政治制度转型和社会变迁。他叙述了直隶地方议会从民权政体的化身为军阀强人的喉舌这一转变过程，并指出此阶段地方议会代表着

---

① 李里峰：《新政治史的视野与方法》，《福建论坛》（人文社会科学版）2009年第6期。

② 参见王建华《夭折的合法反对：民初政党政治研究（1912—1913）》，江苏人民出版社2011年版。

③ 参见熊秋良《移植与嬗变：民国北京政府时期国会选举制度研究》，江苏人民出版社2011年版。

士绅阶层的利益，而不是全社会的公益，因此反而成为民主政体的阻碍而非助力。尤其是20世纪20年代以后，议会议员的声望和风评大大下降，被军阀利用成为争权夺利的工具，在北伐胜利后，带着恶名退出了历史舞台。[①]周叶中、江国华主编的《自下而上的立宪尝试——省宪评论》整理并评论了民初各省制定的省级宪法，这些法典虽然在实际的政治实践中起到的作用有限，但这些在地方自治的政治大框架内形成的制度设计，为后世提供了宝贵的历史资源。[②]

多党制还是一党制、集权还是分权是民国时期现代国家政权建设过程中聚讼纷纭的政治议题。姜义华教授从宏观角度梳理一百多年来国人环绕着是建立多民族统一国家还是汉民族单一民族国家、建立单一制国家还是联邦制国家、建立中央集权制国家还是广泛实行地方自治的国家、建立实行精英主义精英治国的国家还是坚持草根主义草根治国的国家这些根本性问题所展开的激烈争论和色彩斑斓的各种政治实践。指出自秦汉以来，大一统一直是中国历史发展的一条主轴。近代以来，大一统国家继续居于主导地位，中央集权的国家政权统领着整个社会从传统向现代的转型，并在这一进程中使自身通过再造而得到承续。[③] 叶斌从政治学的角度讨论民初对“主权”问题的争议及其在后来政治发展中的影响。他指出，由张謇起草的清帝退位诏书赋予袁世凯全权组织共和政府，因此作为临时大总统的统治权是由清廷授予的，也即统治权的“因袭论”，而孙中山坚持统治权应由代表民主政体的参议院授予，代表了“人民创建论”。这两种对统治权的解释同时存在，虽然占主导地位的还是后者，但两者间的裂痕仍需要弥合，于是民初就出现了“主权”与“统治权”分离的政治观点，在卢梭民权理论中属于人民的绝对主权被虚置起来，而宪法制定的受阻，连主权行使者的权力也受阻。虽然绝对人民主权的虚置不利于民初民权政府的实现，但叶斌认为，绝对权力的虚置如果发生在制定宪法之后，则有其积极意义，可以在理论上有助于实现“法治（法的统治）”的理想。[④]

---

① 参见刘建军《你所不认识的民国面向——直隶地方议会政治（1912—1928）》，广西师范大学出版社2009年版。

② 参见周叶中、江国华主编《自下而上的立宪尝试——省宪评论》，武汉大学出版社2010年版。

③ 参见姜义华《辛亥革命以来中国大一统国家体制再造中的承续》，《学术月刊》2011年第1期。

④ 参见叶斌《绝对权力的虚置：民初政治中的主权与统治权问题》，《史林》2010年第6期。

刘宗灵以民国初年江西的民政长事件为中心分析了当时江西地方政治舞台各方的利益博弈。指出，以前的研究多将此事件放在反袁“二次革命”的序列中来认知，将其视为袁世凯政府试图夺取革命党地盘、窃取国家权力以帝制自为的第一步，而地方力量的“一致”反抗则是与袁世凯进行正义斗争的表现。但事实上，在江西民政长事件中，无论是关于军民分治之争，还是关于民政长简任或民选之争，都潜伏着当时以袁世凯为首的中央和以赣督李烈钧、江西省议会等为首的地方之间的权力争斗。[①] 何文平通过细致分析民国初年广东地方精英对广东军政府社会改造的抵制，指出传统知识精英与革命党人的知识结构并无根本对立，清末广东士绅对新式教育的热心，咨议局议员对禁赌的执着，与民初社会改造并无实质性的差异。因此，地方精英对民初社会改造的抵制，并非完全出于知识新旧之争，实则是地方精英对革命党人政治排挤的一种反抗。革命党人在政治上防范“旧”精英，使变革丧失原有社会基础，排挤新知识阶层，又使变革无法拥有新的社会基础，广东军政府推动社会变革的艰难局面典型地反映了辛亥革命社会基础之薄弱与策略失误。[②]

在革命史观的叙述框架下，北洋军阀的统治是作为革命的对象加以批评和抨击的，因此，北洋时期的历史被建构为中国近代史上最为黑暗、卖国的一段时期。20 世纪 80 年代以来，随着现代化史观的兴起，北洋政府在现代化方面的努力开始逐渐进入学者的视野。近些年来，北洋政府在外交方面的努力开始越来越受到学者的关注与肯定。唐启华教授多年浸淫于北洋外交相关档案之中，通过对照多国档案，透过多元观点，重建了以当时国际交涉的主体——北洋政府为主线的“修约”外交政策及交涉策略的发展过程，为我们提供了一个更加丰富多元的理解近代史的视角。[③]

与唐教授在外交史领域重建北洋政府修约史的努力相呼应的是，越来越多的学者将北洋政府视作当时政治的主体，而非革命的对象，加以客观地研究。在中国近代史研究的既有学术话语中，“军阀”都是穷兵黩武的

① 参见刘宗灵《地方场域中的权力博弈——以民初江西民政长事件为个案的考察》，《浙江学刊》2009 年第 2 期。

② 参见何文平《知识冲突还是政治反抗——广东地方精英对民初革命党人社会改造的抵制》，《社会科学研究》2009 年第 4 期。

③ 参见唐启华《被“废除不平等条约”遮蔽的北洋修约史（1912—1928）》，社会科学文献出版社 2010 年版。

赳赳武夫，不可能与非暴力的和平会议发生关系。杨天宏通过对善后会议的重新研究，指出，直奉战争之后由段祺瑞临时执政府主持召开的善后会议并不是旨在对抗国共两党倡导的国民会议、各军阀集团之间进行“政治分赃”的会议。实际上，这次会议是段祺瑞政府在各派军阀实施“武力统一”政策屡遭失败之后，在各实力派形成暂时力量“均势”的背景下，通过会议协商方式谋求国家统一的艰难政治尝试。其性质偏重战争善后问题解决，与涉及国体建设的国民会议并不构成冲突。从议程上看，会议不涉及政治权力分配，因而与“政治分赃”也不发生关系。但是，善后会议的人员构成及段祺瑞政府宣布由善后会议制定国民代表会议组织条例的做法，激起国民党方面的抵制，同时参加会议的地方实力派目的各不相同，通过会议实现“和平统一”只能是空想。① 北洋军阀统治时期，虽说军人干政成为北京政治生活中的常态，但是内阁作为北京政府的最高行政机构，不仅掌握着中央财力的分配权和地方督军、巡阅使的任命权，且作为正统的合法性来源，成为军阀竞相角逐的对象。鲁卫东对这一内阁阁员群体的社会结构和社会网络进行了分析，指出，地域因素、同学关系、亲属关系等都是影响内阁群体构成的重要因素。这表明中国在封建王朝向近代国家转变的过程中，传统社会关系对现实政治具有深刻影响。② 而谭群玉则对当时南方军政府做了新的研究，指出，学界通常把 1918 年由孙中山领导的护法军政府改组，孙中山的大元帅职位在改组中被取消，看作西南武力派压迫护法国会的典型事例，是武力派战胜国会议员的不争事实。这是由于以往的研究往往把护法国会中的一个政治派系当作护法国会议员的全部，把参与护法政府的所有武力派看作一个整体，实际上，在 1918 年军政府改组前后的护法阵营内部，大致存在着国会激进派与桂系武力派，西南武力派内部桂系与滇系，护法海军与桂系，国会稳健派、护法海军与国会激进派，国会内部激进派与稳健派，以及国会稳健派之间益友社与政学会的矛盾。在这种种复杂关系中，貌似弱势的国会议员有可能提出自己的主张，并利用各种矛盾，推动自己的主张逐步实现，从而实际上发挥了不容忽视的政治作用。因此，1918 年军政府的改组，将西南武力派纳入军

① 参见杨天宏《北洋政府和平统一中国的尝试——善后会议再研究》，《近代史研究》2009 年第 5 期。

② 参见鲁卫东《军阀与内阁——北洋军阀统治时期内阁阁员群体构成与分析（1916—1928）》，《史学集刊》2009 年第 2 期。

政府，将西南统一机构的建立和选举纳入法律轨道，恰恰是军政府改组的成功之处。①

北伐是民国政治史上一个重要事件，标志着从民初军阀政治向党治国家的转型，而北伐前后的国共关系、南北关系，都是这一时期的核心问题。曾成贵通过对国民党汉口执行部的档案史料研究，梳理了在这一短暂存在的机构中，共产党利用国民党机构组织扩大自身势力，并引起国民党成员排斥的过程。这一发生于1924年的个案已经预示了1927年的国共分裂。②尚红娟分析了中国共产党与“西山会议派”之间的论辩，指出“西山会议派”在1925—1926年的大量反对“联俄联共”政策的言论为北伐后蒋介石的“清党”提供了舆论基础和合法性资源。③这些研究说明在1927年“清党”前，国共两党已经存在不少裂痕和摩擦，是后来彻底决裂的先声。王建伟的研究则关注北伐时期北方军阀和北京政府的应对，尤其是军事行动以外的政治话语之争。与南方国共两党“反帝”“反军阀”“废除不平等条约”等政治宣传相对，奉、直、皖等系军阀竖起“反赤化”旗帜为其军事政治行动正名。但军阀的“反赤”只重名义，不理解“赤”的实质，矛头仅仅指向“共产共妻”，不仅其有效性常常受到质疑，而且其自身军队的政治建设也极其失败，因此遭致社会舆论的普遍批评，在与北伐军的政治较量中一败涂地。④

国民党政权有列宁式党治国家的深深烙印，因此在政治手段上也有别于民初的军阀政权，强调“革命”的意识形态是其特征之一。王奇生从一个新颖的角度来重新审视“革命”与“反革命”的意识形态之争。北伐期间，坚守武汉三镇的北军将领刘玉春和陈嘉谟战败被俘，武汉国民政府专门制定了《反革命罪条例》，以“反革命”罪名起诉二人，这是近代史上，“反革命”首次被写入刑法。王奇生将此事置于当时的政治大背景中，并参考了当时的舆论，指出对刘、陈二人的审判夹杂着武汉本地与外来北方军队之间的地域矛盾。王更进一步追究“反革命罪”从苏俄缘起、通过

① 参见谭群玉《制度转型下国会议员与武力派的政治角力——以1918年军政府改组为中心》，《近代史研究》2009年第2期。

② 参见曾成贵《中国国民党汉口执行部解析》，《民国档案》2009年第4期。

③ 参见尚红娟《国共间的首次思想交锋：中共与“西山会议派”之论辩》，《学术月刊》2010年第4期。

④ 参见王建伟《北伐前后的另一面相：奉、皖等系的“反赤化”宣传》，《学术月刊》2009年第12期。

左翼知识分子和俄国顾问进入中国政治话语的脉络，以及“反革命罪”在使用过程中的任意专断性，说明了这种新的“革命”政治文化，其实质是用“反革命”的标签来排除异己。①

1931 年蒋介石囚禁胡汉民的“汤山事件”引起了国民党内宁、粤两派势力的激烈对峙。粤方联合国民党内的“西山会议派”、孙科“太子派”等其他反蒋派系，同时联合陈济棠、李宗仁、阎锡山、冯玉祥等反蒋的地方实力派，在广州组织“中国国民党中央执行委员会非常会议”，并成立与南京相对抗的国民政府。金以林所著的《国民党高层的派系政治》一书将众多当事人秘藏数十年的日记、秘密往来文电，与早先公开发表的派系论战文字和事后忆述资料相互引证，使得长期以来许多扑朔迷离、真假难辨的传闻得以澄清，一些隐隐约约、断断续续的史实得以相当清晰完整地呈现出来，将最难探究的国民党高层派系政治内幕，条分缕析，探幽察微，令人叹为观止。② 与金著的角度有所不同，刘大禹认为 20 世纪 30 年代初期的宁粤对峙与和解不仅是国民党内蒋介石、汪精卫、胡汉民等个人权力之争与派系政治之争，也体现了不同的政治态度之争，同时与制度变迁存在着必然的关联。从对峙的形式而言，以粤籍元老派与两广地方实力派支持的粤方，试图以民主政治为口号，反对个人独裁，回归以党权控制军权的制衡模式。在政治实践中，是胡汉民所主管的立法院具有对行政院的权力制衡。九一八事变为宁粤对峙带来了和解契机，代表中央政府的宁方做出了必要的让步，通过政治妥协，避免了中原大战的再现。粤方也并非被迫接受和解，而是初步实现政治冲突的意愿，即利用冲突迫蒋释胡，且迫蒋下野，使蒋介石不得不暂时放弃集党政军大权于一身的愿望与行为，同时国民政府实施责任内阁制，集权于党，军权与党权、行政权径相分离，元老派与后进派的权力分配亦已完成，减少了此后因中枢人事变动所致的政潮发生，政制本身趋于合理，国家政治局面趋于稳定。③ 刘文楠注重从执政理念的不同来分析蒋介石和汪精卫在新生活运动发轫期的分歧，指出，与蒋介石依赖国家机器推行新运、提倡生活军事化、恢复传统

① 参见王奇生《北伐时期的地缘、法律与革命——“反革命罪”在中国的缘起》，《近代史研究》2010 年第 1 期。

② 参见金以林《国民党高层的派系政治》，社会科学文献出版社 2009 年版。

③ 参见刘大禹《个人权力之争还是政治态度之争——也谈宁粤对峙、和解与制度变迁》，《民国档案》2009 年第 4 期。

道德等观念相比，汪精卫主张先动员知识精英，通过改良自身影响社会，使民众生活现代化，并抵制蒋以新运名义干涉私人生活。作者认为，汪、蒋的分歧解释了新生活运动早期政策的内在张力，更可见20世纪30年代中期汪精卫对蒋介石权力扩张的遏制作用，以及汪偏重社会建设而蒋偏重国家集权的不同执政理念。① 除去从权力与路线之争外，政治人物的性格与其政治命运的关系也是密不可分的。李志毓认为汪精卫一生“矛盾”“多变”的政治选择背后，潜藏着他“一贯”的性格，即在行动中常带着一种近于妄想的偏执与自信，且不乏付诸行动的勇气。然而一旦身陷困境，就自暴自弃，缺乏强韧的意志和圆融折冲的智慧。②

1935年的国民党第五次全国代表大会是象征着国民党在国难危急关头走向“团结统一”的标志性事件。罗敏以蒋介石、胡汉民二人的分散离合为线索，对国民党五全大会前后西南与中央间走向“团结”的过程进行还原，认为，1934年底，蒋介石借红军西撤之机，入黔、拉滇以制粤桂。在战略上居于主动地位前提下，蒋欲借五全大会召开之机，通过“党权”的让步与妥协，促成西南与中央间的“复合”。然而，因双方在实际利害面前各不相让，加之心理上的壁垒森严，这一形式上的“团结”并未增进双方实质上之凝聚力。中央与西南间之“团结”仅昙花一现，很快又重回到武力解决的旧轨。③ 陈红民等通过五全大会延期召开原因的探讨，指出1934年国民党五全大会延期的真实原因是国民党内部的矛盾，是蒋介石基于胡汉民等人的坚决反对，不愿由开会导致党的公开分裂而不得已采取的策略。而以前的研究中，对20世纪30年代国民党内以协调化解矛盾的能力注意不够。蒋介石在对待党内反对派，尤其是对待胡汉民这样在党内有重要影响的反对派时，表现出较大的忍耐与克制，这显示他在掌握较充足的权力与资源后，处理党内矛盾有了一定的自信、容忍度与策略。此次协调虽然成功，其过程却显示出国民党缺乏现代民主意识。④

抗战时期政治史的研究围绕着蒋介石这个核心人物展开。吴景平利用

---

① 参见刘文楠《蒋介石和汪精卫在新生活运动发轫期的分歧》，《近代史研究》2011年第5期。

② 参见李志毓《汪精卫的性格与政治命运》，《历史研究》2011年第1期。

③ 参见罗敏《走向“团结”——国民党五全大会前后的蒋介石与西南》，《近代史研究》2009年第3期。

④ 参见陈红民、张玲、郭昌文《冲突与折衷：国民党五会大会延期召开原因探讨》，《民国档案》2009年第1期。

蒋介石、王世杰、周佛海等政界高层的日记，还原了从 1937 年卢沟桥事变到 1938 年抗战全面爆发这段时间里，国民党上层和、战不定的心态。在战事失利、大国调解无望的情况下，就连蒋介石本人也一度犹豫是否要坚持抗战，但是他最终还是抵制了妥协的主张，坚守抗战基本立场。①孙彩霞用多种一手史料互参，详细考订了蒋介石对汪精卫叛国投敌一事的心理反应和所采取措施，又强调了蒋和重庆政府成功策反高宗武、陶希圣，使其脱离汪精卫集团并公开“日汪密约”，以及假装与日本进行和谈使汪伪政府推迟成立。孙认为，前者刺激了英、美、法等国采取援华制日的立场，后者则使汪政府的成立错过了所谓“和平运动”的高潮，因此有效遏制了汪叛逃带来的不良后果。②蒋介石在抗战时期身兼数职，总揽党、政、军、财各方面权力，因此常用其个人名义的手令来指挥下属。秋浦评析抗战时期蒋介石的手令制度，认为这一制度虽然能保证蒋介石大权独揽，迅速有效地实施权力，但蒋用手令事无巨细地介入常规的政府运作，不利于政府权力的制度化，长远来看，弊大于利。③

抗战时期的政治史研究除了关注政府上层之外，也开始目光下移，观察战时政府权力与社会民众之间与和平时期有所不同的互动关系。张福根综述了抗战时期黄绍竑在浙江推行的行政制度改革。黄试图在战时坚持乡村建设，强化基层政府，但由于战时的军事和财政危机，改革的效果并不太理想。④冉绵惠从抗战后期国统区“抓壮丁”的现象切入，探讨国民党战时社会管理政策的低效和短视，指出长期抗战的确造成了国家和民众极其深重的苦难，但是国民党政府征兵、抚恤制度的不完善和基层吏治的败坏更加深了社会危机。⑤黄小彤从战时四川省县长权力的监督和制衡来看国民党政权对基层吏治败坏的纠正。她指出 1940 年新县制颁布后，县长成为基层政府的核心，承担了社会管理、征税、征兵等大量职权。在权力增大的同时，贪腐现象也日益增多，于是国民政府用开放舆论监督来对其进行

---

① 参见吴景平《蒋介石与抗战初期国民党的对日和战态度：以名人日记为中心的比较研究》，《抗日战争研究》2010 年第 2 期；《1938 年国民党对日和战态度述评：以蒋介石日记为中心的考察》，《民国档案》2010 年第 3 期。

② 参见孙彩霞《蒋介石对汪精卫叛国投敌之处置》，《近代史研究》2010 年第 4 期。

③ 参见秋浦《抗战时期蒋介石手令制度评析》，《南京大学学报》（哲人社版）2010 年第 3 期。

④ 参见张根福《抗战时期浙江省行政改革述论》，《民国档案》2010 年第 4 期。

⑤ 参见冉绵惠《抗战时期国统区“抓壮丁”现象剖析》，《史林》2009 年第 4 期。

限制，利用民意在一定程度上改善了贪腐现象，但却未能从制度上根本解决问题。[①]值得注意的是，2010年初《抗日战争研究》编辑部和国内各大研究所、高校的研究者组织了笔谈，希望进一步推动抗战期间对沦陷区政府组织、经济活动、军事动员、民众生活、文化建设等各方面的研究。今后有望在这一领域涌现更多更好的研究成果。[②]

20世纪40年代国内政局的复杂性在于国内政治与国际局势的交互影响，有许多问题既是政治问题，同时也是民族问题。邓野在《日苏中立条约在中国的争议及其政治延伸》中对这一民国政治的逻辑进行了很好的阐释。他指出，1941年4月签署的日苏中立条约及其附属的共同宣言，具有鲜明的双重或多重性质，一方面有利于苏联，另一方面也有利于日本。因而在中国引发巨大的政治争议，由于视角和利益的不同，加之不同政治力量的立场与观点迥异，力图将中国政局导入各自的轨道。中共称其具有"伟大政治意义"，因为它"对蒋给了一个严重打击"；国民党表示强烈不满，因为它有利于日军南进或西进；而一般社会舆论群起抵制，因为它变相承认满、蒙。就中共而言，与一般社会舆论情绪形成明显区别的是，中共从国际战略关系的视角出发，看出日苏条约对苏联是有利的，只要时局对苏联有利，英美与国内各派都将靠拢苏联，对国内政治而言必然对中共有利，即苏联的利益与中共的利益是一致的。而国民党决策层通过日苏条约而观察国际战略动向，尤其是日本关东军的动向，同时利用这一条约与中共联系起来，充分利用该条约在中国民间所产生的副作用，对中共实施政治打击。而满、蒙等最具刺激性的问题，恰恰都不是国、共两方的关注点。邓野进而指出，自日苏条约成立以来，在中国先后引发两轮政治冲击波，首先是质疑苏联的对华政策，尔后则质疑中共的民族性。任何政治问题一旦与民族问题掺杂起来，其中的是非往往很难严格界定。因为，民族问题往往最具刺激性，民族情绪即使是狭隘民族情绪，往往最具民众基础。但是，就政治的取舍而论，其最终的决定因素并不取决于任何情绪，而是取决于对谁有利，对谁不利，什么是主导，什么是从属。[③]邓野将近年来所写的关于战后中国政局发展与走向的论文收入《民国政治的逻辑》

① 参见黄小彤《权力与监督：抗战时期四川县长权责的扩增与民意的运用》，《抗日战争研究》2010年第3期。

② 参见荣维木等《笔谈"抗日战争与沦陷区研究"》，《抗日战争研究》2010年第1期。

③ 参见邓野《日苏中立条约在中国的争议及其政治延伸》，《近代史研究》2009年第6期。

一书中，该书以敏锐的历史洞察见长。作者通过对抗战胜利前后国共两党关于联合政府的谈判、重庆谈判、国民党六届二中全会、东北问题与四平决战、南京谈判与第二次国共合作的终结等问题的探讨，揭示出历史表象背后所隐藏的内在政治逻辑，即“民国政治的全部真谛在于：政党与武力的高度统一。政党在作为政治集团的同时，又是武力集团，因而政见之争往往演化为武力之争”。①

汪朝光从在战后美苏相争的国际背景和国共相争的国内背景下，论述了中间党派的发展与兴盛。指出，抗日战争胜利后，国共两大政治力量进行全方位的竞争，在这一特殊的政治环境下，国共两党都希望通过争取中间党派作为自己的盟友，以壮大自身的政治实力。同时，美国出于其控制远东、与苏联争夺势力范围的战略目标，要求当政的国民党实行民主改革，建立美式民主政体，容纳反对党，亦对中间党派的兴起起到了相当的鼓舞作用。由此造就了中间党派的地位，使得中间党派的政治力量曾经兴盛一时。但在当时的现实环境中，中间党派的地位又是脆弱的，他们没有可靠的实力在国共两党武力相争时独立存在，只能选择非左即右的政治立场，不是投靠国民党，就是亲近共产党。战后中国历史发展的事实，表明了中间党派在中国的历史命运。② 抗战后期国民党中央政府与地方的关系都有所变化，汪朝光对发生在 1945 年 10 月“云南王”龙云被解职的昆明事变为中心对此进行了研究。汪认为，这一事件是国民党中央政府与云南地方当局为争夺省政控制权而多年博弈的结果，也是国民党领袖蒋介石和“云南王”龙云强势个性碰撞的产物。事变表面以龙云解职离滇、国民党中央政府和蒋介石获胜而结束。但事实上，龙云离职后，蒋介石基于各方关系考量，不能不变更初衷，将原定李宗黄接任云南省政的方案改为由卢汉接任云南省政府主席，表示出向现实的妥协。卢汉主政之后，云南仍然在相当程度上独立于国民党中央政府，卢还与龙云保持着私下的接触与联系，而蒋介石被内战所牵制，也无力对云南再施重压，其撤换龙云、统一云南的目的并未完全达到。③ 汪朝光最近几年撰写的关于战后中国政局的论文已结集出版。《1945—1949：国共政争与中国命运》一书以流畅的历

① 邓野：《民国的政治逻辑》，社会科学文献出版社 2010 年版，第 374 页。
② 汪朝光：《抗日战争胜利后中国中间党派的政治抉择》，《学术月刊》2009 年第 2 期。
③ 参见汪朝光《蒋介石与 1945 年昆明事变》，《近代史研究》2009 年第 3 期。

史叙事见长，诚如作者自述其研究之目的："不在于先验性或后验性地给出历史的答案或者结论，更在于从历史事实出发，重建历史的现场，梳理历史的脉络，探究历史的本源，从而为读者了解历史并据此作出自己的判断提供一些基本的出发点。"① 作者对战后国共双方的史料了如指掌，旁征博引，尤其大量运用了学界最近开放的《蒋介石日记》《蒋中正总统档案》《宋子文档案》《张嘉璈档案》等珍稀原始档案资料，娓娓道来地讲述了国民党对战后中国政局的把握和掌控，国共两党对至关重要的东北地方的争夺，国共内战的军事个案，以及诸如经济、人事、地方、中间党派等战后中国社会问题，深刻揭示了国民党之所以失去大陆的历史大势。

知识分子对国民党政权的政治认同危机，是造成其政权合法性丧失的重要原因之一。桑兵主要利用《顾颉刚日记》和中研院近史所收藏的《朱家骅档案》，探讨了抗战期间国民党内源出同门的CC派和朱家骅派之间在当时大学校内的全面恶斗，指出：卷入旋涡的大学教授，成为派系争斗的牺牲品，对于国民党的恶感普遍迅速加剧，思想日益"左"倾。大学教授的离心离德加剧了国民党在大陆统治的分崩瓦解。② 何方昱的《党化教育下的学人政治认同危机：去留之间的竺可桢（1936—1949）》（《史林》2010年第6期）一文，通过浙江大学校长竺可桢对国民党政权去留之间态度的转变，分析了党化教育下的学人政治认同危机的形成过程。1946年7月发生在昆明的李闻惨案发生在国共内战一触即发的时刻，被后人视为国民党失去人心的一个重要标志。闻黎明通过仔细梳理和考察当时舆论、惨案制造者、美国方面和蒋介石对李闻惨案的善后处置，认为国民党、共产党、民主同盟围绕李闻惨案善后阶段的斗争，是民主和反民主势力的一次针锋相对的较量。国民党当局先是在李公朴被刺事件上采取淡化事态、人身污蔑、转移目标等伎俩，接着又在闻一多被刺事件上反咬一口，企图嫁祸于中国共产党和龙云集团。但是，闻一多被刺留下的蛛丝马迹实在太多，而美国领事馆对昆明民主人士的保护及美国政府的态度，也使这两个血案衍生出诸多严重问题。在这种形势下，蒋介石忍痛挥泪斩马谡，使有组织的暗杀变为两个小特务的个人行为，用他们的性命掩盖有计划的阴

① 汪朝光：《1945—1949：国共政争与中国命运》，社会科学文献出版社2010年版，第3页。

② 参见桑兵《国民党在大学校园的派系争斗》，《史学月刊》2010年第12期。

谋。[①] 蒋介石是国民党的领袖、军事强人，胡适则是学者、自由知识分子的棋手，最近公开的《蒋介石日记》与早先出版的《胡适日记》为学界研究二者之间的关系提供了最为一手的原始资料。陈红民、段志峰在对照二人日记后，发现一个有意思的现象，蒋介石与胡适均记载了他们交往的经过与彼此观感，但相异甚大，往往是“一个事件，各自表述”。蒋介石在日记中痛骂胡适与公开场合下对胡的“礼遇”形成鲜明的对比。这一令人深思的现象，揭示出近代中国历史上“强者”与“智者”之间复杂而微妙的互动关系。[②]

（二）横向研究领域的拓展与会通

蒋介石是近代中国历史上非常关键的领导人物，他在1949 年之前统治中国22 年，在1949 年以后又统治中国台湾26 年。长期以来，由于国共之间意识形态的对立，两岸学界对蒋介石的研究呈现出非黑即白的两极化评价取向。近年来，随着台湾“国史馆”陆续出版《蒋中正总统事略稿本》，美国斯坦福大学胡佛研究所档案馆所藏的《蒋介石日记》对外开放，在大量新史料与转化中的研究新视野的冲击下，海峡两岸学界关于蒋介石的研究与书写都在发生悄然的改变。蒋介石的历史形象，由过去简单的两极化脸谱，逐渐向色彩斑斓的多元化形象演化。《蒋介石的人际网络》[③] 一书正是海峡两岸学界共同努力，将过往或“圣”或“鬼”的蒋介石研究，还原为“凡人”式的有血有肉、有情有欲的蒋介石研究的最新成果。作为政治领袖人物，蒋介石在其政治生涯中有着复杂多面的人际关系，由此构建起纵横上下左右的立体人际网络，在其执政过程中起着或隐或显的重要作用。海峡两岸的民国史学者，首次将各自的蒋介石研究成果熔于一炉，共同探讨蒋氏在政治、党派、军事、亲缘、爱情、地缘等方面的人际关系，深度解析了蒋的为人处世与精神世界，努力形塑更接近历史真实的蒋介石。

自蒋介石日记公布后，学界对其日记的真实性与如何使用一直存有争论。四川大学历史文化学院刘世龙教授认同蒋介石日记的史料价值，通过

① 参见闻黎明《李闻惨案之善后》，《近代史研究》2011 年第 4 期。

② 参见陈红民、段智峰《差异何其大——台湾时代蒋介石与胡适对彼此间交往的记录》，《近代史研究》2011 年第 2 期。

③ 参见汪朝光主编《蒋介石的人际网络》，社会科学文献出版社 2011 年版。

将1928年5月济南事件期间蒋介石日记中关于“决取不抵抗主义”的记载，与相关函电相互参证，指出对日“不抵抗主义”是蒋介石与当时国民党中央、南京国民政府高层对第二次北伐和对日政策的共识，而非他一人独自所为。作者还通过仔细研读这一时期蒋之日记，揭示了蒋介石内心矛盾冲突的复杂的心路历程：他一边下令对日退让，一边也下令对日实行有限抵抗，其“表里不一”的心态影响到他的对日态度、方策与行为方式。[①]南京大学历史系的陈谦平教授认为蒋介石日记的价值有限，“当事人所撰写的日记，只能是一种参考资料，档案和原始文献资料才是历史研究的基础”。陈谦平先生利用台湾新近出版的《蒋中正总统档案·事略稿本》、美国斯坦福大学胡佛研究院收藏的黄郛档案和日本外务省外交史料馆的日文档案，比对了中日官方对济南惨案原因的不同表述，从国际关系的大背景下重新审视了蒋介石在济案交涉中的决策。[②]

自20世纪80年代以来，受自身学科定位的局限，民国政治史主要以民国时期的统治阶级——北洋军阀和国民党及其人物的活动作为主要研究对象，其与革命史研究领域之间的隔阂日益加深，逐渐形成了两个领域“互为畛域、壁垒显见、少有往来”的现象。[③] 近些年来，随着研究者研究视野的拓展，加上国共双方档案资料的整理与大量公布，杨奎松、邓野、黄道炫等学者因得熟悉中共史料之便，转向研读国民党史料后，能够游刃有余地运用国共双方的档案文献，如同身临其境般地重建中国政治运作过程中奇诡多变、跌宕起伏的历史现场。杨奎松的《关于中条山战役过程中国共两党的交涉问题》（《近代史研究》2010年第4期）一文，基于对1941年5月中条山战役前后国共关系大势的判断和毛泽东整体战略思维的把握，指出：蒋介石在中条山战役即将发生之际，要求配合作战，并不是带有主动战略意图的“一石二鸟之策”，而是在非常被动情况下的饥不择食的无奈举措。中国共产党应对中条山战役的策略并非针对所谓蒋介石的“激将法”，而是毛泽东一贯军事斗争思想的一种体现和他坚持革命功利主义的一贯风格所致。邓野的《阎锡山对红军东征的拦截及其多方政治周

① 参见《济南事件期间的蒋介石与对日“不抵抗主义”》，《史林》2010年第1期。

② 参见《济南惨案与蒋介石绕道北伐之决策》，《南京大学学报》2011年第1期。

③ 参见何友良《苏区史研究的视野扩展、方法运用与未来发展》，载徐秀丽主编《过去的经验与未来的可能走向——中国近代史研究三十年（1979—2009）》，社会科学文献出版社2010年版，第315页。

旋》(《近代史研究》2010 年第 5 期)一文依据时任山西省主席徐永昌的日记，深入分析了 1936 年 2 月红军东征事件所引发的阎锡山与中共军队、中央军、华北的日军、陕西的张学良部队以及河北的宋哲元部队五种政治势力之间的激烈较量，深刻揭示了民国政治的内在底蕴与逻辑。黄道炫的《中共、粤系、蒋介石：1934 年秋的博弈》(《近代史研究》2011 年第 1 期)一文将 1934 年秋红军长征初期的行动，放在与蒋介石、粤系相互博弈场景中加以“还原”，指出：1934 年中央苏区主力红军的长征是一场准备堪称周密的军事行动，共产国际、中共中央为此付出了很多努力，其中中国共产党对粤系的争取、利用尤为重要。粤系之所以会为中国共产党所利用，当然和其本身利益密切相关，事实上，宁粤及中国共产党多方面构成的赣南独特政治地理不仅对长征，而且对整个 20 世纪 30 年代中国共产党在此的生存、发展都有重要影响。而在中国共产党顺利突围的背后，亦可见蒋介石将“追剿”红军、抗日准备与控制西南三者巧妙结合的心机所在。

国民党政权处理社会问题的态度方式体现了其阶级属性和政治路线，从社会史视角切入研究这类问题，对深入理解政治史颇有助益。比如，1927—1928 年标榜民众革命的国民党在各地发起商民运动初期，试图以中小商人组织的商民协会改造并取代此前由大商人组成的商会，朱英对这一曲折的过程进行了梳理，发现国民党中央对待商会的态度逐渐温和，在 1928 年 7 月颁布的民众团体组织原则中已经承认商民协会和商会的同时存在，体现了国民党政权从革命向保守的转变。[①]中央政策的转变也影响到地方政治。北平市党部领导的中下层商人团体商民协会积极发展民众运动，而代表北平商界上层的商会则与地方军政当局关系密切，反对打压前者。齐春风的研究从 1928—1929 年北平商民协会和商会的冲突中看到国民党政权的内在矛盾。他认为，这一个案不是简单的权利之争，而是反映了国民党内部新旧派之间、党政机构之间的路线之争。旧派和政府部门，甚至包括国民党中央，都希望维护社会稳定，限制乃至反对民众运动，而新派和地方党部则希望通过民众运动来进行社会改造，获得政治认同。[②] 在处

① 参见朱英《商民运动期间国民党对待商会政策的发展变化》，《江苏社会科学》2010 年第 1 期。

② 参见齐春风《党政商在民众运动中的博弈——以 1928—1929 年的北平为中心》，《近代史研究》2010 年第 4 期。

理劳资关系上，国民党的策略也受到批评。田彤认为，南京国民政府成立伊始就意图用“劳资合作”的方式消弭阶级斗争，把西方帝国主义视为国内劳资矛盾的根本原因，把劳资纠纷转化为民族主义的情绪。这使国民党政权失去了坚实的阶级基础，既不能获得劳工阶层的认同，资产阶级也因其“节制资本”的政策而心有疑虑。与此同时，左翼知识分子和共产党不断在工人中宣传“阶级斗争”的理念，劳资矛盾严酷的现实与国民党政权空洞的话语形成鲜明的对比，将广大工人群体推向了共产党一边。①

南京国民政府初期的反迷信运动也反映了与商民运动相似的结构性党、政机构冲突。付海晏对 1929 年北平党部抢占铁山寺改为学校造成的庙产纠纷一案进行了细致分析，指出这固然继承了晚清以来激进派一以贯之的“庙产兴学”主张，更体现了南京国民政府初期政府和地方党部的不同政治意图，前者试图完善法律和行政制度，在近代国家的框架内管理宗教，而后者则是从革命的意识形态出发，以“反迷信”为理由压制宗教。②无独有偶，沙青青通过 1931 年高邮“打城隍”风潮的个案研究也说明了国民党基层党、政机构的权力机制和结构性冲突。高邮的个案发生于 1930 年前后席卷华东各省的“破除迷信运动”中。沙青青发现，国民党基层党部以“革命”名义发动了这场针对传统民间信仰的政治活动，不仅是为了动员民众和宣传意识形态，而且也为了与代表既有政治势力的县政府争夺权力资源。因此这场表面上围绕“迷信”展开的运动，反映了南京政府时期基层党政机构之间的矛盾冲突。而基层党部为达自身目的对“传统信仰”所持的激进态度，脱离了民意基础，受到民众的排斥反感，也在一定程度上解释了国民党政权社会动员的无力和无效。③

中央与地方的关系是民国政治史一个重要组成部分，近年来也受到越来越多的关注。地方实力派的自治倾向与中央政府的集权统一意图之间的角力和博弈，是其中的主要线索。佟德元通过分析 1929 年 1 月张学良在东北易帜后成立的东北政务委员会与南京国民政府之间围绕人事权、财

① 参见田彤《目的与结果两歧：从劳资合作到阶级斗争（1927—1937）》，《学术月刊》2009 年第 9 期。

② 参见付海晏《革命、法律与庙产——民国北平铁山寺庙案研究》，《历史研究》2009 年第 3 期。

③ 参见沙青青《信仰与权争：1931 年高邮“打城隍”风潮之研究》，《近代史研究》2010 年第 1 期。

权、铁路管理权和华北军权等方面的冲突与博弈，指出：以中原大战为转折点，东北政务委员会的政治空间急剧膨胀，其实际控制力和影响力扩展到华北四省，这对南京国民政府及民国政局产生了深刻的影响。① 罗敏通过叙述蒋介石借 1936 年的“六一事变”之机，解决依托于西南政务委员会与中央对立的两广地方实力派的过程，指出：蒋所运用的手段没有超出中国传统政治术之羁縻反侧的范畴，对粤施以离间分化与策反收买，对桂则恩威并施，在优势武力的震慑下，以人事、地盘与金钱三者加以笼络与利诱。李宗仁与白崇禧的就范，是在蒋保全其体面、实力与地位的前提下，形式上宣告服从中央之统一，并以白的离桂照顾蒋之情面。因此，双方的和解是在利益交换基础上达成的形式上的统一，并未如论者所谓，从此奠定了中央与两广互相合作之基础。② 池桢对 20 世纪 30—40 年代在彭禹廷和别廷芳领导下的河南宛西地方自治的研究就充分肯定了这些地方精英在乡村建设中起到的积极作用，认为这是在中央政府无力支持地方发展的情况下，“地方国家建设”和“发展型地方主义”的实践。③王明前考察南京政府时期的四川新军阀刘湘等对教育机构和社会组织的渗透和控制，这名义上是为了在意识形态上配合蒋介石剿共，但其实质则是为了加强新军阀自身对其势力范围的统治。④黄天华则研究 1934—1935 年川政统一的经过，四川主要军阀刘湘因“剿共”不利而出川加入中央政府的军事委员会，同时蒋介石率中央军入川，打破四川境内大小军阀各自为政的防区制，建立统一的行政机构，将四川纳入中央政府的直接控制中，为抗战时期在四川建立后方战时政府奠定了基础。⑤

民国时期的政治制度史近年来也受到研究者的重视。刘大禹考察了抗战时期国民政府行政院的机构调整与改革，指出这在一定程度上体现了国民政府行政现代化的趋向，这一过程分两个阶段，1938 年起孔祥熙担任院长期间以调整机构隶属关系为主的改革；1941 年在蒋介石复兼行政院院长期间，为配合推行行政三联制而进行的机构事权关系的研究、机构精简与

① 参见佟德元《东北政务委员会政治空间的膨胀》，《史林》2010 年第 2 期。

② 参见罗敏《蒋介石与两广六一事变》，《历史研究》2011 年第 1 期。

③ 参见池桢《国家、地方与乡村建设——1930—1940 年河南宛西地方自治研究》，《史林》2010 年第 5 期。

④ 参见王明前《南京政府时期西南军阀的意识形态控制：以四川新军阀为个案的考察》，《思想战线》2010 年第 1 期。

⑤ 参见黄天华《蒋介石与川政统一》，《四川师范大学学报》（社会科学版）2010 年第 5 期。

人员裁并的改革。[①] 杨斌与翁有为则考察了民国时期的行政督察制度，杨斌对行政督察专员制度的设计与实施情形进行了论述，翁有为则以河南为个案，对行政督察专员群体的构成做了分析，认为这一群体的学历整体层次较高，政治与军事经历丰富，以本省籍人任职为主，年龄亦属适当，向上流动的渠道属于正常，是属于尽力维护其政权的一个群体。但在国民党派系复杂、官吏队伍腐败和脱离民众的特定整体背景之下，这一群体所发挥的效用毕竟有限，无法承担创制者寄予的革新政治的厚望。[②] 县级地方行政也引起研究者的注意。王明前以湖南省为例分析了南京政府时期的县级行政，指出湖南省县政在以何键为首的新军阀当局的政治设计中，是作为清乡体系的基础和关键环节发挥作用的，因而县级行政的重要行政职责是团防建设，县级地方的社会组织基础在于保甲制度的恢复与强化中。但是县级行政机构和团防的腐败问题，以及土豪劣绅对县级行政的干扰问题，又在不断侵蚀着清乡体系的机体，制造着新的民生问题和社会矛盾。进而王以湖南新军阀推行“清乡”政策重点关注的平江县为个案考察了县级地方的军事化过程，指出作为国共冲突的重点区域，平江县国民党当局在恢复与利用传统保甲制度的基础上，建设团防、清查户口和办理联结为重点的“清乡”军事化政策。[③] 蒋介石从20世纪30年代中期开始推广的地方自治和保甲制度存在着名实不符的现象。丰箫认为，保长作为国家权力实施于普通民众的最直接的传达者，在农村已经不再仅仅起到“经纪”的作用，也无法承载地方自治的重担；相反，在征兵、征税的巨大压力下，“保长与国家一起走向农村社会的对立面”，破坏了农村的传统秩序，又没能建立起新的法制体系。[④]沈成飞对学术界较少关注的抗战时期广东国统区户政建设进行了考察，认为尽管广东国统区政府采取了诸多措施以推进户政工作，但仍无法达到控制民户、防止人口外流的目的，这对保甲行

① 参见刘大禹《抗战时期国民政府行政院的机构调整与改革》，《抗日战争研究》2009年第3期。

② 参见杨斌《南京国民政府时期行政督察专员制度的创》，《民国档案》2009年第1期；翁有为《南京政府行政督察专员群体构成之考察——以河南为中心》，《史学月刊》2009年第12期。

③ 参见王明前《南京政府时期的湖南省县政》，《浙江学刊》2009年第2期；《南京政府时期县级地方的军事化——以湖南省平江县为个案的考察》，《江苏社会科学》2009年第2期。

④ 参见丰箫《善恶之间：南京国民政府时期保长形象的游移》，《学术月刊》2010年第10期。

政等基层行政工作产生了较大的负面影响。[①] 魏文亭与李德英则从不同角度考察了浙江与四川实行“二五减租”的情况，魏以 1934 年浙江省平阳县农会解散为个案，考察农会参与减租面临着政治上的障碍及实践中的困境，指出国民党及政府总体上对于农会“代表农民”推动减租始终抱有戒心，而农会的组织主导权亦并非掌握在佃雇农手中，始终难以成为真正的农民利益代言者，只能限于减租宣传及纠纷调解方面，难以有大的作为。李德英则考察 1945—1949 年成都平原农村地区“二五减租”的执行情况，指出减租运动激化了租佃关系，纠纷频繁，结果中小地主和佃农生存均出现问题，并进而认为农村社会复杂的租佃关系的公正基础是互惠原则，通过租佃关系使得农民生活得以保障，但是社会精英常常误解民间这种互惠原则，因此采取种种措施来调整这种关系，以达到他们所认为的“公正”或“公正”目标。也正因为如此，以“二五减租”这样的行政手段来解决民国时期农村由于土地分配不均而带来的农村财富不均问题，结果事与愿违，使农村社会陷入不稳定状态之中。[②]

研究者在引入人类学和新文化史方法后，开始注意到国民党政权对政治文化构建的强调，及其通过文化符号向民众灌输意识形态并巩固其统治合法性的意图。陈蕴茜用人类学方法研究国民党如何通过在时间（各种纪念日和纪念周仪式）和空间（纪念堂和公园等）中构建起一套以孙中山为核心的仪式、象征和记忆。她认为，孙中山崇拜既是帝制国家传统个人崇拜的延续，又掺入了大量近代构建个人崇拜的技术，如传媒、教育、商品化等，由此来达到加强民族凝聚力、为国民党政权提供合法性等政治目的。[③]而李恭忠则细致入微地考察了中山陵的设计建筑过程及其政治和文化意义，虽然在切入角度上与陈书不同，但在方法和取向上却非常类似，他也把围绕中山陵建构起的孙中山崇拜理解为国民党单方面的意识形态灌输，因此具有权威自命、内涵僵固、形式空洞三个鲜明特征，缺乏民众的自发性和主动性。[④]郭必强对奉安大典的研究偏重政治权谋的分析，认为蒋

① 参见沈成飞《试论抗战时期广东国统区户政之推进——兼论其对国民党保甲制推行的影响》，《学术研究》2009 年第 5 期。

② 参见魏文享《农会与“二五减租”的政治困境——1934 年浙江平阳县农会解散案解析》，《华中师范大学学报》2009 年第 6 期；李德英《生存与公正：“二五减租”运动中四川农村租佃关系探讨》，《史林》2009 年第 1 期。

③ 参见陈蕴茜《崇拜与记忆——孙中山符号的构建与传播》，南京大学出版社 2009 年版。

④ 参见李恭忠《中山陵：一个现代政治符号的诞生》，社会科学文献出版社 2009 年版。

介石利用为孙中山主持奉安大典的机会，树立自己在党内的权威和南京国民政府的合法性，与汪精卫为首的武汉国民政府相抗衡。[①]

（三）几点观察与思考

面对历史学在社会科学化的“问题意识”导向下日益概念化的趋势，学界有识之士高声疾呼“中国史学需要一种——‘感觉主义’”，提倡要从“感觉层面上贴近历史现场”，从而摆脱“迷失在现代词语解释所构架的问题丛林之中”。[②] 历史“感觉”养成是历史学家长期浸润在史料之中的结果，体现在历史学家对史料细微之处的体悟与把握上。“巧妇难为无米之炊”，历史学家笔下鲜活的“感觉世界”离不开丰富、感性的历史素材。近些年来随着民国政治核心人物蒋介石、胡汉民、宋子文、孔祥熙等人的日记、私人信函等档案资料的开放与利用，加上一批处于次级但参与具体政治过程的政治人物的日记公开出版，如《徐永昌日记》《王子壮日记》《熊式辉日记》等，为民国政治史的研究提供大量具有极高私密性的感性素材，使得历史学家得以洞见历史表象背后的政治逻辑，其笔下的人物与事件更加栩栩如生、娓娓道来。邓野、汪朝光、金以林等的一批以叙事见长、富有洞见的学术专著的问世，说明了史学叙事传统的强大生命力。

关于《蒋介石日记》的运用问题。蒋介石日记自2006年3月在美国斯坦福大学胡佛研究院档案馆对公众开放以来，引发了学界研究蒋介石的热潮，以蒋为主题的学术研讨会接连在北京、台北、南京、杭州等地举行。蒋介石作为民国时期的国家领导人，其日记自1917年起至1972年止，时间跨度长达50多年，不仅记录有“预定”“注意”等大事备览栏目，还记录有丰富的个人见解与内心感受。经过将近五年的研究实践表明，蒋介石日记的开放虽然并未如最初学界所期待的那样对民国史和国民党史研究产生重大颠覆，但在很多关键的历史细节的呈现和史实的重建方面提供了直接或间接的证据，尤其对蒋介石个人的生命史、性格特征与其人际交往网络，以及他作为政治领导人物在关键历史时刻的心态变化等方面，无疑提供了较其他旁证史料更为直接的原始素材。在肯定蒋介石日记

---

① 参见郭必强《奉安大典的政治观察：以蒋汪为中心的讨论》，《南京社会科学》2010年第10期。

② 参见杨念群《中国史学需要一种——“感觉主义”!》，《新史学》创刊号卷首语。

的史料价值的同时，学者应该对其日记的局限性保持清醒的认识，蒋曾在日记中坦承其下笔时的种种良苦用心："记事重要者犹不过十分之一，甚嫌纸短幅小，而又无暇详记为憾，可知古人记事有不能记载与不便记载之处，其用心更苦矣。"① 可见，蒋介石的日记是其本人有选择性的自主呈现，历史学家汪荣祖批评美国学者陶涵所著的《大元帅：蒋介石与近代中国的奋斗》一书未能善用蒋介石日记，中肯地指出："引录蒋之日记，应具批评眼光，以为作证，不宜由其自说自话，视为定论。"② 汪荣祖先生的批评提醒学者在使用蒋介石日记时，要注意与其他前后左右的相关原始档案史料来对读，相互参照，才能避免被日记主人牵着鼻子走，揭示出日记背后所隐藏的种种隐与讳。

受传统线性进化史观的影响，长期以来历史学的解释框架过分注重对历史发展过程中必然性规律的找寻与阐释，而对历史的偶然性与丰富性的呈现能力日渐萎缩，乃至完全消退。近些年来，由于研究者自身视野的不断拓展，加之多元化史料的爆炸式增长与相互碰撞，民国政治史的解释框架日益多元、开放。以杨奎松、黄道炫等为代表的学者逐渐突破传统线性史观的束缚，尝试会通民国史与革命史研究视野，并注重从国际视野下来审视中国革命成功背后的偶然性因素。这些富有启发的分析视角帮助人们摆脱政治神话的束缚，丰富了我们对民国政治的多样可能性的理解。

民国政治史的研究要注意借鉴和运用社会史、文化史、政治学等其他学科的研究视角与方法，拓展民国政治研究领域的广度与深度。王奇生教授在检讨以革命史为代表的传统政治史的写作时指出："革命史的书写多关注'精英'而漠视'大众'，只见'肋骨'而不见'血肉'，凸显'党性'而淡化'人性'，充满'教条'而缺少'鲜活'。其实革命并不缺少'鲜活'的史料，而是史家缺少'鲜活'的眼光"。③ 政治史学者"鲜活"眼光的养成，需要自觉吸收和借鉴包括社会学、政治学、人类学在内的社会科学各领域的养分，并参考现代主义、后现代主义等学界新思潮，从而使得政治史学者笔下所"还原"的历史现场更加生动立体，既凸显了政治运作过程中的波诡云谲的即时性变化，又能揭示出瞬息万变的历史过程背

① 《蒋介石日记》1947 年 7 月 18 日，美国斯坦福大学胡佛档案馆藏。

② 汪荣祖：《评说陶涵蒋介石新传》，台北《传记文学》第 96 卷第 1 期，第 125 页。

③ 参见王奇生《革命与反革命：社会文化视野下的民国政治》，社会科学文献出版社 2010 年版，第 5 页。

后的结构性原因；既能探幽察微地揭示出上层政治斗争的隐秘内幕，又能透过地方的视角来审视中央集权的政治体制下地方治理的真实困境，从而为我们当下的政治体制健康有效地运转提供若干可资借鉴的历史经验。

（罗　敏　赵利栋　刘文楠）

第八章

近代中外关系史

近代中外关系史是中国近代史研究的重要组成部分，主要内容涵盖1840—1949年的中国与其他国家之间的交往关系，涉及政治、经济、外交、军事及文化等诸方面。为能更好体现近代中外关系史研究的时空概念，与以往有所不同，本前沿报告分为外交理论与体系研究、晚清外交研究、民国北京政府时期对外关系、南京国民政府时期对外关系以及解放战争时期的对外关系五部分，旨在积极关注双边关系的同时，更强调其综合与多样性。

本前沿报告所列研究成果，主要来自本学科国内同仁及近代史所中外关系史研究室学者相关著述，并呈现以下特点：第一，近三年的中外关系史研究如以晚清政府、民国北京政府和南京国民政府三个时段划分，则各时期研究成果的数量大体平均；如以晚清和民国两个时段划分，民国外交史的研究力量显然强于晚清外交的研究力量，这基本符合目前学界的研究趋势及研究力量的分布；第二，近代史研究所中外关系史学科在2009年至2011年度所发表的论文，原则上与学界整体研究现状相一致，民国外交史研究成果的数量多于晚清外交，这一现状也是由每个专业方向研究人员数量而决定的。

2009年度

（一）外交理论与体系研究

一直以来，近代不平等条约问题研究始终是学术界关注的重点，但对近代中国不平等条约的数量统计一直存有异议，各方之间差异甚大，究其原因在于对条约的评判标准不尽相同。侯中军在系统讨论近代中国不平等条约的评判标准问题的同时，指出条约的缔结形式和程序是否平等；条约的内容是否对等，是否侵犯了中国主权，应是判断一个条约是否平等的两个重要因素。在详细考察近代中国各类条约后，初步提出一个可供讨论的规范，并依据该规范厘清了近代中国共有 23 个不平等条约国及 343 个不平等条约。[①] 在此基础上，侯中军又鲜明地提出有关近代中国的准条约问题，认为准条约是不平等条约研究中一个不可回避的问题，在近代中国的约章中有大量的章程和合同，它们虽不具有条约的性质，但构成了对中国主权的侵犯，具有不平等的特性。[②]

中国收回不平等条约特权的举动并非始于民国，晚清时期就已经开始进行了某种尝试。李育民在详细考察了晚清改进、收回领事裁判权的尝试过程中认为，清政府在试图收回领事裁判权之前，曾设法补救领事裁判制度的弊端，从“混合法庭”到“观审制度”，都是改进的措施之一。但清政府试图收回领事裁判权的努力最终收效甚微，其所背负的沉重的传统包袱，限制了自身的思路和行为。[③]

（二）晚清外交研究

鸦片战争时期的对外关系研究多集中于晚清中国与英、美、俄、日等几个大国之间，侧重点在于两次鸦片战争前后。吴义雄在讨论了鸦片战争的起因问题时指出，鸦片战争前英国对华战争舆论的形成是其发动鸦片战争的重要原因。自 1830 年前后中英发生冲突以来，来华西人群体对广州贸易体制愈益不满，逐渐产生对华武力强制的舆论，并在广州发行了一批英文报刊作为舆论阵地，提出对华武力威慑。虽然在其内部有反对对华用武的观点，但 1834 年的律劳卑事件统一了在华西人的舆论口径，武力威慑被对华战争论所取代。1837 年英人几种关于对华关系的小册子出版后，来华西人分别提出了武力强迫论、商业交往论和宗教改善论。自兴泰行商欠案后，对华战争渐成一致主张。[④]

第一次鸦片战争后，美国国内在对华贸易问题上曾有过短暂争论，焦点在于美国在华利益是凭中国皇帝的恩准，还是与英国一样获得条约保证，最终形成的意见是决定获得条约保证。为达到此种目的，美国派遣顾

---

① 参见侯中军《近代中国不平等条约及其评判标准的探讨》，《历史研究》2009 年第 1 期。

② 参见侯中军《近代中国不平等条约研究中的准条约问题》，《史学月刊》2009 年第 2 期。

③ 参见李育民《晚清改进、收回领事裁判权的谋划和努力》，《近代史研究》2009 年第1 期。

④ 参见吴义雄《鸦片战争前在华西人与对华战争舆论的形成》，《近代史研究》2009 年第 2 期。

盛使团来华，要求清政府以中美条约的形式保证美国的在华利益。以耆英为首的谈判代表团做到了据理力争，但无法拒绝美国提出的“机会均等、利益均沾”的要求。仇华飞以中美《望厦条约》的谈判和签订过程为主线，再次揭示了中美谈判双方所经历的从对抗到妥协的历程。①

第二次鸦片战争期间的中俄外交交涉，学术界以往的研究过于程式化。陈开科通过对大量中俄文史料的梳理，系统论证了第二次鸦片战争期间中俄之间的交涉过程。文章认为：耆英复出后，通过俄罗斯馆大司祭巴拉第与俄国顺利建立了联系，但为了取得俄国“调停”许诺，却轻率答应提前签订不平等的中俄《天津条约》，这导致了其获罪并自尽的结果。②

甲午战争一直是学界关注的热点。戴东阳通过对金玉均被刺前后中日两国的外交活动的分析，探讨了金玉均被刺与甲午战争爆发之间的关系。文章指出，并无证据表明中国驻日使团及李鸿章父子预先参与了暗杀金玉均的活动，日本出兵朝鲜及挑起中日甲午战争与金玉均被刺并无关联。③在何如璋与早期中日琉球交涉问题上，戴东阳深入考察了何如璋在东京与日本政府的具体交涉问题，认为所谓的“暴言事件”（照会事件）的出台，与寺岛宗则、森有礼为代表的日本方面的操作有一定的关系。④

有关光绪皇帝的死因及国际社会的反应，一直是学术界与社会颇为感兴趣的话题。崔志海通过对光绪皇帝和慈禧太后死后美国政府的反应的考察，认为清朝政府当时将慈禧、光绪之死及时照会了包括美国在内的列强，目的是要消除列强对光绪死因的怀疑和猜测，争取新皇帝早日得到国际社会的认可。美国政府虽然对光绪是否正常病逝表示怀疑，但从自身利益出发以及受外交关系的制约，并无意追究光绪死因，更关心的是清朝政局的稳定和中国未来的政治走向。⑤

加入国际公约及国际协会是晚清希望融入国际社会的努力，属于外交近代化的内容。苏智良详细考察了 1909 年上海万国禁烟会召开的背景、

① 参见仇华飞《从对抗到妥协：中美〈望厦条约〉签约过程研究》，《史学月刊》2009 年第 3 期。

② 参见陈开科《耆英与第二次鸦片战争中的中俄交涉》，《近代史研究》2009 年第 4 期。

③ 参见戴东阳《中国驻日使团与金玉均——兼论金玉均被刺与甲午战争爆发之关系》，《近代史研究》2009 年第 4 期。

④ 参见戴东阳《何如璋与早期中日琉球交涉》，《清史研究》2009 年第 3 期。

⑤ 参见崔志海《光绪皇帝和慈禧太后之死与美国政府的反应——兼论光绪死因》，《清史研究》2009 年第 3 期。

举办过程和历史意义。文章指出，会议由美国发起，中国主办，共有 13 个国家参加。会议的最大成果是各相关国家在鸦片、吗啡问题上初步达成共识，确定了联合反毒禁毒的原则。文章认为，该次会议公开举起反毒禁毒的旗帜，揭开了国际联合禁毒的序幕，在促进中国国内禁毒运动的同时，也为以后的海牙会议制定国际禁毒公约奠定了基础。①

（三）民国北京政府时期对外关系

中国参加第一次世界大战以及外蒙古问题仍然是北洋外交研究的热点。蔡双全关注到莫理循在推动中国参加第一次世界大战中的作用，并强调莫氏通过为中国政府出谋划策，向西方列强传递有关中国参战的各种信息，游说日本政界高层人物等多种途径，对中国参战起到了重要的作用。②朱昭华在论述袁世凯政府在外蒙古独立事件上的处置方式时，指出在地缘政治优势下，沙俄政府利用中国时局的混乱策划了外蒙古独立的闹剧。尽管《中俄蒙协约》使得俄国实现了其既定的方针，中国因此丧失了国家主权，但该约毕竟确定了中国对外蒙的领土主权，也属对强权政治下宗主权理论的一种突破。③ 周斌重新检讨了五卅惨案“十三条”交涉条件的提出，指出政府驻上海特派员蔡廷幹、曾宗鉴、许沅等人在其提出过程中起到重要作用，他们不仅劝说工商学联合会代表同意总商会另提“十三条”，而且不经请示外交部，就将它提交领事团。④

北京政府时期的中外文化交流亦引起注意。葛夫平在考察了法国政府与中国的留法勤工俭学运动后，指出留法勤工俭学运动是近代中法关系史上的一件大事，它的兴起和发展除了中国方面的推动之外，与法国政府的态度也有着密切关系。在 1919 年留法勤工俭学运动高潮到来之前，留法勤工俭学运动主要得到法国一些民间友好人士及法国驻华外交官的支持。自 1919 年开始，法国政府开始有意识地对留法勤工俭学运动加以引导和管理。在 1920 年底留法勤工俭学运动遇挫后，法国政府开始转向资助部

---

① 参见苏智良《一九〇九年上海万国禁烟会研究》，《历史研究》2009 年第 1 期。

② 参见蔡双全《论莫理循在推动中国参加第一次世界大战中的作用》，《民国档案》2009 年第 2 期。

③ 参见朱昭华《袁世凯政府对外蒙古独立的因应》，《史学月刊》2009 年第 6 期。

④ 参见周斌《再论五卅惨案“十三条”交涉条件的提出》，《近代史研究》2009 年第 4 期。

分优秀留法学生，开辟了中法教育合作事业。[①] 元青、王建明探讨了北洋时期的留日学人与中国文化对日传播的问题，指出中国留日学人通过日本，不仅向中国大力传播了西方科学文化，还把中国五千年文化向日本和西方传播，为中国传统文化的流传，为日本和其他国家人民了解和认识博大精深的中国文化做出了杰出贡献。[②]

（四）南京国民政府时期对外关系

有研究注意到中东路事件时期的中苏外交。刘显忠认为，1929 年的中东路事件的起因，不能简单归结为路权问题，也不是帝国主义联合反苏行动，而是由中苏"共管"体制的矛盾、地缘政治及中方决策失误等多种因素造成的。事件发生后，美、日、英、法、德等大国根据自身的利益采取对策，力图使事态向有利于自己的方向发展，结果既未出现南京政府期待的西方大国共同声援中国的情景，也未形成苏联预言的西方大国联合反苏的局面。中东路事件真正的获益者是日本。[③]

鹿锡俊讨论了 1935 年国民政府对日、对苏政策的多重性质，认为对处于复杂互动作用中的中日苏三角关系及蒋介石的战略做出片面的理解，是日本发动华北事变的重大原因。文章强调，蒋介石在对华事变的因应中曾从正反两个方面运用苏联因素，并尝试以"共同防苏"换取日本对华政策的亲善，但由于日本提出的条件令蒋难以接受，迫使其转向对苏联合而对日作战。导致这一转折的决定性外因，是日苏两国在中国的主权问题与政权问题上的不同姿态。[④]

王新生重新考察了李德来华的身份及任务，指出李德是被苏联红军参谋部第四局派到远东局工作的，任务是整理中国苏区的军事报告，供联共(布)、共产国际高层进行有关决策参考；并作为中共中央军事顾问组成员，协助远东局书记埃韦特指导中国苏区的军事行动。李德到中央苏区指导军事工作是经远东局提议、共产国际批准的，不是应博古邀请而去的。[⑤]

---

① 参见葛夫平《法国政府与留法勤工俭学运动》，《社会科学研究》2009 年第 5 期。

② 参见元青、王建明《北洋政府时期的留日学人与中国文化的对日传播》，《广东社会科学》2009 年第 1 期。

③ 参见刘显忠《中东路事件研究中的几个问题》，《历史研究》2009 年第 6 期。

④ 参见鹿锡俊《蒋介石与 1935 年中日苏关系的转折》，《近代史研究》2009 年第 3 期。

⑤ 参见王新生《李德来华的身份及任务新探》，《近代史研究》2009 年第 1 期。

战时外交研究主要集中在中美、中日关系上，此项研究倾向亦符合当时国际关系的主要特征。除此之外，亦有文章涉及战时中国与加拿大的关系。随着美国斯坦福大学胡佛研究院开放阅览其所收藏、代管的宋子文档案、蒋介石日记等民国要人的资料，围绕民国人物而展开的民国外交研究有了深入进展。

王建朗利用蒋介石日记，重新解读抗战后期的中美关系，指出太平洋战争爆发后，蒋介石对美国在欧亚战略的选择上严重不满，怀疑美国支持中国的诚意，并消极对待开罗会议，而史迪威事件进一步激化了美蒋矛盾。蒋介石认为，美国在军事上要以史迪威取而代之，在政治上则要以孙科取代之。在史蒋冲突激化过程中，蒋介石曾一度考虑辞职。该文通过详细分析开罗会议及史迪威事件美蒋之间所存在的分歧，认为蒋介石日记所展示的抗战后期中美之间的矛盾和冲突，其严重性大大超过人们以往的认识，而这最终导致了两者之间信任的逐渐流失。[①]

魏德迈使华及其与美国对华政策的转变问题亦引起讨论。杨婉蓉认为，尽管魏德迈的调查堪称尽心尽力，不辞劳苦，而且也的确收集了极其丰富的资料。但是，魏德迈的调查并没有为美国的对华政策找到一条现实道路，其结果是有条件地援蒋政策的确立，这就使美国在既要干涉中国内战，又想免于卷入中国内部事务自相矛盾的旋涡中越陷越深，无法自拔。[②]

王珂注意到了抗日战争时期日本为了侵略中国而展开的所谓“回教工作”，即在穆斯林居住地区建立特务机构，拉拢回族军阀，成立各种回教组织。该项行动并未取得多大成果，反而刺激了中国加快建设民族国家的步伐。[③] 傅敏通过对1939年前后英国在天津租界危机中外交折冲的研究，强调危机中的英国既不甘于放弃其在远东的权益，又不愿与日本走向军事对抗，因而推行了一种既支持中国抗战（主要是道义上的支持），又对日妥协的双重外交政策。这一政策从表象上看，充满着矛盾与反复。但在这一复杂表象的背后，则是英国试图以最小的代价在远东获取最大利益的现实主义考量，也是英国外交传统中的民族国家利益至

---

① 参见王建朗《信任的流失：从蒋介石日记看抗战后期的中美关系》，《近代史研究》2009年第3期。

② 参见杨婉蓉《1947年魏德迈使华与美国对华政策的转变》，载《中国社会科学院近代史研究所青年学术论坛2008年卷》，社会科学文献出版社2009年版。

③ 参见王珂《日本侵华战争与“回教工作”》，《历史研究》2009年第5期。

上核心原则的反映。①

潘迎春着重从加拿大在第二次世界大战中确立并实施的独立外交政策角度探析了加拿大对华政策发生重大变化的原因，认为中加关系的改善对双方都产生了有利的影响。1931 年至 1945 年加拿大与中国的关系发生了重大转变，两国不仅建立了正式的外交关系，而且加拿大政府还将自己原有的对日绥靖转变为支援中国抗战。② 潘兴明认为，直到抗战初期，中加两国关系仍处于低层次水平上，但随着中加公使级外交关系的建立，两国的军事合作关系亦得到确立。客观而言，中加军事关系与政治关系密切相关，其发展相互对应；军事合作的主要形式和内容是加拿大向中国提供军援，其中欧德澜的个人作用相当突出；但中加军事合作的影响较为有限。③

（五）解放战争时期的对外关系

在第二次世界大战中，美国和中国政府积极进行外交磋商，试图就战后亚洲的国际秩序达成一致。在中美战时外交中朝鲜问题成为焦点之一。战时中美关系中的朝鲜问题亦引起注意。刘晓原以“颜色政治”和“形体政治”为切入点，将此过程称为东亚冷战的序幕。文章指出，由于不同的实力地位、地缘关系、与朝鲜的历史文化渊源的差别，在战后朝鲜的安排上中美意见并不一致，而且美国不希望在朝鲜问题上排斥苏联，并进而影响罗斯福总统所坚持的“四强”模式，这就导致将朝鲜问题留置于太平洋战争结束时由美苏各自的军事态势来决定，从而为以后的冷战埋下了伏笔。④

第二次世界大战结束后，西藏成为美国亚洲战略棋盘上的一个重要战略点，中华人民共和国成立前夕，美国中央情报局派员秘密潜入西藏。程早霞、李晔在以美国解密的国家档案为依据，讨论了 1949 年前后美国中情局间谍人员秘密潜入西藏的问题，详细考证马克南、白智仁秘密入藏的经历，还原了美国企图策动西藏分裂势力与新中国对抗的历史事实。⑤ 依据已经公

① 参见傅敏《英国在远东的双重外交与天津租界危机》,《民国档案》2009 年第 3 期。

② 参见潘迎春《1931—1945 年加拿大与中国的关系》,《民国档案》2009 年第 4 期。

③ 参见潘兴明《抗战时期中加军事关系评析》,《史学集刊》2009 年第 1 期。

④ 参见刘晓原《东亚冷战序幕：中美战时外交中的朝鲜问题》,《史学月刊》2009 年第7 期。

⑤ 参见程早霞、李晔《一九四九年前后美国中情局谍员秘密入藏探析》,《历史研究》2009 年第 5 期。

开的美国情报机构在中国内战时期的情报，杨奎松认为，此一时期美国的对华情报工作存在许多问题，因而也影响到了其准确性和涵盖面，但大体上还是客观和可信的，依旧对美国的政策制定有一定的参考价值。[①]

还需要特别提及的是《中俄关系的历史与现实》第2辑的出版。该专辑收录了60篇研究中俄各个历史时期的论文，进一步推动了中俄关系史的研究。[②] 栾景河讨论了近代以来俄罗斯的对华政策，特别强调俄罗斯的近代对华政策是打着“友好”的幌子进行的，其实质是牺牲中国人民利益的“趁火打劫”的政策。[③] 陈开科探讨了太平天国时期的对华外交政策，认为俄罗斯馆（俄罗斯东正教驻北京布道团）为沙皇俄国通风报信，使得俄国轻易获得有关太平天国起义以及当时清政府的动向，在其他列强之前与清政府建立了帮助镇压起义的政策。[④] 薛衔天认为，1929年因中东路问题而引发的奉苏战争，对东北军造成了重大伤亡。张学良对北满苏联势力的完全清除是一种战略错误，给了日本侵占东三省的机会。[⑤] 王真考察了皖南事变后苏联对华政策，提出苏联对皖南事变的政策是主张国共两党化解矛盾以维护和巩固抗日民族统一战线的，这符合抗日战争特定历史时期的要求，有利于中华民族的团结抗战，因此应予基本肯定。[⑥] 陈晖通过对最新解密的苏联档案文献研究，提出马歇尔调处与苏联政策的转变存在着内在联系。在马歇尔调处时期，苏联对华政策已经开始发生重大转变，即从支持国民党政府转变为有条件地支持中国革命。[⑦]

---

① 参见杨奎松《中国内战时期美国在华情报工作研究（1945—1949）》，《史学月刊》2009年第3期。

② 参见关贵海、栾景河主编《中俄关系的历史与现实》第2辑，社会科学文献出版社2009年版。下述有关中俄关系的文章皆出自该辑。

③ 参见栾景河《近代以来俄罗斯对华政策述论》，载关贵海、栾景河主编《中俄关系的历史与现实》第2辑。

④ 参见陈开科《俄罗斯馆与太平天国时期的对华外交》，载关贵海、栾景河主编《中俄关系的历史与现实》第2辑。

⑤ 参见薛衔天《南京政府的“革命外交”与苏联对东北的“惩罚”战争》，载关贵海、栾景河主编《中俄关系的历史与现实》第2辑。

⑥ 参见王真《皖南事变与苏联对华政策》，载关贵海、栾景河主编《中俄关系的历史与现实》第2辑。

⑦ 参见陈晖《马歇尔使华与苏联对华政策》，《历史研究》2008年第6期。该文亦载入《中俄关系的历史与现实》第2辑。

2010年度

（一）外交体制及理论研究

研究近代中国外交由朝贡体系向条约体系转变的过程，不应仅探讨制度层面的问题，也应关注其思想层面的因素，探究外交思想对于外交制度演变的影响，从而追根溯源。熊志勇在考察了儒家核心思想对古代中外关系的影响，以及鸦片战争后基于传统思想的多种反应等问题后提出，传统思想在近代行不通，应该采取魏源的“师夷长技以制夷”的先进思想，并检讨了传统思想对近代外交的负面影响。[①]

赵宏林认为，晚清中外约章对地方外交礼仪的规定包括三部分：与外国官员往来礼仪、与传教士往来礼仪及与其他外国人往来礼仪。其中，与官员往来礼仪规定最详，涉及公文格式、称谓等方面。这些规定从礼仪方面体现了鸦片战争后清政府外交局势的深刻变化。地方官十分重视礼仪的作用，将其作为处理地方交涉的重要辅助手段，如借助外交礼仪抵制列强索取约定之外的外交特权、借助外交礼仪推动中外关系的发展等，都是他们重视和运用礼仪的表现。地方官对外交礼仪的重视和运用体现了他们对新的外交关系模式的应对和适应。[②]

权赫秀强调，晚清时期在对外关系领域，不仅在事实上确曾存在着传统与近代两种不同体制外交关系，而且在制度层面负责处理对西方国家近代条约关系之新型机构，与主管对周边朝贡国家关系事务的传统对外关系机构，也曾至少共存半个世纪以上的时间。在朝贡关系体制的边缘亦即周边朝贡国家如近代朝鲜，也曾出现极为类似的所谓两截体制的局面与制度。一个外交两种体制在晚清时期不仅是在朝贡关系体制的中心与边缘普遍存在的一个客观现象和事实，而且也是清政府统治集团在对外关系制度层面非制度性地适应上述客观变化的结果，本质上则可以说是晚清对外关

---

① 参见熊志勇《传统思想对近代对外关系的影响》，载《近代中国：政治与外交》，社会科学文献出版社2010年版。

② 参见赵宏林《论晚清地方外交礼仪及地方官的态度》，《西南交通大学学报》（社会科学版）2010年第3期。

系近代转型过程中所出现的一个过渡性现象与特征。[①] 李兆祥认为，中西“条约”使中外交涉程序发生变化：首先发生改变的是政府官员不与“互市”国进行官方交涉的惯例；其次，“条约”本身规定了一些新的外交程序，清政府不得不遵守。同时，还认为中西“条约”促使清政府外交行政体制也发生了一些变化。[②]

关于近代中国宗藩外交体制崩溃的问题，刘信君提出，在中国古代封建王朝建立的朝贡体系中分为典型朝贡国和准朝贡国。在典型朝贡国中，朝鲜、越南、琉球各有特色。将中朝与中越朝贡关系加以比较，可以发现二者在政治、军事、礼仪、经济等方面有诸多相同之处；而在中国对两国的控制、朝贡手续及朝贡时间、贡期、贡道、贡物、规模等方面又有一定的差异。透过这些差别，我们不难发现，朝鲜比越南的朝贡更具典型性，即朝鲜是典型朝贡国中最具代表性的。[③] 与此同时，刘信君又从中琉与中朝比较的角度再次论述了以中国为中心的亚洲宗藩体制，将中朝与中琉朝贡关系加以比较，分析其相同之处和不同之点，总结出了对朝贡制度的一些规律性的认识。[④]

杨炎辉指出，近代以来，传统的中朝宗藩关系受到了西方国际关系体制的严重挑战。日本以国际法理念，通过一系列条约的签订，使自己在朝鲜的权力逐渐扩大和合法化。日本要实现对外扩张，必然要冲破中朝宗藩关系的束缚。与此相反，清政府无视世界发展潮流，固守旧制，处处陷入被动，给日本以可乘之机，最终丧失了在朝鲜的宗主国地位，自身的安全也面临着严重的威胁。[⑤]

孙昉则从非成文契约的角度来探讨亚洲宗藩体制，认为清代中国和朝鲜的宗藩关系不同于近代以缔约为主要形式的双边关系，其确认和维持并无成文条约的保障，因此非成文契约性是中朝宗藩关系的显著特征之一。

---

① 参见权赫秀《晚清对外关系中的“一个外交两种体制”现象刍议》，《中国边疆史地研究》2009 年第 4 期。

② 参见李兆祥《两次鸦片战争时期中国外交新体制的萌动：以中西“条约”为中心》，载《近代中国：政治与外交》，社会科学文献出版社 2010 年版。

③ 参见刘信君《中朝与中越朝贡制度比较研究》，《吉林大学社会科学学报》2010 年第5 期。

④ 参见刘信君《中朝与中琉朝贡制度比较研究》，《东北师大学报》（哲学社会科学版）2010 年第 5 期。

⑤ 参见杨炎辉《以条约关系为中心分析近代中朝宗藩关系的破裂》，《洛阳理工学院学报（社会科学版）》2010 年第 1 期。

清朝迫使朝鲜断绝与明朝的宗藩关系，成为朝鲜的宗主国。虽然双方存有疑忌和戒备，但东北亚国际格局有利于清朝维持与朝鲜的宗藩关系，因此中朝宗藩关系能长期保持非成文契约性的特征。随着清朝国力的衰弱，这种没有条约保证的双边关系在近代国际关系模式的冲击下，不得不通过立约保藩来暂时延续生命，但是这种措施最终也未能挽救中朝宗藩关系的解体。①

王继东探讨了以中国为中心的亚洲宗藩体制对藩国亚宗藩体制的影响问题，认为以中越宗藩关系为例，李朝是越南历史上第一个长期稳定的封建王朝，随着国力增强和民族意识勃兴，李朝采取了积极的对外政策。中越宗藩关系对越南与李朝产生了重要的影响，一方面，李朝积极维护中越宗藩关系；另一方面，李朝又如法炮制，努力构建以自己为中心的亚宗藩关系。这一政策对李朝的对外关系产生了深远影响，为以后越南历代封建王朝所遵循。②

（二）晚清外交史

鸦片战争史仍然是大家关注的主题。关于战争爆发原因方面的探讨，吴义雄认为，来华西人在广州创办的《广州纪事报》《中国丛报》《广州周报》等英文报刊，在鸦片危机发生后迁往澳门继续发行。这些报刊的政治主张各有特点，但在对华关系方面的舆论渐趋一致，都主张以林则徐禁烟作为发动战争的契机，要求英国政府为被销毁的鸦片取得赔偿，为对华战争进行舆论准备。在中英冲突期间，英国与美国商人群体间的矛盾，也在这些报刊上较充分地表现出来，反映了这一时期中西关系的多面性与复杂性。在英国正式发动侵华战争后，这些报刊鼓吹要运用武力使中国彻底屈服，为侵略行为极力进行辩护，为远征军出谋划策，要求英国政府采取最强硬的立场以攫取利益，直至《南京条约》签订。③

吴宏岐、王炜讨论了清道光二十年七月二十二日（1840年8月19日）发生的中英澳门关闸之战，认为此战大致可以被看作鸦片战争时期英军肆

① 参见孙昉《论清代中朝宗藩关系的非成文契约性及其更张》，《延边大学学报》（社会科学版）2010年第1期。

② 参见王继东《中越宗藩关系对越南李朝亚宗藩关系构建的影响》，《郑州大学学报》（哲学社会科学版）2010年第4期。

③ 参见吴义雄《在华西人报刊与鸦片战争》，《社会科学战线》2010年第6期。

意侵犯广东沿海的一段序幕，同时因为发生地是在澳门并且事涉澳葡政府的政治态度，所以也是澳门史上的一个重要事件。英军之所以要发动对澳门关闸的攻击，既与澳门在国际贸易与地缘政治中的特殊地位有关，更与英商在澳门的既得利益有关。这场战事以清军失守关闸，英军完胜而告终，这与魏源、林则徐等人所持的英军败退论相去甚远，并对中英双方产生了诸多军事与政治方面的影响，甚至也引起了葡英关系和中葡关系的显著变化。①

关于鸦片贸易问题，王宏斌认为，从 1841 年 2 月 26 日巴麦尊训令乔治・懿律促使中国解除鸦片禁令开始，一直到 1858 年 11 月 8 日中英两国代表签署《通商章程善后条约：海关税则》正式承认鸦片贸易合法化为止，英国的这一外交图谋的最终实现经历了将近 18 年的时间。通过系统阅读英国议会文件，并参考中文档案资料，可以很清楚地看到，参与向中国官员施加压力的英国官员中，既有英国首相，又有外交大臣；既有英国驻华公使、商务监督，又有驻广州、厦门和上海的领事官。由此可见，逼迫清朝官员承认鸦片贸易合法化是 19 世纪中叶英国政府既定的一贯坚持的对华外交方针和政策。②

本年度有多篇论文集中论述中法战争及相关问题。王志刚认为，《中法会议简明条款》是中法战争过程中双方试图取得妥协的一个和约。一方面，由于双方谈判过程中的细节问题，双方最终兵戎相见，中法冲突再次爆发，这与双方的根本利益冲突有关，但另一方面的原因则是一些技术性问题。究其原因，首先是双方的谈判者李鸿章与福禄诺的交涉不符合近代外交的规范；其次是总署和中枢以及最高统治者对于《简明条款》的内容没有进行深入核查，使得条约中的隐患得以延续；最后，双方对于《简明条款》第二款的模糊处理和误解使得中法之间再次爆发冲突。③ 李云泉讨论了 1874 年法越《甲戌和约》签订后，中法在越南属国地位问题上展开长期交涉，并由此引发朝贡体制与条约体制的冲突问

① 参见吴宏岐、王炜《中英澳门关闸之战的初步研究》，《徐州师范大学学报》（哲学社会科学版）2010 年第 4 期。

② 参见王宏斌《从英国议会文件看英国外交官关于鸦片贸易合法化的密谋活动》，《世界历史》2010 年第 3 期 。

③ 参见王志刚《略论〈中法会议简明条款〉的签订与中法战争重启》，《白城师范学院学报》2010 年第 1 期。

题。文章认为，清朝官员对国际法的援引和运用，表明他们已能较为娴熟地将西方外交惯例用于实践，以维护自身的权益。与此同时，法国对越南的殖民侵略与西南边疆岌岌可危的局势，促使清政府主动尝试改善与越南的关系，并得到越南的积极回应。此一突破传统朝贡体制框架的举措，无疑是西方冲击下两国被迫做出的反应。[①] 谢世诚采取同情理解的态度来研究岑毓英，认为他作为朝廷命官，云贵总督岑毓英在中法战争中并不完全认同清廷关于完全驱逐法国侵略势力出越南、帮助越南复国的战略目标，而是从实际出发，采取的是切实可行之策。以往学界认为岑毓英在中法战争中的所为系妥协退让，征诸事实，这有失公允。[②] 施铁靖指出，法国殖民主义者 1883 年 8 月强迫越南当局签订《顺化条约》以后，便把侵略矛头指向中国。面对法国殖民主义者的侵略野心，身为云贵总督的岑毓英坚定地支持刘永福，最终成就了刘永福抗法民族英雄的威名。在国家遭受侵略的危险关头，岑毓英挺身而出，率部出关，抗击侵略者，发明地营战法，克敌制胜。[③]

张志勇认为，自 1885 年到 1886 年清政府就缅甸问题与英国政府进行了交涉，在前期的交涉过程中，有两条线索并进，一是赫德受清政府之托，同英国外交部进行秘密交涉，一是曾纪泽以中国驻英使臣的身份同英国外交部进行正式交涉。这两条线索一明一暗，同时进行，相互之间时有影响。[④] 马陵合从一个新的角度论述晚清中美关系，认为联美是清政府在 20 世纪初年实现均势外交、制造列强在华互相制衡局面的重要外交理念之一，与东北有关的外债问题是实现联美政策的主要工具。东北地方官员和一些朝廷要员希望引进美国资金，在东北修建一条铁路，以促进东北的经济发展，同时削弱日俄在东北的势力。舆论界对这一策略纷纷发表评论，建言献策。但舆论界在关注、讨论联美问题时，对俄日的抨击构成联美舆论的实质性指向，显现朝野间在外交理念上的差异，难以形成互相支撑的格局。其本质原因是晚清时期的公共舆论在更

① 参见李云泉《中法战争前的中法越南问题交涉与中越关系的变化》，《社会科学集刊》2010 年第 5 期。

② 参见谢世诚《论中法战争中的岑毓英》，《江苏社会科学》2009 年第 6 期 。

③ 参见施铁靖《试论中法战争中的岑毓英——岑毓英研究之二》，《 广西民族研究》2009 年第 4 期。

④ 参见张志勇《赫德与中英缅甸交涉》，载《近代中国：政治与外交》，社会科学文献出版社 2010 年版。

大程度上是政治精英对现实政治的评断，没有与社会公众的切身利益产生直接联结，难以形成社会凝聚功能。在这一案例中，关于联美外交的舆论回应既是中国近代舆论与外交互动的起点，也是一种舆论与外交关系的常态形式。①

本年度关于晚清中美关系的研究不尽如人意，仅有少数论文发表，且局限于中美文化交流史领域，中美外交史则很少涉及。刘晓、张倩认为，中国近代职业教育，是在借鉴、依附西方职业教育的基础上发展起来的，其中中美职业教育的交流与合作发挥了重要的作用。近代伊始，中美职业教育交流主要体现在美国传教士来华和清政府做出派遣留学生赴美的尝试；辛亥革命期间，体现在中美教育学者的互访以及学制的借鉴；随后，中美职业教育交流范围不断扩大，内容方面涉及职业指导、农村职业教育等，人员方面涉及政府官员、教育家及民间组织。②

晚清中日关系一直是中国学界关注的焦点，本年度亦不例外，在某些问题上有一定深化。蒋立文认为，甲午战争赔款数额问题，主要包括日本在战争中消耗的军费开支、中国的实际支付、日本实际接收等几个环节。不论哪个环节，中日学者之间一向存在较大分歧。对中日两国现存的相关档案文献和主要论著进行分析考释，对已有的几种学术观点及依据予以深入讨论，结合战争前后与赔款有关的几种货币兑换关系的考察，综合考虑战争前后日元的币值变动，日元与中国库平银、英镑之间的比价关系等问题，可计算得知，日本在甲午战争中实际支出的军费总数不超过 1.25 亿日元，而清政府的实际支付，陆续折换成日金，却总计 3.5836 亿日元。日本从中国强行掠夺的资金高达 2.3336 亿日元，是当时日本全国年度财政总收入的 3 倍。③

孙昉考察了甲午战争后，清政府实施联俄拒日外交，派李鸿章出访俄国，以出让主权利益为代价，与俄国政府签订《中俄密约》的过程，认为清政府高层对缔约工作采取高度的保密措施，但地方官员和民间社会仍从种种途径获知密约的局部内容，并就密约的可能结果表达了质疑

① 参见马陵合《公共舆论与晚清联美问题》，《安徽大学学报》（哲学社会科学版）2010 年第 1 期 。

② 参见刘晓、张倩《从“师夷长技”到“通经致用”：近代中美职业教育交流的历史审视》，《河北师范大学学报》（教育科学版）2010 年第 2 期。

③ 参见蒋立文《甲午战争赔款数额问题再探讨》，《历史研究》2010 年第 3 期。

和担忧。由于清政府对俄国仍然持有期待，所以这些不同意见未能起到促使清政府有效应对俄国毁约的作用。[①] 张玉芬认为，甲午战后，中国国势衰微，国际地位骤降，为延续清王朝的统治，清政府把其惯用的以夷制夷政策具体化为联俄制日。联俄政策的出台有其深刻的历史背景，这一政策的实施即《中俄密约》的签订，对中国近代历史造成了严重的影响，致使中国东北沦为俄国的势力范围，引起列强瓜分中国并最终引发日俄战争，导致日本侵略势力再次侵入东北，中国的民族危机从此更加严重。清政府联俄政策的失败再次说明弱国无外交，同时也说明发展才是硬道理。[②]

戴海斌认为，戊戌前后，张之洞与日本政府、军部及民间团体建立起多种联系。庚子事变发生后，张氏动用既有渠道，为实现东南互保、战时交涉，积极借助日援，以及八国联军逼近北京，张氏又为停兵议和、保全两宫，寄望于日本之力。考察这一时期张之洞与日本的交涉关系，有助于认识此时期历史的复杂性，丰富对于近代中日关系史的认知。透过张之洞对日交涉的种种表现，亦可窥见其尴尬处境与微妙内心。[③] 戴东阳在对现有资料做深入考辨的基础之上较为系统地考察了甲午战前清政府对日政策形成、推演的历史过程及其发展脉络，从清政府外交政策的视角揭示了由日本挑起的甲午战争的实质，并对某些相关研究疑点进行了澄清。[④]

关庆凡、崔建伟从朝鲜的角度来考察中日外交及其关系，认为 19 世纪末期，晚清政府已处于日落西山的时期，而与此形成鲜明对比的是，明治维新后的日本迅速崛起并正处于资本主义的上升时期。资本主义的扩张性决定了日本首先将魔爪伸向了朝鲜，从而使中朝宗藩关系受到挑战。此间中日两国对朝鲜的政策发生了激烈的冲突与碰撞。没落的清王朝尽管几经挣扎，但也无力维持中朝之间的宗藩关系，最终还是败给了处于殖民侵

---

① 参见孙昉《晚清中国朝野对〈中俄密约〉的反应》,《盐城师范学院学报》(人文社会科学版) 2009 年第 6 期 。

② 参见张玉芬《论清政府的联俄政策及其社会影响》,《郑州大学学报》(哲学社会科学版) 2010 年第 4 期。

③ 参见戴海斌《庚子事变时期张之洞的对日交涉》,《历史研究》2010 年第 4 期。

④ 参见戴东阳《中日甲午战争开战前夕清政府的对日政策》，载《近代中国：政治与外交》，社会科学文献出版社 2010 年版。

略扩张行列中的新兴力量日本。[①]

（三）民国北京政府时期对外关系史

栾景河依据国内外现有的研究成果，并结合部分中俄文档案史料，对外蒙古独立的基本过程，以及苏联领导人斯大林在外蒙古独立过程中所起的决定性作用进行相关讨论。文章认为，1920 年间，蒙古人民党的成立，是外蒙古走向分离中国的重要一步。正是在“民族革命、民族解放、民族独立”的革命声中，外蒙古离中国越来越远。这里有中国内部的因素，有外蒙古的内部因素，还有共产国际的因素交织在一起。但更重要的是苏联的因素，在外蒙古独立问题上起到了至关重要的作用。特别是在苏联的鼎力支持下，1924 年蒙古共和国宣告成立，外蒙古独立已经成为事实。文章强调，斯大林在 1945 年中苏谈判期间坚决要求解决外蒙古问题，是有自己深层次考虑的。外蒙古虽然客观上独立多年，但一直未得到中国政府，以及国际社会的承认。这不仅对外蒙古，特别是对苏联非常不利，也不排除在特殊的情势下，外蒙古再重新回到中国。因此，斯大林决定利用苏联计划出兵中国东北，结束中日战争的难得机遇，与有求于苏联的中国政府讨价还价，彻底解决外蒙古问题，以去除长期未能得到根治的“心病”。在捍卫俄国、苏联的国家利益上，无论是沙皇，还是斯大林，其立场是完全一致的，那就是不惜损害中国的国家利益，坚决、彻底地支持外蒙古独立。[②]

此一时期的商人外交研究亦有新的进展。虞和平从人物的角度对民国初年的商人外交进行了讨论。吴锦堂是近代宁波乃至中国的著名旅日华侨商人，他在日本不仅做出了杰出的经济业绩，而且大力支持孙中山的民主革命活动，积极推动中日商人外交。1917 年 3 月 29 日在神户成立的日支（华）实业协会，由吴锦堂领导日本神户华侨，联合神户和大阪的日本商人发起，并得到其他各界人士的支持。从这一组织的发起和成立过程，及其人员组成和所提出的一些期望和主张来看，颇具有商人外交的意义，并

① 参见关庆凡、崔建伟《19 世纪末中日两国对朝鲜政策探析》，《齐齐哈尔大学学报》（哲学社会科学版）2010 年第 1 期。

② 参见栾景河《外蒙古是怎样从中国分离出去的?》，载陆南泉主编《苏联历史真相》，新华出版社 2010 年版。

力图使中日外交关系朝着和平友好的方向而努力。①

（四）南京国民政府时期对外关系史

栾景河、徐志民认为：长期以来，俄罗斯及西方学者，对中国的抗日战争素有研究，但对中国抗日战争在为世界反法西斯战争的胜利所做出的贡献上，还有待深入理解与认识。文章指出，中华民族的抗日战争既是中国人民为反抗日本侵略者而进行的艰苦卓绝的英勇斗争，也是日中两国之间进行的侵略与反侵略战争，是中日两国自近代以来解决各种关系的全面对决。文章强调，第二次世界大战真正爆发的时间应是 1937 年 7 月 7 日，暨日本向中国发动全面战争的卢沟桥事变，而非 1939 年 9 月 1 日德国入侵波兰。中国的抗日战争是世界反法西斯战争的重要组成部分，如果人为地将中国的抗日战争与西线的战争分割开来，就没有理由与逻辑称本场战争为世界大战了。② 徐志民又从外交层面考察了九一八事件前夕中日两国政府交涉庚款补给留学生制度、普通留日学生入学方案和留日军士学生招收问题等，认为在艰难的交涉过程中，日本政府虽在具体措施和细节上做了些让步，但并没有改变其控制庚款补给留日学生事务实权和接受留日学生的根本立场，至九一八事变时，交涉无果而终。③

彭小舟、周晓丽指出，郭秉文先生是推动中美教育交流的近代巨擘，也是全面学习美国教育的先驱。作为哥大师院的第一位中国博士，他深受斯特拉耶、孟禄两位大师的教诲，其毕业论文也创下以中英双语出版的先例。他还将考察美国教育的经验付诸其东南大学校长任上的实践，是在美国广泛宣传中国教育的先驱。他以大学校长身份担任讲座教授，宣讲现代中国学，并确立其研究范式。在杜威、孟禄与中基会的支持下，他在纽约创建了常设性机构华美协进社，并代表中国主办费城博览会中国展。他率团参加国际图书馆会议暨美国图书馆协会五十周年纪念大会、万国教育会议，在当选临时副会长后又连任三届正式的副会长。从学员到观察员，从

---

① 参见虞和平《吴锦堂与民国初年的中日商人外交》，《宁波大学学报》（人文科学版）2010 年第 5 期。

② 参见栾景河、徐志民《世界反法西斯战争的重要战场——中国的抗日战争》，载 A. 科什金主编《二战的分水岭：东方的风暴》，莫斯科“维切”出版社 2010 年版。

③ 参见徐志民《九一八事变前夕中日交涉留日学生问题探讨》，《徐州师范大学学报》（哲学社会科学版）2010 年第 5 期。

社长到副会长，郭秉文先生逐渐成为资深的国际教育界领导人，不仅树立了自身良好的国际形象，更持续增进了中美的互相理解，不愧为中美教育交流的先驱。①

关于此一时期中美关系的研究则稍有进展，有些论文颇有新意。九一八事变之后，1932 年 4 月，美国政府曾下令派遣一个由驻哈尔滨总领事汉森和驻日使馆二等秘书索尔兹伯里两名外交官组成的调查小组，对东北九一八事变的发生地进行调查，但迄今为止，世人对这次调查行动的内容知之甚少。张俊义利用美国斯坦福大学胡佛研究所馆藏档案资料即索尔兹伯里的个人文书中保存的相关档案，解密美国官方组织的这一调查行动，并对美国政府在九一八事变发生初期的态度与反应做简略考察，认为美国政府在九一八事变之初采取了消极态度，但是，在看到了索尔兹伯里等人的调查报告后，对日态度始日趋强硬。②

王建朗通过分析蒋介石日记所展示的抗战后期中美之间的矛盾和冲突，认为其严重性大大超过人们以往的认识。太平洋战争爆发后，美国在欧亚战略优先选择等问题上的举措，引起蒋的严重不满。蒋对罗斯福支持中国的诚意、魄力及动机逐渐产生了怀疑，认为美国有称霸远东的企图，担心日后中国将与其争夺亚洲领导权。③

彭敦文系统地研究了 20 世纪 30 年代蒋介石的对日思维，并得出结论：蒋介石对日思维以中国存亡为核心、以中日友好为理想原则，结合国际关系、军事战略、中国国家地位，阐述了日本扩张的局限性和危险性；同时认为中国不会亡于日本的基本要素是“主义、领袖和群众”。这种对日思维有力地推动了九一八事变以后，国民政府从“不撤兵不交涉”向以两国外交部门之间交涉的彻底转变。④

张龙林认为，1943 年签订的《中美新约》引发了中基会存废之争。国民政府内部的分歧在新约缔结后日趋激烈，以陈立夫为首的强大力量主

---

① 参见彭小舟、周晓丽《郭秉文——中美教育交流的先驱》，《徐州师范大学学报》（哲学社会科学版）2010 年第 4 期。

② 参见张俊义《九一八事变后美国官方对事变真相的调查》，载《近代中国：政治与外交》，社会科学文献出版社 2010 年版。

③ 参见王建朗《信任的流失：从蒋介石日记看抗战后期的中美关系》，《历史教学》（下半月刊）2010 年第 2 期。

④ 参见彭敦文《敌乎？友乎？——中日关系的检讨》，载《近代中国：政治与外交》，社会科学文献出版社 2010 年版。

张借助新约的历史契机，彻底铲除国耻色彩的中基会。中基会出于自身利益和维系中美文化合作交流的考虑，始终坚决反对撤废，并寻求美国外交支援，这种做法在一定程度上伤害了中国国家利益。美国政府意图保留这项文化投资，经过利益权衡，其对策经历了不表态、公开弹压和停止干涉三个阶段的变化。中基会存废之争的缘起、经过与结果，暴露了新约的缺陷，体现出新约对战时中国社会和中美关系的深刻影响。①

臧运祜从学术史的角度来研究中日关系，考察了民国时期王芸生所写的颇有影响的《六十年来中国与日本》的背景与缘起、《大公报》社的宣传与日本方面的重视、《六十年来中国与日本》与 20 世纪 30—40 年代的中日关系等问题，提出了自己的见解。②

（五）解放战争时期的中外关系

杨斐、李莹从中美外交关系的角度考察了渡江战役，认为渡江战役是解放战争中极为重要的一次战役，不仅在中国人民解放军历史上书写了浓墨重彩的一页，也是中美关系史上不可忽视的一个转折点。渡江战役标志着美国扶蒋反共政策的彻底破产，是美国以台制华策略的肇始。渡江战役前后中共中央的对美斗争为中华人民共和国处理中美关系积累了经验，有着重要的历史意义和现实意义。③

2011 年度

（一）外交体制及理论研究

不平等条约及其相关问题是研究中国近代史的基本问题，近年来在不平等条约的概念、不平等条约特权、废约等方面的研究均取得系列成果。由李育民教授主编的国家出版基金项目“中外条约与近代中国研究丛书”，是一年来关于不平等条约研究最值得关注的事情。该书全系共有 11 本专著，集中围绕中外条约展开论述，包括条约制度、条约关系、国际公约，

① 参见张龙林《中美新约与中基会存废之争》，《中山大学学报》（社会科学版）2010 年第 3 期。

② 参见臧运祜《王芸生对于“近代中日关系史”的研究及其他》，载《近代中国：政治与外交》，社会科学文献出版社 2010 年版。

③ 参见杨斐、李莹《试论渡江战役与中美关系》，《军事历史》2010 年第 2 期。

以及条约与领水主权、条约与贸易冲突、条约与基督教及医疗事业、条约与有关人物及民国社会等问题。这些论题从各个角度探讨了中外条约及其所反映的中外关系，以及各类约章及其废约斗争对近代中国的影响，弥补了以往的种种缺失和不足。①

修约外交是研究北京政府外交的重要组成部分。唐启华提出，摆脱不平等条约束缚，是贯穿清末、北洋、南京国民政府的一致目标，北洋末期融合修约、废约之长，发展出“到期修改，期满作废”的可行策略，并获得成功案例，成为日后改订新约的重要依据。②

朝贡体制与宗藩关系研究在中外关系史研究中独具中国特色且具有相当的理论关怀。孙艳姝提出，从鸦片战争到甲午战争的五十多年间，中国与朝鲜的朝贡关系并未因资本主义列强入侵和中朝两国国内动荡而中断。相反，朝鲜每年都如期向清朝遣使进贡，且不定期向清王朝遣使谢恩、奏请、进贺、陈慰、陈奏、问安，同时进贡礼物。清政府也按例对朝鲜进行回赐与封赏。文章强调，这一时期，为应对时局变化和巩固对朝宗主国地位，清政府对维系形式和礼仪上的朝贡关系愈加重视，对朝贡往来的控制也愈加严格。中朝朝贡制度未衰而亡，甚至一度“回光返照”，极大地凸显了晚清东亚国际秩序变迁的错综复杂性。③

王志强等通过对1883年越南遣使来华事件的考察，提出该次遣使事件是中法战争前夕中法越三方唯一也是最后一次就越南问题展开多边协商与交涉的尝试。但由于李鸿章与宝海之间谈判破裂，越南政府的遣使未能取得实质性的成效，也导致中越宗藩关系的终结。该事件所揭示的中越宗

① 参见李育民、李传斌、刘利民《近代中外条约研究综述》，李育民主编《中外条约与近代中国研究丛书》，湖南人民出版社2011年版。该丛书还包括：李育民：《近代中国的条约制度》，湖南人民出版社2010年版；李传斌：《条约特权制度下的医疗事业》，湖南人民出版社2010年版；刘利民：《不平等条约与中国近代领水主权问题研究》，湖南人民出版社2010年版；曹英：《不平等条约与晚清中英贸易冲突》，湖南人民出版社2010年版；胡门祥：《晚清中英条约关系研究》，湖南人民出版社2010年版；王瑛：《李鸿章与晚清中外条约研究》，湖南人民出版社2011年版；李传斌：《基督教与近代中国的不平等条约》，湖南人民出版社2011年版；刘利民：《列强在华租借地特权制度研究》，湖南人民出版社2011年版；尹新华：《晚清中国与国际公约》，湖南人民出版社2011年版；李斌：《废约运动与民国政治（1919—1931）》，湖南人民出版社2011年版；李育民：《近代中外条约关系刍论》，湖南人民出版社2011年版。

② 参见唐启华《被“废除不平等条约”遮蔽的北洋修约史（1912—1928）》，社会科学文献出版社2010年版。

③ 参见孙艳姝《晚清中朝朝贡关系详考》，《史学月刊》2011年第1期。

藩关系的变化，并不仅仅有赖于法国侵略势力的外来冲击，同时也有来自中越双方的内在需求与动因。①

有关道咸之际近代外交体制诞生问题，柳岳武认为，道咸时期，在西方的触动下，中国传统外交体制不仅遭到破坏与摈弃，而且日益被近代外交体制取代。这一变化在一定程度上代表了中国外交体制在历史发展中的进步。② 曹雯在其专著《清朝对外体制研究》中特别提出了“藩封体制”，以有别于学界所普遍使用的“宗藩体制”或海外所使用的“朝贡体制”。③

（二）晚清外交史研究

陈开科认为，嘉庆年间，俄国为扩大对华贸易、解决中俄东段边界问题，决定派遣庞大的戈洛夫金使团出使中国。但由于中俄文化背景有异、双方互知甚少，从一开始中俄双方就在诸如礼仪等问题上发生冲突，最终导致俄国使团访华半途而废。不过，事后中俄双方基于国际国内的局势，相互克制，没有扩大事态，努力维持了外交和局。④

张晓川通过阐述天津教案期间中西电报通信的传输途径，重新论证了曾国藩家书所记普法战争开始时间的准确与否，认为曾国藩家书的落款日期确实有误。⑤

中日甲午战争的研究属于成果比较集中的领域，但学者们研究热度未减，一年来有数篇重要作品发表。有关甲午战争期间的国际关系学界此前虽有大部头著作问世，但对美国与甲午战争的关系等问题缺乏系统论述，或因其明显的倾向性叙述而影响了其客观性。崔志海以翔实的档案为资料基础，再次论述了美国政府与中日甲午战争的关系。崔志海认为，美国政府虽然表面上在甲午战争中声称中立，实际上却是偏袒日本方面。美国在战前一再拒绝中朝两国的调停请求和英国的联合调停建议，默认或怂恿日本发动战争。战争期间，美国外交官作为中日两国侨民的战时保护人，一

① 参见王志强、权赫秀《从 1883 年越南遣使来华看中越宗藩关系的终结》，《史林》2011 年第 2 期。

② 参见柳岳武《略论道咸同时期中国近代外交体制的诞生》，《史学月刊》2011 年第 5 期。

③ 参见曹雯《清朝对外体制研究》，社会科学文献出版社 2010 年版。

④ 参见陈开科《失败的使团与失败的外交——嘉庆十年中俄交涉述论》，《近代史研究》2011 年第 4 期。

⑤ 参见张晓川《从中西电报通讯看天津教案与普法战争——兼谈曾国藩一封家书的日期问题》，《近代史研究》2011 年第 1 期。

再违反国际法，曲意保护在华日本间谍。作为中日两国唯一的调停者，美国不但拒绝欧洲国家的联合调停，且单方面劝说清政府接受日本的各项侵略要求，帮助日本实现发动战争的目的。美国在中日甲午战争中的上述作为，其目的在于希望借日本之手废除中朝宗藩关系，进一步打开中国大门，同时利用日本削弱英国、俄国等在东亚的影响力。① 刘念从经济学视角分析了中日甲午战争发生的原因及其结果的必然性，认为日本在战争发生前二十年间经济增长的转型、贸易结构的变化，以及优势产业的培育使得日本经济在19世纪下半叶成功转型，而这才是战争胜败的决定因素。②

庚子事变时期的中美关系早已为学界所关注，很多问题都已有专门论文或在专著中专辟章节论及。戴海斌从中国人对美国的观感以及与美国人具体交往的事迹为切入点，试图通过史实层面的重建工作，理解当时中美关系的意义及限度。文章认为，这一时期美国的形象被逐渐放大，稍后又有跌落，美国对华政策也一度显示其重要性，李鸿章之所以“弃美就俄”，一方面缘于其实用外交的动机，另一方面也由美国的对华政策性质所决定。戴海斌以“东南互保”中的英、美、日三国领事为个案，试图通过关照其人，透视当时中外交往的性质及各国对华外交。文章强调，义和团兴起后，驻沪各国领事被深刻卷入外交当中，他们一方面为各国政府对华政策的直接负责人，一方面又身居交涉前线，有一定的从权操作空间。个别领事凭借丰富的人脉关系，与清朝人士建立起公私兼及的交往，尤显得与众不同。③

此一时期的中英商约谈判亦引起注意。张志勇提出，在此次中英商约谈判中，赫德的地位明显下降。在李鸿章奏派议约人员时，赫德就被排除在外，此后地方大员也反对他被派为会办。虽然赫德在商务与外交上的影响力不能被忽视，他对此次商约谈判的意见受到中方的重视，并最终被派为会办，但他的会办也只是一个空衔而已。④ 王宏斌考察了清末中国禁烟运动与英国的关系，指出在鸦片商的极力怂恿下，英国外交官不顾人间道

① 参见崔志海《美国政府与中日甲午战争》，《历史研究》2011年第2期。

② 参见刘念《甲午中日可有一战？——一个经济学视野的解读》，《史林》2011年第1期。

③ 参见戴海斌《外国驻沪领事与“东南互保”——侧重英、日、美三国》，《史林》2011年第4期。

④ 参见张志勇《赫德与中英商约谈判》，载郭大松、刘溪主编《开放与城市现代化：中国近现代城市开放国际学术讨论会论文集》，山东人民出版社2011年版。

义，向中国政府发出一次次抗议。在抗议无效的情况下，他们借中英两国代表谈判禁烟之机，试图阻挠中国的禁烟运动，设法延长在华鸦片贸易时间。英国政府虽然没有根本改变其强行向中国输入鸦片的立场，但在谈判桌上却不得不做出某些让步。[①] 李育民、杨秀云探讨了中俄“周生有案”交涉，指出由于中俄双方对两国间条约及近代国际法有着不同的理解，各自沿着“守法”与“违法”两个截然相反的方向行事。中方始终忠实地遵守中俄条约和战时条例，谨慎地援引相关规定索要凶犯，力求会审。俄方无视国际法和战时条例，坚持治外法权，独断专行，拒交和庇护凶手。周案的处理过程和最终结果再次说明弱国办理外交的艰难。[②]

（三）民国北京政府时期对外关系

1918 年北京政府和以英法为代表的协约国盟友之间，曾围绕如何处置在华德侨展开过一场外交交涉。张开森认为，英法等国对北京政府一再施压要求严厉处置在华德侨，与其说是为了预防敌侨捣乱，毋宁说是为了牵制北京政府；而北京政府即使是在参战后也对德侨持宽松友善政策，其做法完全符合国际法，体现了中国近代外交理念的进步。[③]

过去人们普遍批评北京政府出兵西伯利亚的政策，并认为是日本胁迫中国参加了出兵。侯中军重新考察了中日军事协定与中日外交交涉，认为“中日共同防敌军事协定”的签订是北京政府内政与外交政策结合的产物，外交方针的背后有深刻的国内政治背景。出兵西伯利亚是北京政府困境中的主动作为，目的在于争取外交上的主动及战后和会上较有利的地位。中日共同防敌协定签订后，日本政府并未邀请北京政府参与筹划中的出兵西伯利亚的计划，甚至予以阻挠。[④]

黄岭峻通过对耶鲁大学神学院图书馆所藏传教士书信的深入研究，对“南京事件”做了进一步考察，提出该事件是由南兵发动的这一论断。爆发原因在于国民党官员在调和意识形态的刚性维度与柔性维度的紧张关系

---

① 参见王宏斌《英国鸦片商、外交官与中国清末禁烟运动——以第二次〈中英禁烟条件〉谈判为中心》，《近代史研究》2011 年第 1 期。

② 参见李育民、杨秀云《中俄“周生有案”交涉》，《史学月刊》2011 年第 8 期。

③ 参见张开森《1918 年在华德侨处置案引发的中外交涉》，《近代史研究》2011 年第 3 期。

④ 参见侯中军《北京政府出兵西伯利亚与中日交涉再研究》，《史学月刊》2011 年第 10 期。

时能力过弱。[①]陈谦平以新近公开的蒋介石档案和日记等资料为基础，探讨了济南惨案及蒋绕道北伐的决策，认为蒋介石对济案的冷处理，忍辱负重地做出绕道北伐决策，避免了中日大规模军事冲突的可能，此举使得国民政府在国际道义上取得先机；而田中内阁的积极对华干涉政策不仅未能将东三省同中国本土相分离，反而激化了中国民众对于日本的不信任和仇恨。[②]

国家之间的外交是一个丰富的多层级、多方面的互动，研究正式的政府与政府之间的交往、外交人员之间的交往固然重要，但普通人对外交的参与及其对外交的推动同样不可忽视，这其中比较重要的就是国民外交运动。周斌系统论述了20世纪20年代的国民外交运动，从公众舆论和社会团体所从事的实际活动入手，考察了这一时期的外交活动概况及其与政府外交互动的关系，提出了若干以往研究者有所忽略，甚至完全忽略的理性认识。[③]

中法之间的文化交流持续得到关注。葛夫平注意到了中法教育基金会在法国退还庚款中的作用，认为作为法国退还庚款的管理机构，该基金会一方面经办了大量与中法两国有关的教育文化事业，成为民国时期中法文化教育合作事业的总机关，促进了中法之间的文化交流；另一方面，该基金会在组织模式、基金的管理与使用及保管银行的选择等方面存在问题，既折射了近代中法不平等关系的现实，同时也制约了法退庚款的成效和贡献。[④]除该论文外，葛夫平的专著《中法教育合作事业研究（1912—1949)》，首次系统阐述了20世纪上半叶的中法教育合作事业，对丰富我们认识那一时期的中法关系史提供了另一个有益的视角。[⑤]江亢虎在北美的文化传播也得到关注。李珊指出，民国政客江亢虎曾在20世纪10年代和20世纪30年代两度寓居北美，前后计约15年时间。在此期间，他大力向

① 参见黄峻岭《谁是1927年南京事件的制造者?》，《史学月刊》2011年第9期。

② 参见陈谦平《济南惨案与蒋介石绕道北伐之决策》，《南京大学学报》（哲学、人文科学、社会科学）2011年第1期。

③ 参见周斌《舆论、运动与外交——20世纪20年代民间外交研究》，学苑出版社2010年版。

④ 参见葛夫平《法国退还庚款与兴学——中法教育基金委员会研究》，《近代史研究》2011年第2期。

⑤ 参见葛夫平《中法教育合作事业研究（1912—1949)》，上海书店出版社2011年版。

西方介绍中国文化。[①]

（四）南京国民政府时期的对外关系

抗战时期中日双方的外交决策研究仍是学术界关注的重点。王希亮认为，九一八事变后日本决策层有一种侵华国策的同化过程。虽然日本内阁确立了“不扩大方针”，但自日本经营南满以来，维护“满蒙权益”成为历届政府、军部海外扩张及处理国际事务的压倒性决策要素。以九一八事变为契机，日本国内军权膨胀，军权蔑视政权、军权凌驾政权的军国体制日臻完备，自下而上的“国家改造”运动，又从下层社会煽起“军国热”和“排外热”，加之“财阀转向”，主动投向军国主义怀抱，形成“军财一体”，终使日本完成举国一致、趋同侵华国策的异变过程。[②] 鹿锡俊提出，《苏德互不侵犯条约》签订前夕，蒋介石的国际关系观含有多重成分，其消极的一面特别表现在他的“日苏必战情结”中。在此背景下，蒋误判了苏联的缔约动机，并在欧战爆发之初主张对德宣战。其后，苏、英、法、日等国的对华态度和国民政府内部对蒋介石因应方针的反对相结合，迫使蒋修正了政策，重返“等待”国际变化的路线。[③]臧运祜从“广田三原则”到“近卫三原则”考察了抗战爆发前后日本对华政策的“表”与“里”，认为 1937 年 7 月全面侵华战争爆发后，日本在初期继续坚持“广田三原则”作为处理“中国事变”的外交政策，在攻占广州、武汉，且汪精卫集团投降后，又于 1938 年 12 月提出“近卫三原则”。通过日汪密约及日“华”条约，日本将“近卫三原则”作为对华政策的根本方针固定下来，对于这两个原则我们要看到其既矛盾又同一的现象。[④]

亦有研究注意到政治与外交关系之外的双边关系。曹大臣指出，近代日本人旅居中国者甚众，死者一般依约葬于各地。中日甲午战争、日俄战争，特别是 1931 年以后，日军在中国战死数十万，为收容遗骨，在占领区广建忠灵塔、英魂碑以及神社等设施。这些日军墓地与居留民迥然有异，没有条约依据，而且成为日本军国主义的象征。围绕墓地而展开的中

① 参见李珊《江亢虎北美传播中国文化述论》，《史林》2011 年第 2 期。

② 参见王希亮《九一八事变后日本决策层侵华国策的趋同》，《历史研究》2011 年第 4 期。

③ 参见鹿锡俊《蒋介石对〈苏德互不侵犯条约〉的反应》，《近代史研究》2011 年第 3 期。

④ 参见臧运祜《从“广田三原则”到“近卫三原则”——抗战爆发前后日本对华政策的“表”与“里”》，《社会科学研究》2011 年第 5 期。

日关系，无疑是两国之间的另一类战场。[①] 钟放认为，蒋介石及国民政府在伪满洲国问题上不断让步，在《开罗宣言》发表前既不承认伪满，也不谈收复东北[②]的政策，是“满洲国”客观存在的重要原因。

抗战后期外交及战时外交研究都有著作或论文集出版，进一步推动了这一时期的外交史研究。2010 年 1 月，武汉大学出版社出版了王建朗的《太平洋战争爆发后国民政府外交战略与对外政策》一书，该书是胡德坤教授主编的《反法西斯战争时期的中国与世界研究》系列研究成果中的第 5 卷。[③] 该书在全篇章节中，对若干重大外交决策的研究，均参阅了蒋介石日记的内容。除蒋介石日记外，作者还广泛利用了中国第二历史档案馆相当一批未曾公开的档案，这些新档案的使用，无疑将作者的立论建立在更加客观的基础之上。其他 8 卷分别涉及这一时期的重要双边关系或外交战略，在各自领域都有所突破，该系列研究大大丰富了反法西斯战争时期的中外关系史研究。

杨天石、侯中军编的《战时国际关系——中日战争国际共同研究之四》论文集，收录了时下国际著名学者在战时外交领域的最新研究成果。在该书中，学者们开始贯通研究战时的国际关系，并将战时各国所采取的政策与其以后的外交方针相对比，更加注重长效性。除却中国、日本两个事件客体，研究者显然把美国、英国和苏联放在不同的研究背景中来考量。本书收录的论文打破了这种研究惯例，尝试把德国纳入进来，在各个方面推动了战时国际关系研究，代表了目前的国际最新研究成果，预示了学界今后的研究方向。[④]

1937 年孔祥熙欧美之行引起研究者的关注。有关孔祥熙 1937 年间的欧美之行，郑会欣提出，孔祥熙 1937 年的欧美之行是抗战前夕中国政府争取西方援助的一次重要外交活动，其目的就是吸收外资，配合国内正在

---

① 参见曹大臣《日本人在中国的墓地（1871—1945）》，《历史研究》2011 年第 3 期。

② 参见钟放《“满洲国”承认问题与国民党对日政策》，《外国问题研究》2011 年第 1 期。

③ 作为教育部哲学社会科学研究重大课题攻关项目成果，该系列成果共有 9 卷，其余 8 卷分别是：第 1 卷《中国抗日战争与日本世界战略的演变》、第 2 卷《中国抗战与美英东亚战略的演变》、第 3 卷《中国与世界反法西斯联盟》、第 4 卷《太平洋战争爆发前国民政府外交战略与对外政策》、第 6 卷《战时美国对华政策》、第 7 卷《战时英国对华政策》、第 8 卷《战时苏联对华政策》、第 9 卷《战时德国对华政策》。

④ 参见杨天石、侯中军编《战时国际关系——中日战争国际共同研究之四》，社会科学文献出版社 2011 年版。

进行的国民经济建设运动，并在暗中购买军火，争取外援，从而为中国政府在即将爆发的对日抗战中发挥了积极作用。① 吴景平以蒋介石日记等资料为基础，论述了抗战时期美国的对华财经援助。文章认为，作为抗战时期中国政府最高领导人，蒋介石在获得美国财经援助的交涉中，努力使中国的利益最大化，他能够调动有关外交官和特使的长才与积极性，与在华美国使节和来访美国高层官员沟通，有助于加强中美之间的了解。但这其中也不乏失败的案例，原因主要在于蒋介石等人对美国的基本国家利益、战略目标、决策机制及其实际运作都了解不够，对于战时中美关系的定位也难免错位。对于蒋介石及其僚属在战时对美外交中的作用和成败得失，应有客观的认识和评价。②

为获得美国的经济援助，中国驻美外交人员胡适和宋子文之间的关系并非团结一致。陈永祥认为，作为学者的胡适和作为政治家的宋子文，先后受命赴美争取抗日美援，在华盛顿有过一段两年多的共事缘分。两人发挥各自的特长，为争取美援尽了各自的职责。但由于个人背景的不同以及性格、作风等方面的差异，在共事中两人合作得并不默契，常常发生不愉快乃至相互拆台，并最终导致胡适的去职。③

在中苏关系研究中，新疆问题一直受到学界关注。王建朗以蒋介石日记为中心探讨了抗战后期的新疆内向。文章认为，1942 年春蒋介石知晓盛世才意欲摆脱苏联控制后，即从政治、经济、军事、外交等方面积极布局，促使盛世才表示效忠中央。1943 年后，国民政府对新疆的控制不断强化，苏联在新疆的影响日益减小，盛世才最终被迫辞职离新，新疆重新回到中央政府的直接管辖之下。④ 左双文指出，盛世才乘苏德战争爆发、苏军失利之际与苏联翻脸，恰好为国民政府收回新疆主权提供了契机，新疆治权收回中央是关乎国家民族利益的重大收获。另外，由于中苏之间隔阂益深，其后苏联制造的种种难堪，国民政府一一领教。抗战中后期中苏关系复杂多变，国民政府对苏外交也备受考验和煎熬。⑤ 李乐曾以抗战后期

① 参见郑会欣《争取西方的援助：孔祥熙 1937 年欧美之行》，《史学月刊》2011 年第 1 期。

② 参见吴景平《蒋介石与战时美国对华财经援助》，《史学月刊》2011 年第 1 期。

③ 参见陈永祥《胡适、宋子文与抗战时期美援外交》，《抗日战争研究》2011 年第 2 期。

④ 参见王建朗《试论抗战后期的新疆内向：基于〈蒋介石日记〉的再探讨》，《晋阳学刊》2011 年第 1 期。

⑤ 参见左双文《盛苏新疆交恶与国民政府对苏外交》，《史学月刊》2011 年第 1 期。

朱家骅的对德外交活动为中心，考察了国民党的对德舆论及敌后对德工作。抗战中后期，面对中德关系由危机转为断交、宣战，朱家骅以各种方式做出反应，在关注和干预对德舆论的同时，指示国民党敌后组织建立对德工作渠道，妥善处置在华德侨，为战后两国关系的恢复创造条件。①

（五）解放战争时期对外关系

国民政府在战后曾有机会收回琉球群岛，但因蒋介石在开罗会议上的表态，使得整个琉球外交处于被动。侯中军通过对 20 世纪 40 年代国民政府围绕琉球问题的论争与实践问题的考察，认为虽然主流舆论要求收回琉球，但托管琉球已经成为国民政府最为现实的选择。在直接收回琉球无望的情形下，国民政府曾有过具体的应对措施，寄希望于琉球革命同志会，并制订五点计划，而不是简单的不作为；外宣托管，内实收复，才是蒋介石在琉球问题上的真正策略。困中求变的琉球政策，终因国民政府的自身不保而未能实现。②

中印关系中的疏附设领问题一直未得到应有的关注。侯中军提出，1948 年 5 月，印度向中国国民政府提出在疏附建立领馆的要求，虽然国民政府认识到印度的设馆目的并不单纯，但仍然决定同意对方在疏附建馆。作为一种对等行动，国民政府亦提出在印度的葛伦堡设立中国领事馆，并经中国驻印大使罗家伦向印度提出。虽经罗家伦与印度外交部部长梅农多次交涉，印度方面始终未予以明确支持，而是借故推脱、阻延。中印设领交涉凸显出印度独立后国家主权意识空前膨胀，刻意继承英帝国侵略所得的边界及利益。③

杨奎松以 1946 年“安平事件”真相与中国共产党对美交涉中的“安平事件”为例，对解放战争时期的中美关系进行了个案考察。文章指出，1946 年 7 月 29 日发生在河北省香河县安平镇的“安平事件”，是中国共产党与美国之间发生的第一次军队与军队之间的武装冲突。这次冲突正值马歇尔来华调处国共关系遭遇困难之际。必须要求得到国共双方配合的马歇

---

① 参见李乐曾《抗战中后期朱家骅的对德活动——以国民党对德舆论及帝后对德工作为中心》，《民国档案》2011 年第 2 期。

② 参见侯中军《困中求变：1940 年代国民政府围绕琉球问题的论争与实践》，《近代史研究》2010 年第 6 期。

③ 参见侯中军《试论 1948 年中印设领交涉》，《南亚研究》2010 年第 4 期。

尔，被迫对这一造成十余名官兵死亡的严重事件采取了大事化小的处理方法。①

有关民主革命时期中共对外关系的发展历程。章百家、孙艳玲认为，民主革命时期中国共产党的对外交往和对外工作与党的命运紧密相连，是党的历史的重要组成部分。在 28 年的实践和探索过程中，党对外交往的范围从仅与苏联和共产国际保持特殊关系，扩大到同一些西方人士和官方机构有所交往。由此，党积累了宝贵的对外工作的历史经验，逐步学会了独立自主地判断国际形势，处理对外关系。党在革命战争年代的对外工作，不仅与党在各个时期的历史任务相配合，也为新中国独立自主的外交奠定了基础。②

在中国共产党成立 90 周年之际，杨昭全考察了 1921—1945 年中国共产党与朝鲜、韩国反日独立运动关系问题，强调中国共产党自 1921 年7 月创建至 1945 年 8 月，积极支持朝鲜反日独立运动，对中国境内从事反日独立运动的朝鲜各派力量予以积极支持和无私援助。③

（栾景河　侯中军）

① 参见杨奎松《1946 年安平事件真相与中共对美交涉》，《史学月刊》2011 年第 4 期。

② 参见章百家、孙艳玲《走向独立自主——民主革命时期中共对外关系的发展历程》，《中共党史研究》2011 年第 6 期。

③ 参见杨昭全《中国共产党与朝鲜韩国反日独立运动（1921—1945）——纪念中国共产党成立 90 周年》，《社会科学战线》2011 年第 6 期。

第九章

台湾史

2009年度

和其他学科不同，台湾史学科有一定的特殊性，它既是近代史框架下的区域史研究，也是台湾研究的一部分。这使台湾史研究与其他近代史学科相比，在研究取向上更关注现实，研究人员群体也不局限于历史领域，有些从事台湾现实问题研究的学者也会涉及台湾史研究，还有些研究者来自国际关系、文学等其他领域。以历史分期来说，台湾史学科与近代史其他学科通常以1840—1949年为研究上下限也有所不同，其上限可至明朝末年的荷据时期，下限则延至1949年以后。

自20世纪90年代以来，由于台湾问题重要性日益突出，台湾史研究也越来越受到重视。除较早开展台湾史研究的厦门大学台湾研究院历史研究所外，2002年4月成立的中国社会科学院台湾史研究中心（依托中国社会科学院近代史所台湾史研究室），也是从事台湾史研究的专门机构，并以推动大陆台湾史研究、建设台湾史学科为主旨。在台湾史研究领域和其他相关领域学者的共同努力下，多年来大陆台湾史学界在清代台湾史、日据时期台湾史方面取得较为丰硕的成果，议题主要涉及台湾政治史、经济史和社会史。① 2008年国民党赢得台湾大选，两岸关系向积极的方向发展，两岸学术交流更为密切，这对资料主要集中在台湾的大陆台湾史学科来说，提供了更为有利的外部环境。受两岸学术交流更为活跃氛围的影响，2009年6月中旬和8月下旬，大陆两大台湾史研究机构——厦门大学台湾研究院和中国社会科学院台湾史研究中心分别主办了台湾史学术研讨

① 陈忠纯通过对1983年至2007年《台湾研究集刊》发表的历史类论文的分析，得出这一结论。《台湾研究集刊》是大陆发表台湾问题研究成果的主要刊物，有相当的代表性。参见陈忠纯《大陆台湾史研究的历史与现状分析——以〈台湾研究集刊〉历史类论文（1983—2007）为中心》，《台湾研究集刊》2009年第2期。

会。前者以“海峡两岸台湾社会经济史”为主题，有来自两岸的 70 余名学者与会，会上共发表论文 40 余篇，论题涉及上自荷据时期、下至当代的台湾社会经济问题。① 后者以“台湾殖民地史”为主题，来自海峡两岸和日本的学者共 70 余人参加了此次研讨会，会上报告论文 59 篇，内容涉及殖民体制下日据时期台湾的社会变迁、经济发展和岛内民众的抗日斗争、台湾总督府统治政策等。② 以研究专题来说，台湾社会经济史多年来是大陆台湾史研究涉及较多的领域，而按研究时段划分，日据时期台湾史也集中了大陆学者较多的研究成果③，这种情形在岛内台湾史学界也同样存在。④ 因此上述两次较大规模的台湾史学术研讨会的召开，对加强两岸台湾史学界学术交流，推动大陆台湾史学科发展，无疑有积极的贡献。加上 2008 年 9 月初台湾史研究中心主办的“林献堂、蒋渭水——台湾历史人物及其时代”学术研讨会论文集在本年出版，2009 年台湾史学科在日据时期台湾史、台湾社会经济史、台湾人物研究等方面，取得较为丰硕的成果。下面将分总类、明郑与清代台湾史、日据时期台湾史、台湾光复及光复初期历史、现代台湾史（1949 年国民党政权迁台后的历史）等几大类，对 2009 年度台湾史学科的发展情形进行总结。

（一）总类

1. 大型资料集的出版

对历史学科来说，资料的获得至关重要。继 2007 年南京第二历史档案馆馆藏的民国时期台湾档案以影印方式由九州出版社出版后⑤，2009 年度，台湾史领域又有两部资料集出版。其一是中国第一历史档案馆馆藏的明清宫藏台湾档案，以《明清宫藏台湾档案汇编》为名，由九州出版社出版。该资料集共 230 册，所收档案上自明朝天启年间，下至晚清光绪时期，总数约 1000 万件，以原件翻拍、影印方式呈现，涉及内容极为丰富，

---

① 参见杜承骏《“海峡两岸台湾社会经济史”学术研讨会召开》，近代史所网站 http://jds.cass.cn/Item/7987.aspx。

② 参见冯琳《“台湾殖民地史学术研讨会”综述》，《抗日战争研究》2010 年第 1 期。

③ 参见陈忠纯《大陆台湾史研究的历史与现状分析——以〈台湾研究集刊〉历史类论文（1983—2007）为中心》，《台湾研究集刊》2009 年第 2 期。

④ 参见范燕秋《2009 年台湾史研究的回顾与展望》，《台湾史研究》第 18 卷第 2 期，2011 年。

⑤ 即《馆藏民国台湾档案汇编》，九州出版社 2007 年版，包括目录册在内，共 300 册。

是研究明郑和清代台湾史的重要史料。[①] 其二是人民出版社自台湾购得《台湾文献史料丛刊》“大通书局本”版权，在本年度影印出版该丛刊，总计 9 辑 190 册，同样是研究清及清以前台湾史的重要史料。[②]

2. 台湾史学科总结及通史研究

台湾史学科虽开始得较晚，但通过数十年的发展，也已形成一定的规模。陈忠纯通过 1983 年至 2007 年《台湾研究集刊》发表的历史类论文的归纳、总结、分析，对多年来台湾史学科的发展状况有所总结，认为现有的台湾史研究对各个时段、各个领域都有涉及，并且有重点、有深度；就研究视角而言，既重视两岸间的联系与互动，也注意到台湾本土社会的历史发展脉络；作为台湾史学科特殊性的一面，现有研究既注重学术性，也不乏现实关怀。但现有台湾史研究也有不足之处，如：就研究时段而言，现有研究主要集中于清代台湾史和日据时期台湾史，荷据和战后史的研究相对薄弱；就研究领域而言，现有研究更多涉足政治史、社会史、经济史，思想文化史研究成果偏少；人物研究方面，对台湾本土人士的研究也相对不足，等等。[③]

台湾史学科配合上一级学科，在研究时段上虽有所限定，但通史性的研究，对台湾史研究的连贯性，仍不可或缺，而有关历史上中央政府对台湾的管辖方式，既属于历史问题，也有相当的现实意义。尹全海研究了自 1171 年（宋乾道七年）泉州知府屯军澎湖以来至 1949 年国民党败退台湾、将近 800 年间历代中央政府对台湾的管辖方式，对历代中央政府在管辖方式上从隔海遥制、闽台合治、渡海巡台到台湾建省演进的过程与内在动力进行了梳理和分析，从实证角度证明台湾自古以来就是中国领土的一部分。[④]

（二）明郑与清代台湾史

明后期以来，大陆人口大规模迁移台湾，对台湾的开发居功至伟，并使汉文化在台湾广泛传播。有关大陆移民与汉文化在台湾的传播与影响，一直是学界关注的问题。吴雪梅、张妮艳即对明后期以来至清晚期刘铭传

① 参见邹爱莲主编《明清宫藏台湾档案汇编》，九州出版社 2009 年版。

② 参见周宪文等《台湾文献史料丛刊》，人民出版社 2009 年版。

③ 参见陈忠纯《大陆台湾史研究的历史与现状分析——以〈台湾研究集刊〉历史类论文（1983—2007）为中心》，《台湾研究集刊》2009 年第 2 期。

④ 参见尹全海《历史上中央政府对台湾的管辖方式之演进》，《湖北社会科学》2009 年第 6 期。

在台湾推行近代化期间，大陆农业文化在台湾的传播以及对台湾农业经济发展的影响，进行了研究。[①] 陈梧桐则对郑成功复台后，郑氏政权积极促成福建沿海居民大量迁移台湾，并通过各种举措加强汉文化在台湾的传播，使汉文化成为台湾的主流文化，进行了梳理与研究。[②]

对于郑氏政权在台湾的情形，此前学界已有较多的研究。邓孔昭通过对相关文献的细致梳理与严密考证，对明郑时期台湾天兴、万年二县（州）的辖境，提出了修正意见。认为天兴县（州）的辖境包含了清初诸罗县的全部和台湾县的一部分，万年县（州）的辖境则包含了清初凤山县的全部和台湾县的另一部分。对于天兴、万年的分界线走向，作者也提出了不同的看法。[③]

清代台湾史是台湾史研究的重点之一，此前也有较多成果面世，本年度则继续在清代台湾社会经济发展、台海交往、少数民族问题等方面有所推进。有关清政府对台湾的治理，代详以《皇朝经世文编》中的相关文章为样本，对清朝官员、学者对于台湾问题的讨论进行了梳理，并分析这些意见对清政府对台政策的影响。[④]陈名实、王炳庆则对清政府统一台湾后，在台湾推行内涵不同的儒学教育，并实行不同的科考方式等进行了研究，以探讨清政府如何消除郑氏政权在台湾推行的儒学教育中的反清复明内涵。[⑤] 关于清代台海两岸的往来情形与联系，陈孔立根据文献和档案史料中的具体记载，分别对清朝前、后期台海两岸航行时间进行了梳理、考证，认为在木帆船时代，在顺风情况下，由福建沿海前往澎湖用时不到两天，到台湾甚至仅需一昼夜，通常为 4—5 天。到清后期有轮船之后，快则 17—18 小时，通常情况下需要 2—3 天，且两岸航行时间受气候因素影响极大。[⑥] 在鸦片战争后列强迫使台湾开港通商以前，大陆——特别是沿海一带是台湾最主要的贸易对象，在输出大陆的货品中，最为重要的是大米。兰雪花对清代台

① 参见吴雪梅、张妮艳《明清时期大陆对台湾农业文化的传播》，《三峡大学学报》（人文社会科学版）第 31 卷第 5 期，2009 年 5 月。

② 参见陈梧桐《郑成功复台与汉文化在台湾的传播》，《江西社会科学》2009 年第 8 期。

③ 参见邓孔昭《明郑台湾天兴万年二县（州）辖境的再探讨》，《台湾研究集刊》2009 年第 3 期。

④ 参见代详《关于台湾问题的讨论——以〈皇朝经世文编〉为中心》，《广州社会主义学院学报》2009 年第 1 期。

⑤ 参见陈名实、王炳庆《清朝对台湾明郑时期儒学教育的改造》，《教育评论》2009 年第 5 期。

⑥ 参见陈孔立《清代台海两岸航行时间》，《台湾研究集刊》2009 年第 3 期。

湾米谷运销福建的“官运”“民运”系统、运销方式、对接港口和运销米谷数量等进行了细致研究，指出台米运销福建，极大缓解了福建的粮食不足问题，并促进了台湾的开发，推动了两岸商贸交流。[①]清代台湾的社会风俗很大程度上受到大陆的影响。清代台湾螟蛉子风俗颇为盛行，就与台湾移民社会的特殊历史环境有关。有学者通过对清代台湾社会螟蛉子风俗的研究，探讨我国传统宗族观念在台湾移民社会的传承与嬗变。[②] 清代大陆汉族移民大量迁往台湾，加速了台湾的开发进程，但在土地开发过程中，汉族移民也不可避免地与原住在台湾的少数民族产生冲突，引发纠纷。清政府对台湾少数民族实行保护政策，推行“护番保产”。但这一政策的推行效果如何？罗春寒通过对乾隆十六年（1751）彰化县发生的“简经贌垦案”的研究，认为清政府的这一政策的推行并无实效，不能真正阻止少数民族土地的流失。[③]

近代以来，台湾成为列强觊觎的对象。陈才俊对1784年美国“中国皇后号”首航中国成功至1858年中美《天津条约签订》期间，美国在华各利益集团向美国政府提出的一些占据台湾的不同主张，如“攫取台湾论”“购买台湾论”“台湾基地论”“最后手段说”等，进行了研究，认为这些主张虽因各种原因，没有获得美国政府的认可，但对台湾的历史命运却产生了一定的影响。[④] 在当时美国人的台湾观中，曾于1867—1872年任美国驻厦门领事的李仙得提出的“番地无主论”，对1874年日本侵台有直接影响，羽根次郎对李仙得“番地无主论”形成时期的特征进行了探讨。[⑤] 为应对鸦片战争以来列强对包括台湾在内的东南沿海的入侵，加上受到晚清洋务运动的影响，清后期清政府改变了对台湾的政策，由注重防内转向防外，尤其注重台湾的海防建设。陈静研究了福建船政与台湾海防的关系，认为同治五年（1866）福建船政局的创办，对加强包括台湾在内的东南沿海防务有重要意

① 参见兰雪花《清代台湾米谷运销福建论述》，《铜仁学院学报》第11卷第6期，2009年11月。

② 参见郭伟展《传统宗族观念的传承与嬗变——清代台湾社会螟蛉子风俗之探析》，《台湾研究集刊》2009年第4期。

③ 参见罗春寒《清代台湾的“护番保产”与“简经贌垦案”》，《广西民族大学学报》（哲学社会科学版），第31卷第5期，2009年9月。

④ 参见陈才俊《〈天津条约〉前美国人关于台湾的几种主张》，《中山大学学报》（社会科学版）2009年第5期。

⑤ 参见羽根次郎《关于李仙得“番地无主论”的萌芽》，载《林献堂、蒋渭水与台湾历史人物及其时代学术研讨会论文集》（上），台海出版社2009年版，第199—208页。

义，并有“护商”“辑盗”等作用，对保障台海间海途顺畅、促进台湾开发建设有积极作用。[①]

（三）日据时期台湾史

近年来，日据时期台湾史是台湾史研究的主流[②]，大陆学界已有不少成果面世，本年度的研究成果主要体现于政治、经济、文化及人物研究等方面。

政治方面，宋帮强对日据时期台共政治大纲中“台湾独立”的真实内涵进行了分析，并指出“台独”理论家将台共的“台湾独立”、建立“台湾共和国”主张曲解为“台独”的前期历史，是为了分裂中国而进行的断章取义的篡改和歪曲，是混淆视听与欺骗民众。[③] 汪小平对 20 世纪 20 年代台湾文化协会启蒙运动中新知识阶层的民族论述进行了辨析，尤以蒋渭水的民族论述为考察中心，探讨了蒋渭水及其同时代知识分子对“民族”这一概念的思考以及其对民族论述的建构。[④] 李力庸考察了 20 世纪 30 年代台湾最后一波反对运动——历时 8 年的反对米谷统制运动，对运动的经过、参与运动的各阶层成员、抗争的困境等进行了分析。[⑤] 关于殖民政府对少数民族的政策，杜奉贤对芒仔社屠杀事件的经过及该社险遭灭族的原因进行了梳理与分析，揭露了日本殖民者对台湾少数民族的血腥屠杀和恩威并施的少数民族政策。[⑥]

两岸关系方面，日本割占台湾后，曾刻意切断台湾与大陆的联系，1895 年 11 月台湾总督府颁布《清国人入境台湾条例》，限制大陆人民移入台湾。陈小冲研究了《清国人入境台湾条例》出台的背景及执行等情

---

① 参见陈静《福建船政与台湾海防建设》，《黑龙江史志》2009 年 7 月。

② 参见陈小冲《日据时期台湾史研究述评》，《中国社会科学报》2009 年 12 月 24 日；崔军伟、毛文君《1990 年以来中国大陆的日据时期台湾史研究述评》，《抗日战争研究》2010 年第 4 期。

③ 参见宋帮强《论日据时期台共政治大纲中“台湾独立”的真实内涵》，《台湾研究》2009 年第 3 期。

④ 参见汪小平《1920 年代“台湾文化协会”启蒙运动中的民族论述》，载《林献堂、蒋渭水与台湾历史人物及其时代学术研讨会论文集》（下），第 724—738 页。

⑤ 参见李力庸《1930 年代米谷统制与台湾的反对运动（1932—1939 年）——兼论林献堂在反对运动中的作用》，载《林献堂、蒋渭水与台湾历史人物及其时代学术研讨会论文集》（下），第 840—872 页。

⑥ 参见杜奉贤《芒仔社屠杀事件与芒仔社头目巴鲁》，载《林献堂、蒋渭水与台湾历史人物及其时代学术研讨会论文集》（上），第 173—188 页。

况，旨在探讨日本据台后因台湾总督府的刻意限制，闽粤人口迁移台湾潮流的中断，并指出自该条例实行以后，大陆对台湾的影响力逐渐降低，来自日本的影响因素则直线上升，台湾与大陆被强制分离，对台湾历史发展产生深远影响。不过，日本殖民政府虽竭力阻隔台湾与大陆的联系，但并不能真正改变台湾人民内心对祖国的认同，抗战时期，即有不少台湾同胞不畏艰难，来到大陆，参加祖国的抗战。林仁川、黄俊凌对日据时期台胞在福建的抗日活动进行了研究，贺平则探讨了抗战时期台湾学生参与大陆抗战的情形，包括学生在内的台胞的抗战活动，为全民族的抗战贡献了力量，是中国人民乃至世界人民反法西斯斗争的组成部分。① 日据时期，有不少台湾人居住在福建等沿海地区。黄俊凌研究了抗战时期台湾籍民在福建崇安的垦荒情况，指出国民政府为战时台湾籍民的生计问题曾付出努力。②

经济方面，王键的《日据时期台湾总督府经济政策研究》将日据时期划分为前期（1895—1931）和后期（1931—1945）两个阶段，系统论述了台湾总督府的殖民地经济政策。③ 王键的《日本殖民统治对近代台湾社会经济进程的影响》一文，则对1895年至1945年台湾的社会经济进程进行了论述，特别对岛内“台独”“殖民统治有益论”进行了批驳。④ 陈艳云通过对日本和台湾所藏的总督府相关调查报告的分析研究，考察了台湾总督官房调查课对东南亚日侨的调查活动，分析总督府对日侨调查活动的动因、调查方式、调查内容，并揭示该项调查在日本“经济南进”中的作用。⑤

文化方面，对日据时期台湾文学的研究成果较多。朱双一考察了梁启超1911年台湾之行对日本殖民地所谓“现代化”真相的洞悉，并指

---

① 参见林仁川、黄俊凌《日据时期台胞在福建抗日活动之述评》，载《林献堂、蒋渭水与台湾历史人物及其时代学术研讨会论文集》（上），第433—446页；贺平《抗战时期台湾学生在大陆参战活动初探》，《洛阳理工学院学报》（社会科学版）第24卷第5期，2009年10月。

② 参见黄俊凌《抗战时期福建台湾籍民在崇安的垦荒研究》，《台湾研究集刊》2009年第1期。

③ 参见王键《日据时期台湾总督府经济政策研究》，社会科学文献出版社2009年版。

④ 参见王键《日本殖民统治对近代台湾社会经济进程的影响》，载《纪念七七事变爆发70周年学术研讨会论文集》，社会科学文献出版社2009年版，第631—661页。

⑤ 参见陈艳云《日据时期台湾总督府对东南亚日侨的调查——以台湾总督官房调查课为中心》，《南洋问题研究》2009年第4期。

出梁启超提出的“刘铭传”诗题，寄托了民族情感和反殖民的现代化追求，对此后台湾文学产生深远影响。[①] 朱双一还考察了赖和、谢春木等台湾作家的祖国之旅对其民族认同感以及反思殖民地现代性的积极影响，指出大陆经验使台湾作家更多从五四新文学中吸取影响，促进了台湾新文学的兴起和发展。[②] 吕若淮则根据张丽俊《水竹居主任日记》中的记载，考察日据时期的台湾文社。[③] 张羽分析了围绕 1935 年的台湾博览会，总督府“殖民统治有功论”的官方表达以及台湾知识分子通过自己的“小叙述”对策展者“大叙述”的纠正或对抗。[④] 李立平探讨了日据时期台湾歌仔戏的民族性与“现代性”，指出歌仔戏的发展史，既是台湾人民的日常生活史，也是台湾人民反抗殖民的历史。[⑤] 另外，李诠林考察了日据时期台湾的民间方言歌谣[⑥]，韩春萌则通过对台湾新文学中有关民俗描写的考察，揭示日据时期台湾人民对殖民当局扼杀中华民族民俗文化的抵制。[⑦] 左玉河透过黄纯青、连雅堂、张纯甫等人发表的墨学研究心得，考察了日据时期台湾的墨学研究[⑧]，宋淑玉则通过对日据时期台湾汉学运动的研究，来看在殖民者的文化同化政策下，内心深处始终认同中华传统文化的台湾社会各阶层，对汉民族文化的坚守与传承。[⑨]

宗教研究是本年度对日据时期台湾文化研究的另一重心。王晓云、雷阿勇分析了日据时期天主教和新教在台湾传教过程中相互竞争与发生

---

① 参见朱双一《梁启超台湾之行对殖民现代性的观察和认知——兼及对台湾文学的影响》，《台湾研究集刊》2009 年第 2 期。

② 参见朱双一《从祖国接受和反思现代性——以日据时期台湾作家的祖国之旅为中心的考察》，《台湾研究集刊》2009 年第 4 期。

③ 参见吕若淮《从张丽俊〈水竹居主人日记〉看日据时期台湾文社》，《福州大学学报》2009 年第 4 期。

④ 参见张羽《文学与博览会的对话——以 1935 年台湾博览会为中心》，《台湾研究集刊》2009 年第 1 期。

⑤ 参见李立平《论日据时期台湾歌仔戏的民族性与“现代性”》，《华文文学》总第 94 期，2009 年 5 月。

⑥ 参见李诠林《台湾日据时期的民间方言歌谣》，《安徽理工大学学报》（社会科学版）2009 年第 2 期。

⑦ 参见韩春萌《从民俗文化看台湾新文学的民族抗争精神》，《江西教育学院学报》（社会科学版）2009 年第 5 期。

⑧ 参见左玉河《日据时期台湾的墨学研究——黄纯青、连雅堂、张纯甫等人为中心的考察》，载《林献堂、蒋渭水与台湾历史人物及其时代学术研讨会论文集》（下），第 529—557 页。

⑨ 参见宋淑玉《日据时期台湾人民保存汉文化运动》，载《林献堂、蒋渭水与台湾历史人物及其时代学术研讨会论文集》（下），第 829—839 页。

摩擦的原因，指出既有教义与门派分歧，也是源于现实利益冲突与对传教空间的争夺。[①] 王晓云、雷阿勇还考察了日据时期台湾天主教大量吸收本土信徒的情况，指出本土信徒的增加，促进了天主教会的发展，也对台湾社会产生很大影响。[②] 王晓云的《日据时期的台湾天主教静修女中》对天主教创办的台北静修女中成立、发展的历史进行了梳理和评析，认为日据时期的台北静修女中，培养了一大批具有职业意识的近代女性，并为保持汉文化和民族意识发挥了作用。[③] 何绵山分析了日据时期台湾僧人不受日本统治的影响，即使在 1917 年台湾开始独自传戒后，仍然有增无减地前往鼓山受戒的原因，从中可以看出两岸佛教界的一脉相承和无法割断的联系。[④]

本年度对日据时期台湾本土人物的研究成果显著。林献堂、蒋渭水是日据时期重要的本土政治人物，是台湾民族运动的重要领导者。陈小冲主要根据《灌园先生日记》的记载，探讨 1937 年在"皇民化运动"的高压下，台湾民族运动的指导者林献堂的处境及不得不做出的学习日语等选择性因应。[⑤] 黄富三透过 20 世纪 10 年代至 20 世纪 50 年代林献堂参与的政治活动，考察林献堂自治思想的演变。[⑥] 还有学者探讨了林献堂的国学底蕴[⑦]、林献堂所撰《环球游记》的思想性与艺术性[⑧]等。卓遵宏、郭维雄以蒋渭水的早年学习和革命活动为主轴，探究蒋渭水的祖国意识和国族认

---

① 参见王晓云、雷阿勇《扩张与角逐：日据时期传教势力在台湾的争夺》，《内蒙古农业大学学报》（社会科学版）2009 年第 5 期。

② 参见王晓云、雷阿勇《日据时期台湾天主教信徒与台湾社会》，《北华大学学报》（社会科学版）2009 年第 5 期。

③ 参见王晓云《日据时期的台湾天主教静修女中》，《沈阳大学学报》第 21 卷第 5 期，2009 年 10 月。

④ 参见何绵山《日据时期台湾僧人赴福州鼓山涌泉寺受戒原因初探》，《福州大学学报》（哲学社会科学版）2009 年第 4 期。

⑤ 参见陈小冲《台湾 1937：皇民化运动与林献堂——以〈灌园先生日记〉资料为中心》，《林献堂、蒋渭水与台湾历史人物及其时代学术研讨会论文集》（上），第 5—22 页。

⑥ 参见黄富三《林献堂自治思想的演变：1910 年代至 1950 年代》，载《林献堂、蒋渭水与台湾历史人物及其时代学术研讨会论文集》（上），第 23—47 页。

⑦ 参见孙玉海《林献堂的国学底蕴》，载《林献堂、蒋渭水与台湾历史人物及其时代学术研讨会论文集》（上），第 48—60 页。

⑧ 参见吕莺《林献堂〈环球游记〉的思想性与艺术性分析》，载《林献堂、蒋渭水与台湾历史人物及其时代学术研讨会论文集》（下），第 951—957 页。

同，并从蒋渭水对祖国革命终极关怀的角度，解释他在台湾坚持奋斗的原因。[①] 王玉国也从蒋渭水的思想和实践中发掘其对中华文化的向往，对祖国的认同。[②] 黄信彰梳理了蒋渭水的教育和文化理念，重点考察蒋渭水从教育文化角度，反对日本殖民统治的努力。[③] 赵一顺对各时期对蒋渭水历史地位的评价进行了梳理，从中也可看出蒋渭水在台湾历史上的重要性。[④] 除林献堂、蒋渭水外，日据时期台湾还涌现出很多可歌可泣的革命人物，他们或在台湾岛内与日本殖民者进行斗争，或不甘受殖民者的驱使，回到祖国大陆，参加祖国的革命事业。王晓波对日本据台初期“抗日三猛”之一的林少猫的事迹和台湾人的武装抗日斗争做了详细梳理[⑤]，王铁军注意到雾社头人莫那鲁道在雾社起义中的作用。[⑥] 对回到大陆参与祖国革命事业的林祖密、蔡智堪生平及革命经历，邵铭煌、程玉凤分别进行了梳理与评介。[⑦] 杜继东考察了传奇人物蔡孝乾早期在上海的留学经历[⑧]，程朝云介绍了翁俊明的生平及其与国民党台湾党务的关系[⑨]，蓝博洲对台湾青年吴思汉经历艰难曲折、回到祖国参加抗战的生平事迹做了详细论述。[⑩] 另外，本年度对日据时期历史人物的研究还涉及文化界人士叶荣钟、黄土水和刘锦堂，本土资本家颜国年，科技界杜聪明，以及殖民统治者的代表后

---

① 参见卓遵宏、郭维雄《蒋渭水的祖国意识与早年革命生涯》，载《林献堂、蒋渭水与台湾历史人物及其时代学术研讨会论文集》（上），第 79—105 页。

② 参见王玉国《从蒋渭水到蒋渭川——台湾走向中国的路径考察》，载《林献堂、蒋渭水与台湾历史人物及其时代学术研讨会论文集》（上），第 132—144 页。

③ 参见黄信彰《殖民地之反——由教育和文化理念看蒋渭水的大众启蒙思想》，载《林献堂、蒋渭水与台湾历史人物及其时代学术研讨会论文集》（上），第 106—131 页。

④ 参见赵一顺《浅论蒋渭水在台湾历史地位的变迁》，载《林献堂、蒋渭水与台湾历史人物及其时代学术研讨会论文集》（上），第 61—78 页。

⑤ 参见王晓波《南台湾的抗争文化——论入祀高雄忠烈祠的林少猫烈士》，载《林献堂、蒋渭水与台湾历史人物及其时代学术研讨会论文集》（上），第 145—172 页。

⑥ 参见王铁军《莫那鲁道与雾社起义考析》，载《林献堂、蒋渭水与台湾历史人物及其时代学术研讨会论文集》（上），第 189—198 页。

⑦ 参见邵铭煌《探索林祖密：新印象、新风貌》，载《林献堂、蒋渭水与台湾历史人物及其时代学术研讨会论文集》（下），第 465—515 页；程玉凤《终生奉献祖国的蔡智堪》，同前，第 674—697 页。

⑧ 参见杜继东《留学上海——蔡孝乾红白人生研究之一》，载《林献堂、蒋渭水与台湾历史人物及其时代学术研讨会论文集》（下），第 698—723 页。

⑨ 参见程朝云《翁俊明与国民党台湾党务》，载《林献堂、蒋渭水与台湾历史人物及其时代学术研讨会论文集》（下），第 739—751 页。

⑩ 参见蓝博洲《寻找祖国三千里——殖民地台湾青年吴思汉的身份认同之旅》，载《林献堂、蒋渭水与台湾历史人物及其时代学术研讨会论文集》（上），第 382—432 页。

藤新平等。[①]

（四）台湾光复与光复初期历史

台湾光复和光复初期的历史虽然在时间上并不长，但在台湾历史上仍然是非常重要的一段。

关于各方为台湾光复所做的努力，国民政府方面，陈仪在任福建省政府主席期间，即和其随员前往台湾进行实地调查；抗战胜利前夕，又主持台湾调查委员会的工作，编译有关台湾的资料。褚静涛考察了陈仪对日据下台湾的研究工作，对由其主持编译的台湾研究资料做了详细介绍，并探讨陈仪所主持的该项研究工作的得失。[②] 回归祖国参与革命事业的台籍志士，也在光复前夕为台湾光复进行准备，褚静涛对光复前夕台籍志士积极建言在台湾实行省制的言论进行了研究，并进而探讨高度集权的行政长官公署制度何以令台籍志士感到失落。[③] 臧运祜、王希锋则在大陆学界首次关注中国共产党有关台湾光复问题的主张，他们以重庆《新华日报》的言论为中心，考察抗战期间中共有关台湾问题的主张，如抗战爆发前后的“国际统一战线”主张，抗战中期号召解放台湾，抗战胜利前夕反对台湾“国际共管论”、力主台湾光复等。[④]

台湾回归祖国后，政治、经济、社会等都面临着转型。关于光复初期的经济，陈谦平考察了国民政府接收台湾工业的举措及其对战后台湾的影响。[⑤] 翁嘉禧分析了光复初期台湾省政当局实行的经济统制政策的弊端，

---

① 参见张重岗《叶荣钟与1930年代的台湾文化》，载《林献堂、蒋渭水与台湾历史人物及其时代学术研讨会论文集》（下），第516—528页；蒋伯欣《黄土水与刘锦堂：1920年代台湾的视觉启蒙与文化支配》，载《林献堂、蒋渭水与台湾历史人物及其时代学术研讨会论文集》（下），第588—607页；陈慈玉《颜国年与日治时期的台日中产业网络》，载《林献堂、蒋渭水与台湾历史人物及其时代学术研讨会论文集》（下），第769—793页；李理《尿检法之父——改写台湾鸦片史的杜聪明博士》，载《林献堂、蒋渭水与台湾历史人物及其时代学术研讨会论文集》（下），第608—628页；王键《后藤新平与台湾总督府的旧惯调查》，载《林献堂、蒋渭水与台湾历史人物及其时代学术研讨会论文集》（下），第752—768页。

② 参见褚静涛《陈仪与日据下台湾研究》，《南京社会科学》2009年第2期。

③ 参见褚静涛《台籍志士与台湾复省》，载中国社科院近代史研究所主编《纪念中国人民抗日战争暨世界反法西斯战争胜利60周年学术研讨会文集》下卷，社会科学文献出版社2009年版，第1168—1183页。

④ 参见臧运祜、王希锋《抗战时期中国共产党人对于台湾问题的主张——以〈新华日报〉为中心的考察》，同上，第904—921页。

⑤ 参见陈谦平《国民政府战后对台湾的工业接收及其影响》，《史学月刊》2009年第10期。

并考察了“二二八事件”后省政当局为响应民众要求，对经贸机构及政策所做的变革，指出随着政局变化，在行政长官公署废除后，国民党中央政府对台湾经济的统制反而更为直接。①

文化方面，为消除日本殖民统治的影响，光复初期，国民政府曾在台湾推行国语运动。马学磊对该项运动的背景、推行过程与效果等进行了研究，认为语言过分政治化是导致国语运动在台湾光复初期遭受挫折的主要原因。② 透过教育来“去殖民化”也是光复初期国民政府的重要举措，有学者考察了该时期国民党在台湾推行的“去殖民化”教育，认为国民党在台湾实施的“去殖民化”教育一定程度上解决了日本殖民教育所遗留下的各种问题，并重建了教育体系，为中国文化在台湾的传承和弘扬打下了基础，但由于国民党过分强调思想控制，加上教育行政腐败等因素的影响，冲淡了“去殖民化”教育的效果。③ 许毓良从史学史的角度入手，搜集了光复初期在台湾出版的近 80 种杂志，对这些杂志上发表的日据时期台湾史的文章进行了归纳、梳理。④

台湾回归祖国后，两岸关系得到恢复与发展。李祖基、刘凌斌研究了抗战胜利前后闽台民间社团的活动，指出这些民间社团不仅在言论上为台湾的接收与重建出谋划策，呼吁改革台湾不合理的政经体制，在“二二八事件”中则呼吁政府妥善处理，并以实际行动参与台湾的赈灾、资助贫困学子等公益活动，在两岸关系的恢复和发展中扮演了十分重要的角色。⑤刘凌斌的研究指出，光复初期闽台经贸关系迅速恢复和发展，在恢复交通、邮电和汇兑的基础上，闽台两省的经贸关系呈现出多样、互补性强等特点，两省互派经济考察团、举办博览会，推行技术合作和相互投资等，在一定程度上促进了战后两省社会经济和生产建设的恢复和发展，但两省

---

① 参见翁嘉禧《陈仪的经济统制政策与“二二八事件”后台湾经贸机构及政策的变革》，载《林献堂、蒋渭水与台湾历史人物及其时代学术研讨会论文集》(上)，第 276—312 页。

② 参见马学磊《语言中的政治：台湾光复初期的国语运动》，《温州大学学报》(社会科学版)，第 22 卷第 6 期，2009 年 11 月。

③ 参见袁成毅、贝原《战后初期国民党在台湾的“去殖民化”教育述论》，《民国档案》2009 年第 1 期。

④ 参见许毓良《光复初期的日据台湾史研究(1945—1949 年)——以台湾岛内发行的杂志为例》，载《林献堂、蒋渭水与台湾历史人物及其时代学术研讨会论文集》(下)，第 629—673 页。

⑤ 参见李祖基、刘凌斌《抗战胜利前后的闽台民间社团与两岸关系》，载《林献堂、蒋渭水与台湾历史人物及其时代学术研讨会论文集》(下)，第 892—903 页。

经贸往来受时局变化的影响也比较大。①

“二二八事件”是光复初期台湾历史上影响颇为深远的事件，一直受到台湾史学界的关注。戚嘉林检视相关文献，对林茂生在“二二八事件”中何以被杀进行了分析，认为林被美国人柯乔治（George H. Kerr）利用，参与“台湾独立”运动，或许是其被捕杀的真正原因。② 褚静涛考察了另外两位台籍精英王添灯和蒋渭川在“二二八事件”中的活动，认为前者的被杀与他在“二二八事件”中的激进主张、激进行为有关；蒋渭川被行政长官公署通缉，则既有省党部与省政当局、警总的矛盾，也与蒋氏的过激言论和对大陆政治的不了解有关。③

（五）现代台湾史（1949年国民党政权迁台后的历史）

对1949年以后台湾历史的研究成果，主要集中于台湾的外部关系领域。有关两岸关系方面，新中国成立前后，中国共产党曾筹划武力解放台湾，但这一计划最终被迫搁浅。对于计划搁浅的原因，吴本荣对其中的苏联因素进行了分析，认为由于苏联三次拒绝中国共产党援助请求、支持北朝鲜首先完成半岛统一，使得台海局势复杂化。④ 沈志华利用2004年以来公布的最新档案文献，考察1949—1950年中国共产党进攻台湾计划从提出到放弃的决策全过程，分析导致决策变化的主要因素，进而深入探讨在中苏结盟等国际局势发生重大变化的情况下，杜鲁门政府如何转变对台湾的政策。该文认为在中苏关系、苏美关系、美台关系相互交错和影响的冷战格局中，武力攻占台湾对中国共产党来说是一个无法解开的死结。⑤ 美国是影响战后台湾历史最大的外部因素，崔丕以艾森豪威尔政府时期美国国家安全委员会制定的有关台湾的三个文件为

---

① 参见刘凌斌《光复初期（1945—1949）福建与台湾之经济贸易关系》，《台湾研究集刊》2009年第4期。

② 参见戚嘉林《林茂生及其二二八之死》，载《林献堂、蒋渭水与台湾历史人物及其时代学术研讨会论文集》（上），第209—257页。

③ 参见褚静涛《二二八事件中的王添灯》，载《林献堂、蒋渭水与台湾历史人物及其时代学术研讨会论文集》（上），第258—275页；《蒋渭川与二二八事件》，载中国社科院近代史研究所民国史研究室主编《1940年代的中国》上卷，社会科学文献出版社2009年版，第273—288页。

④ 参见吴本荣《浅析建国初期武力解放台湾计划搁浅的苏联因素》，《福建党史月刊》第22期，2009年。

⑤ 参见沈志华《中共进攻台湾战役的决策变化及其制约因素（1949—1950）》，《社会科学研究》2009年第3期。

中心，探讨艾森豪威尔政府对台湾政策的确立与调整，指出美国对台军事援助和经济援助是国民党当局长期与大陆对峙的重要前提条件。[①] 联合国代表权问题是国民党政权迁台后面临的一大“外交”问题，张绍铎利用美台两方面的史料，梳理台湾当局 1970 年 11 月至 1971 年 10 月在处理联合国中国代表权问题上的决策过程，并探讨其决策特点，指出在尼克松政府的要求和现实压力下，台湾当局虽然在联合国中国代表权问题上不断让步，但最终没能保住在联合国的席位。[②] 为争取非洲国家在联合国代表权问题上的支持，20 世纪 60 年代，台湾当局还在非洲展开农技“外交”。张绍铎、胡礼忠对台湾在非洲开展的所谓农技“外交”进行了研究，指出农技“外交”虽取得了一定效果，但并未也无法达到台湾当局的预期目标。[③] 另外，还有学者对冷战后的美台关系、日台关系以及欧美和台湾的关系进行了系统研究。[④]

经济方面，王键对战后日台经济关系形成的经济基础和社会背景、对战后日台经贸关系的恢复与演进等进行了系统研究。[⑤] 毛德传则对 1949 年国民党退台前夕将大陆金银外汇等运往台湾的情况做了介绍，并指出巨额金银外汇运入台湾后，对稳定台湾金融和军心均有积极意义。[⑥]

文化方面，对战后台湾通俗文学、20 世纪 50 年代新诗歌的发展以及战后新音乐的发展等，均有学者进行相关研究。[⑦] 李理则对“台独”史观影响下的历史教科书编纂问题进行了梳理与剖析。[⑧]

---

① 参见崔丕《艾森豪威尔政府对台湾政策的演进》，《华东师范大学学报》（哲学社会科学版）2009 年第 5 期。

② 参见张绍铎《20 世纪 70 年代初台湾当局对美“外交”与联合国中国代表权问题》，《当代中国史研究》第 16 卷第 1 期，2009 年 1 月。

③ 参见张绍铎、胡礼忠《“台湾当局”对非洲农技“外交”与联合国中国代表权问题（1960—1971 年）》，《西亚非洲》2009 年第 3 期。

④ 参见郭建平主编《冷战后美日欧盟与台湾关系研究》，九州出版社 2009 年版。

⑤ 参见王键《战后日台经济关系》，台海出版社 2009 年版。

⑥ 参见毛德传《国民党撤离大陆前夕将巨额金银外汇运往台湾探秘》，《军事历史》2009 年第 2 期。

⑦ 参见陈美霞《战后台湾通俗文学研究考察》，《福建论坛（人文社会科学版）》2009 年第 11 期；黄万华《“中国传统”和“善性西化”——1950 年代台湾政治压抑下的诗歌突围》，《中山大学学报》（社会科学版）2009 年第 6 期；张娟《台湾地区新音乐（1945—1960）发展管窥》，《音乐研究》2009 年 3 月。

⑧ 参见李理《台独史观下的历史教科书编纂》，载《儒学与海峡两岸文化根基》，台海出版社 2009 年版。

陈建樾的《台湾“原住民”历史与政策研究》是有关战后台湾少数民族政策与族群政治的一部著作，涉及对20世纪80年代以前台湾“原住民”政策的述评和20世纪80年代以来台湾“原住民”运动对少数民族政策的影响等。①

除上述研究成果外，本年度还有些研究专题突破研究时段的区隔，如有关明清以来台湾移民中的关圣帝君信仰的研究②和对近代以来台湾文学发展史上文化保守主义思潮的探讨③等。

总体而言，2009年大陆台湾史学科取得了较为丰硕的成果，并在研究的面向上有所拓宽，此前存在的思想文化史研究和人物研究薄弱的问题，在本年度有很大改善。就研究时段而言，本年度的研究成果仍较集中于日据时期台湾史研究，荷据时期和战后（特别是1949年以后）台湾史研究成果仍较不足。若与台湾岛内和日本的台湾史学界做横向比较，本年度台湾岛内共发表包括专著和期刊论文在内的台湾史研究成果1000余笔，日本仅有关日据时期台湾史的研究成果，即有专著14本，论文125篇，数量也极为庞大④，仅以数量而论，大陆台湾史学科仍需积极推进。

（程朝云）

2010年度

自从中国社会科学院台湾史研究中心成立（2002）以来，连续几年都组织国际性的学术讨论会，这些研讨会事实上起到了对中国大陆地区年度台湾史学术回顾及其展望的作用，也能就此了解海外、台湾地区同行研究状况。2010年11月，台湾史研究中心在重庆举办了“纪念台湾光复65周年暨抗战史实学术研讨会”。来自海峡两岸、中国香港以及日本的90多位专家学者出席了本次大会，提交了64篇论文。本文主要以该学术讨论会

① 参见陈建樾《台湾“原住民”历史与政策研究》，社会科学文献出版社2009年版。

② 参见张泽洪《明清以来台湾移民中的关圣帝君信仰》，《江汉论坛》2009年3月。

③ 参见李诠林《试论近代以来台湾文学现代性发生过程中的文化保守主义思潮》，《福建师范大学学报》（哲学社会科学版）2009年第4期。

④ 参见范燕秋《2009年台湾史研究的回顾与展望》，《台湾史研究》第18卷第2期，2011年6月。

论文为基础，综合《台湾研究集刊》《台湾研究》以及其他分散在各个专业学术期刊上的台湾史论文，参考中国知网收集的各个大学硕士、博士论文，回顾 2010 年大陆地区台湾史研究成果及其新的进展。

随着海峡两岸学术交流的频繁，且台湾地区的台湾史研究最为丰富，本文也简略回顾岛内的研究状况。

（一）2010 年度台湾史研究回顾

为方便年度成果评析和讨论，本文将主要学术成果按照综合通史类，台湾政治、对外关系史，台湾经济史，台湾社会史，思想文化史进行分类介绍。

1. 综合通史类

在综合通史类著作上，2010 年有一些编撰成果出版。通史方面，由中国社科院张海鹏、陶文钊研究员主编、江苏凤凰出版社出版的《台湾简史》[①] 是该年度最为全面的一部台湾通史著作。该书是一部有关台湾历史的平实、客观的著作，全面反映台湾历史。简明的台湾通史性读物在大陆并不多见，有的也出版较早，不能反映近年来的历史发展。为了探讨台湾社会的发展轨迹，《台湾简史》借鉴已有的学术成果，在分析历史资料的基础上，对台湾历史，特别是近百年的历史做简明的概括与分析，探讨重大问题的成因，剖析台湾的发展走向。该书正确认识台湾历史，正确解释有关台湾历史的观点，使读者了解台湾历史的由来，认识台湾自古以来就是中国版图的一部分的历史事实，正确理解台湾和大陆都是中国的一部分，一个中国的领土和主权不容分割的历史依据，这对于在新的世纪里解决祖国统一问题将有帮助。

史料出版上，由厦门文史学者洪卜仁主编的《台湾光复前后（1943—1946）》[②]，是有关台湾光复前后那段时间较为详细的历史记录。该书分为上、下两篇，上篇收入 1943 年至 1945 年 10 月 25 日台湾光复前报纸刊载的文章和报道；下篇为光复后至 1946 年 12 月的报道与文章。并根据内容辑为若干类，每类按见报日期先后顺序排列。《台湾光复前后（1943—1946）》一书辑录了颇多珍贵的历史文献。该书对研究光复前后台湾历史具有参考

① 参见张海鹏、陶文钊主编《台湾简史》，凤凰出版社 2010 年版。

② 参见洪卜仁主编《台湾光复前后（1943—1946）》，厦门大学出版社 2010 年版。

价值，也可供一般读者阅读，可增强读者对台湾人民抗日斗争史、国民政府光复台湾史的了解。

在综合论文集上，由中国社会科学院台湾史研究中心主编的《日据时期台湾殖民地史学术研讨会论文集》出版。[①] 2009 年中国社会科学院台湾史研究中心在大连举办了“日据时期台湾殖民地史学术研讨会”，海峡两岸学者、日本学者等参加。

厦门大学李祖基教授的《台湾研究新跨越·历史研究》于 2010 年9 月出版。[②] 该书是台湾历史问题研究论文集，为李祖基教授历年对清代台湾史研究的梳理和总结。内容涉及从古地理学和考古学论大陆与台湾的地缘关系；明郑台湾天兴万年二县（州）辖境的再探讨；季麒光与清初台湾的妈祖信仰；刘铭传的台湾建省方案；清代台海两岸航行时间；光复初期招商局在台湾的接收与经营；1949 年招商局迁台述论等。

另外在台湾史的学术史研究上，也有些成果出现。厦门大学的曹曦发表《美国台湾史研究的新视角》[③] 一文，简略地介绍了美国台湾史研究状况。他认为美国的台湾史研究近年来取得了丰硕的成绩，出现了不少有分量的著作，其研究思路、分析方法具有一定的学术价值和鲜明特色，对于大陆台湾史研究亦有可借鉴之处。他以后殖民的解释体系、全球性与美国中心主义、跨学科综合性三个特征概括记述了美国近年来有影响的台湾史研究论文和著作。

由崔军伟、毛文君的《1990 年以来中国大陆的日据时期台湾史研究述评》[④] 一文则详细论述了 20 世纪 90 年代以来，中国大陆地区日据史的研究状况，并做了相应的学术评论。

2. 台湾政治、对外关系史

有关台湾政治、对外关系史研究依然是大陆台湾史研究的重点，大致可分三个部分：台湾人民抗日斗争及国民政府接收台湾；台湾本土政治运动；台湾的对外关系、两岸关系、法律地位等。

---

① 参见中国社会科学院台湾史研究中心主编《日据时期台湾殖民地史学术研讨会论文集》2010 年 11 月。

② 参见刘国深、李祖基《台湾研究新跨越·历史研究》，九州出版社 2010 年版。

③ 参见曹曦《美国台湾史研究的新视角》，《中国社会科学报》2010 年 5 月 18 日。

④ 参见崔军伟、毛文君《1990 年以来中国大陆的日据时期台湾史研究述评》，《抗日战争研究》2010 年第 4 期。

2010年11月，中国社会科学院台湾史研究中心在重庆举办的“纪念台湾光复65周年暨抗战史实学术研讨会”上，学者们集中发表了一系列文章。会后，2010年11月《红岩春秋》杂志刘志平根据会议召开情况，发表《台湾光复，有多少事情我们不知道？——访中国社会科学院台湾史研究中心主任张海鹏、中国海军航空工程学院海军史研究所教授苏小东》一文。文章认为，1895年割台，台湾民众在心理上产生了强烈的被抛弃感。一方面，日据50年间，日本对其进行殖民统治，台湾民众成了日本公民，但又不是真正的日本人，而是日本统治下的二等公民，政治上饱受屈辱。另一方面，日本把台湾作为自己的领地进行治理，这与其侵华后在中国大陆的政策不一样。台湾光复后，台湾民众想得最多的是，既摆脱日本殖民统治又能当家做主。因此抗战胜利后，台湾民众怀有摆脱日本统治和当家做主的双重喜悦与期待。但1945年，国民政府在接收台湾的过程中，台湾民众的这个诉求没有得到充分的重视和尊重。一是由于如前所述对战争胜利之快估计不足，因而准备工作不足；二是大陆政局未稳，国民政府应接不暇；三是主观上未曾把台湾民众的诉求纳入考虑中，这导致后来出现诸多矛盾和问题，包括“二二八事件”的发生。

2010年初，厦门大学陈在正教授发表《李友邦领导的台湾“三青团”与台湾光复》[①]，认为李友邦领导的台湾义勇队奉命组建的“三青团”，实际成为培养抗日、复台干部的组织，光复后又在台湾发展了大批“三青团员”，为光复初期维持台湾社会治安和协助接管做出了较大贡献。陈在正的文章揭开了纪念台湾光复65周年的序幕。

在台湾人民抗日方面，中国社会科学院台湾史研究中心王键教授的《日据时期台湾少数民族武装抗日斗争探析》[②]一文，是近年来少有的一篇针对台湾少数民族武装抗日斗争的研究。该文对台湾少数民族抗日过程进行深入探析，还原少数民族的诸多抗日事实。福建社会科学院许维勤的《抗战期间台湾同胞在福建等地的抗日活动》[③]，记述了台胞在福建的抗日活动。东北师范大学曲晓范的《刘永福与乙未台湾人民抗日保台斗争》[④]

① 参见陈在正《李友邦领导的台湾“三青团”与台湾光复》，《台湾研究集刊》2010年第1期。

② 纪念台湾光复65周年暨抗战史实学术研讨会论文，2010年11月。

③ 同上。

④ 同上。

一文，利用原始档案和当时报刊以及台湾出版的地方志文献等资料，对刘永福领导的1895年台湾人民抗日保台斗争进行了详细阐述。此外，江苏社会科学院的刘红林发表《抗日归宗——台湾人民的抗日民族解放运动》[①]一文，对台湾人民的抗日解放运动给予极大的肯定。

胡文生和徐博东的《试析甲午战争以来台湾民众民族国家意识的演变》[②]一文，主要探讨了台胞的抗日理念与“乡土意识”。论文重点对台胞在大陆所倡导的抗日理念进行了辨析，指出他们所讲的“台湾独立”，严格地说是限定于从日本殖民统治之下争取独立，而不是抽象的；同时，这种独立是与争取回归祖国相并列的，二者不可割裂。

在国民政府接受台湾方面，东华大学历史研究所廖大伟发表《关于国民政府准备收复台湾的几个问题》[③]一文，认为国民政府收复台湾的准备工作始于《开罗宣言》发表之后，在此之前虽已有收复的表示，但它只能算是一个目标。吉林大学东北亚研究院的陈景彦发表《抗战前后中国各界对台湾的关注与筹划收复台湾》一文，详细论述国民政府收复台湾的前前后后。中国社会科学院的褚静涛连续在媒体上发表《收复台湾辨析》(《抗日战争研究》2010年第4期)、《台湾光复的正义性与合法性》(《南京社会科学》2010年第1期)、《光复初期台湾群体性冲突事件述》(《江海学刊》2010年第2期)。这些文章首要目的就是要从命。

中国社会科学院台湾研究中心冯琳的《试论台湾光复前国民党对台胞民心的“接收”准备——以中央电台对台广播为中心的考察》[④]一文，指出台湾光复前，国民党当局在外交策略上做出了积极应对，而在接收准备上，特别是接收前对台胞民心的聚拢方面，表现得有些消极。由于缺乏调查研究和细致考虑，国民党对台宣传给人以大而无当、空而无物之感。国民党未能成功进行民心“接收”的准备，这是导致台湾光复后很快就浮现出种种危机的一个内在原因。

中国海军航空工程学院海军史研究所苏小东的《抗战胜利后中国海军接收台澎地区日本海军概述》[⑤]一文，则是近年来少有的谈论军事设施接

① 刘红林：《抗日归宗——台湾人民的抗日民族解放运动》，《台湾研究》2010年第3期。
② 纪念台湾光复65周年暨抗战史实学术研讨会论文，2010年11月。
③ 同上。
④ 同上。
⑤ 同上。

收情况的研究。他认为中国海军在台澎地区接收日本海军，不仅准备不足，而且受到海军领导机关重大改组的负面影响。他评价海军接收是在仓促中开始，在草草中结束。

国家民委的张崇根在《光复初期国民政府在台湾实行的民族政策(1945—1949)》① 一文中，论述了光复后国民政府在台湾的少数民族政策，指出台湾当局推行的各项政策，虽然对促进高山族地区生产、交通、教育的发展具有明显成效，但其“政策要求”是“山地平地化”，不免有强迫同化之嫌。随着时间流逝和山地开发的深入，“山地管理政策”无法阻止平地人进入山地，并造成了一系列社会问题。

再看台湾本土政治运动方面。

武汉大学邓文的《雷震与战后台湾社会运动》②是2010年度台湾史研究方面的博士论文。该博士论文以“台湾社会运动”为研讨对象，但关注点还是政治运动。邓文认为在第二次世界大战后台湾历史上，无论是对民主自由理念的推广，还是实际参与促进改革的社会政治运动，雷震都具有不可磨灭的贡献。他认为，综观雷震的一生，从20世纪40年代的“制宪运动家”，到20世纪50年代的民主自由启蒙运动家，再到20世纪60年代的“政党政治”运动家，雷震实为择善固执、舍身弃命于推展民主宪政的政治启蒙者和社会运动家。在战后台湾社会政治发展的脉络中，雷震扮演着承先启后的角色。他还认为，雷震一手创办的《自由中国》，以公共论坛的方式臧否时政，提出建言，成为台湾社会民主运动发展的源头之一。邓文的博士论文对大陆学界的雷震研究，以及1949年后台湾本土政治研究均有贡献。

华南师范大学历史文化学院左双文教授的《退台初期国民党高层人事纠纷几桩个案的再解读——侧重从陈诚的角度》③ 一文，解读了陈诚对蒋介石来台的态度与取代吴国桢职位前后的表现，讨论了王世杰案、吴国桢案、孙立人案等国民党高层人事纠纷的某些疑点和细节。

中国社会科学院近代史研究所杜继东的《红白之变：蔡孝干红白人生研究之三》一文，阐述了蔡孝干加入中国共产党后的红色生涯，以及在台

① 纪念台湾光复65周年暨抗战史实学术研讨会论文，2010年11月。

② 参见邓文《雷震与战后台湾社会运动》，博士学位论文，武汉大学，2010年。

③ 纪念台湾光复65周年暨抗战史实学术研讨会论文，2010年11月。

湾被国民党当局逮捕后背叛中共、由红变白的人生起伏历程。

蒋介石在台湾复任“总统”事件，不仅是蒋介石政治生涯中起死回生的一步，而且对当代台湾史与两岸关系也影响甚巨。浙江大学陈红民、傅敏《蒋介石 1950 年在台湾之“复职”研究》[①] 一文，通过对该事件的梳理、研究，旨在了解 1950 年初台湾政治的基本状况，蒋介石在国民党内进行政治斗争时的基本立场、心路历程与政治手段。

最后看台湾的对外关系、两岸关系、法律地位等方面。

战后日台关系、美台关系是本年度关注热点。中共中央党校国际战略研究中心林晓光与齐齐哈尔大学历史系周彦的《抗战后中（台）美日关系研究：以“吉田书简”、“日台和约”为中心》[②] 一文指出，谈判“日台和约”时，日本政府避重就轻、百般回避战争责任和赔偿义务；台湾为获得他国支持反攻大陆，为维护统治利益，在对日交涉过程中处处让步；他认为，“日台和约”并未宣布“国民政府”是中国唯一合法政府，也未明确日台正式建立“外交关系”，说明战后日本对华政策从一开始就隐含“一中一台”“两个中国”的图谋。

北华大学东亚中心郑毅的《日本对台外交策略研究——以“吉田书简”为中心》[③] 一文也认为，日本对华政策也在推行“一中一台”的“两个中国”的政策，日本对“台湾政权”的媾和是吉田茂推行等距离外交的一种策略，为同大陆改善关系留有余地。

福建省社会科学院历史研究所徐晓望在《台湾光复与钓鱼岛的法理回归》一文中，回顾了钓鱼岛的历史，指出明代福建省已经在有效地管理钓鱼岛列屿。清朝在台湾设立台湾府，钓鱼岛列屿划归台湾府管辖。甲午战争失利后，清朝被迫割让台湾，因而失去台湾省所辖钓鱼岛列屿的管理权。日本第二次世界大战失败后，钓鱼岛列屿在法理上已经回归中国。厦门大学蒋小波的《费正清的两岸关系论述及其台湾效应》[④]，是研究冷战时期美国的两岸政策的一篇文章，以费正清的学术论述为研究对象，较为新颖。蒋小波认为，美国在冷战时期，以费正清为代表的美国学术界以台湾

① 参见陈红民、傅敏《蒋介石 1950 年在台湾之“复职”研究》，《江海学刊》2010 年第 5 期。

② 纪念台湾光复 65 周年暨抗战史实学术研讨会论文，2010 年 11 月。

③ 同上。

④ 参见蒋小波《费正清的两岸关系论述及其台湾效应》，《台湾研究集刊》2011 年第 4 期。

作为研究中国的基地，且费正清也积极地介入两岸关系与台湾事务。他总结到，费正清的“大陆—台湾”论述可以分为三个时期：早期的“亲共”，中期的“反共”，与后期的“两岸共治”。他认为，费正清多变的面孔反映了美国不同时期基于美国国家利益而做出的对中国两岸政策的调整，而台湾对费正清体系的反应则体现了冷战时期西方同盟内部中心与边缘地区的矛盾，以及两种不同政治体制、不同文化之间的冲突。

厦门大学黄俊凌、郭小燕的《光复初期台湾善后救济分署业务经费问题之探析》① 一文，探讨了联合国救济总署台湾善后救济分署在光复初期的工作。该文取材新，以往光复初期的研究大多忽视救济总署的工作。台湾光复后，国民政府行政院善后救济总署台湾分署成立，负责台湾地区相关的善后救济工作。1945 年 11 月至 1947 年 5 月，台湾分署利用联合国提供的各类物资，广泛开展善后救济工作。文章写到，由于国民政府财政紧张，无法从财政预算中保证各地区善后救济的专项拨款，台湾分署陷入经费紧张的困境。为了解决业务经费问题，台湾分署不得不大量平售善后救济物资，但联合国善后救济总署驻台人员从赈济立场出发，对分署平售物资提出各种异议，双方产生争执。文章认为，从台湾分署业务经费的紧张状况、解决途径以及由此衍生的问题可以看出光复初期台湾善后救济业务开展的艰辛，也为全面评价台湾善后救济分署的工作提供了重要的参考。

另外，2010 年度，荷据、清代台湾政治、对外关系史的研究少。厦门大学陈忠纯的《张之洞“援外保台”思路演变及其与“台湾民主国”关系考论》② 继续讨论张之洞与台湾的关系，该文的观点与以往的张之洞研究多有不同。陈忠纯就相关史料与研究成果做了一番细致对照后，认为学界对于张之洞在反割台问题上所扮演角色的描述与评价，似有夸张、不实之处。他写道，乙未前后，张之洞主持南洋防务，多方设法，积极为抵制割台出谋划策，努力争取实现“援外保台”。张之洞及其亲信的反割台活动，引导并推动了台民反割台运动的兴起和发展，援外保台的路线和思路，也成为台民自主保台乃至成立“台湾民主国”的路线图。他认为，深谙仕途之道的张之洞注意与清廷保持一致，这制约了他对台民的支持。尤

① 参见黄俊凌、郭小燕《光复初期台湾善后救济分署业务经费问题之探析》，《台湾研究集刊》2010 第 1 期。

② 参见陈忠纯《张之洞“援外保台”思路演变及其与“台湾民主国”关系考论》，《台湾研究集刊》第 3 期。

其当台民成立“台湾民主国”，超出清廷所容许的界限，张之洞的表现十分矛盾，既想为台民掩饰，又不愿承担责任，最后为保其权位，主动放弃援台活动，未能为台民的反割台斗争做出更多的贡献。陈忠纯的另一篇文章——《报刊舆论与乙未反割台斗争研究——以〈申报〉为中心》[1] 仍然研究反割台斗争。《申报》站在台民和中华民族立场上，同情支持台民抗战，其言论着意于倡扬台民的“忠君保台”精神，为台民的自立及成立民主国辩护，声援台民的抗日保台斗争，并塑造、赞扬了刘永福保台护民的英雄形象，提出一些颇有见地的战略、战术建议，有力地反驳了《万国公报》等外报对台民抗战的污蔑和指责。特别是《申报》从台民英勇顽强的斗争中，看到了蕴藏在民众中的巨大潜力，预见此乃民族的希望。接受换约后，清廷上层对台湾问题集体失声，《申报》则成为大陆支持台湾抗日的舆论中坚。

厦门大学刘一彬的《清代福建乡试对台应试保障制度及其历史影响》[2] 是研究清代闽台关系的文章。文章认为，清代福建科举的地位在全国已相对有所下降，但仍然保持了科举大省的地位，乡试举额位于全国各省前列。清政府于康熙二十二年（1683）平定台湾后，台湾成为福建的一个府，在之后的200多年的时间里，台湾的科举考试完全按照福建省的规定执行。清政府为安抚孤悬海外的台湾士子，在福建乡试的中举名额中特为台湾士子设立了保障名额，并给予赴福建参加乡试的台湾士子以“官送”的待遇，而且在福州设立台湾试馆、会馆安置士子。福建乡试的对台优待办法促进了台湾士子更加热衷于渡海到福建参加乡试，增强了台湾士子对科举考试的向心力，从而有利于国家的统一和民族凝聚力的加强。

3. 台湾经济史

台湾经济史研究一直以来受大陆学者关注。2010年，中国社会科学院王键的《日据时期台湾米糖经济史研究》[3]（中国社会科学院台湾史研究丛书）为年度重要的台湾经济史著作。《日据时期台湾米糖经济史研究》一书以日据时期台湾米、糖两大农产品作为研究对象。从时间上看，跨越

---

① 参见陈忠纯《报刊舆论与乙未反割台斗争研究——以〈申报〉为中心》，《台湾研究集刊》，第2期。

② 参见刘一彬《清代福建乡试对台应试保障制度及其历史影响》，《台湾研究集刊》2010年第6期。

③ 参见王键《日据时期台湾米糖经济史研究》，凤凰出版社2010年版。

晚清与民国时期（1895—1945）；从研究对象上看，将稻米与砂糖的生产过程、商品性质及其在台湾殖民地经济史中的地位等作为描述与考察对象。在整个日据时期，米糖经济始终是台湾殖民地经济的中核，占有极其重要的地位。日据前期，在日本对外侵略扩张总政策下，台湾总督府先推行“工业日本、农业台湾”的殖民地经济政策。所谓“农业台湾”，就是大力发展台湾的米糖经济，使台湾成为向日本提供砂糖、稻米等农产品的最重要的产地。台湾米糖经济的发展，成为日据时期台湾殖民地经济发展的重要基础，不仅使日本殖民者稳固了对台湾社会的统治，也极大地支持了日本资本主义经济的发展。

台湾屏东科技大学客家文化产业研究所的曾纯纯在《台湾研究集刊》上发表《日据时期台湾香蕉产业与客家经济精英》[①] 一文。文章分析了日据时期台蕉出口及其发展状况，考察六堆客家商绅的发展过程及他们之间如何建立起蕉贸网络，并通过这些客家精英的生命史与蕉贸网络来重新解释香蕉产业的型构。另外，当时香蕉经济是项获利颇丰的新兴事业，客家精英纷纷“弃教（儒）从商”，重商思想和商绅阶层兴起，六堆客家人正式进入都市发展，从事海外贸易，而香蕉产品的商业化也促使客籍农民愿意承担风险提高植蕉面积与产量，带动了六堆地区整体发展，显见当时客家人在香蕉产业里具有举足轻重的地位。

中国社会科学院台湾史研究中心程朝云的《光复初期台湾化肥工业的接收与重建》[②] 一文是研究台湾工业经济史的前沿性选题。该文主要利用已出版的二档馆所藏台湾肥料有限公司的档案，对光复初期台湾化肥工业的接收和重建过程进行了梳理，并探讨该过程中所面临的问题，以及国民政府资源委员会和台湾省政当局对化肥工业发展的态度，从而对战后台湾化肥工业的发展有所了解。文章认为，由于原料、设备以及资金等问题，光复初期台湾化肥工业侧重于厂房、设备的修复，以及产能恢复等工作；更大规模的扩产计划，要等到 20 世纪 50 年代获得美援支持之后才能进行。光复初期的化肥工业接收与重建工作，为 20 世纪 50 年代至 20 世纪 60 年代的台湾化肥工业大发展奠定了基础。

---

① 参见曾纯纯《日据时期台湾香蕉产业与客家经济精英》，《台湾研究集刊》2010 年第 4 期。

② 纪念台湾光复 65 周年暨抗战史实学术研讨会论文，2010 年 11 月。

厦门大学郭小燕的《光复初期台湾肥料救济探析》[①] 一文就肥料问题，对光复初期的台湾经济有一番新的理解。第二次世界大战期间，台湾农业由于肥料匮乏导致农产品产量急剧下跌。光复后，台湾省行政长官公署一方面努力恢复台湾肥料工业的生产，但进展缓慢；另一方面向行政院善后救济总署申购了大批救济肥料，以满足台湾农业的需要。她认为，这批救济肥料基本解决了光复初期台湾的“肥荒”问题，提高了台湾农产品尤其是稻米的产量，但效果有限。

4. 台湾社会史

台湾社会史研究是近年兴起的研究方向，越来越受到大陆学者关注。其中，台湾移民研究、日据时期的台湾籍民问题备受关注。厦门大学陈小冲发表了《日据时期台湾移民问题初探》[②] 一文。认为，日据时期台湾的殖民地地位及殖民当局实施“将台湾拉开中国而与日本相结合”的两岸隔离政策，使得台湾的移民问题出现了新的时代特征，即从历史上自西往东的单向度移民，朝着多维方向移民的态势发展，且随着日本在台殖民统治的终结，移民群体又各归原位，重回起点。该文就台湾移民史上的特殊一页进行探索，为以往大陆学者研究所未有。

厦门大学黄俊凌的《战时期福建崇安县的台湾籍民——心态史视域下的考察》[③] 为研究台湾籍民问题的专著。该书运用心态史学的研究方法，从民国时期的档案出发，重点研究了抗战时期福建崇安县台湾籍民的聚居缘由，生产、生活状况及其心态变化。作者认为，“亚细亚孤儿”意识确实是存在的，崇安县的台湾籍民就是主要的历史原型，但他们多数人最终克服了迷惘、失落的“孤儿”心态，义无反顾地参加了台湾义勇队的抗日活动，并贡献了重要的力量。

南昌大学陈汉元的硕士论文《明清时期饶平客家人迁台及两地互动研究》[④] 则为一篇移民史论著。该文主要以清代饶平县为考察区域，以田野调查为基本的研究方法，通过利用历史学、人类学、社会学等学科的理论

① 参见郭小燕《光复初期台湾肥料救济探析》，《台湾研究集刊》2010年第6期。

② 参见陈小冲《日据时期台湾移民问题初探》，《台湾研究》2010年第2期。

③ 参见黄俊凌《战时期福建崇安县的台湾籍民——心态史视域下的考察》，九州出版社2010年版。

④ 参见陈汉元《明清时期饶平客家人迁台及两地互动研究》，硕士学位论文，南昌大学2010年。

与方法，充分利用田野调查所获民间文献，结合正史文献，探讨明清时期饶平人迁台的相关问题，试图勾勒出明清时期饶平人从原乡移居台湾及两岸互动较为完整的图景。并与相关的研究成果进行对话，从而丰富了粤东移民台湾史的研究，对明清时期广东地区移民台湾的研究具有学术意义和现实意义。文章认为，清代众多饶平人在台从事商贸活动。以“土地贫瘠”“生活艰苦”“环境恶劣”“谋生不易”“人地矛盾”等作为解释迁台的原因过于笼统。

中国政法大学人文学院历史研究所赵国辉的《日据时期在厦台湾籍民的司法管辖》① 一文，指出由于日本早就从中国获取了领事裁判权，并在甲午战后将其改写成单方权利，加之中国在法制建设方面的缺失，日据时期厦门对籍民的司法权完全操控于日本股掌之中。

中国社会科学院台湾史研究中心李理在《民众党及台湾人民的鸦片反对运动》② 一文中，指出台湾总督府素以渐禁制度为自豪，并在国际鸦片会议上进行宣传，但由于台湾民众党及台湾人民的反对，台湾鸦片问题不仅引起了日本政界关注，也由此进入国际视野，陷总督府于尴尬境地。总督府过去采取的渐禁政策，实际上是一种依赖自然力量的消极放任政策，对于吸者之瘾癖没有有效的治疗措施。鉴于台湾民众党与台湾民众的反对压力及反对运动已引起国际联盟关注，总督府开始推行对吸食者的矫治措施。

福建师范大学林立强的《日据时期台湾基督教的历史发展及其特点论析》③ 是年度仅有的一篇台湾宗教史的研究，将其放在社会史类别考察。该文详述台湾日据时期基督教生存和发展，日本统治者对台湾基督教的立场、态度及其施行的政策、法规等。厦门大学毛晓阳发表的《清代台湾宾兴的特色及其影响》则是一篇针对前人少有关注的台湾社会团体的研究。宾兴是明清时期为本地考生参加各级科举考试提供无偿路费、卷费资助的考试公益基金。作者考察，早在 1909 年，为配合日据殖民统治而编辑出版的《临时台湾旧惯调查会第一部调查第三回报告书：台湾私法》便已经提到了清代台湾的宾兴，书中把“宾兴馆”看作与儒学、书院、学会、乐

---

① 纪念台湾光复 65 周年暨抗战史实学术研讨会论文，2010 年 11 月。

② 同上。

③ 参见林立强《日据时期台湾基督教的历史发展及其特点论析》，《台湾研究》2010 年第 1 期。

会等并列的教育不动产。该文对宾兴这一社会组织的来龙去脉记叙详细，认为其对台湾民间公益习俗有很大影响。

5. 思想文化史

本文主要是为了方便对学术论文的评介，故而对文学史、台湾史观等做一并归类。

中国社会科学院台湾史研究中心赵一顺的《宋斐如抗日思想研究》[①]是大陆首次研究宋斐如抗日思想的文章。该文在前人研究宋斐如的基础上，以宋斐如先生生平著述为主要史料依据，就宋斐如先生的抗日言论做了较详细的介绍，并对其抗日思想进行总结评论。

厦门大学陈小冲发表《台湾与中华的交织：蒋渭水反殖民斗争之思想与实践——兼驳“台独史观”》[②] 一文，指出蒋渭水是日据时期台湾本地新一代知识分子的典型代表，经历总督府医学校、文化协会、民众党三个人生历史阶段，其反殖民斗争思想逐渐走向成熟，政治上定位于中间偏左派。在为争取台湾人政治权益而斗争的同时，蒋渭水身上还体现出广大台湾民众所具备的强烈的中华民族意识和抵制殖民同化政策的坚韧民族性格，历史的事实足以证明所谓日据时期台湾社会走向“脱中国化”的“台独史观”是多么的荒谬。

晚清著名的爱国诗人丘逢甲曾经写过一百首台湾竹枝词，现流传于世的仅存四十首。广州行政学院温朝霞的《丘逢甲台湾竹枝词的艺术价值探析》[③] 认为这些竹枝词熔叙事、抒情、议论于一炉，语言真挚朴实。在这些作品中，作者描写了台湾的史地风情，抒发自己的豪情壮志。作品虽以咏风土为主，但作者把题材范围扩大到咏怀史迹、针砭时弊等方面，从而寄托了作者爱乡、爱国的深情，艺术价值颇高。

厦门大学中文系徐纪阳发表了《赖和：鲁迅的精神镜像——〈过客〉、〈前进〉及其周边》[④]。文章认为，《前进》是台湾新文学初创期卓然鹤立于台湾文坛的优秀之作，深受鲁迅《野草》的影响，是赖和在与“湾文化协

① 纪念台湾光复65周年暨抗战史实学术研讨会论文，2010年11月。

② 参见陈小冲《台湾与中华的交织：蒋渭水反殖民斗争之思想与实践——兼驳“台独史观”》，《台湾研究集刊》2010年第2期。

③ 参见温朝霞《丘逢甲台湾竹枝词的艺术价值探析》，《黑龙江社会科学》2010年第2期。

④ 参见徐纪阳《赖和：鲁迅的精神镜像——〈过客〉、〈前进〉及其周边》，《台湾研究集刊》年第6期。

会”决裂之后苦闷与彷徨的产物。《前进》中弥漫着的与鲁迅《影的告别》《过客》等散文诗篇极为相似的情绪和气氛，正表明赖和与鲁迅思想的交集。

（二）2010年台湾地区台湾史研究简介

台湾中研院台湾史研究所、台湾政治大学台湾史研究所、台湾师范大学台湾史研究所，自2007年底开始，每年轮办“台湾史研究的回顾与展望”研讨会，回顾过去一年岛内外台湾史的研究现况，并由中研院台史所每年出版《台湾史研究文献类目》。2010年《台湾史研究文献类目》于2011年9月出版，执笔者是台史所研究人员林玉茹、林文凯、陈培丰、贺安娟、詹素娟等[①]。本年度收录书目包含专书303笔，论文641篇，学位论文247篇，合计1191笔。2011年12月，中研院举办2010年度“台湾史研究的回顾与展望”研讨会，发表主题文章多篇，主要涉及2010年度台湾地区台湾史研究成果的回顾，如近代政治、经济史、宗教史、教育史、原住民史、美术史、文学史、区域史等，十分详细。台湾地区的台湾史研究方兴未艾，成果丰富。限于篇幅，本文据简略介绍年度台湾史专业学术论文、专著的情况。

总体上来看，台湾地区的台湾史研究侧重于社会文化史研究，范围广泛，往往多学科交错；传统的政治、经济、文化史则注重比较研究，时间跨度大。

台湾师范大学范燕秋的《疫病、医学与殖民现代性》[②]一书，属于多学科交叉研究的著作。该书以传染病与医学方面的几个主题，贯通日据时期台湾医学史研究。全书涉及的范围甚广，包括殖民者日本人如何在台湾维持健康的优越性，台湾医师如何运用社会医学争取台湾人的政治权利，日本帝国中央掌控台湾殖民行政的动态，以及殖民地基层卫生行政的运作动态。

台湾中研院台湾史研究所谢国兴教授发表的《日治时期台湾的铁公路交通运输业——兼及与朝鲜的初步比较》[③]是一篇比较经济史方面的论文，

① 参见台湾史研究文献类目编辑小组编辑《台湾史研究文献类目》，“中央研究院”台湾史研究所，2011年版。

② 参见范燕秋《疫病、医学与殖民现代性》，稻乡出版社2010年版。

③ 参见谢国兴《日治时期台湾的铁公路交通运输业——兼及与朝鲜的初步比较》，载《日本资本主义与台湾·朝鲜——帝国主义下的经济变动》，台北：博扬文化事业公司2010年版，第257—324页。

对于研究日据时期台湾的经济基础建设不无裨益。中研院刘翠溶发表的《尘肺在台湾和中国大陆发生的情况及其意涵》[①] 也是一篇比较史的论文，探讨范围涉及公共卫生、医疗政策制定、医学史等多个领域的相关问题。"中央研究院"许雪姬的《在中国东北的台湾人，1908—1945》[②] 则是一篇地域跨度广、涉及人物多、时间长的论文。林玉茹的《从属与分立：十九世纪中叶台湾港口城市的双重贸易机制》[③]，中研院人文社会科学研究中心瞿宛文的《台湾战后工业化是殖民时期的延续吗？兼论战后第一代企业家的起源》[④]，吴玲青的《台湾米价变动与"台运"变迁之关联（1783—1850）》[⑤] 都属于涉及范围广的社会经济史研究。

（三）结论

2010 年，中国大陆的台湾史研究与以往相比，研究成果比较多，选题也多样化。但是，中国大陆学界主要关注的还是政治、经济、文化等大事件，对于微观社会史事件关注少。与岛内同行相比，大陆学者的台湾史研究范围还需拓展。

（汪小平）

2011 年度

相对于其他历史学科来说，台湾史学科的出现较晚，可谓后起新兴学科。台湾史研究有其独特性，即有一定的政治导向和现实效应。20 世纪五六十年代，应现实任务之需，曾出现一批文章，为解放台湾提供学术与舆

---

① 参见刘翠溶《尘肺在台湾和中国大陆发生的情况及其意涵》，《台湾史研究》第 17 卷第 4 期，2010 年 12 月。

② 参见许雪姬《在中国东北的台湾人，1908—1945》，载中国社会科学院台湾史研究中心编《日据时期台湾殖民地史学术研讨会论文集》，九州岛出版社 2010 年版，第 324—332 页。

③ 参见林玉茹《从属与分立：十九世纪中叶台湾港口城市的双重贸易机制》，《台湾史研究》17（2），2010 年 6 月。

④ 参见瞿宛文《台湾战后工业化是殖民时期的延续吗？兼论战后第一代企业家的起源》，《台湾史研究》17（2），2010 年 6 月。

⑤ 参见吴玲青《台湾米价变动与"台运"变迁之关联（1783—1850）》，《台湾史研究》17（1），2010 年 3 月。

论支持。后来，台湾史研究一度沉寂。其再次复兴及迅猛发展亦是在现实需要推动下实现的。从 1980 年厦门大学成立全国第一个台湾研究所，到 2002 年中国社会科学院台湾史研究中心和台湾史研究室成立，到今天有关台湾历史与现实研究的机构遍及各地，台湾史研究蔚然成风。如此快速发展，最大动因就是两岸关系与现实政治的需要。这是台湾史学科发展的独特之处。在这种情况下，如何既怀着现实关怀以提升研究的高度，又保持史学研究者论从史出的严谨，这似乎成为台湾史研究的至高境界。怀着对这种境界的向往，研究者们以自己的努力书写着或宏大或细微的台湾史，推动着这一学科的进步。台湾史学科 2011 年度成果（含 2010 年相关成果）主要有以下方面：

（一）清代台湾史研究

清代以前的台湾史研究因年代距离近代范畴较远，故略去不述。

康熙年间清廷收复台湾后，在台湾推行科举，童试和岁、科考皆在台地进行，而乡试则在福州举行。由于台湾刚刚归附清廷，为了笼络边地士子之心以收巩固边疆之效，朝廷特为台湾士子在福建乡试中设立专门保障名额。有学者围绕科举移民、台湾举人等题展开讨论。李祖基的《冒籍——清代台湾的科举移民》① 一文指出，清康熙中叶至嘉庆年间是闽粤两地向台湾移民的高峰期，这股移民潮中，有一批冒籍赴台参加科举考试的发展型移民。闽粤内地赴台的科举移民与其他地区的冒籍者不同，不少人在中试后并未返回原籍，而是定居台湾，为台湾的开发做出了贡献，反映了海峡两岸人民之间除了地缘、血缘的关系之外，在文化教育等方面也有极为密切的关系。

有关清代台湾进士的数量，此前学界研究有差异。黄典权、林文龙列有 31 人，汪毅夫列有 32 人，均未能尽台湾进士的全貌。毛晓阳通过文献考订，综合各家的统计标准，认为清代台湾进士总人数应是 33 人。从文献考订的过程看，相关进士名录、索引以及地方志等文献对清代台湾进士的记载均存在或多或少的缺憾。同时，据考订清代台湾进士的籍贯发现，有 17 名台湾进士的原籍是福建或广东相关州县，这与台湾社会的移民历

① 参见《厦门大学学报》（哲学社会科学版）2011 年第 1 期。

史相吻合。[①]

杨齐福在指出台湾举人积极参与各种文教活动，推动了台湾教育的发展，促进了当地文化的繁荣的同时，也指出台湾举人并非在各个时期都扮演着重要角色，并非在各种活动中皆发挥重要作用。尽管台湾举人在各种活动中均活跃，但其活动的阶段性或指向性特征却不明显，这反映了台湾士绅阶层成长的滞后，也凸显了台湾社会群体的脆弱。[②] 另外，刘一彬等人也撰写了相关文章[③]，论证清代福建乡试对台湾士子的向心力作用等问题。

大陆的书院自唐代到清代，存在一千多年的发展史。台湾的书院则肇始于清初，终结于清末，仅近二百年发展史。虽然历史较短，但台湾书院是在特定历史条件下产生的，在推进台湾社会文明进程中曾发挥过特别重要的作用。目前对台湾书院的研究，学界关注较少。张品端撰文探讨了清代台湾书院的特征及作用。[④]

大陆向台湾的人口流动是大陆学界关注较多的课题。除了上述李祖基有关科举移民的研究外，邓孔昭撰文讨论了女性移民。由于资料缺乏，女性移民的研究较少。一些研究中只是提到因清政府曾经奉行的禁止赴台者携眷的政策，导致清代台湾在某一时期某一地区出现了妇女稀少的状况，但很少深入。近年来，台湾岛内更流行着一种极端的说法，即所谓台湾“有唐山公无唐山妈”，表示台湾历史上只有大陆男性的移民，而没有女性的移民。这种说法的流行，固然是特定政治生态的产物。邓孔昭从清代实行禁止赴台者携眷政策的概况、官方查获“偷渡”案中的女性移民、族谱资料中的女性移民、女性移民与清代台湾人口性比例等几个方面的分析入手，指出清代向台湾的大陆移民中，性别比例的失调很有限。[⑤]

在清代台湾开发史的研究中，汉“番”土地关系已有不少人有过论证，而“熟番”社际的土地纠纷则为学界忽略。李凌霞指出“熟番”不同社群以守界名义争夺界外荒埔地权，此过程推动了清政府汉“番”隔离政

---

① 参见毛晓阳《清代台湾进士名录考订》，《集美大学学报》（哲学社会科学版）2011 年第 2 期。

② 参见杨齐福《台湾举人与清代台湾社会》，《中国边疆史地研究》2010 年第 4 期。

③ 参见刘一彬《试论清代福建乡试对台湾士子的向心力作用》，《学术论坛》2011 年第 1 期。

④ 参见张品端《清代台湾书院的特征及其作用》，《台湾研究》2011 年第 3 期。

⑤ 参见邓孔昭《试论清代台湾的女性移民》，《台湾研究集刊》2010 年第 5 期。

策的变化，促进了国家行政力量在原住民社会的深化，体现出中华民族多元一体格局在台湾实现的由经济而政治的历史逻辑。这对中华民族多元一体格局的形成是个很好的地方性注释。①

台湾电报的创办及割台后中日在闽台海底电报线所有权问题上的交涉，是此前学界研究的一个弱点。光绪三年（1877），福建巡抚丁日昌奏准设立台湾电报，并建成自台湾府城至旗后和安平的两条线路，总长九十五里。这是中国自己修建并由中国人掌管的第一条电报线，在中国邮电史上具有重大意义。台湾建省之后，首任巡抚刘铭传进行了一系列近代化建设，其中包括台湾电报的建设，敷设了闽台海底电报线。甲午战后，台湾被割让，李经方据理力争，拒绝了将闽台海底电报线移交给日本的无理要求。此后，中国与日本进行长达数年的交涉，最终迫于形势，不得不将闽台海底电报线让售于日本。李祖基的文章论述了这段历史。②

明治以降，日本对台湾素有觊觎之心。1895 年因甲午之败清廷被迫割让台湾予日，但台湾民众不甘屈服，对日本的抵抗延续不断。该议题是历来台湾史研究的一个重点。1895 年 5 月，清政府开始履行移交台湾的手续。在日军即将登陆台湾岛之际，以刘永福为代表的部分驻守台湾的清朝地方官员和将领拒绝内渡大陆，率领台湾人民掀起一场大规模抗日保岛运动。以往成果引用文献多集中于 20 世纪 50 年代由中国史学会编辑的《中日战争》资料丛刊等相关资料，较少使用第一历史档案馆资料、当时的报刊及台湾地区出版的地方志文献，为此，曲晓范试以上述三方面新史料为中心，对刘永福与乙未台湾抗日活动展开论述。指出，刘永福等人的抗争重挫了日军侵略气焰，阻滞和延缓了日本在台湾的殖民化进程，为祖国在 1945 年收回台湾主权创造了重要的历史条件。③

在民众武装斗争之外，报刊舆论也给予日本侵占台湾之举以打击。陈忠纯以《申报》为考察对象，指出换约接受后，清廷上层对台湾问题集体失声，《申报》成为大陆支持台湾抗日的舆论中坚。该报站在台民和中华

① 参见李凌霞《清代台湾原住民不同社群的地权争夺》，《厦门大学学报》（哲学社会科学版）2010 年第 6 期。

② 参见李祖基《晚清台湾电报的创办及割台后中日间之交涉》，《福建师范大学学报》（哲学社会科学版）2011 年第 4 期。

③ 参见曲晓范《刘永福与乙未台湾抗日保岛运动述评》，《东北师大学报》（哲学社会科学版）2011 年第 6 期。

民族立场，同情支持台民抗战，为台民的自立及成立民主国辩护，声援台民的抗日保台斗争，有力反驳了《万国公报》等外报对台民抗战的污蔑和指责。①

此外，著述方面，徐博东、黄志平出版了《丘逢甲传》（增订本），对旧版做了不少补充修正。

（二）日据时期台湾史

日据前期，为配合日本对外侵略扩张政策，台湾总督府推行“工业日本、农业台湾”的殖民地经济政策，大力发展台湾的米糖经济，使台湾成为向日本提供砂糖、稻米等农产品的重要产地。王键的专著《日据时期台湾米糖经济史研究（1895—1945）》于2010年出版。该书以日据时期台湾米糖两大农产品作为研究对象，将稻米与砂糖的生产过程、商品性质及其在台湾殖民地经济史中的地位等方面进行了考察。指出在整个日据时期，米糖经济始终是台湾殖民地经济的中核，占有极其重要的地位。台湾米糖经济的发展，成为日据时期台湾殖民地经济发展的重要基础，不仅使日本殖民者稳固了对台湾社会的统治，也极大地支持了日本资本主义经济的发展。

1895年台湾沦为日本殖民地，日本为顺利实施在台湾的统治，达到殖民目的，在台湾建立了总督专制制度，推行“警察政治”，并在教育等方面进行了一系列的整编。关于日本殖民者、台湾总督府如何在台施政，是大陆学界的一个研究焦点。

李理在《日据台湾时期警察对原住民的绥抚与镇压》一文指出，“警察政治”是日据台湾最显著的特征。随着平地警察制度的完备，日本殖民统治者在台湾“原住民”地区，实施了更为严格的“汉番隔离”政策，警察以外的普通人不能随意进入“番地”，“番地”除了“原住民”以外，只有日本人警察。所以，日本警察在台湾番地的前20年，是征服番地的讨伐者；而后30年，则扮演着番地文明进程的监督者，及原生态文化野蛮破坏者的双重身份。②

---

① 参见陈忠纯《报刊舆论与乙未反割台斗争研究——以《申报》为中心》，《台湾研究集刊》2011年第2期。

② 参见李理《日据台湾时期警察对原住民的绥抚与镇压》，《抗日战争研究》2010年第4期。

陈小冲则指出当日本殖民者来到台湾时，清代留存下来的旧教育体制书房与殖民者带来的新殖民地教育事业发生了碰撞。在此背景下，日本殖民者开展了全岛范围内的书房调查工作，对书房进行了全面整顿和收编，台湾教育开始了殖民地化的历史进程。虽然日本殖民者想在短时间内改变台湾人的受教育习惯是不可能的，日据后十年间传统书房在数量上仍然超过了公学校，但书房在 1922 年后日渐走向衰微。绝大多数的台湾人或迫于殖民统治高压，或缘于社会生存需要，被逐步纳入日本殖民地教育体制。日据时期台湾社会中书房的中华文化传承作用既客观存在，亦不可对其过于高估。①

关于日据台湾时期总督府的鸦片政策，李理指出，台湾人民自鸦片政策实施开始，就展开了大规模的反对运动。随着台湾民族民主运动性质的转变，出现了以民众党为中心，台湾各界的反对鸦片新吸食特许运动。此运动运用现代医学知识，并寻求国际联盟的支持，因此，对总督府鸦片政策的影响更加显著。②

推动日本居民移民台湾也是日据统治的手段之一。通过移民，既可改变台湾的人口比例，又可借助日本农业移民在台湾垦殖的经验，实现日本向南洋地区的深度扩张。台湾总督府主导下的日本移民分为官营移民和私营移民。所谓“官营农业移民”即指由总督府直接经营和统辖、在总督府指导的区域进行农林业的开垦等移民事业。王键撰文讨论了台湾总督府官营农业移民政策，指出总督府对台湾实施的“移民侵略”策略，是日本有计划、有组织、有步骤地侵略、同化台湾的一个重要组成部分。③

日据后期（1931—1945），台湾殖民地经济体系基本形成，台湾成为日本向中国东南沿海地区进行经济侵掠的重要基地。日本殖民者在台湾运用了较为隐蔽的侵掠方式，利用近代垄断企业对东南沿海进行经济掠夺。台湾总督府于 1936 年推动设立的台湾拓殖株式会社（简称台拓）就是此种企业的代表。王键发表的《抗战时期台湾拓殖株式会社对广东、海南的

---

① 参见陈小冲《日据初期台湾的书房调查及殖民地教育整编》，《台湾研究集刊》2010 年第 4 期。

② 参见李理《民众党及台湾人民的鸦片反对运动》，《广州大学学报》（社会科学版）2011 年 3 月。

③ 参见王键《日据时期台湾总督府官营农业移民政策初探》，中国近代社会史集刊第四辑：《近代中国社会流动与社会控制》，社会科学文献出版社 2010 年版。

经济侵掠》[①] 一文，指出日军占据广东、海南后，其经济侵掠的重点在于对广州、汕头等沿海地区近代工业的掠夺和物资的严格统制，以及对海南岛物产资源的开发。在此过程中，台拓起到极为重要的作用。台拓攫取了大量的经济资源，充当了日本侵华战争的经济帮凶，具有鲜明的殖民侵略性质。

在经济侵略之外，日本在台湾特意扶植了一批“亲日台人”，辜显荣是其中代表者。他不仅在日本侵台初，就充当侵台军队的“带路人”，且在其后的生涯中，始终积极为台湾总督府“治理”台湾出谋划策。辜显荣通过与中国上层政治人物的一系列面谈及信函联系等方式，竭力诱惑这些人物臣服日本。王键以辜显荣部分信函为切入点，揭示出中日近代关系史上一段特殊的博弈过程。[②]

2011 年是辛亥革命 100 周年。辛亥革命不但为中国推翻了封建统治，其革命浪潮也波及时在日本统治下的台湾，岛内掀起抗拒日本殖民者的一系列武装起义。2011 年 11 月 12 日，中国社会科学院台湾史研究中心与台湾民主自治同盟中央宣传部举办了“孙中山与台湾学术研讨会”。配合纪念议题，有关辛亥革命影响下的台湾革命及其思潮的讨论有所升温。除上述研讨会及其他有关学术会议中发表的尚待出版的有关论文外，陈名实有文指出，清朝割台后，台湾民众在认同清朝的基础上自发进行武装抗日斗争。同盟会成立后，受民主革命思想影响，隐存于台湾民间的反清复明思想逐步演化成汉族反满复仇、共和抗日、光复回归的民族革命思潮。辛亥革命的爆发，使台湾民众受到鼓舞，一些台湾革命志士参加辛亥革命，并在中华民国成立后回台湾发动抗日起义，谋求光复台湾、回归中华民国，把台湾抗日光复思潮推向新的阶段。[③] 林泉、张春英等人亦有相关文章。[④]

民族国家认同的异化与分裂是当前台湾社会所面临的最大危机，也是影响两岸最终走向统一的主要障碍之一。目前台湾民众在民族国家认同问题上为何会发生严重混淆，结合台湾特定的历史发展阶段及政治结构演变

① 参见《近代史研究》2011 年第 2 期。

② 参见王键《辜显荣在近代中日关系史上充当的角色——以辜显荣的部分信函为例》，《大连大学学报》2011 年第 5 期。

③ 参见陈名实《辛亥革命与台湾抗日光复思潮》，《东南学术》2011 年第 2 期。

④ 参见林泉《辛亥革命与台湾同胞祖国认同意识的历史记忆》，《台湾研究》2011 年第 4 期；张春英《辛亥革命——海峡两岸同胞百年共同奋起的历史动力》，《台湾研究》2011 年第 4 期。

来进行深入探讨，找出其中的根源，对于重新导正台湾民众的民族国家认同，消解“台独”势力的社会民意基础，并最终达成两岸的和平统一，具有重大的理论与现实意义。胡文生、徐博东的文章[①]便着力于此。

此外，还有对《风月报》等汉文报刊的研究、对日据时期台湾与福建的帆船航运的研究等。日据末期殖民政府废禁汉文栏后，《风月报》这一综合性的汉文文艺志因其通俗性残存，它的存在本身就具有重要意义。[②]日据台湾后，中国沿海地区与台湾之间的关系日益薄弱，台湾的基隆等港口繁荣不再。[③]

（三）关于光复的研究和光复初期历史

台湾岛及其周边岛屿（如钓鱼岛等）的历史归属与主权回归是关涉其法理定位的问题，虽属历史研究范畴却具重大现实意义。徐晓望指出，明清朝廷与琉球中山国早就存在传统边界。清朝在台湾设立台湾府，钓鱼岛列屿划归台湾府管辖。康熙五十九年（1720），徐葆光等人出使琉球，与琉球方面谈及琉球领土问题。后综合双方的意见，出版《中山传信录》，确定了琉球国的范围，也划定了清朝与琉球的边界。据此边界划定，钓鱼岛列屿归属中国。甲午战后，清朝被迫割让台湾，失去对台湾省管理的钓鱼岛列屿的管理权。日本第二次世界大战失败后，钓鱼岛列屿在法理上已回归中国。一些学者观点的不当，在于他们有意无意地忽略了琉球与福州之间的密切关系，从而忽略了琉球与福州之间早就形成的疆界，这一疆界不只是自然疆界，而且是具有法律意义上的国家之间的疆界。[④]

关于收复台湾的法理意义以及对某些国际舆论的驳斥，褚静涛的《收复台湾辨析》（《抗日战争研究》2010 年第 4 期）指出，台湾光复不是领土割让（cession），而是收复失地（regain of lost territory），是恢复历史性权利（restitution in the right），是对战败的侵略者进行制裁。这是现代国际法实践中领土变动的方式之一，不是基于旧国际法上的战胜国权利制度。

---

① 参见胡文生、徐博东《甲午战争以来台湾民众民族国家意识的演变》，《台湾研究》2011 年第 1 期。

② 参见王琨、张羽《日据末期〈风月报〉作者群笔下的大陆地景研究》，《台湾研究集刊》2011 年第 1 期。

③ 参见［日］松浦章撰《日据时期台湾与福建的帆船航运》，卞凤奎译，《海交史研究》2010 年第 1 期。

④ 参见徐晓望《台湾光复与钓鱼岛列屿的法理回归 》，《东南学术》2011 年第 2 期。

“台湾地位未定论”试图在国际法上造成一种幻觉，似乎台湾不是中国的领土。但是，回顾其出笼的经过，不难发现，它完全是美国出于政治、军事需要的某一阶段对华政策的产物。

关于国民党收复台湾的准备工作，以往研究多侧重制度层面或国民政府的措施作为方面。冯琳则通过考察“中央电台”对台广播，论证了国民党在宣传过程中对台湾民众心理的忽视。她指出，台湾光复前，国民党当局在外交策略上做出了积极应对，而在接收准备，特别是接收前对台胞民心的聚拢方面，表现得有些消极。由于缺乏调查研究和细致考虑，国民党对台宣传给人以大而无当、空而无物之感。国民党未能成功进行民心“接收”的准备，这是导致台湾光复后很快就浮现出种种危机的一个内在原因。[①]

陈仪作为受命全面负责台湾接收事宜的官员，在光复时期台湾史的研究中备受重视。他之所以担当此重任，自有其过人之处，并非完全昏庸无道，然而光复后的台湾却出现了一系列问题，并爆发了影响至今的“二二八事件”。其中虽有些无法避免的客观原因，却也有陈仪等执政者处理不当的主观因素。关于陈仪的施政与主张向来是学界争议的焦点。邓孔昭对于学界以往对陈仪接收台湾后所搞“文化重建”提出不同看法。认为：作为台湾光复后祖国政府委派的第一任行政首长，“文化重建”是陈仪理所当然应该要做的一项工作；“文化重建”的失败有多方面原因，不应只责难政策本身；当时台湾民众的不满，或者说造成“二二八事件”爆发的原因，基本上和“文化重建”没有太大关联。[②]

日本占据台湾50年，建立了完整的统治体系，扶植了一批亲日派，民众思想经同化教育也发生了变化。光复后，国民政府前往接收，在制度、人事、思想的冲突中发生了一系列问题，这些问题一直被学界关注着。杨荣庆以罗宗洛、陈仪之争为中心，对国民政府对台北帝国大学接收及改制的困境进行了考察，指出光复初期，负责台湾接收的陈仪“根绝奴化的旧心理，建设革命的心理”的教育诉求，与衔国民政府教育部之命接收台北帝国大学罗宗洛的大学“行政自主、学术独立”的主张差距巨大，最后演化为二人的意气之争。面对压力和困境，罗宗洛无力化解，被迫离

① 参见冯琳《台湾光复前国民党对台胞的宣传及其缺失》，《抗日战争研究》2011年第1期。
② 参见邓孔昭《陈仪与台湾光复初期的文化重建》，《台湾研究集刊》2011年第1期。

台。台湾大学的改制及发展亦举步维艰，几乎停滞。① 在该文看来，陈仪的作为对于台湾文教事业的发展是有负面作用的。

关于光复后不久的“二二八事件”，陈名实指出它使台湾民众的民族精神与本土意识产生了更化：光复时，民族精神与本土意识高度融合，表现出空前一致的民族与国家认同；“二二八事件”后，台湾人民的本土意识空前膨胀，民族精神失去主导地位。②

陈蕴茜则指出与“二二八事件”相关联的另一因素，那就是国民党虽然在台湾宣传孙中山的三民主义，但并未真正实践国父遗教，特别是民生主义。孙中山逝世后，在国民党宣传下，“孙中山”成为国民党与国家的政治象征。为战后收复台湾、获得民心，国民党强化孙中山与收复台湾之间的逻辑联系，强调用孙中山的心理建设消除日本殖民统治的影响。光复后，国民党沿用大陆的宣传方式，全面推广孙中山崇拜，使其成为尽人皆知的国家象征，一定程度上加速了台湾与大陆之间的一体化进程。但国民党在台对国父遗教的宣传与大陆同出一辙，流于形式，未能完全获得统治合法性，因民生问题而引发“二二八事件”，一定程度上削弱了孙中山崇拜的积极影响。

刘凌斌考察了光复初福建对于台湾的人才支持问题，指出此时闽台两省人事关系的密切程度超过历史上的任何时期，主要表现为福建为台湾培养和输送了大量的行政干部、师资力量以及各行各业的专业技术人才，为台湾光复后社会经济的恢复和各项建设事业的发展做出了重要的贡献，也为这一时期闽台关系的恢复和发展以及各个层面的交流奠定了坚实的基础。③

经济方面，台湾光复初期遭遇了粮食、肥料短缺等实际问题，有文进行了讨论。曾磊磊指出，光复后台湾粮食匮乏程度不如大陆严重，但价格高涨，对习于配给而又极少经历粮荒的台湾民众来说，形成巨大的心理震撼和生活压力。台湾省行政长官公署先是沿用日据时期的食粮配给制度，

① 参见杨荣庆《光复初期国民政府对台北帝国大学接收及改制的困境——以罗宗洛、陈仪之争为中心的考察》，《台湾研究集刊》2011 年第 1 期。

② 参见陈名实《台湾光复前后民众民族精神与本土意识的更化》，《泉州师范学院学报》2011 年 5 月。

③ 参见刘凌斌《光复初期（1945—1949）闽台两省人事关系初探》，《抗日战争研究》2010 年第 5 期。

后放弃配给制度，允许粮食自由流通，但采取各种措施加以控制。与此同时，政府积极洽购粮食和肥料，试图增加粮产缓解粮荒。长官公署的种种措施有利于缓解粮荒。[①] 郭小燕指出，第二次世界大战期间，台湾农业由于肥料匮乏导致农产品产量急剧下跌。光复后，台湾省行政长官公署一方面努力恢复台湾肥料工业的生产，另一方面向行政院善后救济总署申购了大批救济肥料，以满足台湾农业的需要。长官公署特设台湾省肥料运销委员会负责救济肥料的配销工作，但在配售肥料过程中受到了联合国善后救济总署驻台人员的质疑。这批救济肥料基本解决了光复初期台湾的“肥荒”问题，提高了台湾农产品尤其是稻米的产量，但效果有限。[②] 渠占辉的文章则探讨了台湾光复后国民政府对在台日本人产业的接收与处理问题。[③]

自 1945 年台湾光复到 1949 年底国民党撤退至台是一特殊历史时期。杂志《台湾文化》（1946. 9. 15—1950. 12. 1）的生存岁月恰好介于光复伊始的去除日本殖民文化和 20 世纪 50 年代的“色素文学”之间，张羽以该杂志为中心，探讨了光复初期台湾知识分子文化认同问题。指出，1945 年至 1949 年的台湾文化是台湾知识分子在遭受殖民统治后，踏上追寻祖国文化回归之路的重要阶段。[④] 此外，对于去殖民性进程中的战后初期台湾文学[⑤]等问题，也有人撰文。

（四）国民党退台后的台湾史

一般而言，中国近代史的下限是 1949 年，此后中国开始了新民主主义时期。但由于 1949 年国民党败退台湾，将所谓行政体系和党体系带到台湾，两岸对峙。1949 年以后的台湾史虽属现代史范畴，却有一定特殊性。鉴于这种特殊性，许多台湾史研究机构都没有明确的时段定位，而只是有重点的侧重。近代史所台湾史研究室的研究对象的下限也有别于其他研究室，研究范围延伸至两蒋时期（1945—1988）及李登辉时期（1988—

① 参见曾磊磊《试述光复初期台湾粮荒及政府之对策》，《台湾研究集刊》2011 年第 1 期。

② 参见郭小燕《光复初期台湾肥料救济探析》，《台湾研究集刊》2010 年第 6 期。

③ 参见渠占辉《台湾光复后国民政府对在台日本人产业的接收与处理》，《历史教学》2010 年第 22 期。

④ 参见张羽《光复初期台湾知识分子文化认同问题研究——以杂志〈台湾文化〉为中心》，《台湾研究》2011 年第 1 期。

⑤ 参见黄万华《去殖民性进程中的战后初期台湾文学》，《台湾研究集刊》2011 年第 1 期。

2000)。因之，本文亦对 1949 年以后的台湾史研究做一简略报告。

20 世纪 40 年代后期到 20 世纪 50 年代初，国民党从预见失败命运到被迫接受失败，心路历程颇为艰苦。退台初期，国民党进行了一系列改革和重建，包括对全党的改造等，意欲吸取教训，获得新生。为固守最后一块反共基地，国民党对民众的争取可谓用心良苦。他们倡导“群众路线”，进行土改，改善渔民、盐工、山胞等贫苦民众的生活状况。在谋求新生的改造运动中不但规定农工应占新党员的半数之多，还设法发动各种民众运动，提出为民服务、为民除害，发起社会调查。种种措施的实行意图在于另起炉灶，在以前边缘化的统治区域站稳脚跟，赢得民众，建立所谓的模范区和复兴基地。然而，此时的举措仍有很多局限性，国民党“群众路线”所行不远，与民众之间仍有距离，在台湾根基的稳固尚不能实现。① 冯琳还指出，宣传失败是中国国民党在大陆失败的因素之一，退台后，吸取教训以免重蹈覆辙的倾向在国民党的宣传工作的多个方面得到体现。由于这些努力，这时期的宣传有了“迈出门去”的态势，但所行不远。②

关于美国与台湾地区的关系，汪小平从美国的远东战略出发，分析其在 1950 年前后的对台政策，揭示“太平洋公约”问题的来龙去脉以及各方所想所需。③ 1949 年国民党政权在大陆垮台，蒋氏梦想创建一个地区性“反共军事联盟”——所谓远东的北大西洋公约组织来增强台湾、韩国和菲律宾的合作。但美国政府并不仅仅坐等尘埃落定，而是积极致力于暗中破坏蒋介石的努力，多边军事联盟胎死腹中。学界既存有关冷战时期蒋介石的军事和外交战略研究重心几乎完全集中于蒋氏与美国利益的绑结，有文章指出，实际上，蒋介石与美国也存在深度互不信任和矛盾冲突。美国破坏蒋介石倡建地区军事合作的努力即是具体实例。④ 冷战时期，以费正清为代表的美国学术界以台湾作为研究中国的基地，并积极介入两岸关系与台湾事务。蒋小波撰文指出，费正清的“大陆—台湾”论述从“亲共”

① 参见冯琳《另起炉灶：国民党退台初期向下扎根的尝试》，《当代中国史研究》2011 年第 5 期。

② 参见冯琳《迈出门去：中国国民党迁台后的宣传工作（1950—1952）》，韩国《亚洲研究》第 13 辑，2011 年 5 月。

③ 参见汪小平《构想同盟：1950 年前后远东“太平洋公约”问题与美国对台政策》，《中国社会科学院近代史研究所青年学术论坛 · 2009 年卷》，社会科学文献出版社 2011 年版。

④ 参见 Steven Phillips、郭书愚《“远东的北约”：国民党与区域军事合作》，《社会科学研究》2010 年第 6 期。

到“反共”又到“两岸共治”，反映了美国不同时期基于自身国家利益而做出的对中国两岸政策的调整，台湾对费正清体系的反应则体现了冷战时期西方同盟内部中心与边缘地区的矛盾，及不同政治体制、不同文化的冲突。①

国民党退台后，面临很多困难，美国的援助为其渡过难关提供了助力。这些援助既是抗日战争和解放战争时期美国对华援助的延续，又是冷战形势下美国从遏制共产主义的全球战略出发把台湾当作特殊的反共基地的结果。虽然海内外学术界对美援问题做了一些研究，但主要着眼于经济援助，对军事援助未做全面系统的探讨。杜继东撰文指出，美国对台军援持续时间长，一直未中断，且援助力度大于经援。在此过程中，并非获得援助的一方单方面受益。美国的军援加强了国民党军队的实力，稳固了台湾当局的统治地位。同时，通过援助，美国获得了台湾这个可靠的远东军事基地，从而有效地节省了美国的国防成本。因军援和军援停止后的军售而形成的美国与台湾之间的特殊关系，对中美关系和海峡两岸关系都造成了重大的影响。② 此外，战后美国对台湾的教育援助亦是被前人忽略的部分。事实上，该项援助内容广泛，涉及职业教育、侨生教育、科学教育等方面，影响波及经济、政治、文化诸领域。曹曦撰文指出，通过教育援助，美国实现了对战后台湾社会的改造。③

在美国的推动下，台湾地区完成了所谓的“民主转型”。沈惠平指出，本质上，台湾地区所谓的民主政治是一种植入性、依附性甚至是功利性的民主。就台湾本身而言，其民主是在美国压力之下强加进来、不得不为的结果，因此也可以说是一种依附于美国的民主。从美国来讲，压迫和扶持台湾实现民主化转型，更多的是为了其“和平演变”中国大陆的目的。换言之，美国之所以不遗余力地推动台湾的民主进程，其真实意图在于台湾可以作为“和平演变”中国大陆的跳板与前沿。在这样的背景之下，台湾地区民主化进程中存在的问题和局限如“选举政治”、统“独”纷争等，可以得到更深刻的解读。

第二次世界大战后尤其是偏安台湾时期，蒋介石始终坚持反“台独”

① 参见蒋小波《费正清的两岸关系论述及其台湾效应》，《台湾研究集刊》2011年第4期。

② 参见杜继东《20世纪50—60年代美国对台湾的军事援助》，《广东社会科学》2011年第3期。

③ 参见曹曦《论战后（1951—1965）美国对台教育援助》，《学术探索》2011年第3期。

立场，不仅对岛内外“台独”组织及其活动严厉打击，且对日本政府及右翼政客支持“台独”的行径加以谴责，对其策动台湾当局“台独”的建议予以拒绝。这是“台独”势力在此期间未能坐大和“两个中国”“一中一台”图谋未能得逞的重要原因之一。孙立祥的《蒋介石的反“台独”立场述论》（《史学集刊》2011 年第 2 期）对此进行了论述。

关于当代台湾史和台湾现实的文章很多，限于篇幅，不能一一介绍。随着两岸学术交流的增多和资料开放程度的提高，虽有“台独”分子为一定政治意图而篡改历史、曲解历史，但也应看到，不少两岸学者多了对对方理性的观察，出现了更多尊重史实与史料的著述。同时，大陆出版社出版台湾学者著作，台湾的出版社出版大陆学者著作，也成为寻常之事。如李理的《教育改造及改造教育——教育部审订高中台湾史课程纲要及教科书研究》和《另一视角看台湾史》，2010 年由台湾海峡学术出版社出版。

（五）跨时段的成果及“台湾学”研究

本年度，张海鹏出版《书生议政：中国近现代史学者看台湾的历史与现实》（九州出版社 2011 年版）一书，收录了 20 年来他所撰写的与台湾问题相关的一些文章。作者 1992 年 5 月，赴台出席黄兴与近代中国学术讨论会，突破了大陆学者赴台的禁忌。从此，两岸学术界来往频密，展开了广泛的学术交流。作者本人也开始发表与台湾近代历史以及与台湾现实问题相关的文章。本集所收录的文章，多在大陆和台湾两地发表，体现了一个有深度现实关怀的学者对于台湾史的见解。

2010 年 10 月，《台湾简史》由凤凰出版社出版。该书为中国社会科学院重大课题“台湾历史研究”的阶段性成果。课题由张海鹏、陶文钊主持，2011 年 11 月结项。《台湾历史研究》课题的最终成果——《台湾史稿》从台湾古代史写起，延至 2008 年止，约 90 万字，计划于 2012 年上半年付梓出版。大陆曾有陈孔立主编的《台湾历史纲要》等台湾通史类著作，虽代表了当时大陆学界台湾史研究水平，但随着年代推进有待于修正补充，更需要新的著作来推进学科的发展。《台湾史稿》的出版将成为台湾史学科一个标志性事件。

跨时段的成果中还有关于台湾历史地位的考察。如陈婷撰文指出，宋元时期，中国开始在台湾设置政治机构和军事驻防。明代台澎地区成为中国重要的海防前沿。清政府在台湾设省后，台湾有了更快发展，但在中日甲午战争之后，台湾被割让给日本。民国时期，中国依据《开罗宣言》《波茨坦公告》及《日本无条件投降书》收回了对台湾的主权。台湾是中国的一部分，是历史延续下来的事实，也是早已确定的国际法规范。[①] 当然，此类文章梳理史料之效大于其突破性。

2004 年陈孔立推出《台湾学导论》（台北：博扬文化事业公司 2011 年版）一书，首创“台湾学”一词，目的是将台湾学创设为一门学科体系，曾被称为台湾问题学术研究上的里程碑。然而，抑或与此书尚未在大陆出版有关，抑或因为推出时日尚短，迄今并未在大陆引起巨大的学术反应。上年度有人撰文讨论“台湾学”，提出如要总结近代以来中国历史的特殊经验作为民族今后发展路向的提示，并供两岸取长补短，以造福人民，就需要“台湾学”的长久、系统的研究。“台湾学”必然是一种跨学科的综合研究；具有科际整合特点和强烈“政治”旨趣的“文化研究”，可作为“台湾学”的重要研究方法之一。[②] 该文能否激起学术争鸣，能否产生对“台湾学”的推动作用，尚未可知。

（冯　琳）

---

① 参见陈婷《台湾地位的历史考察 》，《湖南师范大学社会科学学报》2011 年第 5 期。

② 参见朱双一《论“台湾学”的建立及其研究方法》，《厦门大学学报》（哲学社会科学版）2010 年第 6 期。

第十章

中日关系史

2009 年度

（一）中国方面的研究

1. 日本侵华研究

关于日本侵华，有两个方面的研究引人注意：一是宗教与日本侵华政策关系的研究；二是财阀与日本侵华政策关系的研究。

先说第一个研究。王海燕的《日本侵华战争中的国家神道》（载《抗日战争研究》第 1 期），全面和深入地阐释了日本国家神道在日本侵华战争中产生的作用。作者认为：在日本历史发展进程中，神道曾对民族文化的发展以及吸收外来文化有过积极的作用。但在明治维新以后，国家神道却成了近代天皇国家的统治工具，不仅起到控制日本国民的作用，而且还为日本极端国家主义、军国主义的形成提供了思想基础。尤其是在侵华战争中，国家神道作为日本殖民地统治的手段还发挥了精神侵略的作用。作者叙述了日本在中国建立神社的过程，并深入分析了日本在中国广泛设立神社的战略意图：一是利用神道的“众神镇护”进行经济掠夺；二是以“肇国大精神”同化中国人的思想意识；三是强化在华日本人对天皇的忠诚；四是把神社作为占领中国领土的标识，具有很强的军事侵略性质。该研究给人的启示是，日本对中国的侵略不仅是军事侵略，也是思想文化侵略。其实，日本利用宗教进行侵略，也包括了对国家神道以外宗教的利用。徐炳三的《日本基督教会战争责任初探》（载《抗日战争研究》第 1 期），详尽地探讨了日本是如何利用基督教会为侵略战争服务的。作者认为，1931—1945 年侵华战争期间，日本基督教会积极鼓吹侵略扩张理论，为日本军事行动服务，协助日军控制沦陷区的中国基督教会，从而配合了日本军国主义的侵略行为。虽然日本基督教会政治态度的形成有很多客观原因，但其行为给中国人民带来了巨大伤害，因此它的战争责任是不可推卸的。王柯的《日本侵华战争与“回教工作”》（载《历史研究》5 期），则探讨日本是如何利用回教为侵华战争服务的。作者指出：中日战争开始后不久，日本的战争决策机关即做出推进“回教工作”的决定。之后，日本开展了一系列活动，包括在穆斯林居住地区建立特务机构，拉拢回族军阀，成立受日本特务机关指挥的各种“回教”组织。这些工作无一不是为侵略战争服务的。作者还认为，尽管日本的“回教工作”并未取得预期结果，但值得深思的是日本为什么会产生利用“回教工作”为侵略战争服务的念头，那就是企图利用宗教来分裂中国，以此削弱中国的抗日力量。

再说第二个研究。一般来说，战争的发生与经济利益相关，而日本的对外侵略战争，在很大程度上也是为了满足日本财阀的利益需要。坂本雅子的《日本财阀和帝国主义——以三井物产株式会社为例》（载《抗日战争研究》第 2 期），是通过个案研究来说明日本财阀与战争的关系。作者认为：日本侵略中国，根源在于资本主义时代的资本主义本能和利益关系。在阐明三井财团直接参与侵华战争的过程后，作者说明文章的立意是：“笔者并非主张三井物产株式会社这家公司特别地具有侵略性，或该公司员工特别贪婪、残暴。而是要通过资本主义自身具有的法则性、本能性的本质指出，为什么最‘绅士’的企业活动却挑起经济侵略，寻求战争，最后成为战争犯罪的同谋。”该研究给人的启示是，日本发动的侵略战争与日本财阀的利益密切相关。李宗远的《中日债务——析战前日本财阀对华经济侵略》（载《抗日战争研究》第 2 期），是从中日债务关系方面来分析日本财阀与侵略战争的关系。他引用美国政府在日本战败后所说的：所有日本财阀都是军国主义者，正是由于财阀的存在，才使日本的对外侵略战争和征服有灰飞烟灭的可能。文章具体地分析了中日债务的产生、中日债务的性质、南京国民政府整理中日债务及措施、日本财阀对中日债务的强硬态度等。该研究的意义仍在于说明日本发动侵华战争与经济利益之间的关系。戴建兵、申玉山的《日本对华经济战中被忽视的一面——日本在华公债研究（1931—1945）》（载《抗日战争研究》第 2 期），则是以沦陷区日本公债为研究对象，从一个方面说明日本的军事侵略与经济侵略之间的关系。该研究分析了日本在华推行公债政策的目的、日本公债政策演变的过程、日伪公债的种类及特点以及日本公债给中国造成的巨大经济损失。

除了上述两个方面的研究之外，关于日军侵华罪行的研究有两篇文章值得注意。一是陈致远、朱清如的《历史档案记录的常德石公桥和镇德桥的鼠疫之研究》（载《抗日战争研究》第 1 期），该研究利用了中国第二历史档案馆、中央档案馆、湖南省档案馆的原始档案以及苏联与日本披露的史料，并对应口碑史料，十分详尽地描述了 1941 年日军在常德地区播撒细菌致使当地疫情流行的过程，以及国民政府防疫部门对制止疫情蔓延所采取的措施。二是张生的《南京大屠杀受害者 PTSD 初步研究》（载《抗日战争研究》第 4 期），作者提出：对于战争造成的“软性”“隐性”伤害，第二次世界大战时就引起关注，现在国际学术界用正式定义的 PTSD（创伤后应激障碍）加以概括。南京大屠杀期间，日军营造的极度恐怖环境，是受害者 PTSD 广泛产生的客观环境。受害者的 PTSD 症候表现为因惊恐而失去行为能力、精神失常陷于歇斯底里状态，记忆、情绪失控和自杀等。这种情况不仅较多地反映在直接受到日军残害的中国人身上，也反映到目睹暴行的旁观者身上，曾经救助过中国难民的美国人魏特林最终自杀，就是典型的事例。该研究的价值在于，第一次运用了跨学科的方法来研究南京大屠杀的历史。

还有一个研究，虽然没有直接描述日本的侵华政策及其实施，却是研究发生在日本侵华战争期间与战争相关的一段史实，即关于沈阳盟军战俘集中营的研究。该研究有两篇文章。一篇是杨竞的《奉天盟军战俘集中营考略》（载《历史研究》第 1 期），作者考证了奉天盟军战俘集中营设立和运行的全部过程，认为，该集中营是日军“以战养战”战时策略的典型，以高死亡率、高度专业性和高官战俘在押为特征，突出反映了当时日军所设集中营的历史状况和特殊的历史目的。它是对日军践踏国际准则、违反人道主义原则和所犯战争罪行的见证。该研究的价值在于作者披露了一个鲜为人知的史实，为人们全面了解太平洋战争提供了一个视角。另一篇是焦润明、王铁军的《日军“奉天俘虏收容所”的信函检查与对美情报收集》（载《历史研究》第 5 期），作者通过对吉林省档案馆所藏《第三次战俘通信检查报告》的分析，考证了日军试图通过对英美战俘的邮件和信函检查来获取美国的相关情报。文章披露，尽管战俘家属的信函均经过了美国审查，但日本仍然从这些信函中获取了不少有价值的情报，其中包括美国国内战争动员及宣传的情报、美国民众战争态度的情报、美国国内拥军及参战动向情报、美国发行战时国债与大规模回收战略物资的情报、战争状态下美国国民经济生活的情报、美国部分科技与商业的情报、盟军战机型号与种类以及美军空袭作战方式的情报、美军俘虏敌军人数及对俘虏政策的情报等。

2. 中国抗战研究

（1）政治、军事、外交方面的研究

关于中国共产党与根据地的研究，有如下文章值得注意。首先是占善钦的《论抗战后期中国共产党政权诉求的演变》（载《抗日战争研究》第3期）。以往的相关研究，多数是围绕着中国共产党联合政府的主张而展开，少有研究中国共产党建立独立政府的预筹。该文作者则提出：抗战后期，国共两党的力量、作用和影响等出现了明显有利于中国共产党的变化，于是中国共产党开始向国民党提出分配中央政府权力的要求。在联合政府主张之外，中国共产党确曾对组建独立政府进行了充分的酝酿和准备。虽然这种政权诉求与联合政府的主张有不同的特点、影响和利弊，但都是否定国民党一党专政的国家，是相互配合、互相支持的关系。中国共产党经过一番取舍，最终对两种诉求进行融合，使联合政府主张增添了具有指导性的组建独立政府的内容，成为新民主主义政权的重要探索。该文的价值在于，合乎逻辑地描述了中国共产党在民族民主革命中的党派利益，及这种利益对民族民主革命不同时期政策制定的影响。

其次是于化民的《淮北抗日根据地纠正淮中、泗阳两案述评》，该文利用了邓子恢未刊文稿和其他多种史料，翔实地叙述了淮北根据地的整风问题。作者提出：受延安的“抢救运动”的影响，1943年淮北根据地在运动中出现了两起重大冤案，即“淮中案件”和“泗阳案件”，在办案过程中出现了“错判形势、混淆敌我”“违反党的组织原则”“采取逼供信”“主观主义的思维方式”等错误，致使千余人受冤。直到延安纠偏之后，淮北根据地才重新审查两案，拯救了受冤者。该文的价值在于，它披露了整风运动后期的“抢救运动”不仅在延安造成危害，还祸及其他抗日根据地。

再次是欧阳湘的《中国共产党领导的抗日根据地援用国民政府法律问题论析》（载《抗日战争研究》第3期）。作者明确指出，在抗日战争的特殊历史条件下，共产党领导的抗日根据地曾援用过国民政府法律。但对相关总是不能简单化。从制定法的规定看，根据地援引国民政府法律的方式有多种，有的限于抽象的政策宣示，有的可操作性较强。各根据地之间则呈现区域差异；从纵向看，援用的总体趋势是逐渐减少，并且，这些援用的实效与根据地的司法环境有密切关系。该研究的价值在于，从一个方面反映了抗日战争时期国共两党之间、边区政府与国民政府之间复杂的历史关系。

关于军事方面的研究，王建国的《新四军“发展华中”考辨》（载《抗日战争研究》第 1 期）引人关注。关于新四军发展方向问题，学界历来有所争论，而该研究是一家之言。作者认为，当时的“华中”是指长江以北、陇海路以南的苏、皖、鄂、豫地区。新四军成立之初，毛泽东对苏浙皖交界特别是皖南的战略地位十分关注，而对“华中”重视不够。中共六届六中全会确定了“巩固华北、发展华中”的战略，并且成立了中原局，但由于战略判断失误，在相当长的时间内，并没有就“发展华中”采取得力措施。周恩来的皖南之行对新四军在江南的发展起到了很大作用，但对“发展华中”影响有限。1939 年 11 月以后，中共中央决心解决“发展华中”问题，但项英、陈毅分别主张重点发展皖南及江南，在抽调新四军主力部队问题上，与中共中央存在严重分歧，致使毛泽东一度打算以八路军作为“发展华中”的主力。直到 1940 年 6 月，为了解救江北被围困的新四军，陈毅才最终决定率领江南新四军主力渡江。中共中央“发展华中”的战略最终得以贯彻。该研究的价值在于，作者比较客观而准确地描述了“发展华中”战略从制定到最终得到实施的详细过程。

关于国际关系与外交方面的研究，有以下文章值得注意。

一是邓野的《日苏中立条约在中国的争议及其政治延伸》（载《近代史研究》第 6 期）。关于 1941 年的日苏中立条约，学界的评价经历了从肯定到否定的一个过程，而此篇文章认为，由于当时中国国内形势与国外形势的复杂性，仍然很难根据某一个方面的立场，做出完全肯定或完全否定的结论。作者着重分析该条约在中国产生的影响，提出：该条约一方面对苏联有利，一方面又对日本有利，这种双重性反映在中国则是一方面对共产党有利，另一方面则是对国民党不利。基于这些原因，该条约当时在中国引发了巨大的政治争议。中共全力支持，国民党强烈不满，而一般社会舆论则首先质疑苏联的对华政策，继而又质疑中国共产党的民族性。作者还具体地分析了条约如何对中国共产党有利，认为苏联的安全可保持它对中国发言地位，从而制止国民党的反共政策。作者还进而以晋南战役时期国共两党的政治较量来说明日苏中立条约对中国国内政治的影响。而作者结论认为：“政治是现实的，民族情绪可以对政治构成强烈的冲击与影响，但并不构成最终的决定因素。”该研究的价值在于，它比较全面而客观地反映出日苏中立条约对中国国内政治变化的影响。

二是王建朗的《信任的流失：从蒋介石日记看抗战后期的中美关系》（载《近代史研究》第3期）。该研究的最大特色是充分利用了披露时间并不长久的蒋介石日记。作者认为：蒋介石日记所展示的抗战后期中美之间的矛盾与冲突，其严重性大大超过人们以往的认识。蒋日记反映出，他对美国先欧后亚战略指导下的优先选择问题严重不满，并认为美国有称霸远东的企图，担心日后中国将与其争夺亚洲领导权。对于开罗会议，日记反映出来的是蒋介石的态度远不像以往人们认为的那样积极，导致中国对会议及会议中的会晤采取了低姿态。在史迪威事件中，蒋认为美国在军事上要以史迪威取而代之，政治上则以孙科取而代之。这种判断在一定程度上影响着蒋处理史迪威事件的态度，甚至在蒋史冲突激烈的时候，蒋曾一度考虑辞职。该文的价值在于，它使人们比较真实地了解到抗日战争时期中美关系的另外一面，即冲突与矛盾的一面。

三是鹿锡俊的《蒋介石与1935年中日关系的转折》（载《近代史研究》第3期）。作者主要依据蒋介石档案、中国国民党中央政治会议速记录和日本外交文书等史料，论述了1935年蒋介石和国民政府的对日对苏政策的多重性问题。作者认为：对处于复杂的互动作用中的中日苏三角关系及蒋介石的战略做出片面的理解，是日本发动华北事变的重大原因。蒋介石对事变的应对曾从正反两个方面运用了苏联因素，并尝试以“共同防苏”换取日本对华政策的改善。但日本对之提出了难以接受的条件，最终迫使蒋介石和国民政府的联苏政策，而对日则不惧应战。导致这一转折的决定性外因，是日苏两国在中国主权、政权问题上的不同姿态。该研究与以往研究不同的特色是，研究对象不是双边而是多边的，而只有通过多边研究，才能更深入地描述出三方互相牵制对史事发展产生的影响。

（2）经济与社会方面的研究

关于经济研究，有如下文章值得关注。

一是薛毅的《抗日战争与中国工业近代化》（载《抗日战争研究》第2期）。早在几年前，就有人从现代化的视角来考察抗日战争的历史，此篇仍是以现代化为研究视角。作者认为，近代中国历史的主题之一，就是完成工业革命，使中国由农业社会转型为工业社会，实现国家现代化。文章考察了在抗日战争特殊时代中国工业发展的概况，最后结论认为，抗日战争时期中国工业的发展有如下主要特征：一是建立起比较完整、独立性较强的工业体系，具有争取民族经济独立的重大意义；二是改变了近代中国工业结构不合理的局面；三是发展西部工业，改变了中国工业不平衡格局；四是建立一批新兴工业；五是改变了地方经济分割的局面，形成了国家资本占主导地位的体制；六是在中国第一次建立起具有独立性的工业体系；七是重工业的比重大大增加；八是技术水平明显提高；九是培养了一批具有现代化意识的工矿企业生产技术和管理人员。该研究的新意在于，比较全面而客观地判断了抗日战争对中国现代化进程的影响。

二是刘国武的《抗战时期的湖南工矿业》（载《抗日战争研究》第2期）。该研究也是以现代化为视角，具体地考察了湖南在战时工矿业的发展，结论认为，抗战时期湖南工矿业的迅速发展，不仅对抗战起了重要作用，而且奠定了湖南工业发展的基础，加快了湖南社会的演进。其表现特征：一是改变了战前湖南工业布局不合理的局面和湖南原有的工业结构，形成了两大工业区；二是在经营上出现了一批省营或官商全营的企业公司，在企业管理上，工程师制渐渐取代了封建的工头制；三是注重科技进步，实现了科研与生产的初步结合；四是加快了湖南社会的转型，不仅形成了新的工商业中心，现代化的观念也逐渐深入人心，促成了人们社会生活方式的改变。

三是林星的《抗战内迁与沿海省份内地城市的现代化——以福建为个案》（载《抗日战争研究》第2期）。该研究从战时内迁考察入手，具体地分析了内迁对内地城市现代化的影响。作者认为，不仅沿海向西南地区的内迁对中国现代化产生了影响，沿海向本省的内迁也对现代化产生了影响。作者具体地考察了福建的本省战时内迁，结论认为，本省内迁促成了新中心城市的兴起；推动了内地城市工商业的发展；提高了内地城市的文化教育水平；加快了内地城市的市政建设；改变了内地城市的城市体系。这种变化可以总结为："抗战直接改变了城市现代化进程的格局，在不同区域的政治、经济、文化、教育、生活方式等各个层面呈现出多元化发展趋向……促进了原本落后地区的发展，城市现代也从此迈开了步伐。"

除了以现代化视角做研究外，还有如下研究具体、有新意。一是张晓辉的《抗战时期国民政府驻港企业研究（1937—1941）》（载《抗日战争研究》第2期）。作者认为，抗战前期，香港是中国与西方保持经贸联系的最重要据点，国民政府所属的金融、外贸、运输等企业纷纷在此设立分支机构，使香港成为抗战经济的一个中心。直到太平洋战争爆发，这些企业对调剂金融、沟通外贸、购入军需物资、粉碎敌人经济封锁等方面做出了重要贡献。该研究的价值在于弥补了战时经济研究的一个缺失。二是王晋林的《抗战时陕甘宁边区的私营工业》（载《抗日战争研究》第1期）。该研究的价值在于它比较全面地论述了陕甘宁边区私营工业建立发展的过程、中国共产党对其政策的制定、边区私营工业的性质、其内部的劳资关系等。

关于社会研究，有如下文章引人关注。一是张志永的《华北抗日根据地妇女运动与婚外性关系》（载《抗日战争研究》第1期）。作者依据档案、报刊等多种资料，具体地考察了华北抗日根据地妇女运动的一个方面，提出这样的观点：战时“华北农村妇女中普遍存在的婚外性关系现象，形成了一个迥异于一般农村妇女的婚外性关系群体，她们在一定程度上叛离了‘三从四德’等传统道德规范，具有勇敢、能干等群体特点，易于参加中共革命运动，尤其是妇女解放运动初期发挥了先锋和带头作用。然而，婚外性关系毕竟是社会病态和革命对象之一，故在妇女运动普遍开展起来后，这个特殊妇女群体迅速分化，大部分成为革命者，其余则被革命淘汰”。这虽然是一家之言，但也为人们观察抗日根据地妇女运动提供了一个新鲜视角。二是雷甲平的《抗日战争时期陕甘宁边区的主要社会问题及其治理》（载《抗日战争研究》第1期）。作者较多地利用陕西省档案馆档案、报刊及未刊资料，全面地考察了陕甘宁边区的社会问题，包括婚姻及妇女问题、烟毒问题、匪患问题、“二流子”问题等。虽然这些问题已有一些文章专门述及，但把这些问题综合起来进行考察尚属首次，其意义也在于使人们对边区生存环境及中国共产党改造环境做出的努力有了比较系统的了解。

（3）文化思想方面的研究

关于文艺作品及其政治关联的研究，有两篇文章值得注意。一是孔刘辉的《天有病，人知否？——〈野百合花〉事件从解放区到国统区》（载《抗日战争研究》第3期）。关于《野百合花》事件及王实味冤案，以往有过很多研究，但这一事件对国统区产生了什么影响却少有人关注。此文恰恰是考察了这个问题。作者认为，范文澜在延安批判《野百合花》被反共分子利用的时候，实际上国民党当时还未注意到这一事件，而正是范文澜的文章和延安大规模的批判运动，才引起了国民党有关当局的注意，并利用这一事件来宣传延安的“黑暗”，最终王实味被处死，中国共产党相关机构及其领导人固然有不可推卸的责任，而国民党的大肆宣传客观上也起到了推波助澜的作用。该文的价值在于纠正了这一事件发生后延安的批判与事件最终结果之间的因果关系。二是柴怡赟的《〈野玫瑰〉风波的再解读》(载《抗日战争研究》第 3 期)。该研究考察了抗战中期由话剧作品《野玫瑰》引起的国共两党在意识形态方面的纷争。作者认为这种纷争既有基于意识形态而对作品解读的不同，也有国共两党争夺话剧世界控制权的斗争。该研究的意义在于，从对文艺作品的评判，展示了即使是在全民族一致对外抗战的背景下，不同意识形态之间的冲突也不仅是难免的，有时还会很激烈。

3. 战争遗留问题研究

关于战争遗留问题的研究，虽然从数量上比前些年少了许多，但一些深层次的思考，却把研究渐渐推向了深入。值得注意的有以下两篇文章。一是徐秀丽的《欧洲经验对解决中日历史问题的启示及其局限》(载《抗日战争研究》第 2 期)。作者认为，有过战争经历的国家进行共同历史研究、共同编写历史教书，以达成历史共识与和解，促进和平友好关系的重建，这在欧洲有着较长的历史，而在亚洲，这种共同研究起步却比较晚。因此，许多欧洲的经验可以借鉴。文章分析了欧洲历史问题和东亚历史问题的相似性，认为无论是在欧洲还是在东亚，历史问题与现实问题都有着极强的关系，即解决历史问题有利于维护和平和稳定，符合相关国家的当前利益和长远利益。这是共同研究之所以可能的现实基础。可以借鉴的欧洲的经验：一是政府采取相对超然的立场；二是历史共识从直接参与的学者弥散到学术界，进而影响公众；三是列出最有争议的论点发展讨论，允许差异和分歧的存在；四是呈现作为多面体的双方关系。同时，文章也分析了中日历史问题与欧洲历史问题存在着巨大的差异：一是中日战争结束时的政治局势非常复杂，未能解决的问题遗留较多；二是日本方面对战争责任的认识不够彻底；三是从历史上看，“欧洲认同”强于“亚洲认同”；四是开始进行共同历史研究的时机与环境不同。而这些不同，又使得欧洲的经验在解决中日历史问题时存在局限。这些比较，对现在正在进行的中日政府间和民间的共同历史研究有较大的参考意义。二是刘燕军的《南京大屠杀的历史记忆 (1937—1985)》(载《抗日战争研究》第 4 期)。该研究脱离了对南京大屠杀的历史陈述，而是以文化现象的视角，对事件之后，尤其是中华人民共和国成立后人们对于这段历史的记忆变化为研究对象。作者提出，新中国成立之后，南京大屠杀被作为日本侵华战争暴行的象征而存留于人们的记忆，但是，在东西方冷战格局的影响下，对南京大屠杀的记忆又受到政治需要的影响，曾先后与“反对美帝国主义”“揭露国民党的腐朽统治”“中日友好”等现实政治相连接，使得记忆被误导变得扭曲。而到了20世纪80年代，由于日本历史教科书事件的出现，南京大屠杀事件再次成为舆论的中心，在中国政府和民间的双重推动下，南京建立了纪念馆和纪念碑，南京大屠杀的记忆得以向更深层次延伸。作者最后提出：“如何借鉴以往的经验，克服概念化、空洞化和抽象化的倾向，仍然是我们面临的重要任务。”该研究的价值在于，从一个方面阐释了历史与现实总是有着密不可分和千丝万缕的关系，而准确地还原历史的真实面目，则必须克服实用主义的影响。

（二）日本方面的研究

2009年日本的中日关系史研究，具有以下几个特点。

第一，从整个东亚的角度出发，摆脱一国历史研究的束缚，进行全方位的研究，依然处于人气上升之中。这不仅和东亚地理、历史和文化的连带关系有关，也和明治维新以来日本对东亚的侵略扩张有关，更和日本的全球化、区域合作的深入讨论有关。

笼谷直人、胁村孝平主编的《帝国和亚洲网络》（帝国とアジアネットワーク），由世界思想社出版，该书把18世纪到20世纪初的历史时段，作为“长期的19世纪”来进行总体研究，把东亚和南亚结合起来，进行综合的多角度特别是经济史的分析，饶有新意。

有志舍出版的由深谷克己主编的《东亚的政治文化与近代》（東アジアの政治文化と近代）一书，也是试图从东亚的全体来探讨民族、国家、法律的变迁。其中，山田贤的《“民族主义”的记忆和“秘密结社”》，讨论了中国近代史上民族意识的形成和秘密结社的关系，熊达云的《近代中日两国法律近代化过程的比较》，讨论了日本法律近代化的成功及其对中国的影响，角度新颖独特。

第二，对近代中日关系早期的历史给予了更多的关注。

到现在为止的中日关系史研究，多着眼于近代中后期的研究，对于早期的中日关系，特别是中日近代外交关系的确立，不太关注。阎立的《清末中国的对日政策和日语认识》(清末中国の対日政策と日本語認識),由东方书店出版,该书探讨了19世纪60—70年代的中日关系,从日语使用的角度,分析了《中日修好条规》的成立,以及驻日使馆官员在日语使用、翻译中出现的各种问题。

冈本隆司、川岛真主编的《中国近代外交的胎动》(中国近代外交の胎動),由东京大学出版会出版,该书以19世纪后半期为中心,分为“夷务”时代、“洋务”时代、“外务”时代三大部分,探讨了近代中国外交的演变。其中有两篇讨论了《中日修好条规》。森田吉彦的《日清关系的转换和中日修好条规》,探讨了中日近代外交关系建立的经过和《中日修好条规》的文本。五百旗头薰的《邻国日本的近代化》,讨论了《中日修好条规》在日本外交史上的地位,值得重视。

第三,20世纪30年代到1945年的留学生史研究受到瞩目。

近年来日本的留学生史研究是以神奈川大学为中心展开的。大里浩秋、孙安石主编的《从留学生派遣看近代中日关系史》(留学生派遣からみた近代日中関係史),由御茶水书房出版,该书收集了有关日本人的中国留学论文3篇,中国人的日本留学论文6篇,除了探讨日本陆军和外务省派遣留学生来中国学习中文、收集情报之外,四位作者还分别对战争期间,“满洲国”(刘振生)、华北敌占区(川岛真)、内蒙古(祁建民)、汪伪政府(三好章)的留学生派遣,进行了具体的探讨分析,这些所谓的“留学”,当然都是在日本主导下进行的,其目的是培养亲日派,但不少人后来走向抗日前线和投入革命阵营,起到了相反的效果,也是留学生史上不可忽视的一页。

第四,包括抗日战争在内的中日政治对立和军事冲突以及与其相关的历史认识问题,依然是热点中的热点。

松冈环主编的《战场之城　南京》(戦場の街　南京)由社会评论社出版,该书收集了加害者和被害者双方的证言,很值得参考。

《历史学研究》杂志,在第849号上推出了慰安妇研究特集,总结了慰安妇审判的经过及其意义,使我们对于慰安妇问题审判的来龙去脉,有了一个更清晰的认识。

斋藤道彦主编的《日中关系史的诸问题》(日中関係史の諸問題),由中央大学出版部出版。其中,李廷江探讨了19世纪80年代李鸿章对日本矿山技师的招聘,深町英夫总结了对当时日本各方对蒋介石新生活运动的看法，吉见义明利用美国马里兰大学收藏的资料，探讨了 1945 年到 1949 年日本人的中国观，土田哲夫探讨了中国的对日宣战问题，鹿锡俊探讨了战后国民党政府对日本技术人员的留用，都有可圈可点之处。

书中的斋藤道彦的《历史认识和现实认识》一文，总体回顾了历史认识问题的形成和发展过程，及其与现实的复杂关系，值得参考。但因为没有具体展开，加上带有强烈的个人感情倾向，脱离了历史研究的基本常规，立论很难具有说服力。

东京大学出版会出版了由刘杰、川岛真主编的《1945 年的历史认识》，该书集中追溯 1945 年前后的历史，就战争结束时中日所面临的种种问题，如蒋介石政府的对日对应、留日学生的归国、日本人撤退问题、留用和残留日本人问题、历史认识问题的演变等，进行了日中学术对话的有益尝试。

有志舍出版了菊池一隆的《中国抗日军事史》（中国抗日軍事史），全面论述了 1937 年到 1945 年的抗日军事史，是第一部从中国角度论述中国抗日战争的军事通史。

安富步、深尾叶子主编的《“满洲”的成立》（「満洲」の成立），由名古屋大学出版会出版，该书重视生态学角度的考察，讨论了“满洲国”的社会、宗教、权力的变化及其与生态的互动关系，特别是伴随着一部分森林的消失所形成的东北近代空间，其中特别对由铁道、马车和大豆组成的新的“县城经济”，进行了详细分析，值得参考。

樱井良树的《辛亥革命和日本政治的变动》（辛亥革命と日本政治の変動）由岩波书店出版，探讨了日本外务省和陆军对辛亥革命的反应，并指出清末民初日本在介入中国内政的同时，对日本的内政外交也产生了很大影响。

除此以外，几本论文集也值得关注。

贵志俊彦、深町英夫、谷垣真理子编著的《近代中日关系的摸索》（模索する近代日中関係），由东京大学出版会出版，该书从人的交流、知识的传播、外交交涉等各个角度，探讨了近代以来到 1931 年的中日关系，它是 2007 年 11 月 3—4 日在东京大学驹场校区举行的国际学术讨论会“清末中华民国初期的日中关系史——协调和对立的时代 1840—1931 年”的论文集。

金丸裕一主编的《近代中国和企业・文化・国家》（近代中国と企

業・文化・国家)，由人文书房出版，该书探讨了近代日本在中国大陆特别是在上海以及在台湾的政治、经济活动和中日文化关系。该书是立命馆大学社会系统研究所丛书的第一种。

高纲博文的《"国际都市"上海中的日本人》(「国際都市」上海のなかの日本人)，由研文出版社出版，探讨了近代日本人在上海的活动、上海的居留民社会、企业、租界，以及战败后日本人的撤退。

川岛真等人编著的《日台关系史》，由东京大学出版会出版，虽然讨论的是1945 年到2008 年的日台关系，但是其中对日本在台湾50 年殖民统治的回顾，有一定的参考价值。

(荣维木　高士华)

2010 年度

(一) 中国方面的研究

1. 中日共同历史研究

2010 年中日关系史研究中，最具看点的莫过于中日两国学者对始自2006 年底的中日历史共同研究的评价。2010 年 1 月，中日两国各 10 位学者组成的中日共同历史研究委员会在经过 3 年多的共同研究之后，宣布中日历史问题的第一阶段研究工作结束，并公布了研究报告。一时之间，国内外学界、媒体对中日历史共同研究给予了高度关注。《抗日战争研究》编辑部邀请了部分中日共同历史研究委员会的部分中方委员、国内著名的专家学者，就中日共同历史研究及其报告以笔谈的形式发表意见。步平、何理、胡德坤、李文海、林晓光、王建朗、王晓秋、徐建新、杨奎松、臧运祜、章百家、张海鹏等，在《笔谈：中日共同历史研究》(《抗日战争研究》2010 年第 1 期) 一文中，分别就什么是历史问题，中日两国历史认识的分歧点何在，历史认识的分歧能否解决，以及如何解决中日两国历史认识的分歧等问题，提出了各自的观点，普遍认为"中日共同历史研究是回答上述问题的一次尝试"，"迈出了解决中日历史问题的第一步"，肯定了中日共同历史研究工作所取得的成绩。

中日共同历史研究第一阶段的工作虽然结束，但中日共同历史研究所要解决的历史任务并未完全解决；中日共同历史研究虽就不少中日历史问题达成了一致，或基本一致的观点，但仍有一些分歧和问题，需要继续或进一步开展共同历史研究。为此，《抗日战争研究》编辑部邀请中日共同历史研究委员会的中日两国委员，以及共同历史研究委员会聘请的外部执笔者、对中日共同历史研究感兴趣的国内外专家学者，继续就中日共同历史研究本身及其遗留的历史问题发表对谈文章。《抗日战争研究》2010 年第 4 期，组织了两组 4 篇文章，首先就中日共同历史研究中的南京大屠杀问题继续进行探讨。一组是中日共同历史研究中负责撰写南京大屠杀部分的中方外部执笔者张连红的《如何记忆南京大屠杀——中日共同历史研究中的学术对话》一文，以及与之相对的是共同研究中负责撰写南京大屠杀的日方委员庄司润一郎的《“日中历史共同研究”之回顾——以南京事件为主体》一文。两文的作者均为中日共同历史研究的参加者，且都负责南京大屠杀部分的撰写工作，虽在会场上时有争执，在学术观点上也不尽相同，但在南京大屠杀的研究中均能站在客观公正的立场上进行学术对话与交流。前述两文与其说是对中日共同历史研究中讨论南京大屠杀问题的回顾，不如说是研究南京大屠杀问题的继续“检讨”。

另一组文章分别是任教美国的华人学者杨大庆的《国际历史对话与南京大屠杀研究》，以及长期关注和研究南京大屠杀问题的日本专家笠原十九司的《日中历史共同研究与南京大屠杀论争在日本的终结》。两文的作者虽非中日共同历史研究的参加者，但一直以来关注南京大屠杀问题，关注中日共同历史研究的进展，他们通过分析中日共同研究中“南京大屠杀”研究情况和结论，感到了中国学者在这方面研究的长足进步和客观立场。杨大庆以第二次世界大战后德法两国关于历史问题的对话为例，指出进一步加强在南京大屠杀研究中国际化对话的重要性。笠原十九司指出，日方委员筑波大学的波多野澄雄与防卫省防卫研修所的庄司润一郎共同撰写“南京攻略与南京虐杀事件”一节，以两页的篇幅介绍了南京大屠杀的原因、经过、屠杀内容、东京审判和南京审判中提到的屠杀人数——中国方面认为是 30 万以上，而“日方研究以 20 万以上为上限，其他还有 4 万人、2 万人等各种推算”的情况，认为中日共同历史研究肯定了南京大屠杀的存在。这是对否定南京大屠杀的致命一击，标志着日本国内南京大屠杀论争的终结。

2. 日本侵华研究

不过，出于时代使命感和学术责任感，中国学者继续寻找更多关于南京大屠杀的力证，从学术角度继续深入研究这一问题。经盛鸿先后发表了《南京大屠杀前后的金陵大学（鼓楼）医院》（《民国档案》2010年第2期）和《延安中共报刊和图书对日军南京大屠杀的报道和评论》（《中共党史研究》2010年第9期）两文。前文主要介绍了侵华日军南京大屠杀前后，金陵大学（鼓楼）医院的中、美医护人员，在“南京安全区国际委员会”的领导下，抱着人道主义精神，不顾危险，奋勇抢救中国伤病员，以及他们克服重重困难，向国际新闻界揭露日军南京大屠杀暴行的英雄事迹。后文则以抗战时期延安地区的《新中华报》《解放》周刊，以及《日本在沦陷区》等中国共产党方面的报刊图书，对日军南京大屠杀暴行的揭露、报道与评论，批驳日本右翼人士所谓的中国共产党对日军南京大屠杀暴行“没有记录”，更“没有加以指责”的谬论，以及由此妄图否定南京大屠杀的险恶用心，具有相当强的针对性和现实意义。

2010年中国学者在南京大屠杀的史料发掘中，有以下3篇文章值得注意。一是程兆奇在《小川关治郎证词的再检讨——东京审判有关南京暴行罪被告方证词检证之二》（《江海学刊》2010年第4期）一文中，通过比对第十军法务部日志、中支那方面军军法会议日志和小川关治郎日记等事发时第一时间的日军军方记录和小川自己的记录，证明小川在东京审判所做的证词为伪证，认为小川证词隐瞒了本应公开的战时日军暴行，妨碍了远东国际军事法庭对原日本战犯的责任追究，某种程度上也影响了战后日本人对其侵华战争罪行和战争责任的认识。这是一篇“借力打力”，重新检讨反方史料的力作。二是戴袁支在《有关1937年淞沪抗战、侵华日军南京大屠杀见证人辛德贝格的一组外文史料》（《民国档案》2010年第1期）一文中，公布了从丹麦收集到曾目睹日军南京暴行的辛德贝格的一部分外文史料，再次佐证了日军在南京的血腥暴行，弥补了一些史料中未有的日军南京暴行的细节。三是刘峰的《中国档案文献遗产——侵华日军南京大屠杀专题档案》（《档案与建设》2010年第6期）一文，比较系统地介绍了日军南京大屠杀专题档案的情况，对于南京大屠杀研究者，尤其从事这方面研究的初学者具有相当的参考价值。

学界关于南京大屠杀的比较研究和对日军暴行心理分析的成果并不少见，但英尼尔·格雷戈尔和杨夏鸣合作发表的《纳粹屠杀与南京暴行的研究：范式转变与比较启示》［《南京大学学报》（哲学·人文科学·社会科学版）2010年第3期］一文，仍颇有新意。他们认为希特勒第三帝国的系列意识形态信条，如民族主义、殖民主义等构造了众多德国人愿意参与纳粹犯罪的条件；而民族主义的心态和认同导致了受害者和加害者之间共有的人性感的降低，不仅导致后者道德标准的丧失，更使后者具有某种优越感和对其他民族的轻蔑心态。作者将这些心态作为对纳粹屠杀和南京暴行进行比较研究的起点，并将殖民地经历、暴力制度及文化等作为比较研究的重要内容，这样的研究视角相对于学界既有成果中侧重于对比两国的历史、文化、近代化之路，以及对战争责任认识的不同而言，确实具有一定的新意。当然，李玉胜、孙孝科的《侵华日军南京大屠杀暴行之心理分析》（《社科纵横》2010 年第 11 期）一文，也分析了日军实施南京大屠杀的心理，认为“日本军国主义才是南京大屠杀的罪魁祸首”，这种观点具有一定道理，但切忌将南京大屠杀的“罪魁祸首”虚无化。

侵华日军实施违反国际法的细菌战，给中国军队，尤其是无辜平民造成了巨大伤亡。至于具体中国军民伤亡人数，则因为战争期间统计不易而遗漏不少，故成为中国学者关注的焦点之一。谢忠厚在《日本侵华细菌战伤害中国军民人数问题之研究》（《武陵学刊》2010 年第 5 期）一文中，认为学界既有研究成果中的“疫患者约 237 万人，其中死亡约 65 万人”远低于实际患亡军民人数，指出根据其调查研究初步认为在日本侵华细菌战中，中国受害染病患者约 700 万人，其中死亡约 200 万人。当然，65 万人说也好，200 万人说也罢，至少都证明了战时日军对中国实施了大规模的细菌战，造成了中国军民大量伤亡这一不争的事实。

中日两国学者围绕战时日军的细菌战和细菌战研究，以《武陵学刊》和《文史春秋》等刊物为平台，发表了一系列的文章。按照文章内容主要分为以下几类：一是对日军七三一细菌部队的研究，主要有陈致远的《731 部队的创建时间和历史名称考》（《武陵学刊》2010 年第 2 期）和《1939 年 731 部队“诺门罕细菌战”》（《武陵学刊》2010 年第 5 期）两篇文章。前文根据相关历史资料考证，详细介绍了七三一细菌部队的创建时间和历史名称。七三一部队在哈尔滨背荫河的创建时间为 1932 年，在哈尔滨平房的营建始于 1935 年，而“七三一部队”之称始于 1941 年，此前该部队的历史名称有“关东军防疫班”“关东军防疫部”“关东军防疫给水部”“加茂部队”“东乡部队”“石井部队”等。后文则介绍了 1939 年日军在日苏“诺门罕战役”中首次使用细菌武器，虽然战绩平平，但获得了日本大本营的全力支持，部队经费增加到 1000 万日元，人员也由数百人扩充至 3000 人，故作者认为“诺门罕细菌战”在日军细菌战发展史上具有“重大影响”。

关于日军七三一细菌部队的研究，还有罗建忠分别与吉见义明、近藤昭二合作发表的《〈井本日记〉的发现及其内容的真实性和价值》（《武陵学刊》2010 年第 2 期）和《美苏日三国对“731 部队”的研究状况》（《武陵学刊》2010 年第 5 期）两篇文章。前文介绍了《井本日记》的主要内容，认为其记载与哈巴罗夫斯克审判中七三一部队有关战犯的供词，以及中国相关文献档案记载吻合，从而证实了“细菌战是日本最高当局的战争行为，是一种国家犯罪行为”。近藤昭二在后文中分别介绍了美国、苏联、日本研究七三一部队的学术史，旨在与中国学者进行交流，并希望各国学者都能运用各相关国家的资料综合研究，以推动七三一部队研究的发展。

二是对“荣”一六四四细菌部队的研究，主要有朱清如的《“荣”1644 部队研究述评》（《武陵学刊》2010 年第 2 期）、《“荣”1644 部队与常德细菌战》（《武陵学刊》2010 年第 5 期）两文。前文主要是介绍“荣”一六四四部队的学术史，提出了今后加强“荣”一六四四细菌部队研究的方向。后文则在介绍“荣”一六四四部队对华中地区中国军民实施细菌战的罪恶历史后，重点介绍了该部队参加 1941 年常德细菌战的实况，以及常德细菌战所引发的当地鼠疫，肯定了常德地方当局、湖南省卫生处、中央卫生署的防疫工作，进一步细化了对“荣”一六四四细菌部队的研究。

三是对日军侵华细菌战战役、细菌战危害及其定性研究。闫春河的《侵华日军“十八秋”细菌战》（《文史春秋》2010 年第 12 期）一文，分析了日军于 1943 年秋在山东西部和河北南部交界处发动的“十八秋”细菌战战况，以及这次细菌战对中国军民造成的危害。陈祖樑在《日军细菌战所致云南人民受害与死亡情况调研报告》（《保山学院学报》2010 年第 4 期）一文中，根据自己的调查采访，认为日军在云南发动的细菌战至少导致 20 万无辜平民丧生。因此，李敏红在《“细菌战”是人类反道德的野蛮屠杀》（《文史春秋》2010 年第 12 期）一文中，认为“细菌战”是人类的“公敌”，而日本政府公然违反国际法有关规定发动了反人类、反道德的野蛮大屠杀。刘汝佳的《日本在中国进行细菌战的态度》（《黑龙江教育学院学报》2010 年第 3 期）一文，结合第二次世界大战期间日本在中国进行细菌战，以及日本国内对使用细菌武器的态度，认为日本在中国实施细菌战是蓄谋已久且精心策划的，并非某些右翼分子所言的“乃是一部分军官的个人行为”。

强征慰安妇既是战时日军暴行的代表性行为，又是一项延伸至今的战争遗留问题，近二三十年来颇受国内外学界关注，但在2010年的史学界研究中似乎显得有些沉寂。截至目前，笔者仅发现两篇有关文章。一是陈丽非整理发表的原慰安妇周粉英老人的访谈史料，即《“我是1号”——周粉英老人二战时期被强迫为“慰安妇”的访谈史料》（《史林》2010年第S1期）一文。二是刘萍的《日本学者眼中的日军性暴力问题——〈发生在黄土村庄里的日军性暴力——大娘们的战争尚未结束〉读后》（《抗日战争研究》2010年第2期）一文。两篇文章一是史料整理，一是有关慰安妇研究著作的书评，皆非专题研究。尽管不少原慰安妇的相继故去，慰安妇索赔诉讼运动也大都相继败诉，但从学术视角研究慰安妇问题，仍有不少值得继续挖掘的空间。关于战时日军其他暴行的研究，还有居之芬的《论日军强掳虐待华南强制劳工的罪行》（《民国档案》2010年第4期）和马永的《日伪统治广州时期的烟毒业》［《山西大同大学学报》（社会科学版）2010年第2期］两文。前文根据战后日本企业遗留的相关劳工档案、海南各县的劳工调查、战后当事人及受害劳工的证词等，论证和阐释了战时日军在以海南岛为中心的华南各地，强掳华南劳工的主要渠道与手段、强征决策与执行体系，以及强征华南劳工的人数及其虐待、残害华南劳工的罪行等。后文主要阐述了日伪当局统治广州时期采取纵容和保护烟毒业的策略，以毒化中国人的身心健康、搜刮社会财富，支持其侵略战争，遂致烟毒横流，民众深受其害。

战后日本政府没能妥善处理强制劳工、强征慰安妇、细菌战、化学战等战时日军暴行，以致它们成为悬而未决的“战争遗留问题”。如颇受中日两国民众和学界关注的日军遗留中国化学武器问题，至今未能彻底解决。付小军在《日本遗弃在华化学武器问题研究》（上海师范大学，2010年硕士学位论文）一文中，指出了日本遗留化学武器问题的历史背景，强调中日两国虽签订《中日关于销毁中国境内日本遗弃化学武器的备忘录》，但“日方处理态度消极，处理进展极其缓慢”。这也是日军战争遗留问题迟迟没能解决的重要原因。孙国华、王海燕的《处理日本遗留化学武器作业卫勤保障实践与体会》（《解放军预防医学杂志》2010年第3期）和毛志勇的《日遗留化学武器作业现场医疗保障工作的组织与实施》（《华北国防医药》2010 年第 1 期）两文，主要是阐述处理日军遗留化学武器过程中应注意的问题和事项，以降低销毁日军化学武器时的伤残率，为完成挖掘日本遗留化学武器作业的卫勤保障任务提供借鉴。

面对战争遗留问题和随之而起的索赔运动，日本政府往往以已经“外交解决”和时效限制等原因，搪塞亚洲受害国民众提出的对日索赔诉讼运动。这已引起中国青年学者的关注，并成为其研究对象。如熊玉琳的《中国民间对日索赔诉讼中的安全保障义务问题浅析》（中国政法大学，2010 年硕士论文）一文，重点探讨了强制劳动关系中日本国及其企业是否对被强制劳动者负有安全保障的义务，在此基础上简要分析了中国民间对日索赔诉讼面临的新问题，并提出了自己的建议。曹嘉嘉的《中国民间对日索赔时效与除斥期间问题浅析》（中国政法大学，2010 年硕士论文）一文，以中国民间对日索赔的判例为基础，着重从日本国内法的角度对损害赔偿请求权的时效和除斥期间问题进行探讨和研究，分析限制时效和除斥期间的适用与公平正义理念的关系。金新林的《侵华日军细菌战中国受害者诉讼研究》（硕士论文，上海师范大学，2010 年）一文，比较研究中国民间对日索赔诉讼达成的三份和解——花冈和解、大江山和解、西松和解之间的异同和意义，认为存在中日政府间政治解决侵华日军细菌战问题的可能性，希望日本政府以大局为重，为东亚地区的和平与稳定发挥积极作用。

抗战时期的中日关系研究也取得了一定进展，其中以下几篇论文的观点颇有代表性。一是李小白、周颂伦的《日本北进、南进战略演进过程述考》（《抗日战争研究》2010 年第 1 期）一文，选择学界热议的日本“南进”和“北进”两种战略论调进行讨论，结合当时国际形势，详细介绍了日本从“北进”最终转向“南进”的对外战略调整过程，属于老题新论之作。二是王春英的《日本在华占领区内的排英运动——以 1939 年英资纶昌公司罢工案为中心》（《近代史研究》2010 年第 6 期）一文，介绍了 1939 年日占区的排英运动，认为这一运动的目的是打击英国近百年来在中国所建立的权威，塑造以日本为中心的殖民认同，但没能得到沦陷区民众的认可和支持，最后以失败告终，反映了欧洲大战前后日本与欧美列强在华利益争夺的复杂关系。三是朱蓉蓉的《抗日战争时期的民间外交研究》（苏州大学，2010 年博士论文）一文，介绍了近代中国民间外交的历史轨迹和抗战时期中国共产党、国民党政府开展民间外交的情况。认为，“民间外交活动，是对官方外交的重要补充，有力地配合了国民政府官方外交的开展，争取了国际社会对中国抗战事业的同情与支持”；同时“还加深了各国人民对中国的了解，提高了中国的国际地位和国际声望”；具有非常重要的地位和作用。四是黄凤志、逄爱成的《德法和解历史对中日建立战略互惠关系的借鉴与思考》（《东北亚论坛》2010年第5期）一文，以法德历史和解为例，提出“中日走出历史问题争论和民间对立情绪困境的出路在于中日政治家们是否有智慧搭建两国战略合作和战略互惠的目标与框架”。其实，中日两国历史学家都已注意到法德历史和解对解决中日历史问题所带来的启示，但中日两国之间更加复杂的关系使之无法照抄照搬“法德经验”，只能寻找更加切实可行的“中日模式”。

3. 中国抗战研究

（1）经济与社会方面的研究

经济与社会方面的研究成果在今年的抗日战争研究中依然占据了非常大的份额。

经济方面集中的研究方向有以下几点：

第一，中国共产党在抗日根据地的经济政策，包括减租减息和农贷政策等。

减租减息方面，主要论文有黄正林的《地权、佃权、民众运动与减租运动——以陕甘宁边区减租减息运动为中心》（载《抗日战争研究》第2期）和王建国的《华中抗日根据地减租减息运动探析》（载《中共党史研究》第6期）。黄正林论文的突出价值在于突破了以往对减租减息政策简单定性的论述方式，从农村社会变迁的视角，通过对减租减息前后陕甘宁边区情况的对比，以及对减租减息政策在实施过程中所遭受的挫折进行分析，全面阐释了陕甘宁边区地方社会的特性与减租减息政策从提出到落实适应当地实际情况的发展过程，史料丰富，论证扎实。王建国的论文着眼于华中抗日根据地减租减息运动中的矛盾，从矛盾的形成、中国共产党的应对、问题的解决和影响几个方面，对华中地区的减租减息政策做出了不同的解读，重点突出，分析透彻。

农贷政策方面，主要有王志芳《抗战时期西北农民银行的农贷》（载《抗日战争研究》第2期）。该研究选取晋绥根据地的西北农业银行作为考察对象，论述了其成立以及在农贷政策中的活动。虽然其关注点较具体，在与其他银行对比方面的阐述稍显不足，但对于了解晋绥根据地农贷政策的制定和实施具有一定的参考价值。

此外，刘卫东的《抗战时期山东北海币与法币的关系述论》（载《中国经济史研究》第 3 期）是从货币政策的角度讨论抗战时期山东北海币与法币关系的研究，值得关注。

第二，抗战时期国民政府的经济政策。

关于国民政府的经济政策方面，今年的研究成果涉猎的主题较多。陈雷《抗战时期国民政府的粮食统制》（载《抗日战争研究》第 1 期）和罗玉明、李勇《抗战时期国民政府的粮食统制政策述论》（载《湘潭大学学报》哲学社会科学版，第 2 期）是对国统区粮食统制政策的考察。两者都注意到以往研究疏于该政策必要性的阐述，因此都在各自的研究中对国民政府粮食统制政策的必要性、实施以及历史作用提出了自己的观点。但是，在核心的必要性问题上，两者依然存在分歧：陈雷认为抗战爆发后国民政府就认识到粮食统制的必要性，而罗玉明、李勇则认为 1939 年至 1941 年的粮食危机才是造成这一政策出台的主要原因。郝银侠《抗战时期国民政府棉田征实制度研究》（载《抗日战争研究》第 2 期）是对目前学界尚未有专门研究的棉田征实制度的研究。由于该制度是抗战时期田赋政策的一部分，所以郝银侠的研究对于全面了解国民政府的农村制度具有填补空白的意义。王红曼《抗战时期国民政府的银行监理体制探析》（载《抗日战争研究》第 2 期）在对清代以来中国银行监理体制进行简单梳理的基础上，考察了国民政府战时多元化银行监理体制的形成和制度建设、效率等内容。如果说王红曼的研究关注的是抗战时期整个银行制度，那么易棉阳的《抗战时期四联总处农贷研究》（载《中国农史》第 4 期）则将研究范围进一步缩小，选择身为银行监理机构之一的四联总处作为考察对象，对其农贷活动进行了专门研究。方世藻的《论蒋经国“建设新赣南”的社会救济》（载《抗日战争研究》第 1 期）是对蒋经国施政内容的考察。通过他在赣南地区的社会救济的内容、措施、作用进行综合分析与考察，阐述蒋经国施政的思想渊源和历史局限性。该研究的价值在于为我们研究地方政策提供了对施政者本人进行考察的视角。江满情的《论战时民营工厂内迁中的国民政府与企业主》（载《抗日战争研究》第 2 期）着眼于考察政策实施的过程，阐述了抗战时围绕内迁问题国民政府与企业主的博弈，避免了以往只注重施政，不注重互动的叙述模式。

第三，抗战时期的金融界。

金融界代表性的研究成果有朱荫贵的《论抗战时期的杭州钱庄业》（载《安徽史学》第 1 期）。该研究利用满铁调查的第一手资料，对以往因史料限制而难以得其门而入的中国传统金融机构——钱庄，从组织特点到经营状况做了深入浅出的分析，最后得出结论。认为，善于根据社会环境变化和自身特点不断进行调整和修正，以获取生存空间并赚取利润，是钱庄业具有的比较明显的特点，同时这也是在近代中国复杂多变的社会环境中能够保持顽强生命力的根本原因所在。其论述所用材料在中国属于首次发掘利用，值得关注。魏建克、高尚斌的《抗战时期陕甘宁边区私营商业兴存考析》（载《抗日战争研究》第 4 期）是对抗战时期私营商业的考察。该研究以陕甘宁边区的私营商业为例，对中国共产党执掌政权时期私营商业发展的地区分布、发展比重和业务性质的变化进行了分析。

社会方面，主要为农村社会改造和妇女改造问题。岳谦厚、张文俊的《晋西北抗日根据地的“中农经济”——以 1942 年张闻天兴县 14 村调查为中心的研究》（《晋阳学刊》2010 年第 6 期）通过对张闻天 1942 年对兴县 14 个村农村经济状况的调查的分析，考察了当地中国共产党农村改造前后乡村经济、政治结构的变化。该研究使用的是社会史研究方法，通过丰富的第一手资料，为了解地方社会在抗战时期的变迁提供了最直观的印象。吴永的《一九四一年陕甘宁边区“救国公粮”征缴及其引发的社会问题论析》（《中共党史研究》2010 年第 9 期）和王建华的《抗战时期陕甘宁边区的农户计划》（《中国农史》2010 年第 1 期）、《抗日战争时期陕甘宁边区的识字运动》（《中共党史研究》2010 年第 2 期）是对抗战时期中国共产党改造乡村社会实践的考察，对于理解抗战时期中国共产党方针政策的制定具有一定的参考价值。张志永的《从边缘到主流：抗战时期华北农村妇女特殊亚群体的演化》（《史林》2010 年第 1 期），通过对华北根据地妇女改造问题的考察，关注抗日战争在中国走向近代化过程中的社会历史影响，阐明根据地的建立不仅为民族革命战争提供了战略基地，也初步整合了一盘散沙般的社会各阶层，促进了偏僻、落后的华北乡村社会从传统到现代的变迁。岳谦厚、罗佳的《抗日根据地时期的女性离婚问题——以晋西北（晋绥）高等法院 25 宗离婚案为中心的考察》（《安徽史学》2010 年第 1 期）是以女性离婚为视角，对抗战时期作为社会制度重要组成部分的婚姻制度进行了考察。

（2）思想文化方面的研究

思想文化方面的研究有以下两篇论文值得关注。

一是张龙平的《调适、规划与重建：抗战时期的中华基督教教育会》（载《抗日战争研究》第3期），一是汪洪亮的《1940年代川西羌族地区的教会教育——以中华基督教会全国总会边疆服务为例》（《抗日战争研究》第3期）。两者都是以抗战时期中华基督教团体为考察对象的研究。张龙平研究关注抗战对中华基督教教育会的影响，利用丰富的期刊、档案资料对抗战爆发以来教育会的变迁与活动进行了细致的考察。以往对中华基督教教育会的研究多关注晚清，对于民国少有注意，尤其是抗战时期，几乎未见系统的研究成果。该研究的价值就在于丰富了中华基督教教育会研究，为理解抗战对基督教教育团体的影响提供了素材。汪洪亮的研究聚焦四川西部羌族地区的教会教育，对40年代中华基督教会全国总会开展的边疆服务从内容到特点进行了系统的分析。该研究的价值在于对理解近代基督教对中国少数民族的文化影响提供了个案参考。

（3）军事方面的研究

关于军事方面的研究，吴景平的《蒋介石与抗战初期国民党的对日和战态度——以名人日记为中心的比较研究》（载《抗日战争研究》第2期），查阅了全面抗战初期蒋介石、张嘉璈、王世杰、陈布雷、胡适、徐永昌、王子壮、周佛海、翁文灏等人的日记，并比照其他文献，论证了1937年七七事变后约半年时间里，国民党高层人士中一度失败主义、悲观主义情绪弥漫，议和甚至乞和的主张若明若暗的过程。蒋介石在和战问题上亦不无踌躇，在做出抗战决定之前有过犹豫，对国际调解、大国介入有过不切实际的期望。但在抗战重大关头，蒋介石最终克服了动摇和干扰，抵制了“低调”妥协的主张，在领土和主权问题上表明了严正立场，确立了战时体制，主导、引领国民党做出抗战决策并予以实施。

关于抗日战争中国共两党合作的问题，杨奎松的《关于中条山战役过程中国共两党的交涉问题——兼与邓野先生商榷》（载《近代史研究》第4期），分析了中条山战役爆发前的国共关系正处在一个互不信任的严重危机时期。虽然由于共产国际和苏联方面的干预，中共中央未公开采取政治决裂和另立政府的行动，但中国共产党拒绝与蒋介石的中央政府发生关系已是不争的事实。蒋介石要求中国共产党出兵的真意，在于中条山对防守河南洛阳以及陕西西安具有重要的战略价值，不愿轻易放弃。中条山以北、以东，又都靠近中国共产党的武装根据地，在日军进攻的紧急形势下，蒋介石想到请中国共产党帮忙，却又不肯放下身段，一定要拿人格、军誉、良心，甚至是抗日不抗日相要挟。中国共产党一方面向中央政府提出军饷等条件，一方面回复苏联军事总顾问崔可夫，说明中国共产党军队一直在抗战，同时亦部署八路军配合作战，但中条山战役很快结束，国民党守军败退。作者在结语中指出，即便是配合苏联作战，不论日军攻苏与否，中国共产党都不可能在军事上采取作战行动予以牵制。这证明中国共产党对中条山战役的策略，并非纯粹是对国民党的，而是毛泽东一贯军事斗争思想的一种体现。

肖自力的《十九路军从拥蒋到反蒋的转变》（载《历史研究》第4期），论证了局部抗战时期十九路军从拥蒋到反蒋的转变。尽管十九路军与蒋介石有过长期的结合，但由于个人关系纽带的先天欠缺，基础不牢。随着九一八事变、淞沪抗战等时局的演化及国民党派系纷争加剧，内有陈铭枢急剧转变，外有反蒋势力助推，在抗日、“剿共”等问题上与蒋介石分歧日益突出，十九路军最终走上反蒋之路。

刘熙明的《国民政府军在豫中会战前期的情报判断》（载《近代史研究》第3期），论证了1944年日军发动一号作战，在初期豫中会战中，以大规模兵力与机械化部队的闪电战，造成国民政府军惨败的经过。国民政府军失败的重要原因是蒋介石与军委会情报判断错误后，做了错误的军事部署。军委会情报判断错误有两个重点：一是在日军从黄河北岸准备至发动攻势的初期，始终误判为如往常人数不多的局部攻势；二是日军目的是歼灭国军主力，却误判为打通平汉线，因此将军队部署在地形平坦的许昌，希图以阵地战配合附近山区精锐部队进行侧击。国军在许昌失利，在匆忙撤退中，通信中断，遭日军围歼而惨败。

闻黎明的《关于西南联合大学战时从军运动的考察》（载《抗日战争研究》第3期），考察、论述了抗日战争时期西南联合大学的青年从军运动不同阶段的从军意识、动员方式、服务特征等问题。指出，大学生的从军意义，在于运用现代化的科学知识与技能，补充了战时急需的知识资源，改善了军队的素质，提高了作战的能力，从而为战争的运转提供了有力的支援。

另一篇论述知识青年从军运动的文章，是孙玉芹、刘敬忠的《抗战末期的“十万知识青年从军”运动述评》（载《抗日战争研究》第3期），论述抗战末期，国民政府为挖掘高素质兵源，克服征兵流弊，发起十万知识青年从军运动，很快就有 13 万知识青年报名，青年军编为 9 个师，分驻南方各地集中训练，1946 年秋，青年军大部复员的过程。结论认为：这场知识青年从军运动在中国军事发展史上具有非常重要的地位，客观上产生了非常积极的效果，极大地激发了中国人民的爱国热忱；它建立了一套较为完备而科学的征召、管训、复员机制，在中国军事发展史上尚属首次；某种程度上提高了国民党军队的素质，并在军兵种建设方面也取得了一些成绩。

（4）政治方面的研究

有关抗战时期中国共产党在陕甘宁边区的审判中停止援用国民政府六法全书的研究，胡永恒的《1943 年陕甘宁边区停止援用六法全书之考察——整风、审干运动对边区司法的影响》（载《抗日战争研究》第 4 期），论述了陕甘宁边区曾在 1942—1943 年经常援用国民政府六法全书，但在 1943 年下半年突然停止援用，其原因是当时正在开展的整风运动和审干运动。运动使边区司法系统发生重大的人员调整，不少具有法学专业素养的知识分子干部为工农干部所取代。在阶级斗争思维的主导下，援用六法全书的行为受到批判。此后，判决无法律依据的现象越来越多，调解也更为流行。结论认为：关于极端的阶级思维导致边区停止援用六法全书以及新中国成立前夕废除“伪法统”的历史事实，还有整风运动和审干运动，都值得重新审视和反思。

关于汪精卫叛国的研究，孙彩霞的《蒋介石对汪精卫叛国投敌之处置》（载《近代史研究》第 4 期）认为，蒋介石对汪精卫叛国投敌的处置，贯穿于汪逃离重庆潜入越南河内、在南京建立伪政府的全过程。在汪出走河内阶段，有关蒋的处置，在一些问题上尚值得商榷；在汪筹建伪政权过程中，蒋实施的处置，彻底揭露了日本企图灭亡中国的狂妄野心和汪的卖国嘴脸。汪精卫从此失去了曾被寄予的号召力和权威性。这期间，蒋介石还接应日本的和谈，使日本的蒋汪共组政权的计划落空。

有关“三青团”对地方政治的影响，杨焕鹏的《论三青团对浙江地方基层政治的影响》（载《抗日战争研究》第 3 期），考察了抗战时期“三青团”对浙江地方基层政权的渗透、控制，对教育文化及公益事业参与控制的经历，指出“它对地方基层政治的渗透与控制是中央政权加强控制地方的表现”。虽然“对于打破中国传统势力对基层政治的控制，推进中央政府对社会基层的改造，加强战时中央对地方的控制，充分发动浙江基层的人力、物力、财力进行抗战等方面都具有一定的积极作用”，但是，“三青团参与地方政治，加深了国民党政权本身固有的顽疾——派系斗争、基层政治党政分离与斗争，从而打乱了浙江地方政治秩序的正常运转，引起了浙江地方政治的混乱”。

关于抗日战争史的研究方式、方法，袁成毅的《抗日战争史研究的若干“量化”问题》（载《抗日战争研究》第1期），从量化研究的角度，考察了中国两个战场抗战的战绩，中国抗战对世界反法西斯战争胜利所做的贡献，中国抗战的人口与财产损失（包括侵华日军暴行以及战争对于中国现代化的延误等）。认为，量化研究在抗日战争史中的广泛运用，使一些传统观点受到挑战，也使很多问题的研究得到了深化，这较之既往口号式的宣传无疑是一个巨大的进步。同时由于研究者立场不同、处理史料方法的差异，此外，或多或少由于受民族集体记忆的影响，量化中也存在着一些计量方法上的不当或随意性问题。

（二）日本方面的研究

2010年日本的中日关系史研究，依然是分散多元和集中合作研究共存，而抗日战争期间的中日关系研究是重点中的重点的局面仍然没有改变。相对于学习中国历史学生减少的状况，中国近现代史学者的研究倒是推陈出新，不断有成果问世，盛况依然。

1. 抗战及其前后期间的中日关系研究

森靖夫的《日本陆军及其走向日中战争之路》（日本陸軍と日中戦争への道），由米纳瓦书房出版，主要探讨的是日本军队的内部统制系统，指出1931年九一八事变时不是军部强硬而是软弱才出现了关东军以下克上的局面。其中，第六章研究了国民政府驻日公使馆的政治分析报告，认为其冷彻的分析对国内决策具有很大的参考价值。

由岩波书店出版的笠原十九司的《日本军的治安战》（日本軍の治安戦），详细分析了日军“治安战”的各个方面，集中探讨了华北各个地区的“治安战”，对于了解该问题的全局具有很好的参考价值。此问题具有很高的研究价值，正是由于日本不得不抽出大量兵力和精力，来对付敌占区的反抗，才形成了日军大受牵制的泥沼。日本军“治安战”与太平洋战场的连带关系也仍然有研究的余地。

高桥伸夫主编的论文集《救国·动员·秩序》（救国、動員、秩序），由庆应大学出版会出版，集中研究了从清末到中华人民共和国初期为止的各种动员，特别是抗战期间对群众的动员，其中对于农民和女性以及下层社会动员的研究、救国和动员的关系，角度独特，饶有新意。

2. 教科书及历史认识问题

历史认识问题，不仅仅是政治问题，也是学术问题，其扎实的学术研究当然是作为政治问题处理的基础，日本方面的研究有些值得我们借鉴。

《近代中国·教科书和日本》（近代中国·教科書と日本）一书由并木赖寿等人主编，研文出版社出版。该书是近年教科书研究的集大成，举凡清末、民国时期教科书状况，政治问题和教科书、教科书与抗日的关系等都有专门的研究，是研究教科书问题的必备参考书。

服部龙二的《日中历史认识》（日中歴史認識），由东京大学出版会出版，该书围绕田中奏折展开，梳理了从 1927 年到 2010 年中日历史认识问题的历史脉络，不论其论点是否可以接受，该书都可以说是到目前为止对于田中奏折问题最为详尽的整理和论述。

小林道彦和中西宽主编的《超越历史的桎梏》（歴史の桎梏を超えて），由千仓书房出版，该书就如何超越历史的束缚，建立新时代的中日关系进行了有益的探讨和尝试，其中第一部分是围绕近代中日关系展开的，伊藤博文的中国观、日本对辛亥革命的反应、加藤高明与二十一条、第一次世界大战后围绕中国的日美英关系及其日本的反应等论文都有参考价值。

3. 留日学生研究

留日学生研究依然有不错的收获。

周一川的论文《满洲国的女性日本留学》（「満洲国」における女性の日本留学），刊载于《中国研究月報》第 64 卷第 9 号，对于“满洲国”时期的留日女学生做了概括性的整理和分析。

王元的《中华民国权力构造中的归国留学生》（中華民国の権力構造における帰国留学生の位置づけ），由白帝社出版，该书分析了 1928—1949 年归国留学生的概况以及他们的工作领域、政治倾向，探讨了他们的历史作用。

4. 东北及“满洲国”研究

自 20 世纪 90 年代中期以后，日本的“帝国主义”研究开始转向“帝国”研究，“日本帝国”受到了空前的关注，其可以正面评价的部分是，从“日本帝国”的全局来研究日本殖民时期台湾、朝鲜和中国东北的问题，有些比较研究有新意。与此相关的是，中国东北及“满洲国”问题受到持续关注。

北野刚的《日本的大陆政策和防谷令问题》（日本の大陸政策と防穀令問題），刊登于《史学杂志》第119编第9号，该文围绕防谷令问题，讨论了日本大陆政策的展开和变化。

远藤正敬的《近代日本殖民统治中的国籍和户籍》（近代日本の植民地統治における国籍と戸籍）一书，由明石书店出版，该书比较研究了日本殖民时期台湾、朝鲜和中国东北的“国籍”和“户籍”问题，指出日本对殖民地实行同化政策的同时，又根据血统和民族进行严格的区别对待。

5. 租界问题的研究

大里浩秋等人主编的《中国和朝鲜租界的历史和建筑遗产》（中国・朝鮮における租界の歴史と建築遺産），由御茶水书房出版。该书是历史学者和建筑学者的共同研究成果。2001年神奈川大学建立了租界的研究小组，展开租界研究，并于2006年由御茶水书房出版了《中国的日本租界》（中国における日本租界），该书集中研究了重庆、汉口、杭州、上海的日本租界。这次扩大了研究范围，对天津、青岛的日本租界，以及清朝在韩国的仁川设立的租界也进行了研究，并邀请了建筑学者加入，共同进行现场调查，是个有益的尝试。

除此以外，青山治世的《行使领事裁判权的中国》（領事裁判権を行使する中国），刊载于《东亚近代史》第13号，讨论了《中日修好条规》中关于互相领事裁判权条款的形成和行使事例，分析了清朝的动机和实际的运用。森川裕贯的《五四前后高一涵思想的形成》（五四前後における高一涵の思想形成）发表于《中国——社会和文化》第25号，探讨了日本思想界对高一涵思想形成的影响，石塚迅等人主编的《宪政与近代中国》（憲政と近現代中国），由现代人文社出版，该书集中探讨了民国时期对于宪政的尝试，指出该尝试虽然失败，但依然具有历史的价值。

6. 近代日本在中国的经济活动、中日文化教育交流活动、日军暴行和罪责，以及中日关系史等方面的内容，也颇受日本学者关注

日本在华经济活动方面，今井就稔的《日中战争时期上海的火柴制造业与日本》（《中国研究月报》2010年第6号）一文，选择了当时作为生

活必需品的火柴制造业为研究对象，探讨了该行业的生存、发展及其与日本之间的深层关系，颇有新意。

中日文化教育交流活动历来是日本学者关注的焦点之一，在 2010 年的学术研究中取得了比较丰硕的成果。如大里浩秋的《1936、1937 年华侨学校教科书取缔事件》（《中国研究月报》2010 年第 1 号）一文，介绍了中日全面战争爆发前夕华侨学校教科书被迫取消的事件。孙安石的《南京国民政府与教科书审定——以教育部编审处与国立编译馆的会议记录为中心》（《中国研究月报》2010 年第 4 期）一文，根据教育部编审处与国立编译馆的会议记录，分析了南京国民政府的教科书审定制度及其影响。娜荷芽的《关于内蒙古近代教育研究的展开——以“满洲国”（1932—1945）为中心》（《中国研究月报》2010 年第 8 号）一文，重点介绍了“满洲国”范围内的内蒙古地区的近代教育问题，阐述了日伪统治者在内蒙古实施近代教育和开展相关研究的情况。

在日本进步学者的努力下，日军暴行研究取得了一定发展。如竹内康人的《陆军航空部队的毒气战研究、演习》（《静冈县近代史研究》第 35 号，2010 年 10 月）一文，重点介绍了从 1936 年到 1937 年的日本陆军航空毒气战研究计划和实用毒气弹的情况，作者认为航空毒气战的史料较少，要求日本政府调查毒气战真相，且全面公开毒气战史料，并为救济毒气战受害者进行立法。桂川光正在《围绕关东州鸦片令制定的一个考察》（《大阪产业大学人间环境论集》第 9 号）一文中，阐述了“关东州”鸦片令制定的经过及其公布后产生的影响，指出因为日本在殖民地、租借地统治的财政困乏，故通过发布“关东州”鸦片令，事实上承认了在“关东州”可以“自由吸食鸦片”，以此弥补其殖民统治的财政不足。

当然，日军暴行与战争遗留问题本身就是因果关系，因此，日本进步学者一直在为解决中日之间的战争遗留问题而努力，帮助中国受害者对日索赔诉讼并使之与日本个别企业达成了“和解”。如内田雅敏的《西松广岛安野和解的现在》（《战争责任研究》2010 年冬季号）和松刚肇的《关于中国人强制连行、强制劳动事件与西松建设信浓川和解》（《战争责任研究》2010 年冬季号）两文，就是介绍强制劳工在诉讼活动中与日本企业达成“和解”的情况。至于慰安妇问题，江上幸子在《被战时性受害者称作的“耻辱”》（《近きに在りて》第 58 号）一文中，剖析了战时性受害者在当时以及以后的生活中将慰安妇经历视作“耻辱”的心理状态。等松春夫在《历史是面镜子吗?》（小林道彦、中西宽编：《超越历史的桎梏》，千仓书房2010年）一文中，通过比较在中国大陆、中国台湾、韩国、日本、美国采用率最高的高中、大学历史教科书中，对“南京大屠杀事件”“袭击珍珠港”“战时下的强制劳动”、九一八事变、“东京审判”等事件的不同叙述，论述了各种历史教科书所引导的各国民众对历史的认识，以及各种历史教科书所反映的各国社会情况，质疑历史究竟是不是一面“镜子”。

在中日关系史研究上，重新检讨币原外交和利用《蒋介石日记》再次审视中日战争时期的和平交涉问题，似乎成了2010年抗战时期中日关系史研究的一个重要方面。如种稻秀司先后发表《九一八事变时币原外交再检讨》（一、二）（《政治经济史学》第526、527号）两文，重新检讨了九一八事变时的币原外交，指出日本为延续和扩大在满蒙的权益和地位，向东北奉系军阀提出了满蒙五铁路要求，而通过北伐战争和张学良东北易帜形式上统一中国的蒋介石，则否定了日本在满蒙的“特殊利益”。本文作者认为，日本关东军利用中国国内的国民党新军阀混战和国共内争，趁机发动了九一八事变；本应在对外交涉中处于优势地位的外务省，则因此失去与中国直接交涉的机会。这就使日本陆军“暴走”的情况日益严重，最后走向了中日全面战争。

冯青的《蒋介石对日中战争时期和平交涉的认识和对应》（《军事史学》第45卷第4号）一文，以斯坦福大学胡佛研究所新近公布的《蒋介石日记》为基础，阐述了早在1939年春蒋介石就已减消对日和平交涉的想法，但1940年7月后，他又再次考虑中日和平交涉的可能性。不过，同年9月27日，德、意、日三国同盟缔结之后，蒋介石看到了三国同盟与英美之间的矛盾，以及他们两大集团将来走向冲突的可能性日益增大，确信中国国际地位必将因此提高，故决定停止对日和平交涉。其实，蒋介石根据国内外形势的变化，一边抵抗日本的军事进攻，一边并未彻底放弃日本政府伸来的“橄榄枝”，但随着三国同盟集团与英美矛盾的加剧，尤其是太平洋战争的爆发，增强了蒋介石“抗战必胜”的信心，且1942年1月的《联合宣言》更是禁止联合各国与日本单独进行和平交涉。

（高士华　徐志民　高莹莹　李仲明）

2011 年度

2011 年是九一八事变 80 周年，也是太平洋战争爆发 70 周年，还是中国国内唯一一份专门以抗日战争研究为主题的杂志——《抗日战争研究》创刊 20 周年。因此，中国学者在 2011 年承前启后、继往开来，就抗战时期的国际关系、中日战争、日军暴行、国共关系、战争善后处理、根据地建设，以及抗战时期的中国社会、经济、文化等方面开展研究，或就中日历史共同研究进行再探讨，都取得了一定的积极成果。

（一）中日历史共同研究的再探讨

《抗日战争研究》编辑部鉴于 2010 年组织国内外知名学者就中日历史共同研究本身及其遗留的一些问题继续开展讨论或“共同研究”，获得了较大反响，故又在 2011 年连续组织了 4 期“中日历史共同研究再探讨”的对谈文章，进一步使国内外学界了解了目前中国关于抗日战争研究的学术水平和学术环境，颇受国内外学者重视。

第 1 期主要是探讨中日历史共同研究的方法论问题，有步平的《中日共同历史研究中的理论与方法问题》（《抗日战争研究》2011 年第 1 期）与波多野澄雄的《日中共同历史研究——成果与课题》（《抗日战争研究》2011 年第 1 期）两篇文章。前文作者步平作为中日历史共同研究委员会的中方主任委员，高屋建瓴地阐述了中日共同历史研究中的方法论，指出中日历史问题是主要反映在政治、感情与学术研究三个不同层面但又相互联系的问题，强调在中日历史共同研究中既要注意历史发展的必然性与历史事件的偶然性问题，又要注意实证研究与价值判断之间的关系，逐步缩小中日两国学者在学术研究的理论与方法上的分歧。后文作者波多野澄雄从“日中历史共同研究”的意义、对其期望和共同研究的实际情况出发，希望政府能够拿出“具体智慧”，去实现更广泛意义上的能够与东亚邻国之间建立起建设性关系的历史教育，从而使这一共同研究的丰硕成果继续下去。

第 2 期的重点是围绕从九一八事变至七七事变之间中日关系的可能性走向展开的，主要有臧运祜的《中日战争可以避免吗？——兼论“从九一八到七七”的连续性问题》（《抗日战争研究》2011 年第 2 期）、户部良一的《稳定日中关系的可能性——从塘沽停战协定到卢沟桥事变》（《抗日战争研究》2011 年第 2 期）、宋志勇的《中日共同历史研究与九一八事变后日本对华政策的几个问题》（《抗日战争研究》2011 年第 2 期）、安井三吉的《关于十五年战争的所谓“稳定期”——走进“日中历史共同研究”》（《抗日战争研究》2011 年第 2 期）4 篇文章。臧文就“从九一八到七七”的日本对华政策与行动的连续性而言，认为中日战争不可避免。户部文以围绕稳定日中关系可能性的论证为考察对象，主要介绍了日中战争前史相关的最新实证研究成果，对于中日关系稳定化的可能性研究具有一定的参考意义。宋文认为从九一八事变至七七事变之间日本对华侵略政策的重要特征就是连续性与阶段性共存，且这种连续性并非历史唯心主义的宿命论，而是日本决策者在多种对华政策选择中的人为选择。安井文在梳理卢沟桥事件“偶然性”的“可能性”后，认为该事件或许与“塘沽停战协定体制”的崩溃有关。由此可见，双方仍未完全脱离卢沟桥事件“必然性”与“偶然性”争论的“窠臼”。

第 3 期的主题是关于中日历史共同研究的学术评价和社会反响。王晴佳的《记住过去、调和未来：对中日共同历史研究的批判性分析》（《抗日战争研究》2011 年第 3 期）一文，指出中日历史共同研究计划本身是“政治介入历史”，但目标是走向一个“共同的叙述”，从而实现国家的和解；目前中日两国的共同研究已经形成了一个统一的叙述结构，不过在描绘两国历史演变的细节上仍有不少分歧，认为中日历史共同研究的潜在影响仍不确定。周颂伦在《关乎中日甲午战争性质定位的两个话题——正义与仁爱》（《抗日战争研究》2011 年第 3 期）一文中，针对日本 *WILL* 杂志以《日中历史共同研究的谎言与胡言》为题批判中日历史共同研究的行为，以中日甲午战争为例，强调中日历史共同研究是站在理性良知的立场，为两国关系的良性发展总结经验和教训，开启未来。斋藤一晴的《日本国内对日中共同历史研究的认知——为了历史学的回应》（《抗日战争研究》2011 年第 3 期）一文，认为 *WILL* 杂志刊登的批判日中历史共同研究的内容，表现了日本社会中保守派评论家的位置和特殊性，反映了日本与中国之间历史认识的鸿沟之深，故主张“与其站在批评的角度上去理解《报告书》（《中日历史共同研究报告书》）的内容，倒不如高度评价日中两国共同从历史中找到了开启未来的关键，从而使共同研究继续发挥作用”，对中日历史共同研究寄予了希望。

第 4 期以九一八事变为中心，有王希亮的《伪满洲国时期经济开发与产业冒进剖析》(《抗日战争研究》2011 年第 4 期）和芳井研一的《日中共同历史研究有关九一八事变爆发的研究成果》(《抗日战争研究》2011 年第 4 期）两篇文章。前文作者根据日本学者的主要观点及与之对话的经历，从社会政治、产业结构、国民经济构成、经济发展模式、资本经营方式等层面，剖析了九一八事变后伪满洲国的经济建设与产业开发的真相。后文作者根据《中日历史共同研究报告书》中关于九一八事变的描述，从九一八事变的原因、日本政治势力宫中集团与华盛顿体制、“满洲国”的成立，以及日本从“一·二八”事变到脱离国联的演变过程，以世界史的整体视角，认为“九一八事变是第二次世界大战的一个重要原因”，赋予了九一八事变在日本走向世界大战的特殊位置。

（二）日本侵华战争研究

2011 年的日本侵华战争研究，在日本侵华的政治决策、经济侵略、日军暴行和军事战争等几个方面，都取得了比较显著的研究成果。

侵华决策方面：王希亮在《九一八事变后日本决策层侵华国策的趋同》(《历史研究》2011 年第 4 期）一文中，指出日本内阁虽在九一八事变后虽然确立“不扩大方针”，但自日本经营南满以来，维护“满蒙权益”成为历届政府、军部海外扩张及处理国际事务的压倒性决策要素，驱动决策层势必迎合军部和关东军的军事侵略行径，推动日本走向扩大战争。同时，以九一八事变为契机，日本国内军权膨胀，军权蔑视政权、军权凌驾政权的军国体制日臻完备，自下而上的“国家改造”运动，又从下层社会煽起“军国热”和“排外热”，加之“财阀转向”，主动投向军国主义怀抱，形成“军财一体”，终使日本完成举国一致、趋同侵华国策的异变过程。九一八事变后，随着中日关系的日趋紧张，作为日本对华政策一部分的留日学生政策也随之发生了变化。徐志民的《九一八事变后日本政府对中华民国留日学生政策述论》(《抗日战争研究》2011 年第 3 期）一文，重点阐述了九一八事变爆发后日本政府对中华民国留日学生的关注与调查，以及这一时期日本政府对中华民国留日学生接收政策的演变、戒备心理日重的教育实态和更加严密的监控管理政策，反映了国际教育交流受制于国际政治影响的现实。

经济侵略方面：刘凤华在《日本军银系统对国民政府币制改革的抵制和

破坏》（《抗日战争研究》2011 年第 4 期）一文中，指出 1935 年国民政府的币制改革与日本在华北的利益、金融构想产生了直接冲突；日本军方和银行在日本政府默许和授意下，胁迫华北实力派干涉华北白银移交国民政府，支持河北省银行并发行货币、接收兑换华北地区外商银行存银；随着国民政府币制改革的推进，日方被迫不断修正华北币制自主方案；全面抗战爆发后，日本实现了对华北金融系统的全面控制。朱荫贵在《抗战时期日本对中国轮船航运业的入侵与垄断》（《历史研究》2011 年第 2 期）一文中，指出抗战时期日本政府对中国沿海和内河航运业实施了全面入侵和控制战略，该战略包括出台实施一系列控制海运的政策，设立控制中国沿海远洋航线的国策海运会社，设立控制中国内河内港航运的轮船公司，以及采取多种措施打击、排挤和取代其他国家的轮船航运势力等；日本轮船航运势力最终依靠政府的保护，打败此前的霸主英国，排挤其他国家的航运势力，实现了把中国沿海内河轮船航运业变成日本“独占”之局的目的。

日军暴行方面：一是南京大屠杀研究，主要有两篇文章，即经盛鸿的《谁是第一个报道南京大屠杀的新闻记者》（《抗日战争研究》2011 年第 4 期）和张杰的《对南京大屠杀期间滞留南京的两位外籍人士国籍的考证》（《抗日战争研究》2011 年第 4 期），都属于考释性文章。前文通过层层考证，认为 1937 年 12 月 16 日（中国时间）美国《芝加哥每日新闻报》发表的题为《日军杀人盈万——目击者叙述刚刚陷落的南京城“四天地狱般的日子”，马路上积尸高达五英尺》的作者——司迪尔是第一个报道南京大屠杀的新闻记者，而并非学界普遍认为的美国《纽约时报》记者弗兰克·提尔蔓·德丁。后文考释了南京大屠杀期间滞留南京的两位外籍人士克拉·波德希伏洛夫和齐阿尔，并非一些论著中标注的白俄罗斯人，而是“白俄人”。这两文从细节入手，纠正了学界个别模糊或错误的知识，具有一定的意义。

二是侵华日军细菌战研究。孟晓旭的《日本侵华细菌战研究述论》（《抗日战争研究》2011 年第 3 期）一文，具体阐述了侵华日军实施细菌战的原因、特点及其危害，认为日本侵华细菌战不仅给当时中国的政治、经济、心理、军事造成了相当大的危害，而且还影响到了美国的军事战略思想，指出日本政府应恰当处理日本侵华细菌战的遗留问题，为构建健康、稳定的中日关系做出实质性工作。陈致远、朱清如的《六十年来国内外日本细菌战史研究述评》（《抗日战争研究》2011 年第 2 期）和谢忠厚的《侵华日军细菌战研究述论》（《抗日战争研究》2011 年第 3 期）两文，都是关于日本侵华细菌战研究的综述性文章，对新中国成立后国内外学者研究日本侵华细菌战做了一个很好的学术总结。

侵华战争方面：张天社的《论抗战时期日本“西安作战计划”的制定及其终止》（《抗日战争研究》2011 年第 1 期）一文，阐述了抗战时期日本的三次“西安作战计划”，指出其意在以控制西安为重点，以北上占领延安，消灭共产党，或南下占领重庆，使国民党屈服为目的，但最终都失败了，强调由于西安和陕西的屏障作用，才使重庆政权得以偏安，也使延安和陕甘宁边区安然无恙，突出了西安在抗战时期的特殊地位和重要作用。赖继年在《浙赣会战新探》（《抗日战争研究》2011 年第 1 期）一文中，再次全面介绍了浙赣会战的经过，指出日军虽在初期攻势凌厉，但由于战线过长，最后在中国军队的反击下不得不后撤，反映了对峙时期中日军事相对平衡的态势，认为这一会战对当时的国际、国内局势都产生了一定影响。肖雄在《抗战时期日本对华的交通封锁及国民政府的反封锁对策》（《抗日战争研究》2011 年第 1 期）一文中，具体阐述了抗战时期日本严密封锁中国出海口、阻断中国国际交通线等对中国抗战后方采取的战略性交通封锁政策，指出国民政府对内坚持自力更生原则和对外努力开辟国际交通线的反封锁措施，对中国坚持抗战并最终取得胜利发挥了非常重要的作用。

（三）中华民族抗战研究

中华民族的抗战既包括中国共产党方面的抗战，也包括国民党方面的抗战，还包括国际社会对中国抗战的支持，即集中华民族全体的力量反对日本帝国主义的侵略战争，因此，其历来是抗日战争研究的重点。2011 年的中华民族抗战研究，主要集中在国民政府的抗战准备，抗战时期的国共关系、经济社会、卫生救护、宗教团体、根据地建设，以及战时的中外关系等几个方面，并取得了比较丰硕的研究成果。

首先，在国民政府的抗战准备研究方面，主要是国民政府的防空建设研究。如谭备战的《抗战前南京国民政府防空建设初探》（《抗日战争研究》2011 年第 1 期）一文，认为国民政府在九一八事变与“一·二八”事变之后，才意识到防空建设的重要性，开始加强该方面的建设，并为此创办防空学校、建立全国性的防空协会及在全国各大城市组织防空展览和举行防空演习等一系列加强防空宣传教育的措施，且完善防空设施，如组建防空监视哨以构建防空情报网、加强灯火管制与组建防空部队等，在一定程度上为抗战初期减少国力的损失与人员的伤亡做出了积极贡献，在我国防空建设史上具有十分重要的历史地位。袁成毅在《国民政府防空建设史料整理与研究述评》（《抗日战争研究》2011 年第 3 期）一文中，主要介绍了民国时期有关防空的宣传与研究、新中国成立后有关国民政府防空建设的史料整理与研究情况，以及台湾地区和国外学者关于国民政府防空的相关研究成果，对于开展国民政府的防空建设研究颇有参考意义。古琳晖的《抗战时期中国地面防空部队探略》（《抗日战争研究》2011 年第 1 期）一文，重点介绍了抗战时期中国地面防空部队的扩充与训练、作战指导与兵力部署、作战情形与主要战果，总结了中国地面防空部队反空袭斗争的经验教训。此外，黄道炫的《1937 年的庐山训练》（《抗日战争研究》2011 年第 1 期）一文，重点考察了 1937 年国民政府在庐山举办的第三次训练，由于这次训练因卢沟桥事变而提前结束，故较前两次训练而少为知，所以，作者在文中还原了国民政府庐山训练的实貌。

其次，在抗战时期的中国社会研究中，具体包括以下内容。

国共关系研究：卢毅的《关于抗战“速胜论”的几点辨析》（《抗日战争研究》2011 年第 3 期）一文，纠正了长期以来许多人认为国民党蒋介石集团和中国共产党党内的王明以及《大公报》等新闻媒体是抗战“速胜论”代表的看法，强调他们皆非“速胜论”者，且就当时舆论界的主导倾向而言，“速胜论”也非主流。曾景忠在《有关毛泽东对国民政府抗战态度评价的研讨》（《抗日战争研究》2011 年第 1 期）一文中，指出毛泽东出于政治需要在评价国民政府的抗战态度上前后发生了不小的变化，其中国民政府“积极反共、消极抗日”说影响巨大，但现在抗战史学界出现了修正此说的趋势，强调史学研究必须从史实出发，不能以领导人物的论断为依据。前述两文主要是介绍国共两党的抗战态度问题，下面两文即童志强的《皖南事变发生原因新探》（《抗日战争研究》2011 年第 2 期）和王建国《项英在皖南时期主要“错误”辨析》（《抗日战争研究》2011 年第 2 期）则与国共军事摩擦有关。其中童文认为皖南事变发生的根本原因，是国民党容不得新四军在华中敌后迅速发展壮大；王文虽认为新四军向南发展并非项英自作主张，但强调项英对皖南新四军的失败确实负有不可推卸的责任。

经济社会研究：经济方面较有代表性的文章是张晓辉、屈晶的《抗战时期广东省银行农贷研究》（《抗日战争研究》2011 年第 4 期）一文。该文指出广东省银行在抗战爆发后迅速发展的农贷业务适应了战时农村资金融通的需要，配合政府农业政策的推行，抵制日伪金融势力的扩张，有助于救济粤省衰败的农村经济。

抗战时期的国统区社会研究主要集中于儿童方面。如孙玉芹、刘敬忠的《抗日战争时期童子军社会服务活动述论》（《抗日战争研究》2011 年第 3 期）一文，在考察童子军服务抗战的辉煌历史后，指出以往我们对国民党政府抗战路线的认识是非常片面的，认为国民党作为执政党不仅非常倚重民众的力量，而且确实做过很多民众动员工作，甚至在某些方面颇有成效。又如，丁戎的《国内抗战时期难童救助研究综述》（《抗日战争研究》2011 年第 2 期）一文，分类介绍了改革开放以来国内学术界有关难童救助的研究成果，提出了自己对这一问题研究的思考，具有一定的参考价值。在沦陷区社会研究中，张福运的《如何评判沦陷时期的南京民间社会——“抗争”与“灰色地带以外”的视角》（《抗日战争研究》2011 年第 1 期）一文颇有代表性。该文从沦陷时期南京的商贩群体、知识分子、底层市民在日本殖民统治下的分化谈起，指出后两个群体的民族立场不能仅仅用“抗争”论与“灰色地带”说解释，认为沦陷区民间社会恰似“致命的暗礁”，其中舍生取义的暴力抗争者为灵魂，坚韧不屈的隐性反抗者构成其支柱和脊梁，貌似混沌的中间群体聚成坚实的基座。

卫生救护研究：抗战时期的卫生建设研究，主要有张玲的《抗日战争与西部内陆省份公共卫生事业的现代化——以四川省为中心的考察》（《抗日战争研究》2011 年第 2 期）和郭京湖的《论抗战时期成都的防疫行政与地方实践》（《抗日战争研究》2011 年第 2 期）两文，且都是以大后方四川的卫生、防疫事业为主要内容。前文认为抗战的爆发反而为位于西部内陆的四川提供了发展现代公共卫生事业的难得机遇，从而使四川各级公共卫生机构从无到有、从少到多地建立起来，由此奠定了四川于抗战结束后在西南乃至全国的公共卫生事业大省的地位。后文指出成都市政当局在抗战时期初步构建了一个以国家行政力量为主的现代防疫行政体系，有效地防止了瘟疫的传播，稳定了大后方，也在一定程度上实现了国家权力向地方社会的渗透。董根明的《抗战时期中国红十字会组织的整建与救护工作述评》（《抗日战争研究》2011 年第 3 期）一文，则以抗战时期中国红十字会的救护工作为中心，分析了其成为中国战区救护体系核心力量的主要原因，认为由于战争所激发的民族精神和爱国热情是中国红十字会发挥救护作用的重要动力，而将国际红十字组织所奉行的人道主义精神与中国传统文化的仁爱思想相结合，则是中国红十字会救护行动的思想指引。

宗教与抗战研究：赵晓阳的《抗日战争时期中国基督教青年会军人服务部研究》（《抗日战争研究》2011 年第 2 期）和周东华的《赴国难、爱中国：浙江基督教教育的抗日救亡运动探析》（《抗日战争研究》2011 年第 2 期）两文，主要是研究基督教会的抗战救国活动。前文重点介绍了基督教青年会军人服务部的军人服务、学生救济、难民救济工作，认为他们在鼓舞士气、安慰民心、服务官兵方面发挥了重要作用，也为基督教进一步融入中国本土社会和在新社会中基督教的改造做出贡献奠定了基础。后文以抗战期间的浙江基督教教育为例，认为他们均能抵制寇伪诱降和大后方安逸生活，坚持抗日救亡运动，修正了晚清以来其被固定化为“帝国主义的走狗”这个旧时的形象，彰显出如中国国立学校一样的国民品质和国族认同。而徐炳三的《伪满体制下宗教团体的处境与应对——以基督新教为例》（《抗日战争研究》2011 年第 2 期）一文，阐述了中国东北的基督教体系在日伪打压和改造下的日趋衰落，认为这实际上是伪满体制下各宗教团体命运走向的一个缩影，显示出国际政治博弈对宗教产生的深刻影响。

根据地建设研究：邓红、梁丽辉的《“三位一体”：抗战时期晋察冀边区村政权的构成及职能》（《抗日战争研究》2011 年第 3 期）一文，是根据地政权建设研究的代表性文章。该文从中国共产党在抗战爆发后对村政权的革命性改造入手，认为改造后的新型民主村政权的职能发生了颠覆性变化，由过去的攫取社会资源，变为支援抗战、改善民生、服务社会，并对抗战的胜利发挥了巨大作用。张玮的《抗战前后晋西北乡村私人借贷》（《抗日战争研究》2011 年第 3 期）一文，以晋西北农村的私人借贷关系为例，分析了根据地周边的农村经济关系和社会状况。吴云峰、房列曙的《论华中抗日根据地的优抚工作》（《安徽史学》2011 年第 4 期）一文，则是本年度研究根据地军事优抚制度的代表性文章，颇有新意。在根据地的文化建设研究中，韩晓莉的《抗日根据地的戏剧运动与社会改造——以山西为中心的考察》（《抗日战争研究》2011 年第 3 期）一文，具体介绍了抗日根据地的戏剧运动，指出根据地政府不仅借此达到了以民间文化形式宣传革命、教育群众的目的，而且实现了以戏剧为中介对根据地社会的全面动员和改造，使政治以浅显易懂的方式融入根据地社会。岳谦厚、刘威的《战时陕甘宁边区的劳动英模运动》（《安徽史学》2011年第1期）一文，认为奖励劳动英模的根本目的在于使之在群众中发生作用，组织起一个群众性运动，以达到发展生产、巩固根据地、促进各项建设事业的目标。

最后，在抗战时期的中外关系研究方面，中美、中苏关系研究仍是重中之重。其中，在战时中美关系研究中又主要集中在美国的对华援助方面。吴景平的《蒋介石与战时美国对华财经援助》（《史学月刊》2011年第1期）一文，认为战时蒋介石虽然通过努力使中国获得了美国的数笔贷款和巨额财政援助，但由于蒋介石等人对美国认识的偏差和战时中国的外交决策机制、主要人事缺乏连续性与稳定性，以及中国国力的局限，也导致不少寻求美援失败的案例，故提出应客观认识和评价蒋介石及其属僚在战时对美外交中的作用和成败得失。陈永祥的《胡适、宋子文与抗战时期美援外交》（《抗日战争研究》2011年第2期）一文，进一步探讨了先后受命赴美争取抗日美援的胡适与宋子文之间的矛盾和复杂关系，以及对争取美援的不利影响。曹嘉涵在《宋子文、中国银行与战时美国租借援助的接洽》（《史学月刊》2011年第10期）一文中，则重点介绍了宋子文出任中国银行董事长后，运用金融资源开展美援外交的独特手法，认为其有助于提高接洽租借援助的整体效率。

美国援助对中国抗战来说固然重要，但其本身并非说明中美之间就没有战略分歧。如付辛酉的《第一次史迪威危机与中美战略分歧》（《抗日战争研究》2011年第1期）一文，认为以美国援华租借物资的管理权问题为表现形式的第一次史迪威危机，其实反映了中国希望实行“先日后德”战略与美国既定的“先德后日”战略之间的分歧。另外，抗战时期的美国对华援助还包含一定的文化支持。如杨雨青的《抗战时期美国对华“文化外交”——美国国务院中美文化关系项目初探》（《抗日战争研究》2011年第4期）一文，就专门介绍了抗战时期美国援助活动中的文化项目，分析比较了中美文化关系项目与其他美国援华项目的联系和区别，认为这是美国对华文化战略的重要组成部分，意在中国塑造有利的“美国形象”，输入“美国理念”。

在战时中苏关系研究中，苏联对中国共产党的资金援助是个非常重要而又鲜有研究的问题。孙艳玲的《抗战期间苏联向中共提供资金援助问题

初探（1937.7—1942）》（《抗日战争研究》2011 年第 4 期）一文，具体介绍了苏联援助中国共产党资金的历史、背景、具体情况，认为目前有资料证明中国共产党收到的资金援助至少有 131.3123 万美元，对中国共产党坚持抗战起到了一定作用。左双文在《盛苏新疆交恶与国民政府对苏外交》（《史学月刊》2011 年第 1 期）一文中，介绍了新疆盛世才与苏联关系恶化之际国民政府乘机利用以收回新疆主权的情况，虽认为这是“关乎国家民族利益的重大收获”，但亦指出由于中苏之间隔阂益深，福兮祸之所伏，国民政府此后也只得承受苏联制造的种种难堪与麻烦。抗战时期苏联向中国共产党提供资金支持与对国民政府的施压并行不悖，以及此后苏联与中国共产党、国民政府之间关系的变化，体现了苏联援助中国抗战的目的性。

（四）战争遗留问题研究

1945 年 8 月 15 日，日本宣布无条件投降，但战后日本在中国大陆至少遗留 300 多万俘虏和侨民，如何妥善安置日本侨、俘的衣食住行和遣返回国是一个非常紧迫而又相当重要的问题。这一问题虽已有不少研究成果，但渠占辉的《战后华北地区日侨的收容与遣返》（《抗日战争研究》2011 年第 3 期）和孔繁芝、尤晋鸣的《二战后侵华日军“山西残留”——历史真实与档案记录》（《抗日战争研究》2011 年第 2 期），仍是研究中国政府安置、遣返日本侨、俘的重要成果。前文阐述了中国政府倾注大量人员、物资，将滞留华北地区的 39 万日侨等待遣返回国的具体情况，显示了中国人民爱好和平、宽容博大的民族精神。后文介绍了山西军阀阎锡山勾结战败投降后的原驻晋侵华日军华北方面军第一军及其他军国主义势力，实施“山西残留”，但在中国人民解放战争中最终彻底失败的历史过程，反映了日本军国主义分子在战败投降后仍伺机东山再起的勃勃野心和狂妄行径。

日本战败投降后，如何接受日本投降和签订对日和约问题是 2011 年中日关系史研究的一个焦点。于化民的《对日受降权争端背景下的中共与美关系》（《史学月刊》2011 年第 12 期）一文，指出抗战结束后美国拒绝承认中国共产党作为战胜者一方接受日本投降的正当权利，以协助受降为名，帮助国民党夺取战场优势，某种程度上已经介入了国共内战；中国共产党则对此灵活地调整对美政策，政治上发动宣传攻势批评美国干涉中国内政，军事上则保持了适度的克制和忍耐，使以斗争为主、斗争与合作兼而有之成为这一时期中国共产党对美关系的主要特点。在对日和约研究上，曹艺的《1947—1948 年关于对日和约程序问题的讨论——以美国外交文件为中心所作的探讨》（《抗日战争研究》2011 年第 1 期）一文，具体介绍了 1947 年至 1948 年，美、英、苏、中等国围绕对日和约程序问题的讨论和各国主张，认为其讨论的焦点在于是否坚持大国一致同意原则，结果由于四国在对日和约程序问题上的分歧，直接导致单独对日媾和的局面。

需要指出的是，中国社会科学院主办、中国社会科学院近代史研究所承办的“纪念九一八事变 80 周年学术研讨会”的召开，更将 2011 年的九一八事变研究推向了高潮。中国社会科学院武寅副院长回顾了近几十年来关于九一八事变研究的学术历程和学术成果，充分肯定了《抗日战争研究》杂志在抗日战争史研究中的重要地位和作用。张志一的《中国抗日战争史研究 20 年——以〈抗日战争研究〉为对象的定量分析》（《抗日战争研究》2011 年第 4 期）一文，采用定量分析方法，对 1991—2010 年《抗日战争研究》载文的数量、作者、地域分布等进行了分析，肯定《抗日战争研究》杂志在推动学术研究发展中的积极作用。这些讲话和文章既是对中国抗日战争史研究的回顾与总结，更是推动抗日战争史发展的重要基础和动力。

（徐志民）